北京大学中国古文献研究中心集刊

第二十一辑

北京大学中国古文献研究中心　编

编委会（以姓氏笔画为序）

王　岚　　刘玉才　　安平秋
杨　忠　　杨海峥　　吴国武
董洪利　　漆永祥　　廖可斌

图书在版编目(CIP)数据

北京大学中国古文献研究中心集刊.第二十一辑/北京大学中国古文献研究中心编.—北京：北京大学出版社，2020.11
ISBN 978-7-301-31917-8

Ⅰ.①北… Ⅱ.①北… Ⅲ.①古文献学—研究—中国—丛刊 Ⅳ.①G256.1-55

中国版本图书馆CIP数据核字(2020)第255730号

书　　　名	北京大学中国古文献研究中心集刊　第二十一辑 BEIJING DAXUE ZHONGGUO GUWENXIAN YANJIU ZHONGXIN JIKAN DI-ERSHIYI JI
著作责任者	北京大学中国古文献研究中心　编
责任编辑	王　应
标准书号	ISBN 978-7-301-31917-8
出版发行	北京大学出版社
地　　　址	北京市海淀区成府路205号　100871
网　　　址	http://www.pup.cn　　新浪微博：@北京大学出版社
电子信箱	dianjiwenhua@163.com
电　　　话	邮购部 010-62752015　发行部 010-62750672　编辑部 010-62756449
印 刷 者	北京虎彩文化传播有限公司
经 销 者	新华书店
	787毫米×1092毫米　16开本　18.25印张　337千字 2020年11月第1版　2020年11月第1次印刷
定　　　价	56.00元

未经许可，不得以任何方式复制或抄袭本书之部分或全部内容。
版权所有，侵权必究
举报电话：010-62752024　电子信箱：fd@pup.pku.edu.cn
图书如有印装质量问题，请与出版部联系，电话：010-62756370

目 录

《周易要义》所从出之底本探赜 …………………………………… 顾永新（1）
孔广栻辑《春秋折衷论》及其价值 ………………………………… 刘晓丽（21）
南轩先生《论语解》补校
　　——兼论癸巳初本与淳熙改本之别 …………………………… 许家星（32）
从段注改篆谈《说文》篆形校勘的原则与方法 …………………… 马　尚（64）
乾隆辛未保举经学初探 ……………………………………………… 周昕晖（72）

《拾遗记》时代印记考略 …………………………………………… 林　嵩（97）

黄伯思与《博古图》成书关系考 …………………………………… 赵学艺（105）
《海录碎事》的资料采汇与处理
　　——兼议其体例"创新" ………………………………………… 张鹤天（118）
中国国家图书馆藏钞本《蛾术编》及其价值探论
　　——以"说录"十四卷为例 …………………………… 李寒光　刘　倩（138）
从《类说·真诰》到《道枢·真诰篇》
　　——曾慥书籍抄纂探微 ………………………………………… 李　更（155）
《中华道藏》缺损字形辨误五例
　　——兼谈描润影印文献应注意的问题 ………………………… 牛尚鹏（179）

贾谊《旱云赋》版本异文考述 ……………………………………… 何易展（185）
陈绎晚年仕履与王安石《四家诗选》编次考
　　——王巩《闻见近录》相关记载辨伪 ………………………… 刘　扬（203）
略论《石仓宋诗选》对所选作品的删改
　　——以曾巩诗为例 ……………………………………………… 许红霞（217）
宋代十六家诗人生卒年考辨 ………………………………………… 李国栋（228）
《吴梅村诗集笺注》"程笺杨补"钞本考述 ………………………… 鲁梦宇（236）

日本天野山金刚寺永仁写本《全经大意》谫论 …………………… 刘玉才(247)
伟烈亚力的汉学研究及其对《汉书》的英译 …………………… 杨海峥(256)
谚文本《燕行录》十七种解题 ………………… 漆永祥　李钟美(264)

征稿启事 ……………………………………………………………(288)

《周易要义》所从出之底本探赜

顾永新

【内容提要】 魏了翁《周易要义》乃摘编《周易》经传、注疏及《释文》而成,悉据原文移录,但所录孔颖达《正义序》"正义"作"注疏解经","十有四卷"作"十卷"。对于这条异文的认知不同,相应地就存在着两种可能性:一是坐实《要义》的记载,认为宋代存在着八行本、十行本之外的注疏合刻本《周易注疏解经》;二是认为所谓"注疏解经"是泛指《周易》之注与疏,《要义》经传、注疏文本系由经注本和单疏本拼合而成。我们从《要义》经传、注、疏构成体式、所附《释文》、异文等三个方面进行研究,发现《要义》所从出之底本既非八行本,亦非十行本,上述两种可能性从这三个方面的内证中都可以得到支持。不过,从所附《释文》和异文的特征,结合魏了翁书札对于"注疏"的理解是泛指经注本和单疏本,我们倾向于认为《要义》文本是由经注附《释文》本(余仁仲本)和北宋刻单疏本拼合而成的,虽然还不能完全排除注疏合刻本《周易注疏解经》的存在的可能性。

【关键词】 魏了翁 《周易要义》 注疏合刻 《周易注疏解经》

南宋学者魏了翁(1178—1237,号鹤山)所著《周易要义》十卷(以下简称《要义》),乃摘编《周易》经传、注疏及《经典释文·周易音义》(以下简称《释文》)而成,节录原文,胪列条目,构拟标题。鉴于"说经者但知诵习成言,不能求之详博,因取诸经注疏之文,据事别类而录之",谓之《九经要义》,此其中第一部也。《九经要义》是鹤山宝庆二年(1226)至绍定四年(1231)谪居靖州期间完成的,但直到淳祐十二年(1252)《周易要义》才由其子魏克愚刻于紫阳书院。四库馆臣评曰:"盖其大旨主于以象数求义理,折衷于汉学、宋学之间。故是编所录,虽主于注疏、《释文》,而采掇谨严,别裁精审,可谓蕲除支蔓,独撷英华。"[①]今中国国家图书馆(以下简称国图)藏有淳祐刻本(缺卷三至卷六),比较重要的传本还有《四库全书》本,据《四部丛刊》影印淳祐本张元济先生跋,其底本为黄登贤家藏本,为刻为钞未详,但并非如阮元《揅经室外集》所谓天一阁旧钞本。就《周易》经传、注疏文本而言,《要义》大体照录原文,并无增益,且其渊

---

① 《四库全书总目》卷三经部三《易》类三是书提要,中华书局影印本,1959年,第17页。

源甚早,颇有可以订正通行刻本之误者。本文拟钩稽《要义》内证,同时比对传世《周易》经注本、单疏本和注疏合刻本,比较互证,探赜索隐,推究其所从出之底本。①

传世《周易》早期注疏合刻本只有南宋初两浙东路茶盐司刻八行本《周易注疏》(日本足利学校遗迹图书馆藏宋刻宋印本,以下简称八行本)、国图藏陈鳣旧藏宋元递修本[卷首表、序、八论及卷一配清陈氏士乡堂抄本],以下简称陈本)和元刻十行本《周易兼义》(美国柏克莱加州大学东亚图书馆藏元刻元印本,以下简称十行本),而《要义》还提及"注疏"和"兼义"以外的另一个题名——"注疏解经"。《要义》节录孔颖达《周易正义序》,孔氏原文末题"为之《正义》,凡十有四卷",今传世各本(国图藏南宋刻递修单疏本[以下简称单疏本]和日本京都大学附属图书馆清家文库藏室町钞本《周易正义》[以下简称单疏古本]以及十行本系统各本《周易兼义》)均无异文,仅《要义》卷一"进疏解姓名"条出现了异文,"正义"作"注疏解经","凡十有四卷"作"凡十卷"。《要义》的编纂体例是节录原文,原则上不做更改,而此处题名和卷数皆有明显改易,那么,是否我们可以认定这条材料透露出《要义》所从出之底本是十卷的注疏合刻本《周易注疏解经》呢?如果鹤山所据底本确系注疏合刻本,从时间上考察,八行本《周易注疏》和宋刻十行本《周易兼义》当时俱已刊行,②也就是说二者都有可能成为《要义》的底本,不过从总体上看还是存在着明确的差异:其一题名不符,一为"注疏",一为"兼义",皆不同于"注疏解经";其二附入《释文》与否,八行本不附《释文》(当然,理论上也存在着由八行本和《释文》拼合的可能性),十行本虽附《释文》但是整体作为附录附经别行,《要义》所附《释文》散入正文之中,与二者皆有所不同;其三卷数多寡和卷次分合不尽相同,《要义》凡十卷,卷一至卷六为上、下经(卷一分上中下,其余五卷皆分上下)、卷七(分上下)、卷八为《系辞》上下,卷九为《说卦》,卷一〇为《序卦》《杂卦》和《略例》;八行本凡十三卷,卷一至卷九为上、下经(六十四卦),卷一〇至卷一二为《系辞》上下,卷一三为《说卦》《序卦》《杂卦》(八行本出自单疏本,单疏本凡十四卷,除卷一"八论"独立成卷外,余者悉同);十行本凡九卷,其中上、下经六卷,《系辞》二卷,《说卦》《序卦》《杂卦》一卷(十行本出自经注本,卷数、卷次全同)。不难看出,《要义》卷次分合和内容构成略同经注本、十行本,而与八行本绝不相类,区别在于《说卦》《序卦》《杂卦》析为二卷,主要是因为增益《略例》(为八行本所

---

① 本文所用之《要义》为《中华再造善本》影印国图藏淳祐本(北京图书馆出版社,2003年),缺卷配以台湾商务印书馆影印文渊阁《四库全书》本。

② 张丽娟教授考证宋刻十行本各本刊刻时间当在南宋中期光宗、宁宗间(《宋代经书注疏刊刻研究》第六章"建阳坊刻十行注疏本及其他宋刻注疏本"第一节"南宋建阳坊刻十行注疏本",北京:北京大学出版社,2013年,第361页)。

无,仅见于经注本和十行本;而且,《要义》本《略例》包含邢璹序(卷一〇之十七"《略例》有承乘应变行藏险易")仅见于经注本,不见于十行本),考虑到内容平衡,故而《说卦》独立成卷,《序卦》《杂卦》与《略例》合为一卷。总之,从题名、卷数及其附入《释文》与否来看,《要义》所从出之底本似非八行本和十行本。

如果鹤山所据底本既不是十行本,也不是八行本,那么就只存在两种可能:一是坐实《要义》的记载,存在着八行本、十行本之外的第三个注疏合刻本系统——《周易注疏解经》十卷;二是如果我们认为所谓"注疏解经"是泛指《周易》经传之注疏,十卷为《要义》的实际卷数,那么《要义》经传、注疏文本就是由经注本和单疏本拼合而成的(构成方式又可能有两种,一是经注附《释文》本加单疏本,二是经注本[《释文》附经别行]加单疏本),由上文所论卷次分合可知,如果确实如此,那么鹤山据以重构《周易》经传注疏文本的方式与十行本是一致的,即以经注本为基础缀入疏文。下面,我们拟从三个方面具体地探讨这两种可能的"可能性"。

一、体式

八行本和十行本不仅题名、卷次分合不同,内容构成体式亦有所不同,主要差异在于疏文所出位置及其解释经传、注文的次序不同:八行本疏文所出位置及其内容分合悉同单疏本,划分小节(上、下经部分往往以《周易》的自然组成部分及其王注为单位[卦辞、《彖传》《大象传》、各爻爻辞及其《小象传》],《文言》《系辞》《说卦》等则划分章节),小节内部各句经传、注文依次排列,小节末出以疏文归总解释各句经传、注文,先分释经传文,后分释注文;而十行本不划分小节,每句经传、注文下径接疏文(基本上都是以王弼、韩康伯出注为标志,划分为一个内容单元),割裂单疏本整个小节的疏文分附各句之下,先释经文,后释注文。正是因为疏文所出位置及其内容分合不同,所以导致八行本和十行本标示经传、注文起止语有所不同。既已知悉二者构成体式之系统性差异,就可以由此探究《要义》的体式特征及其与八行本、十行本的关系。《要义》所摘录之文本以疏文为主,兼及经传、注文,间附《释文》。注文往往径接经传文之下,不冠以"注"字,卷一〇《序卦》《杂卦》《略例》始标记"注"字(八行本注文均冠以"注云"二字,经注本和十行本注文均不标记"注"或"注云"字样);疏文多冠以"《正义》曰"三字,亦有径引疏文而不标示者。《要义》摘编经传、注、疏文的体式大致有以下七种情形:

1. 经传+注
2. 注文
3. 经传+疏

4. 经传+注+疏

5. 注+疏

6. 疏文

7. 标示经传、注文起止语+疏

其中,1、3、4、5诸式又有多种变体(说详下文讨论《释文》部分),可见其体式的复杂性和多样性,而上述注疏合刻本和经注本、单疏本拼合这两种可能性都可以得到解释。

我们试撷取若干体式较为复杂的文例,通过比较《要义》与单疏本、八行本、十行本之异同,借以判定《要义》所据底本的性质。如《要义》卷一上之三十"上九无位六爻皆无阴是无民",所摘录之疏文是阐释乾卦《文言》第二节解说上九爻辞的部分,首标示传文起止语("上九曰亢龙至有悔也"),次分释"贵而无位,高而无民""贤人在下位而无辅"和"是以动而有悔也"三句传文,冠以"《正义》曰",体式略同单疏本(标示起止语有也字为异);八行本疏文归总置于本节之末,体式为传+注+传+注+传+注+疏(不标示传文起止);十行本则分解为三个内容单元(句各为单元),割裂疏文分置各单元之末,先分释三句传文(其中一、二单元不标示起止,三单元标示起止"是以动而有悔也",于是删省疏文起首提示语"'是以动而有悔'者"七字),再释注文(三单元标示起止:注"夫乾者统行四事者也"),体式为传+注+疏+传+注+疏+传+注+疏。可见,《要义》所摘录之疏文与单疏本体式相同,而不同于八行本、十行本。

又如卷一中之一"文王卦辞利牝马之贞与乾异"、之二"阴不为唱故先迷后得主利"、之三"阴丧朋则吉犹人阴柔而之刚正",首卦画,次下体、上体名,次卦辞"坤,元亨,利牝马之贞",次王注"坤,贞之所利……故唯利于牝马之贞",次卦辞"君子有攸往,先迷后得主利。西南得朋,东北丧朋,安贞吉",次王注"西南,致养之地……而后获安贞吉",次解上、下两段经文之疏"《正义》曰:此一节是文王于坤卦之下陈坤德之辞……象地之广育""君子有攸往者……女子离其家而入夫之室",次解注文"西南"至"贞吉"之疏文"凡言朋者……亦是离其党"。这种经+注+经+注+疏的体式略同八行本(无标示注文起止语"注'西南'至'贞吉'"为异),疏文所出位置及其内容分合亦同于单疏本(经文、注文皆不标示起止为异),而不同于十行本(十行本分解为两个内容单元(上、下两段经文各一),割裂单疏本《正义》分置各单元之末,所以其体式转换为经+注+疏+经+注+疏)。

又如卷一中之七"六二居中得位极地之质",首六二爻辞"六二,直方大,不习无不利",次王注"居中得正,极于地质……而无不利",次《小象传》《象》曰:"六二之动,直以方也",次王注"动而直方,任其质也",次《小象传》"不习无不利,地道光也",次解经之疏《正义》曰:'直方大,不习无不利'者……极于地体"，次解注"居中"至"地质"之疏"地之形质……是尽极地之体质也"。这种经+注+传+注+传+疏的体式略同八行本（无标示注文起止语"注'居中'至'地质'"为异），疏文所出位置及其内容分合亦同于单疏本（经传、注文皆不标示起止为异），而不同于十行本（十行本分解为三个内容单元［经文及两段传文］，割裂单疏本《正义》分置各单元之末，所以其体式转换为经+注+疏+传+注+疏+传+疏）。

又如卷七下之三"其用四十有九不用而用以之通"，摘录《系辞》第八章首句传文"大衍之数五十，其用四十有九"及注；四"分二挂一揲四归奇再扐"，摘录传文"分而为二以象两……故再扐而后挂"及注；五"乾坤之策万有一千二百五十"，首传文"乾之策"云云及注，次传文"坤之策"云云及注，次传文"凡三百有六十"云云及注，次传文"是故四营而成易"及注。以上三个条目依次为第八章传、注文。接下来，六"大衍之数之用诸说不同"，首《正义》曰：此第八章明占筮之法……而生三百八十四爻"，此乃章旨，十行本将其独立出来，置于这一章传之前，而《要义》同于八行本，循常置于此章全部传、注文之后，以为疏文起首；次"'大衍之数五十，其用四十有九'者"云云，以及七"象一两三四闰及五位得合之数"（分别解释"分而为二以象两"至"凡天地之数五十有五"传文，《要义》和八行本一样，作为一个整体，次于"大衍之数五十，其用四十有九"疏文后，而十行本分解成七个内容单元，割裂疏文分置各单元之末），八"成变化而行鬼神"（解释传文"此所以成变化而行鬼神也"，十行本与上句"凡天地之数五十有五"合为一个内容单元，《要义》和八行本仍然是作为第八章疏文整体出现的），九"当期之日当万物之数据老阴阳"（解释传文乾、坤之策至"当万物之数也"，《要义》和八行本次于之八疏文后，而十行本分解三个内容单元，割裂疏文分置各单元之末），十"四营成易十八变成卦引伸触长"（解释传文"四营而成易"至"天下之能事毕矣"，《要义》和八行本次于之九疏文后，而十行本分解三个内容单元，割裂疏文分置各单元之末），十一"韩亲受业于王故引所赖者五十"（解释第一节"大衍之数五十，其用四十有九"注文，《要义》和八行本逐一解释传文之后再解释注文，所以次于上述诸节疏文之后，而十行本置于第一节解传之疏文后）。由上述三至十一凡9例传、注、疏文的编次可以推知，《要义》经传、注疏的构成体式略同八行本（无标示注文起止语"注'演天地之数'至'由之宗也'"为异），疏文所出位置及其内容分合亦同于单疏本（传文、注文皆不标示起止为异），迥异于十行本。

又如卷八之四"此制器取卦之爻象之体韩直取卦名"，首传文"作结绳而为罔罟，以佃以渔，盖取诸离"，次注文"离，丽也……兽丽于山也"，次疏文"《正义》曰：此第二章明圣人法自然之理而作《易》，象《易》以制器而利天下……且依此释之"，这种传+注+疏的体式略同八行本，疏文所出位置及其内容分合亦同于单疏本;"此第二章"云云实乃章旨(缺末一句),十行本将其析出,置于这一节传文之前,不同于单疏本、八行本作为疏文起首,视作有机组成部分。

　　以上数例标志性的体式可以说明《要义》经传、注、疏文的构成体式与八行本相同,疏文所出位置及其内容分合又同于单疏本,皆不同于十行本。这个结论首先可以排除《要义》所从出之底本系十行本的可能性,同时还可以有两种解释,一是设如《要义》所据底本确为注疏合刻本《周易注疏解经》,那么其文本构成体式与八行本相同;二是设如《要义》文本系由经注本和单疏本拼合而成,那么疏文所出位置及其内容分合一以单疏本为据,这也与八行本的构成体式相同。不过,八行本和十行本疏文都有一个共同特征——冠以"疏"字,起首"《正义》曰"领起疏文。与之不同,单疏本每条疏文均冠以"《正义》曰",但无"疏"字。我们发现,《要义》所录疏文仅有1例冠以"疏"字,卷二上之七"否大往小来故匪人不利君子贞",首卦辞,次"疏"字(国图藏传是楼钞本同),次标示经文起止"否之至小来",次解经之疏("《正义》曰"领起)。八行本和十行本大字"疏"下次"《正义》曰",并无标示起止语,只有单疏本才标示起止。因为仅此一例①,所以我们可以认为这1例乃鹤山有意或无意偶然添加(下文论及鹤山或于标示注文起止语上添加"释"字与此同理),《要义》所据底本并无"疏"字,由此似可推知《要义》疏文直接出自单疏本的可能性更大。

　　如上所述,疏文标示经传、注文起止实际上反映了疏文所出位置及其内容分合,所以我们可以通过研究《要义》的标示起止语来探求其所从出之底本。我们粗略统计《要义》上、下经部分,标示起止约77例(以某某至某某为标志),起止语基本上都与单疏本相同(卷一上之三十"上九无位六爻皆无阴是无民",标示起止语"上九曰亢龙至有悔也",单疏本无"也"字;卅八"《文言》第六节又明六爻之义,标示起止语"君子以成德至弗用也",单疏本无"德"字;卷四上之三十六"夷于左股其伤小不为暗主所疑",标示起止语"六二明夷夷至则也",单疏本则上有以字;三十七"南狩得大首不可疾贞谓除暗而渐化",标示起止语"九三明夷至大得也",单疏本夷下有于字。仅以上4例微异,余者悉同),而不同于八行本(经传文不标示起止)和十行本。这一特征具有特异性,亦可说明《要义》疏文更有可能直接出自单疏本。

　　《要义》标示经传、注文起止的体式基本上都是经传/注文起止语+"《正义》曰"疏文起;标示注文起止,或冠以"释"字,卷一下之六"十里为成定受田三百户",首解经传之疏(接续上一条爻辞+王注+《小象》+疏),次标示"释'注

---

① 《要义》摘编《周易》经传、注、疏文,条分缕析,标立条目,所拟标题多有指称《正义》为疏者,如卷五下之十二"得妾以其子疏谓以有贤子故为室主"(解鼎卦初六爻辞之疏)和卷七上之二十"疏又以虚无释道释一",卷七下之十八"疏以一生二释极生两五行释四象八卦",卷七下之二十"易有四象非一说疏谓七八九六"(以上为《系辞上》之疏),但在正文中疏文皆不冠以"疏"字。

以刚至灾未免也'",次解注之疏。卷二下之十一"物蛊必有事非训蛊为事",首标示传文起止语"象曰蛊刚至天行也",次解传之疏("《正义》曰"领起),次标示"释'注蛊者至四时也'",次解注之疏(后部分为十二、十三)。卷三上之二十五"七日来复或谓七月或谓六日七分",首标示"释'注阳气至凡七日'",次解注之疏。卷五上之八"或苋陆为一或为二子夏刚下柔上",首标示"释'注苋陆草之柔脆者'",次"《正义》曰"疏文起。卷五下之二十三"君出则长子守庙社为祭主",首《象传》,次王注,次解传之疏,次标示"释'注已出'",次解注之疏(《正义》曰领起)。上述5例标示注文起止语与单疏本、八行本并同(无"释"字)。

《要义·系辞》以下《易传》部分标示起止的情况略嫌复杂,这和单疏本本身标示起止语参差、并不十分规律有关。例如增删"《正义》曰"三字,如卷八《下系》之八"舟楫取涣乘理以散动",标示传文起止语"刳木为舟至取诸涣",以下疏文起("此九事之第二也……"),单疏本起止语同,但疏文冠以"《正义》曰"三字;十一"衣薪葬野不云上古在穴居结绳后",标示传文起止语"古之葬者至取诸大过",次"《正义》曰"云云疏文起,单疏本起止语同,但疏文起首无"《正义》曰"三字。以上2例八行本、十行本皆不标示起止。又如十九"颜子庶于几以复初九明之","子曰颜氏之子至元吉者,《正义》曰:此第八节……",标示传文起止实际上是以提示语(……者)的形式出现的,故单疏本并无"《正义》曰"三字;八行本无提示语,疏文冠以"《正义》曰";十行本提示语上冠以"《正义》曰"。

总之,《要义》标示经传、注文起止与单疏本相同,而与八行本、十行本有着明显的差异,这也可说明《要义》所据底本绝不可能是八行本和十行本。当然,上文所述两种可能性由此可以得到解释:若出于单疏本和经注本拼合,则保留单疏本标示起止语也是自然而然的;若存在着"注疏解经"这样相当原始的注疏合刻本,其标示起止一仍单疏本之旧,也是完全可能的。

二、《释文》

《要义》的重要特征之一就是附入《释文》于正文之中,这也是我们考察其所从出之底本的参照系之一。《要义》附入《释文》,前后体例不尽统一,乾坤两卦不附《释文》,自屯卦始附入《释文》,直至《系辞》和《说卦》《序卦》《杂卦》《略例》。总体而言,《要义》附入《释文》的基本体式为经传＋注＋《释文》,进一步析分,计有十一种变体:

1. 经传＋注＋《释文》＋经传
2. 经传＋注＋《释文》＋疏
3. 经传＋注＋《释文》＋经传＋注

4. 经传+注+《释文》+经传+注+疏
5. 经传+注+《释文》+经传+疏
6. 经传+注+《释文》+经传+注+《释文》
7. 经传+注+《释文》+经传+注+经传+注+《释文》+经传+注
8. 经传+注+经传+注+《释文》+经传+注
9. 经传+注+经传+注+《释文》+经传+注+《释文》+经传+注+经传+注+《释文》+经传+注+《释文》
10、经传+注+经传+注+经传+注+《释文》+经传+注+《释文》
11. 经传+经传+注+经传+经传+注+经传+注《释文》

虽然《要义》所附《释文》绝大多数皆隶于经传+注之下，但亦有次于疏文之下者，大体有以下四种体式：

1. 经传+疏+《释文》

这种体式所占比重较大，一般情形皆为经传之下本无注文，故径接疏文，《释文》次于其下。当然，也存在着个别例外：

卷五下之八"鼎有亨饪之用有物象之法"，首卦辞，（注文缺省），次解经之疏，次《释文》释卦名音义。

卷五下之二十六"初九以恐致福六二乘刚丧贝"，首爻辞，次王注，次《小象》（无注），次解经传之疏，次《释文》释经文音义。

2. 经传+注+疏+《释文》

卷一下之十二"丈人严庄之称马云贞丈人绝句"，首卦辞，次王注，次解经之疏，次《释文》释卦名和卦辞音义、句读。

卷三上之一"噬嗑亨利用狱言用刑除间乃通"，首卦辞，次王注，次解经之疏，次《释文》释卦名。

卷三上之七"何校灭耳谓刑及其首非诫非惩"，首爻辞，次王注，次《小象》，次王注，次疏（仅有"《正义》曰"三字，其下当有脱文），次《释文》释传文音义。

卷四上之八"憧憧未光大滕口浅末可知"，首《小象》，次王注，次解经传之疏，次《释文》释传文音义。

卷五上之一"夬以刚决柔可告邑不利即戎利有攸往"，首卦辞，次王注，次解经之疏，次《释文》释卦名。

卷五下之八"六二阴不能先唱故革已乃能从之"，首六二爻辞，次王注，（《小象》缺省），次释经传之疏，次《释文》释传文音义。

卷五下之三十八"妇人备礼乃动故渐为女归吉利贞"，首卦辞，次王注，次解注之疏，次《释文》释卦名。

卷五下之四十六"咸二少相感恒二长相承归妹少承长"，首卦辞，次王注，次解注之疏,次《释文》释卦名。

卷六之上五"雷电皆至则威且明故言刑狱",首《大象》,次王注,次解传之疏,次《释文》释传文音义。

卷六下之八"小过即行过恭之类非罪过",首卦辞,次王注,次解经之疏,次《释文》释卦名。

卷八之四"此制器取卦之爻象之体韩直取卦名",首传文,次韩注,次解传之疏,次《释文》释传文音义。

3. 标示经传、注文起止语+疏+《释文》

卷一下之十四"地能包水是容畜之象",首标示师卦《大象》起止语"象曰地中至畜众",次解传之疏,次《释文》释传文音义。

卷二上之十二"天火性同上故法之以类族辨物",首标示同人《大象》起止语"象田(四库本作曰)天与至辨物",次解传之疏,次《释文》释传文音义。

卷二下之十一"物蛊必有事非训蛊为事",首标示《象传》起止语"象曰蛊刚至天行也",次解传之疏,次标示"释'注蛊者至四时也'",次解注之疏(后部分为十二、十三),十三之末次《释文》释注文音义。

卷五上之十六"聚会不可无备故除治戎器",首标示萃卦《大象》起止语"象曰泽上至不虞",次解传之疏,次《释文》释传文音义。

卷五下之二十三"君出则长子守庙社为祭主",首《象传》,次王注,次解传之疏,次标示"释'注已出'",次解注之疏,次《释文》释注文音义。

卷六下之十七"高宗德文明而势急故三年乃克鬼方",首标示爻辞和《小象》起止语"九三高宗至急也",次解经传之疏,次《释文》释传文音义。

卷六下之二十二"小才不能济难如小狐水汔济而濡尾",首标示卦辞起止语"未济亨至无攸利",次释经之疏(无注),次《释文》释卦名。

卷八之八"舟楫取涣乘理以散动",首标示传文起止语"刳木为舟至取诸涣",次解传之疏,次《释文》释传文音义。

4. 疏+《释文》(接续上一条经传+注文或疏文)

卷二下之廿三"观卦中或音官或去声读",接续上一条"大观之时而为童观小人之道"卦辞+王注+《释文》,首解经之疏("童观、窥观,皆读为去声也"),次《释文》整体注明观卦"观"字读音。

卷四下之三十"二簋可用享贵信不贵丰",接续上一条卦辞+解经之疏(无注),首解经之疏,次《释文》释卦名。

卷六上之十四"处明动之时而天际翔故云自藏",接续上一条爻辞+王注+《释文》(释经文音义)+解经之疏,首解传之疏,次《释文》释传文音义。

卷七下之二"诲盗诲淫比小人居位致寇",接续上一条解传之疏,首解传之疏,次《释文》释此条疏文相对应的《系辞上》音义。

除了上述两种体式，《要义》所附《释文》还有独立为一条目者，如卷一中之卅二"需字从雨而者训养读为秀"、卷一下之卅一"地与水相得故曰比"、卷二下之廿三"观卦中或音官或去声读"、卷七上之一"繫本系辞本作嗣应作词""王辅嗣止注六经相承用韩系"、卷九之二九"荀爽本八卦又有三十一象"等。通过对《要义》所附《释文》体式的全面分析，知其以隶于经传＋注文之下为主，辅以经传＋疏＋《释文》的体式，但后者往往是疏文所释经传文之下原本无注，疏文径接经传文之下；对于有注文者，又以解释卦名者居多。总之，一个突出的特点就是《释文》基本上没有径接经传文之下者，或次于注文之下，或次于疏文之下。所以，我们认为，《要义》所附《释文》看似没有规律，实则有迹可循。而且，这种不完全统一的附入《释文》体式恰恰说明拼合的可能性是比较大的。

　　传世附《释文》注疏合刻本体式举凡有四：一是《释文》作为附录整体附经别行，如十行本《周易兼义》和元贞本《论语注疏解经》（元元贞二年［1296］平阳府梁宅刻本）；二是《释文》分附各卷之末，如金元平水本《尚书注疏》；三是《释文》分附疏文之下（无疏文者，则径接相应经、注文之下），如蜀大字本《论语注疏》；四是《释文》分附相应经、注文之下，这是十行本通行的体式，如《附释音尚书注疏》《监本附音春秋公羊注疏》等皆然。上述四种体式的差异是十分明确的，我们以之为参照来考察《要义》所附《释文》。虽然影响《释文》所出位置的主要因素是被释字所属之经传或注文，具体到《要义》就是其所摘编之经传、注、疏文本，尽管《释文》所出位置并无完全统一的规律性，但基本上不存在径接经传文之下的情形，这说明《要义》所附《释文》主要着眼于被释字的归属，相应地附于注文或疏文之下。由此可知，其所附《释文》与上述四种体式皆不尽相同，虽与第四种体式较为接近，但还是具有较为明确的差异的，主要在于十行本若经文下无注文，则所附《释文》径接经文下，而《要义》多次于疏文下。因此，如果我们忽略魏了翁在摘编《释文》之时的主观性、随意性（这是客观存在着的），仅就前揭两种可能性而言：如果是由经注本和单疏本拼合而成，那么这个经注本有可能是经注附《释文》本，当然也不能否定经注本附刻《释文》别行的可能性；如果是出自注疏合刻本《周易注疏解经》，那么其附入《释文》的体式当然有可能是第四种体式（因为十行本多由经注附《释文》本和单疏本重构而成，说详下文），但也不能排除第一、二种体式的可能性，这是因为《要义》附入《释文》的体式毕竟不统一。①

　　除了考察《要义》附入《释文》的体式，我们还可以通过文本校勘来探寻其源流系统，校以诸经汇刻本《释文》（国图藏宋刻递修本，以下简称宋本）和宋刻

---

① 张丽娟教授教示，除了笔者所说的可能性之外，还存在着注疏合刻本（《周易注疏解经》）和《释文》拼合的可能性。

经注附《释文》本(国图藏南宋初建阳坊刻本,以下简称建本)、纂图互注重言重意本(台北"中央图书馆"藏南宋建刻本,以下简称纂图互注本)和前揭元刻元印十行本附载之《释文》。《要义》反切字均作反字,与建本、纂图互注本、十行本同,宋本大部分亦作反字,唯《系辞》上及下之一部分作切字,可知《要义》所附《释文》总体上不同于宋本。就具体异文而言,卷一中之廿二"即鹿无虞或作麓君子几有二音",《释文》:"几,徐音祈,辝也。注同。"纂图互注本同(辝作辞),宋本、十行本(辝作辞)出文"君子几";建本无"辝也"二字,知其乃节录。《要义》亦有节录者,如卷一中之廿四"以刚处中能断疑故童蒙求之",《释文》:"童,如字,字书作僮。郑云:未冠之称。"宋本、建本、纂图互注本、十行本下有《广雅》云云。卷八之五"耒耜致丰取益市合物取噬嗑",第一节《释文》"斲(斫),陟角反。……垂造作也",宋本、建本、纂图互注本、十行本下有"本或橾木为之耒耨,非"九字(纂图互注本或下有作字)。第二节《释文》"《世本》云……颛顼臣也",宋本、建本、纂图互注本、十行本下有"《说文》云:市,时止反(切)"七字。至于具体的音义文字各本则颇有异同,如卷一中之廿四"以刚处中能断疑故童蒙求之""蒙,莫工反",纂图互注本同,宋本、建本、十行本工作公。卷一下之一"讼必有孚不可长利见大人",《释文》:"窒……马作咥……郑云:咥,觉悔貌。"建本、纂图互注本、十行本同,宋本二咥字并作至。十二"丈人严庄之称马云贞丈人绝句",《释文》:"贞丈人,绝句。丈人,庄严之称。郑云:能以法度长于人。"纂图互注本同,宋本、十行本庄严作严庄,建本无"丈人,庄严之称"句。十四"地能包水是容畜之象",《释文》:"畜,敕六反,聚也。王肃许六反,养也。"纂图互注本、建本同,宋本、十行本出文"畜众"。卷七上之一"繫本系辞本作嗣应作词"的内容,原本是《释文》阐述经注本小题"周易系辞上第七"的题解文字;之二"王辅嗣止注六经相承用韩系"的内容,系《释文》阐述经注本作者题署"韩(康)伯注"的题解文字。前一条末句"本亦有无上字者",建本、纂图互注本、十行本同,宋本下有"非"字;"胡诣反""口奚反",建本、纂图互注本、十行本同,宋本反作切。之十三"吉凶悔吝无咎皆生乎变下历言五者",第二节《释文》:"小疵,徐才斯反。马云:瑕也。"宋本、纂图互注本、十行本同;建本出文"疵",误作庇。第三节《释文》:"辩,如字。京云:明也。虞、董、姚、顾、蜀才并云别也,音彼列反。见,贤遍反。"纂图互注本同,建本出文同,无音字;宋本、十行本出文"辩吉凶"。《释文》:"介音界,注同。纤,王肃、干、韩云:纤,介也。息廉反。"纂图互注本同,宋本、十行本分为两条,分别出文"乎介"和"纤","息廉反"属后者,余者属前者(无上纤字);建本出文"介",无"王肃、干、韩云:纤,介也"数字。《释文》:"震,马云:惊也。郑云:惧也。王肃、韩云:动也。周云:救也。"纂图互注本同,建本出文同,惊上有震字,惧也下无"王肃、韩云:动也"六字;宋本、十行本出文"震无咎",惊上有震字。卷八之四"此制器取卦之爻象之体韩直取卦名",《释文》:"为罟,音古,马、姚云:犹网也。黄本作为网罟,云:取兽曰网,取鱼曰罟。"建本、纂图互注本、十行本同,宋本云犹二字作氏。卷九之一"幽赞神明而生蓍蓍蒿属",《释文》"赞本或作讚",宋本、纂图互注本、十行本同,建本无或字;"《论衡》云:七十岁生一茎,七百岁生十茎",纂图互注本、十行本同,建本、宋本脱下茎字。卷九之廿九"荀爽本八卦又有三十一象",《释文》"(荀爽九家《集解》本)巛后有八:为牝,为迷,为方,为王",宋本、建本、纂图互注本、十行本王作囊。

由上可知,《要义》本《释文》出文悉同于纂图互注本,略同于建本,而不同于宋本、十行本;《要义》节录《释文》多寡亦与建本迥异,建本《释文》每有节略,而《要义》一般都是全录,当然也有反例。由此可以说明《要义》本《释文》并不出自建本和宋本、十行本三者之一。而从异文来看,《要义》除节录《释文》者之外,余者与纂图互注本基本相同,且与十行本《释文》较为接近,而不同于宋本、建本,是以知其既不出自诸经汇刻本(宋本),亦不出自附经别行的十行本,亦不出自经注附《释文》的建本,当源出纂图互注本或其所从出之经注附《释文》本,而纂图互注本出自余仁仲万卷堂刻本①,因为纂图互注本刊行时间较晚,当在鹤山编纂《要义》之后,而余本刊行于南宋孝宗朝,所以《要义》本《释文》出自余本的可能性是比较大的。我们又发现了两条材料,可以说明余本、纂图互注本与《要义》具有一定的关联度。卷二下之九"六三舍初系四非正应故利居贞"随卦六三王注"故舍初系四"《释文》:"故舍,音舍,下文同。"宋毛居正《六经正误》:"随卦:'故舍,音舍,下文同。'舍作社,误,兴国军本亦然,唯建安余氏本不误。"宋本、十行本、建本、纂图互注本皆作舍,与余本相同。卷九之二十八"荀爽本八卦又有三十一象",《说卦·释文》:"(荀爽九家集解本)巛后有八……震后有三,为玉……坎后有八,为宫,为律,为可,为拣。"②《正误》:"(《说卦·释文》)'为羊'注,'巛后有八','《作巛,误;震'为五'作王,误;坎'为拣'作栋,误。并当据建安余氏本为正。"宋本分别作巛、王、拣;建本、十行本分别作巛、王、栋;纂图互注本分别作巛、王(此字右下部分似有涂抹,疑其字原本作五或玉)、拣。纂图互注本与余本虽非全同,但二者的异文还是具有一定匹配度的。总之,我们通过对《要义》所附《释文》体式和异文的研究,大体可以判定其《释文》

---

① 经过桥本秀美教授(《〈礼记〉版本杂识》,《北京大学学报(哲学社会科学版)》第 43 卷第 5 期,2006 年)和张丽娟教授(《南宋建安余仁仲刻本〈周礼〉考索》,《中国经学》第十七辑,广西师范大学出版社,2015 年;以及《宋代经书注疏刊刻研究》中有关余仁仲本〈左传〉之比勘,第 157 页)的研究,《礼记》《周礼》《左传》等经纂图互注本与余仁仲本异文具有高度一致性,当由类似余仁仲本发展而来,所以张丽娟教授推断"《周易》或亦如是"(详参《今存宋刻〈周易〉经注本四种略说》,未刊稿)。

② "拣(揀)"字,宋本、纂图互注本及《要义》似作"揀",黄焯先生以为宋本实乃拣字(《经典释文汇校》卷二,北京:中华书局,2006 年,第 66 页)。

与纂图互注本具有较高的亲缘关系,而从版本源流上推断当可追溯至余本,进而似可认定其经、传文亦有可能出自余本,这样似乎可以说明《要义》文本系由经注本和单疏本拼合而成的可能性更大,而直接出自由经注本和单疏本重构而成的注疏合刻本的可能性更小。

三、异文

下面,我们再通过分析《要义》与传世宋元刻本的异文来进一步探究其所从出之底本的特征。今存经注本有国图藏季振宜旧藏南宋淳熙抚州公使库刻递修本(《四部丛刊》影印本,以下简称抚本)和日本室町钞本《周易注》(国立公文书馆藏林罗山旧藏本,以下简称经注古本),单疏本有前揭南宋刻单疏本和单疏古本,八行本有前揭足利八行本和陈本,十行本除前揭元刻元印十行本外,还有源出宋刻十行本的明永乐二年(1404)刻本《周易兼义》(平馆书,今藏台北故宫,以下简称永乐本)①。今以《要义》为底本,略及进表、《孔序》和乾坤二卦,校以上述诸本及明代以降通行的元刻明修十行本和闽本、监本、毛本,比较互证,冀有所得。

分析校勘所得之异文,可以明显地看出,除了《要义》节录原文所造成的缺省以及《要义》本身的明显讹误之外,其中大多数异文皆为《要义》同于日系古本、抚本、纂图互注本、单疏本和八行本、十行本、永乐本,而不同于晚出各本(元刻明修十行本和明刻诸本),足见其文本渊源甚早,更接近于刻本时代的祖本。至于早期版本之间的异文,大体可分为以下五种情形:

1.《要义》经传、注文有同于纂图互注本而不同于天禄本、建本者,如卷七上之三《系辞》韩注"悬象运转",纂图互注本同,天禄本、建本悬作县。之十三"吉凶悔吝无咎皆生乎变下历言五者"《系辞》韩注"故动而无咎存乎悔过也",纂图互注本同,天禄本、建本悔上有其字。之十七"尽聚散之理能知变化之道"《系辞》韩注"游魂为变也",纂图互注本同,天禄本、建本游上有而字。之二十七"以鹤鸣予和明拟议之道谨其微"《系辞》韩注"定得失者慎于枢机",纂图互注本同,天禄本、建本得失作失得。卷七下之四"分二挂一揲四归奇再扐"《系辞》韩注"凡闰者",纂图互注本同,天禄本、建本无者字。之五"乾坤之策万有一千五百五十"《系辞》韩注"六爻百四十四策",纂图互注本同,天禄本、建本百上有一字。卷一〇之十三"屯时君子虽见而盘桓利贞不失居"《杂卦》韩注"君子以经纶之时",纂图互注本同,天禄本、建本无以字。之十九"物有性行异情

---

① 笔者认为永乐本当出自宋刻十行本,详参拙作《〈周易〉注疏合刻本源流系统考——基于乾卦经传注疏异文的完全归纳法》(《儒家典籍与思想研究》第九辑,北京大学出版社,2017年)。

体反质愿违"《略例》"志怀刚武,人于大君",纂图互注本同,天禄本、建本人下有为字。当然,也还是存在着反例,如卷一下之三十三"大畜畜极而通小畜积极而后能畜",小畜卦王注"夫大畜者,畜之极也",天禄本、建本同,纂图互注本极下有者字。卷七上之十"吉凶悔吝变化刚柔注疏通互言之",《系辞》韩注"辨变化之小大",天禄本、建本同,纂图互注本辨作下。卷八之"韩因门柝取豫故九事皆取卦名"《系辞》韩注"取其备豫",天禄本、建本同,纂图互注本备豫作豫备。之二十"爻繇备物极变有衰世之意"《系辞》韩注"世衰则失得弥彰",天禄本、建本同,纂图互注本则作而。之二十六"刚柔有正有偏"《系辞》韩注"闲邪存诚",天禄本、建本同,纂图互注本存下有其字。卷九之九"天道阴阳言气地道柔刚言形"《说卦》韩注"在气而言柔刚者",天禄本、建本同,纂图互注本柔刚作刚柔。之十六"直举六子以明神之功用不言乾坤"《说卦》韩注"终万物、始万物者",天禄本、建本同,纂图互注本上物字下有者字。卷一〇之九"易备三材谓上下经分天道人事者非"《序卦》韩注"故夫子殷勤深述其义",天禄本、建本同,纂图互注本殷勤作殷懃。之二十七《略例》"观变动存乎应察安危存乎位"韩注"爻之安危在乎位",天禄本、建本同,纂图互注本在作存。①

2.《要义》同于单疏古本而不同于单疏本、八行本、十行本者,如乾卦"无祇悔元吉"(下删省"之类"二字),单疏古本同;单疏本悔字下空两格,虽二字泯灭,尚知存在缺文(祇作祇);至于八行本、十行本、永乐本则径夺"元吉"二字,并无空格。"潜隐避世,心志守道",单疏古本同;单疏本心下一字漫漶不可辨;八行本夺志字;十行本、永乐本潜隐误乙作隐潜。单疏古本渊源自北宋刻本,②知《要义》疏文也有可能源出北宋刻本,早于南宋刻单疏本和八行本、十行本。

3.《要义》同于单疏本而不同于八行本和十行本者,如乾卦"天上而极盛",单疏本、单疏古本同,八行本、十行本、永乐本夺上字,作"天而极盛"。"同人云:同人于野,亨",单疏本、单疏古本同,八行本、十行本、永乐本于作於。当然,也存在着《要义》文本不同于单疏本而同于八行本和十行本者,如《孔序》"独冠古今",陈本、十行本、永乐本同,单疏本冠作见。"伏牺、神农、黄帝之书",陈本、十行本、永乐本同,单疏本黄帝作皇帝。"崔觐、刘贞简等并用此义",陈本、十行本、永乐本同,单疏本贞下有空格。"自商瞿已后",陈本、十行本、永乐本同,单疏本商作商。坤卦"不可不制其节度",八行本、十行本、永乐本同,单疏本节误尊。

---

① 章莎菲同学曾校勘《系辞》《说卦》《序卦》《杂卦》及《略例》,上述相关异文是我们从中拣选出来的;"小畜"一条系从张丽娟教授《今存宋刻〈周易〉经注本四种略说》(未刊稿)中选出,我们再校以《要义》及各本。

② 说详拙作《海保渔村〈周易校勘记举正〉举正》(香港浸会大学饶宗颐国学院编《饶宗颐国学院院刊》第三期,中华书局(香港)有限公司,2016年)。

4.《要义》同于单疏本和八行本而不同于十行本者,如乾卦"他皆放此",单疏本、八行本同,十行本、永乐本放作仿。"施于五事言之",单疏本、八行本同,十行本、永乐本五作王。"故略知不言也",单疏本、八行本同,十行本、永乐本知作而。"或多在事后者"(删省"事上言之或在"六字),单疏本、八行本同,十行本、永乐本者作言。"感应之事广",单疏本、八行本同,十行本、永乐本广作应。"与体相乖",单疏本、八行本同,十行本、永乐本乖误垂。坤卦"牛虽柔顺",单疏本、八行本同,十行本、永乐本牛误生。"《象》曰'慎不害'者",单疏本、八行本同,十行本、永乐本无"《象》曰"二字。"由其谨慎",单疏本、八行本同,十行本、永乐本由误曰。或同于单疏本和十行本而不同于八行本者,如坤卦"三天两地而倚数",单疏本、十行本、永乐本同,八行本三作参。或同于八行本而不同于单疏本和十行本者,如乾卦"纯阳进极",八行本同,单疏本、十行本、永乐本进作虽。坤卦"不敢干乱先圣正经之辞",八行本同,单疏本、十行本、永乐本干误于。"故分爻之《象》辞",八行本同,单疏本爻误文,十行本、永乐本象辞误乙作辞象。

5. 十行本有宋刻、元刻之别,在二者有异文的情况下,《要义》基本上都是同于前者。如《孔序》"欲取改辛之义",单疏本、永乐本同,十行本辛作新。"盖取诸益与噬嗑",单疏本、永乐本同,十行本脱诸字。"案升卦六四王用亨于岐山",单疏本、永乐本同,十行本于作於。乾卦"以能保安合会大和之道",单疏本、八行本、永乐本同,十行本和作利。"若天欲雨而柱础润是也",单疏本、八行本、永乐本同,十行本柱础作础柱。坤卦"所行亦能广远",单疏本、八行本、永乐本同,十行本行误而。"'先迷后得主利'者",单疏本、八行本、永乐本同,十行本主误王。这些例子都是《要义》同于宋刻十行本,而不同于元刻十行本。

6. 除了通过《周易》本身不同版本类型的比勘来探求《要义》的文本渊源,还可以通过与他经版本的横向比较来提供佐证。长孙无忌《上五经正义表》分别见于《周易》《尚书》《春秋(左传)》三经单疏本卷首,其中《尚书》本刊行最早,最接近于原本。① 值得注意的是,《要义》本《进表》之文本明显优于《易》单疏本,如"臣无忌等言",敦煌本、《书》单疏本(日本宫内厅书陵部藏宋刻单疏本《尚书正义》同),《易》单疏本无作無。"奉诏修撰",《书》单疏本同,《易》单疏本诏作敕。"尚书左仆射兼太子少傅监修国史上护军北平县开国公臣行成",《书》单疏本左作右,《易》单疏本北平误作曲阜。"通直郎守太学博士臣齐威",《书》单疏本同,《易》单疏本"通直郎"下脱守字。"宣德郎守太常博士臣孔志约",《书》单疏本同,《易》单疏本"太常"误作"大学"。"兼太学助教臣郑祖玄",

---

① 参见拙作《北宋国子监校刊〈五经正义〉次序析疑——以〈上五经正义表〉校勘为中心》(《儒家典籍与思想研究》第十一辑,北京大学出版社,2019年)。

《书》单疏本同，《易》单疏本脱兼字。"朝散大夫行太学博士臣贾公彦"，《书》单疏本同，《易》单疏本太学作大学。当然，《要义》还是保留着《易》系统的特征，如"故祭酒上护军曲阜县开国子孔颖达"，《易》单疏本同，《书》单疏本孔上有臣字。"宏才硕学"，《易》单疏本同，《书》单疏本才作材。"光禄大夫侍中兼太子少保监修国史上护军蓨县开国公臣季辅"，《易》单疏本同，《书》单疏本"大夫"下有"吏部尚书"四字。"朝议大夫国子博士臣王德韶"，《易》单疏本同，《书》单疏本大夫下有守字。"傍摭群书"，《易》单疏本同，《书》单疏本傍作旁。总之，《要义》所从出之底本的文本渊源甚早，明显早于南宋刻单疏本，当然也还是属于《易》系统范畴之内。

综上所述，《要义》文本相对于传世诸本（单疏本、八行本和十行本）皆更为优长，表现出相当早的特征，但又不尽同于单疏本、八行本和十行本其中任何一本；总体而言，《要义》疏文同于单疏本者所占比重最大，但早于南宋刻单疏本，当出自北宋刻单疏本。①《要义》经传、注文少有异文，基本上都同于天禄本、建本和纂图互注本，而不同于日系古本，明显地表现出刻本系统的特征。但也存在着个别例外，如卷一中之一"文王卦辞利牝马之贞与乾异"坤卦卦辞王注"而又牝马"，经注古本同，天禄本、建本、纂图互注本马作焉。经注古本渊源自唐写本，但也受到宋刻本的影响，②所以，我们推断古本这个异文也有可能渊源自宋刻本，《要义》恰可为证。同时，《要义》同于纂图互注本而不同于天禄本、建本者，亦可为上文根据《释文》推导出《要义》有可能出自余仁仲本的结论提供佐证。至于《要义》同于天禄本、建本而不同于纂图互注本者，恰可说明其所从出之底本并非纂图互注本本身，当与之同属一系（例如余本），所以才会出现这部分异文，讹变的产生既有可能是在纂图互注本刊刻过程中，也有可能是在《要义》据底本移录过程中。除了前揭有关《释文》的论证，从异文上也可探寻出余本、纂图互注本与《要义》的关联性，如卷一上之十八"诸象不包在下者称先王与后"噬嗑《象传》"先王以明罚勑法"。《正误》："《象辞》'先王以明罚勑法'，监本误作敕，旧作勑，绍兴府注疏本、建安余氏本皆作勑。"今传宋刻经注本如抚本、天禄本、建本、纂图互注本皆已改作勑，同于余本和《要义》。卷一下之卅六"六三阴居阳柔乘刚故为眇为跛"履卦王注"志存于五"。《正误》："六三注'志存于五'，（南宋国子监本）五作王，误。《正义》云'以六三之微而欲行九五之事'，是解注文'志存于五'也。绍兴注疏、兴国军本皆误作王，唯建安

---

① 我们发现，淳祐刻本《要义》卷首《周易正义序》第一条目标题"上《正义》人姓名正观讨核永徽刊定"，"贞"字避讳改字作"正"字，似可推知其底本或系北宋本。《五杂俎》卷一三有曰："宋时避君上之讳最严……仁宗名祯，而贞观改作正观。"（明万历四十四年潘膺祉如韦馆刻本）

② 说详拙作《日系古钞、古活字〈周易〉经注本研究》（未刊稿）。

余氏本作五。"①抚本作王,犹沿监本之误,兴国军学本亦同;天禄本、建本、纂图互注本皆已改作五,同于余本和《要义》。这两个例子至少也可说明存在着《要义》经传、注文出自余本的可能性。

结　语

《要义》所从出之底本既非八行本《周易注疏》(卷次分合和内容构成不同,经传文不标示起止,疏文不冠以"疏"字,不附《释文》),亦非十行本《周易兼义》(经传、注疏构成体式不同,疏文所出位置及其内容分合不同,标示起止语亦有所不同,且不冠以"疏"字,《释文》附经别行),其经传、注、疏文本来源甚早,较之传世诸本皆更为优长。虽然其卷次分合与经注本、十行本大体相同,经、注、疏文的构成体式与八行本相同,标示起止语与单疏本大体相同,但并不等同于单疏本、八行本和十行本任何一本。不过,从标示起止和文本校勘来看,《要义》与单疏本更为接近,表现出更多的共同点和契合度,当然并非南宋刻单疏本,当为北宋刻单疏本。《要义》散入《释文》于正文之中,但体式并不统一,多附入经传+注文之下,亦有附入疏文之下,故可推知其所据《释文》底本可能是经注附《释文》本,当然也不能排除原本附经别行或分附各卷之末的可能性;而通过异文校勘,知其与纂图互注本约略相同,既不同于群经汇刻的宋本《释文》,也不同于十行本《周易兼义》附经别行的《释文》和经注附《释文》的建本。虽然我们从《要义》之中寻求的内证尚无法确切地认定其所从出之底本是注疏合刻本《周易注疏解经》还是由经注本和单疏本拼合而成,因为这两种可能性在上述体式和异文校勘两个方面都可以得到解释。但通过对《要义》所附《释文》和经传、注文文本的比勘,可以推知其渊源似可追溯至纂图互注本所从出之余仁仲本;如果这个推论成立的话,那么就可以确证《要义》所据底本是后一种情形,即由经注附《释文》本(余本)和单疏本拼合而成。② 总之,如果《要义》所从出之底本是注疏合刻本《周易注疏解经》十卷,假使存在着这样一个本子,那么它是独立于后世通行的注疏合刻本八行本和十行本系统之外的第三个系统,成书时间不晚于南宋中期,不排除更早的可能性;它更接近于刻本时代的祖本,卷数为十卷,卷次分合略同经注本;但疏文所出位置及其内容分合、标示起止语悉同单疏本,以致经传、注疏构成的体式悉同八行本(因为八行本就是以单疏本为基础重构而成的,但注文冠以"注云"字,疏文冠以"疏"字;而《要

---

① 这条异文是张丽娟教授注意到的,详见《今存宋刻〈周易〉经注本四种略说》(未刊稿)。
② 北宋、南宋监本以及官刻经注本,皆附刻《释文》,配套相辅而行,传世本如抚州公使库本和兴国军学本皆然。余本是早期的经注附《释文》本之一。

义》大多并无"注云""疏"字,唯卷一〇注文冠以"注"字为例外);《释文》或附经别行,或分附各卷之末。如果《要义》文本系由经注本附《释文》和单疏本拼合而成,那么其构成方式是以经注附《释文》本为基础加入单疏,亦即总体框架(卷次)同于经注本,疏文所出位置及其内容分合、标示起止语则一以单疏本为据(《要义》无"注云""疏"字,正与经注本、单疏本吻合,恐非偶然),经传、注疏的构成体式同于八行本;至于原本散入经注文之下的《释文》,则因为疏文的加入而或次于经注文之下,或次于疏文之下。

为了确切地判定《要义》所从出之底本的性质,我们有必要探求鹤山本人对于《九经要义》取材的论说。因为鹤山编纂《九经要义》"盖自撮录,以备遗亡,非有意传世,后亦未暇修订,故并无序例"①,故别集中并无相关序跋,只有《鹤山先生大全文集》中四通书札提及此事,其文有曰:

卷三四《答许介之解元玠》:"山中自课以圣贤之书,日有程限,诸经义疏重与疏剔一遍,帝王典则,粗见端绪。"

卷三四《答范殿撰子长》:"山中静坐,教子读书,取诸经、三礼自义疏以来,重加辑比,在我者益觉有味,不知世间何乐可以加此。"

卷三五《答朱择善改之》:"近数年间,山中无事,再取诸经、《仪礼》注疏,重加温寻,又将要紧处编出,始知先儒之说得于此者亦多。第汉魏诸儒言语拙讷,不能发明,亦坐党同代(疑当作伐)异,不能平心以定是非耳。"

卷三六《答苏伯起振文》:"某囚山三载……偶有带行书册,再三寻绎之外,功夫尽多,从两三郡士友家宛转借得诸经义疏,重别编校。益叹从前涉猎疏卤,使无是设,亦泯泯此生矣。"②

虽然仅有上述四条材料,却也弥足珍贵,透露出以下信息:1. 可以确知《九经要义》成于鹤山谪居靖州期间殆无疑义。2. 编纂《九经要义》的动因是鹤山"自课"和"教子读书",目的是可见"帝王典则"之端绪,并非有意传世,只是将注疏之文条分缕析,去粗取精(以疏文为主)。清强汝询以为"昔人有言,诸经注疏颇引谶纬,欧阳公尝疏请刊除,以正学术,未果。魏氏《要义》,始尽芟之。斯言殆得纂辑之旨"③。此说恐未必是,虽然鹤山亦反对谶纬,但编纂《要义》的根本出发点和着眼点并不在此。3. 资料来源是自带或辗转借得的诸经"义疏"(仅一处例外称作"注疏"),所谓义疏,宋人比较通行的理解当指诸经《正义》(疏),这一方面说明鹤山阅读和编辑的对象主要是《正义》(疏),所以群经《要

---

① 〔清〕强汝询《求益斋文集》卷六《再书〈周易要义〉后》,光绪中江苏书局刻《求益斋全集》本。
② 《四部丛刊初编》影印嘉业堂旧藏宋刻本《鹤山先生大全文集》。
③ 《求益斋文集》卷六《再书〈周易要义〉后》,光绪中江苏书局刻《求益斋全集》本。

义》皆以疏文为重心,亦可得到验证;另一方面,又不局限于唐宋《正义》(疏),"汉魏诸儒"的古注也包含在内,这也反映在群经《要义》之中。4.鹤山编辑的方式,是对"义疏"(包括相应的汉魏古注)重加"温寻""疏剔""编校""辑比","将要紧处编出",不但更深切地领悟到汉魏和唐宋诸儒之说的得失,而且还能弥补自己此前"涉猎疏卤",自得其乐。

对于我们探究《周易要义》所从出之底本这一问题而言,上述四通书札颇具启发性。其三鹤山自称其编纂《九经要义》的资料来源是"诸经、《仪礼》注疏",下文论及对唐宋《正义》(疏)和汉魏古注的认识,这说明所谓"注疏"确指诸经注和疏;但并不是指注疏合刻本,证据即《仪礼》,其注疏合刻本至明代始出现,所以我们可以确切无疑地做出这样的认定。我们还发现了另一通书札,可为佐证。卷三五《答真侍郎》:"近方看得李氏《仪礼》太半①,其间尽有好处,盖注疏甚晦,得此书方觉易读也。"亦提及"注疏",知其实指经注本和单疏本而言。由此类推,我们是不是也可以认为《要义》所据"诸经注疏"当理解为泛指《周易》之注和疏,亦即经注本和单疏本呢?方回《周易集义跋》有曰:"(鹤山先生)谪靖州,取诸经注疏,摘为《要义》。"②虞集《鹤山书院记》有曰:"及取九经注疏正义之文,据事别类而录之,谓之《九经要义》。"③可知方回和虞集所谓"注疏"亦为泛指,并不一定确指注疏合刻本。而且,我们还注意到《(景定)建康志》所著录之群经版本类型,《周易》注疏合刻本仅有"监本《注疏》""建本《注疏》"④,恰可与八行本、十行本相对应,亦可反证《周易注疏解经》存在之可能性甚微。所以,我们倾向于认为《要义》所从出之底本并非注疏合刻本,而是由经注附《释文》本(余本)和单疏本拼合而成,构成的方式是以经注本为基础缀入疏文。⑤ 至于《要义》为何更改《孔序》原文,似乎只能解释为是对《要义》内容和卷数的描述。⑥

---

① "李氏《仪礼》"当指李如圭《仪礼集释》三十卷,成书于孝宗淳熙中。
② 《经义考》卷三三《周易集义》转引,林庆彰先生等"点校补正"本,"中央研究院"中国文哲研究所筹备处,1997年,第一册,第744页。〔清〕张金吾《爱日精庐藏书志》卷一传是楼钞本《周易要义》十卷解题亦有引,注曰:"见《桐江集》。"(上海古籍出版社,2014年,第12页)但四库本《桐江集》未见此跋。国图藏宋刻本《大易集义》(《中华再造善本》影印本)首尾不完具,亦无此跋。
③ 《道园学古录》卷七,《四部丛刊》影印明景泰翻元小字本。
④ 〔宋〕周应合《(景定)建康志》卷三三《文籍志一·书籍》,《宋元方志丛刊》影印嘉庆六年金陵孙忠愍祠刻本,中华书局,1989年,第二册,第1884—1885页。
⑤ 强汝询注意到"或嫌其不载经文,不知宋时《正义》皆单行,初不与经注合,《要义》间录经注,尚是魏公所增"(《再书〈周易要义〉后》)。他指出鹤山在《正义》(疏)基础上增益经、注文,从内容上讲这是没有问题的;但就《要义》的构成方式而言,则是以经注本为基础框架而加入疏文。
⑥ 张丽娟教授教示题名同为"注疏解经",《孟子注疏解经》卷首为孙奭《孟子音义序》,八行本一仍其旧,而十行本根据伪疏号称"正义"的实际状况改易了个别文句。张教授此说亦颇有启发性,可见宋人刻书时根据内容需要而更改序文的情况并非个例。

附记:2015年以来,笔者致力于校勘《周易》经传注疏,尤于《要义》颇留意焉,盖以其文本渊源甚早之故也。其书卷首摘录孔颖达《正义序》,"正义"作"注疏解经","凡十有四卷"作"凡十卷"。笔者原本坚信这两条异文实际上透露出鹤山所据底本即注疏合刻本《周易注疏解经》十卷。为了证成己说,从体式、《释文》和异文等三个方面对《要义》做了比较全面的研究,虽然可以确切无疑地排除八行本和十行本,但也注意到这三个方面的诸多特征无论对于注疏合刻本《周易注疏解经》的存在还是经注本和单疏本拼合这两种可能性都可以得到支持。于是,我们延请章莎菲同学审读拙稿,考察文章的逻辑过程是否周延。她也认为注疏合刻本说和经注本、单疏本拼合说都可以得到解释,力主后一说。我们听取莎菲的意见,重新对文中所提出的证据链进行考辨,并且从鹤山别集和《(景定)建康志》中发现了颇具说服力的新材料,所以也倾向于认为《要义》系由经注本(《释文》附经别行)和单疏本拼合而成(当然也不能完全排除注疏合刻本的可能性)。2019年9月21日在北京大学《儒藏》编纂与研究中心主办的"儒学研究范式的历史与前景"学术研讨会上,笔者发表拙作,张丽娟教授提出《要义》所附《释文》参校本应添加纂图互注本,并查出二者个别异文相同。受到张教授的启发,笔者重校文中所涉及的全部《释文》异文,发现二者高度契合,同时结合张教授之前有关《周易》经注本的研究成果,推导出《要义》本《释文》很有可能出自余本的结论,为拙作原本倾向于认为《要义》所从出之底本系经注本和单疏本拼合的结论提供了佐证。因此,拙作实际上也凝结着张教授和莎菲同学的智慧,附记于此,谨志谢忱。

孔广栻辑《春秋折衷论》及其价值

刘晓丽[*]

【内容提要】 唐末陈岳所著《春秋折衷论》三十卷,明代已佚。朱彝尊、马国翰以及近人江右瑜、张固也、黄觉弘等人都对其进行过辑佚工作。乾隆间,孔广栻曾辑得《春秋折衷论》一卷,然历代学者都没有利用这一成果,以致重复劳动。孔广栻辑本所据底本为杨昌霖初辑大典本《春秋会义》的录副本。辑佚的时间不早于乾隆四十二年(1777)。孔广栻辑本是最早利用《春秋会义》对《春秋折衷论》进行辑佚的,且体例科学,可补今世辑本之阙讹。

【关键词】 孔广栻 辑佚 春秋折衷论 春秋会义 价值

唐末陈岳所著《春秋折衷论》三十卷,明代已佚。清初,朱彝尊始据章如愚《群书考索续集》辑得二十七条,马国翰在此基础上又据元人程端学所引补辑四条。近年,江右瑜又辑得八十二条,华中师范大学张固也教授辑得佚文二百二十九条,并云"则其全书精华大略已具于此,快何如哉"。其实清乾隆间,曲阜孔广栻曾辑得《春秋折衷论》一卷。书中不仅抄录了朱彝尊所辑二十七条佚文,还据家中所藏杨昌霖初辑大典本《春秋会义》的录副本辑出《春秋折衷论》佚文二百八条。孔广栻辑本是最早利用《春秋会义》对《春秋折衷论》进行辑佚的,且体例科学,可补今世辑本之阙讹。然历代学者都没有利用这一成果,以致重复劳动。

一、陈岳及其《春秋折衷论》

陈岳(约833—905),唐末吉州庐陵(今江西吉安)人。乡贡士,钟传辟为江西从事。曾任检校尚书屯田员外郎、江南西道观察判官,"后以逸黜,寻遘病而卒",享年七十三岁。[①] 两《唐书》无传,事迹散见于唐宋笔记小说及书志中。唐代王定保《唐摭言》对陈岳生平记载最为详细:

---

[*] 本文作者为中国科学院文献情报中心中国古典文献学专业博士后(馆员)。
① 张固也、熊展钊《陈岳〈唐统纪〉考论》,《古籍整理研究学刊》2017年第1期,第16—22页。

> 陈岳，吉州庐陵人也。少以词赋贡于春官氏，凡十上，竟抱至冤。晚年从豫章钟传，复为同舍所谮，退居南郭，以坟典以自娱。因以博览群籍，常著书商较前史得失，尤长于班史之业，评三传是非，著《春秋折衷论》三十卷。约《大唐实录》撰《圣纪》一百二十卷，以所为述作号《陈子正言》十五卷，其词赋歌诗别有编帙。光化中，执政议以蒲帛征传，闻之，复辟为从事，后以谗黜，寻遘病而卒。①

可知，除《春秋折衷论》外，陈岳还著有《圣纪》（即《唐统纪》）一百二十卷、《陈子正言》十五卷。《陈子正言》十五卷未见其他著录。《唐统纪》今已失传，《通鉴考异》及《太平广记》中还保存一些佚文。

《春秋折衷论》见于多家著录，然书名略有不同。《崇文总目》《新唐书·艺文志》著录为"折衷春秋"，《玉海》作"春秋折衷"，《通志·艺文略》《郡斋读书志》《直斋书录解题》《文献通考·经籍考》《宋史·艺文志》作"春秋折衷论"。今之学者多沿用"春秋折衷论"之名。关于《春秋折衷论》的撰写时间，司空图《〈疑经〉后述》文末云："今钟陵秀士陈用拙出其宗人岳所作《春秋折衷论》数十篇，……时光化中兴二年。"②可知《春秋折衷论》在光化二年（899）已经开始流传，撰写时间应该在此之前。陈岳之所以撰写《春秋折衷论》，是有感于三传学者"各专一传""各执一经"，以致"各酿其短，互斗其长，是非千种，惑乱微旨"。他认为"深于《春秋》者"应该"簸糠荡秕，芟稂抒莠，掇其精实，附于麟经"③，故撰《春秋折衷论》"以三传异义，折衷其是非，而断于一"④。陈岳对《春秋》三传的基本态度是"《左氏》多长，《公》《穀》多短"。故晁公武《郡斋读书志》称："其书以《左氏传》为上，《公羊传》为中，《穀梁传》为下，比其异同而折中之。"⑤《春秋折衷论》撰成之后，受到当时人司空图的称赞，认为此书"赡博精致，足以下视两汉迂儒矣"⑥。北宋时还出现了仿《春秋折衷论》体例而作的著述，如吴孜《春秋折衷》、刘宇《诗折衷》等。⑦

---

① 〔五代〕王定保《唐摭言》卷一〇，上海：上海古籍出版社，1978年，第115页。
② 〔唐〕司空图著，祖保泉、陶礼天笺校，《司空表圣诗文集笺校》，合肥：安徽大学出版社，2002年，第213页。
③ 〔唐〕陈岳《春秋折衷论序》，〔清〕朱彝尊撰，林庆彰等点校，《经义考新校》，上海：上海古籍出版社，2010年，第3258页。
④ 〔宋〕陈振孙撰，徐小蛮、顾美华点校，《直斋书录解题》，上海：上海古籍出版社，2015年，第57页。
⑤ 〔宋〕晁公武撰，孙猛校证，《郡斋读书志》，上海：上海古籍出版社，1990年，第111页。
⑥ 〔唐〕司空图著，祖保泉、陶礼天笺校，《司空表圣诗文集笺校》，第213页。
⑦ 《直斋书录解题》："《诗折衷》二十卷。皇祐中莆田刘宇撰。凡毛、郑异义，折衷从一，盖仿唐陈岳《三传折衷论》之例，凡一百六十八篇。"载〔宋〕陈振孙撰，徐小蛮、顾美华点校，《直斋书录解题》，第36页。

惜《春秋折衷论》今已亡佚。朱彝尊《经义考》云："陈氏《折衷》，吴立夫《集》有序，则元时尚存，今不复可得矣。"朱氏据南宋章如愚《群书考索续集》辑陈岳自序、吴莱后序并内文二十六条，已觉"断圭零璧，亦足宝贵"。乾隆年间，孔广栻据《春秋会义》辑得《春秋折衷论》佚文二百八条。孔广栻辑本较之朱氏，多出数倍，更是宝贵。然这一宝贵的成果至今都很少被学界所了解，更不用说加以利用了。

二、孔广栻辑本《春秋折衷论》

孔广栻辑《春秋折衷论》一卷，现藏中国国家图书馆，所辑佚文凡二百八条。孔广栻所据底本为家中所藏杨昌霖初辑大典本《春秋会义》的录副本。其辑佚《春秋折衷论》的时间当不早于乾隆四十二年（1777）正月十四日。

（一）孔广栻辑本《春秋折衷论》

孔广栻（1755—1799），字伯诚，号一斋，孔继涵长子，孔子七十代孙。乾隆四十四年（1779）举人。幼承庭训，扶床之年即诵书数十万言。戴震、孙星衍等人皆赞其聪慧。及长，更精于学，自经传子史至杂家无不研究。戚学标《孝廉孔君一斋墓志铭》云："（孔广栻）刻《春秋世族谱》《春秋地名人名同名录》《春秋闰例日食例》《左国蒙求》《国语解订讹》，又手序隋刘炫《春秋规过》、唐卢仝《春秋摘微》、陈子昂《春秋折衷论》等书，余如《周官联事》及诗文集复十数种。"①

中国国家图书馆藏孔广栻辑《春秋折衷论》一卷，半叶十行，行二十一字，无格。书衣题"唐陈岳《春秋折衷论》，曲阜孔氏辑本"。卷端题"春秋折衷论"，次行题"唐陈子岳"。书中钤有"宗室盛昱""伯羲""固始张氏所收"等印。盛昱（1850—1899），字伯熙，清宗室，光绪二年（1876）进士。藏书处名郁华阁。生平详见杨钟羲《意园事略》。②"固始张氏"为河南藏书家张玮（1882—1967），字效彬，号敬园。此本卷前抄录朱彝尊《经义考》"春秋折衷论"条全文，包括《春秋折衷论》的著录情况以及朱彝尊所辑《春秋折衷论》佚文。正文是孔广栻据宋杜谔《春秋会义》所辑《春秋折衷论》，凡二百八条。

（二）孔广栻辑本所据底本

孔广栻辑《春秋折衷论》主要依据的是杜谔《春秋会义》。杜谔，字献可，乡贡进士，嘉祐中撰《春秋会义》二十六卷。晁公武《郡斋读书志》云："《春秋会

---

① 〔清〕戚学标《鹤泉文钞》，《续修四库全书》，上海：上海古籍出版社，1996年，第1462册399页。
② 杨钟羲《意园事略》，《亚洲学术杂志》，民国十一年（1922）第4期，第7页。

义》二十六卷,右皇祐间进士杜谔集《释例》《繁露》《规过》《膏肓》《先儒同异篇》《指掌》《碎玉》《折衷》《指掌议》《纂例》《辨疑》《微旨》《摘微》《通例》《胡氏论》《笺义》《总论》《尊王发微》《本旨》《辨要》《旨要》《集议》《索隐》《新义》《经社》三十余家成一书,其后仍断以己意。"①《春秋会义》自明以后久无传本,乾隆三十八年(1773)开四库馆,对《永乐大典》中所存的佚书进行辑佚,杨昌霖从《永乐大典》中辑出。然"书已成而《总目》失收"。

乾隆丙申(四十一年,1776)孔氏父子据杨昌霖辑《永乐大典》本《春秋会义》"借抄录副",是《永乐大典》本《春秋会义》的录副本(以下简称录副本《春秋会义》)。此本现藏中国国家图书馆,卷末有孔继涵跋云:"杜谔《春秋会义》,杨检庵庶常昌霖自《永乐大典》辑出者,内惟僖公、襄公,《大典》有缺(原注:共缺凡卅五年),余具完善,中为誊录抄脱三十余条未补。借抄录副。"②除录副本《春秋会义》之外,尚有四库馆写定的《永乐大典》本《春秋会义》(以下简称写定本《春秋会义》)。光绪十八年(1892)孙葆田校刻《春秋会义》即以此为底本。孙氏《新校春秋会义目录序》云:"此本乃邹孝廉道沂家存故籍,予闻诸蒋性甫太史,因亟从借钞。会归安陆存斋至济南,于予斋中见此书,诧为未有,并属传钞一部。原本首行标'四库全书',疑即馆中拟进本。"③民国初年,傅增湘也曾见过此本,他在《四库馆写本〈春秋会义〉跋》中称:"昔年于琉璃厂翰文斋见有写本《春秋会义》四十卷,宣纸朱阑,大楷工整,首行标'四库全书',其行格字数亦与今七阁本无异。……原书有鲁人邹道沂跋,言此为《永乐大典》辑出之本,得之京师厂肆。"④杜谔《春秋会义》的版本除录副本、写定本之外,还有《碧琳琅丛书》本、《芋园丛书》本以及光绪十八年孙葆田校刻本,然此三本皆刊刻于孔广栻去世之后。

从客观上讲,孔广栻家中既然藏有录副本《春秋会义》,那利用此本进行辑佚工作显然更为便利。但这并不能排除孔广栻利用写定本《春秋会义》的可能性。因为当时戴震负责《四库全书》经部的编校工作,孔广栻作为戴震的女婿是有可能看到写定本《春秋会义》的。通过进一步的校勘、考证,我们认为孔广栻辑《春秋折衷论》所据底本还应该是家中所藏录副本《春秋会义》。孔广栻在辑录《春秋折衷论》时又做了一些校勘工作。

首先,孔广栻除了利用《春秋会义》辑录《春秋折衷论》外,还辑出了卢仝《春秋摘微》。而孔广栻辑录《春秋摘微》所据底本就是家中所藏录副本《春秋

---

① 〔宋〕晁公武撰,孙猛校证,《郡斋读书志校证》,第124页。
② 〔宋〕杜谔撰,〔清〕杨昌霖辑,《春秋会义》,中国国家图书馆藏清乾隆间孔氏录副本。
③ 〔宋〕杜谔撰,〔清〕杨昌霖辑,《春秋会义·新校春秋会义目录序》,天津图书馆藏光绪十八年(1892)古不夜城孙氏山渊阁校刻本,第3页。以下如无说明,均指此本。
④ 傅增湘《藏园群书题记》,上海:上海古籍出版社,1989年,第29页。

会义》。《春秋摘微序》云：

> 乾隆丙申抄得自《永乐大典》辑出杜谔《春秋会义》，内引卢氏《摘微》颇多，惜缺僖公自十五年以后襄公自十七年以后，二公共缺三十五年。暇日抄为一帙，凡得五十九事。……癸卯秋七月既望阙里孔广栻识于欣欣亭。①

癸卯即乾隆四十八年（1783），由此可知，孔广栻辑录《春秋摘微》的时间是乾隆四十八年七月。他辑录《春秋摘微》主要依据的是"乾隆丙申抄得自《永乐大典》辑出杜谔《春秋会义》"。也就是孔氏父子在乾隆四十一年（1776）抄录的录副本《春秋会义》。

其次，虽然孔广栻有机会接触到写定本《春秋会义》，但从内容上来看，孔广栻辑《春秋折衷论》与录副本更为接近。写定本《春秋会义》虽已不存，但光绪十八年孙葆田校刻本是以写定本《春秋会义》为底本刊刻的。通过对校，我们发现录副本《春秋会义》与孙葆田校刻本《春秋会义》存在较大的差异，孙葆田校刻本《春秋会义》的内容明显比录副本《春秋会义》多。如"（桓公十二年）十有二月，及郑师伐宋。丁未，战于宋"条。录副本《春秋会义》只摘录经文，未辑录他家之言。而孙葆田校刻本《春秋会义》在《春秋》经文下又有：

> 《折衷》曰：凡言战则不言伐，此常制也。今既曰伐又曰战，是异其文。《春秋》书战、伐异文，唯来战于郎及此战也。郎战是罪三国妄举而善鲁有辞，斯独战是罪宋之无信。二《传》言：内不言战，战乃败绩。苟然，则庄九年乾时之战，何书败绩。左氏得其旨。②

除此之外，孙葆田校刻本还辑录了《春秋摘微》《春秋笺义》对此段经文的论述以及杜谔解经之文。单就所引《春秋折衷论》的条目而言，孙葆田校刻本《春秋会义》较之录副本《春秋会义》多七条，除上文所举"（桓公十二年）十有二月，及郑师伐宋。丁未，战于宋"条外，还有"（桓公十五年）邾人牟人葛人来朝"条、"（庄公十七年）秋，郑詹自齐逃来"条、"（僖公元年）冬十月壬午，公子友帅师败莒师于郦，获莒挐"条、"（僖公）二年春王正月，城楚丘"条、"（宣公十五年）夏五月，宋人及楚人平"条、"（昭公三十一年）冬，黑肱以滥来奔"条。而这七条的内容，皆不见于孔广栻辑《春秋折衷论》。所以，我们认为孔广栻辑《春秋折衷论》所据底本为家中所藏录副本《春秋会义》，而录副本《春秋会义》与孔广栻辑《春秋折衷论》在个别字句上存在的差异，应该是孔广栻在辑佚的过程中又

---

① 〔唐〕卢全撰，〔清〕孔广栻辑，《春秋摘微》，中国国家图书馆藏孔广栻辑本。
② 〔宋〕杜谔撰，〔清〕杨昌霖辑，《春秋会义》卷六，第8页。

做了一些校勘工作。

另外,我们还可以大致推测一下孔广栻辑录《春秋折衷论》的时间。据孔继涵所撰《〈春秋会义〉跋》可知,孔氏父子从杨昌霖处借抄《春秋会义》的时间是乾隆四十一年(1776)。孔广栻在《春秋会义》各卷后都注有校订时间,如"丁酉初三庚午出城逮暮归终是卷""丁酉正月十日丁丑天微阴,申刻校终此卷"等等。其中卷一末署"丙申腊月廿六日校"为最早时间,卷末所署"丁酉试灯日辛巳午末校是刻微阴"为最晚时间。试灯日为正月十四日。据此推测,孔继涵、孔广栻父子校订《春秋会义》的时间为乾隆四十一年(1776)腊月廿六日至乾隆四十二年(1777)正月十四日。在这一段时间内,孔广栻应该只是对抄好的《春秋会义》作了校订工作,并未进行辑佚。故孔广栻辑《春秋折衷论》的时间应该不早于乾隆四十二年(1777)正月十四日。

三、孔广栻《春秋折衷论》的价值

中国国家图书馆藏孔广栻辑《春秋折衷论》是孔广栻在辑佚方面的重要成果,同时,作为研究《春秋折衷论》的不可或缺的辑本之一,孔广栻辑本还具有独特的学术价值。

(一) 最早利用杜谔《春秋会义》进行辑佚

最早对《春秋折衷论》进行辑佚的是清初朱彝尊。《经义考》卷一七八"春秋折衷论"条云:"陈氏《折衷》,吴立夫集有序,则元时尚存,今不复可得矣。惟山堂章氏《群书考索续集》载有二十七条,兹具录于后……考岳书凡三十卷,十不存一,唐人说春秋者,啖、赵、陆三家而外传者罕矣。虽断圭零璧亦足宝也。"①此条为《经义考》辑佚中篇幅最巨者,足见朱彝尊对陈岳《春秋折衷论》的重视。稍后,孔广栻据杜谔《春秋会义》辑得《春秋折衷论》佚文凡二百八条。《崇文总目》记载:"《折衷春秋》三十卷,唐陈岳撰。以三家异同三百余条,参ússés其长,以通《春秋》之义。"则孔氏辑本约占《春秋折衷论》全书的三分之二。朱彝尊只辑得内文二十六条并序文二篇,已觉宝贵,倘若朱氏见到《春秋会义》中的佚文,又会何等欣喜?故孙葆田《新校春秋会义目录序》称:

> 案书中所引唐宋人旧说,如陈氏《折衷论》、王氏《笺义》、李氏《集议》、孙氏《经社要义》诸书今并不存,《经义考》仅据山堂章氏《群书考索》采录《春秋折衷论》二十七条,至谓断圭零璧,亦足宝贵,使朱氏得见此书,其欣

---

① 〔清〕朱彝尊撰,林庆彰等点校,《经义考新校》,上海:上海古籍出版社,2010年,第3260页。

快当更何如？①

然而孔广栻的这一辑佚成果，并没有引起学界的重视。清马国翰《玉函山房辑佚书》所辑《春秋折衷论》只是在《群书考索续集》二十七条的基础上，补入程端学《春秋本义》四节。《序》云："《吴立夫集》有《后序》。则元时全书尚存。今佚，不复可得。惟章如愚《群书考索续集》载有二十七节，《序》一篇。又程端学《春秋本义》引有四节，合辑为卷，并附吴《序》于后。原书三十卷，三百余条，此虽十不存一，然大旨可观，足与啖、赵、陆三家抗衡唐代矣。"②后世学者亦只知《群书考索续集》中存有《春秋折衷论》，朱彝尊、马国翰有辑本，而不知孔广栻尚辑有二百八条。如赵伯雄《春秋学史》称："陈岳的《折衷》今已不传，但有一部分内容保存在宋人章如愚《山堂考索续集》中。"③宋鼎宗《春秋宋学发微》"陈岳之春秋折衷论"条云："惜其书今佚，不得观其全豹。惟章如愚《群书考索续集》载二十七条。朱彝尊《经义考》备载之，马国翰《玉函山房辑佚书》亦辑为一卷。"④

2007年，江右瑜"以马国翰《玉函山房辑佚书》中所收辑得《春秋折衷论》为依据，再参校朱彝尊《经义考》、程端学《春秋辨疑》及《春秋本义》二书、赵汸《春秋集传》、余萧客《古经解钩沉》等书"⑤，辑得《春秋折衷论》佚文凡八十二条。江氏云："虽然与全书三百余条相比，尚不及三分之一，而且这些辑文多非完整，甚至仅为撷摘片段，但却是现今研究陈岳《春秋》论的重要文献。"⑥直到2008年，付丽敏才利用《春秋会义》辑得《春秋折衷论》的佚文凡二百七条，但未参考江右瑜的研究成果。2015华中师范大学张固也教授并其学生李宇东、段建栋以《春秋会义》为基础，同时参考江右瑜诸人的辑佚成果，辑得佚文二百二十九条。张氏称："其全书精华大略已具于此，快何如哉！"⑦但此辑本体例稍欠科学，尚有漏辑条目。同年黄觉弘《唐宋〈春秋〉佚著研究》出版，专章讨论《春秋折衷论》的辑佚。黄氏从杜谔《春秋会义》中辑得佚文凡二百一十四条，除此之外，又参考章如愚《群书考索续集》、汪克宽《春秋胡传附录纂疏》、吴澄《春秋纂言》、程端学《春秋本义》《春秋三传辨疑》以及赵汸《春秋集传》，去其重复，凡

---

① 〔宋〕杜谔撰，〔清〕杨昌霖辑，《春秋会义》，第3页。
② 〔清〕马国翰辑，《玉函山房辑佚书》，《续修四库全书》第1202册，上海：上海古籍出版社，1996年，第565页。
③ 赵伯雄《春秋学史》，济南：山东教育出版社，2014年，第309页。
④ 宋鼎宗《春秋宋学发微》，台北：文史哲出版社，1986年，第31页。
⑤ 江右瑜《唐代〈春秋〉义疏之学研究——以诠释方法与态度为中心》，台北：花木兰文化出版社，2009年，第273—294页。
⑥ 同上书，第273—294页。
⑦ 张固也、李宇东《陈岳〈春秋折衷论〉辑佚（上）》，《海岱学刊》2015年第1期，第119—142页。张固也、段建栋《陈岳〈春秋折衷论〉辑佚（下）》，《海岱学刊》2016年第1期，第155—177页。

二百三十三条,为目前辑《春秋折衷论》条目最多者。惜黄氏只列条目,并未辑录原文。

由以上可知,《春秋折衷论》的佚文主要集中在《春秋会义》里,约占全书的三分之二。孔广栻是第一个利用《春秋会义》对《春秋折衷论》进行辑佚的人。此后二百余年间,虽众多学者对《春秋折衷论》进行辑佚、研究,但都没有利用《春秋会义》所引《春秋折衷论》的内容,直到2008年,付丽敏才利用《春秋会义》辑得《春秋折衷论》佚文二百七条,较之孔广栻辑本尚少一条。而这一早在乾隆年间就已经完成的辑佚成果直到现在都没有被学界利用,不免令人惋惜。

(二) 孔广栻辑本的体例更为科学

孔广栻辑本与近人所辑诸本相较,体例更为科学。江右瑜辑本虽广采他书,校之异同,但未利用《春秋会义》,只辑得八十二条,数目略少。黄觉弘所辑为目前所知辑得佚文条目最多者,惜有目无文。付丽敏、李宇东、段建栋诸君所辑皆由张固也教授指导,都利用杜谔《春秋会义》进行辑佚,尤其是张固也教授与李宇东、段建栋合辑本(以下简称张氏辑本)不仅利用前人的辑佚成果,而且"与前贤辑本相互校勘,去其重复"。今将孔广栻辑本与张氏辑本进行对校,来说明孔广栻辑本的体例更加科学。

张氏辑本称"与前贤辑本相互校勘,去其重复",但他"去其重复"的做法有时并不科学。比如当佚文同时出现在章如愚《群书考索续集》与杜谔《春秋会义》时,张氏辑本的辑佚原则是舍《春秋会义》而取《群书考索续集》,这可能是因为《春秋会义》多为节引,不若《群书考索续集》详备。但通过校勘发现,二者所引《春秋折衷论》在文字上存在较大的差异,而这些差异有时还会影响到经文的系年。如"(文公)二年自十有二月不雨,至于秋七月"条,张氏辑本辑自章如愚《群书考索续集》卷一二:

> 圣人之文,苟异于常,则必有旨。常文者,史册之旧文也;异于常者,笔削之微旨也。斯文异于常矣。凡旱之为灾,多系于夏,如竟夏不雨,则为灾矣,故书旱之常文曰"夏大旱"。是竟夏不雨,书为灾也。有旨之文则弗然,如僖三年书"正月不雨""夏四月不雨""六月雨"。是旱不竟夏,书不为灾也。不曰不为灾异,第书"六月雨",则不为灾可知矣。斯书"自十二月不雨,至于秋七月",历四时而言之,又夏在其中,则为灾可知矣,故不复曰大旱。苟亦曰夏大旱,则嫌联春冬之不雨。苟备书历四时不雨,而更曰大旱,则嫌文之繁。斯圣人之旨,书旱明矣。如书"螽""蝝""有蜮""有

蜚",不曰为灾而灾可知矣。三家俱失其实,《折衷》得其旨。①

孔广栻辑本无此条,张氏辑本所据《芋园丛书》本《春秋会义》亦无此条佚文,此条或为章如愚《群书考索续集》所独有。然孔广栻辑本"文公十三年"有《春秋折衷论》佚文一则,查《芋园丛书》本《春秋会义》"文公十三年"亦引《春秋折衷论》,而张氏辑本无。通过校勘发现,《春秋会义》"文公十三年"引《春秋折衷论》的内容与张氏所辑《群书考索续集》"文公二年"引《春秋折衷论》的内容基本一致。《春秋会义》卷六"(文公)十三年自正月不雨,至于秋七月"条云:

> 凡旱之为灾,多系于夏,竟夏不雨,则为灾矣。故常文书"夏大旱",是书为灾也。异常文则不然,如僖三年书"正月不雨""夏四月不雨""六月雨"。是旱不竟夏,书不为灾。第书"六月雨"则不为灾可知矣。斯书"自正月不雨,至于秋七月",历四时而言之,又夏在中矣。则为灾可知矣,故不复曰大旱。苟亦曰夏大旱,则嫌连春冬不雨。苟备书历四时不雨,而更曰"大旱",则嫌文之繁。斯圣人之旨,书旱明矣。三家皆失,《折衷》得其旨。②

首先,从以上两则引文,我们能够明显地看出二者虽然内容相同,但详略不一。"圣人之文"至"斯文异于常矣"凡三十七字不见于《春秋会义》,"不曰不为灾异""如书'螽''蝝''有蜮''有蜚'"之语亦不见于《春秋会义》。故杨昌霖云:"按章如愚《群书考索》引《折衷》此条较本书为详。"③虽然《群书考索续集》的内容较之《春秋会义》为详,但张氏辑本舍《春秋会义》而取《群书考索续集》的做法依然不妥。因为在有些条目上《春秋会义》有《群书考索续集》未引的内容,如"(隐公元年)春王正月"条。张氏辑本只取一书,不足以让读者看出各书所存《春秋折衷论》佚文的特点和差异。

其次,二则佚文的系年不同。张氏辑本此条佚文辑自《群书考索续集》,并系于文公二年。而《春秋会义》系年于文公十三年。孔广栻据《春秋会义》亦系于文公十三年。又检前人的辑佚、校勘成果,朱彝尊《经义考》系于文公二年。马国翰《玉函山房辑佚书》系于文公十三年。《续修四库全书总目提要》杨钟羲撰《春秋折衷论》提要认为当系于文公二年,杨氏云:"文十三年经书'自十二月

---

① 〔宋〕章如愚《群书考索续集》卷一二,《景印文渊阁四库全书》,台北:台湾商务印书馆,1986年,第938册第180页。
② 〔唐〕陈岳撰,〔清〕孔广栻辑,《春秋折衷论》,中国国家图书馆藏孔广栻辑本。
③ 〔宋〕杜谔《春秋会义》,第12页。黄觉弘《唐宋〈春秋〉佚著研究》称按语为孙葆田所加,但孙葆田《校刊略例》云:"原书引陈岳《折衷论》类多节文,杨氏据章如愚《群书考索》所载校订,或附录全文,或注余与本书所引同。今仍其旧,读者可以互关而得之。"可知孙氏所见底本本身就有按语,并非孙葆田后加。《校刊略例》所称"杨氏"当指辑录《春秋会义》的杨昌霖,今依其言。

不雨',当作'文二年'。"①经查,造成分歧的原因是章如愚《群书考索续集》本身存在矛盾。《群书考索续集》卷一二称:"十三年书'自十二月不雨,至于秋七月'。……《折衷》曰:'圣人之文,苟异于常……《折衷》得其旨'。"文公二年的经文是"自十二月不雨,至于秋七月",文公十三年的经文是"自正月不雨,至于秋七月"。而《群书考索续集》却称"十三年书'自十二月不雨,至于秋七月'"。这显然是有问题的。应该据《春秋会义》改"十二"月为"正月"。

由以上可知,朱彝尊《经义考》所辑佚文虽取材于章如愚《群书考索续集》,但依据经文"自十二月不雨,至于秋七月"改"十三"为"二年"。杨钟羲亦据经文改"十三年"为"二年"。马国翰辑本虽系于文公十三年,但其实是对《群书考索续集》的完全照搬,文本内部存在矛盾。张氏辑本虽称利用《春秋会义》进行辑佚,并"与前贤辑本相互校勘,去其重复",实际上却一味地追求详尽,舍《春秋会义》而取《群书考索续集》。既不能反映不同文本之间的文字差异,也不能使文本相互校正。反观孔广栻辑本,卷前抄录朱彝尊《经义考》"春秋折衷论"条全文,内容包括前人对《春秋折衷论》的著录情况及朱氏所辑《春秋折衷论》。正文是他据家中所藏录副本《春秋会义》辑录的《春秋折衷论》的佚文。孔广栻将前人成果与自己的辑佚成果区分开来,既不掩盖前人的劳动,也可使佚文并存。体例则更为科学。

(三) 可补张氏辑本之阙

张氏辑本不仅体例不够科学,舍《春秋会义》而取《群书考索续集》,而且还有孔广栻辑本有而张氏辑本漏辑的情况。如"(桓公)十有三年春二月,公会纪侯、郑伯,己巳及齐侯、宋公、卫侯,燕人战齐师、宋师、卫师,燕师败绩"条引《折衷》曰:

> 凡战皆书地,斯不地得无旨欤?二《传》以兵至城下,耻而不书。苟然,则伐鲁之师,安得书公会纪、郑也?凡书伐鲁,必某师伐我。如齐人、陈人伐我西鄙之类是也。未有伐我,而曰公会也。稽之,则宋、郑有隙,公欲平之,宋多责赂于郑而辞平,郑不堪命,故以纪鲁之师与彼四国战,不书地。公后期不及战明矣。若盟会后至,不书其国,避不敏之例也。斯《左》例得其旨。

张氏辑本所据《春秋会义》底本为《丛书集成续编》影印《芋园丛书》本,②,今查此本亦有"(桓公)十有三年春二月"条,可知此条张氏辑本漏辑。另上文

---

① 中国科学院图书馆整理《续修四库全书总目提要(稿本)》,济南:齐鲁书社,1996年,第740页。
② 〔宋〕杜谔撰,〔清〕杨昌霖辑,《春秋会义》,《丛书集成续编》第269册,台北:新文丰出版公司,1988年,第477页。

提及的七条见于写定本《春秋会义》中的佚文,张氏辑本亦失收。

当然孔广栻辑本也存在一些不足。如"(宣公)八年辛巳有事于太庙,仲遂卒于垂。壬午,犹绎。万入,去籥"条,孔氏所藏大典本《春秋会义》的录副本引《春秋折衷论》云:

《折衷》曰:二《传》谓遂不称公子,是贬其杀子恶也。噫!《春秋》绌责之旨,岂如是欤?子恶杀为内讳而不书,则不暴襄仲之罪,即不暴则何所贬也?苟曰杀子恶而贬,则杀之后凡书于经则贬之,何以上犹连称公子?上既言公子遂如齐,下复称字以卒,《春秋》惟书字是嘉之大者也,何贬之有?

又曰:壬午,犹绎者,可已之辞,是讥其闻仲卒而绎不已。斯盖全大夫卒之礼,岂复贬也?是上书公子遂,下间无异辞,省文而曰仲遂明矣。所以书字者,时君重其殁王事于路也。诸侯殁王事,则葬有加等,大夫殁于王事,岂经无异文?①

孔广栻在辑佚时只辑了"二传谓遂不称公子"至"何贬之有"一节,而第二节"又曰"的内容还是《春秋折衷论》,此为孔广栻漏辑。

总之,孔广栻所辑《春秋折衷论》不仅是孔广栻重要的辑佚成果,还是研究《春秋折衷论》不可或缺的辑本之一。孔广栻辑本成书于乾隆年间,据家中所藏录副本《春秋会义》辑出。此辑本不仅最早利用《春秋会义》进行辑佚,而且体例科学,可补今世辑本之阙讹。虽然孔广栻辑本也存在一些不足,但值得学术界予以更多的重视和肯定。

---

① 〔宋〕杜谔撰,杨昌霖辑,《春秋会义》,中国国家图书馆藏孔氏录副本。

南轩先生《论语解》补校[*]
——兼论癸巳初本与淳熙改本之别

许家星[**]

【内容提要】 鉴于南轩先生《论语解》通行本仍存在大量失校情况,本文补充朱熹、真德秀对南轩《论语解》的相关引用,从两个层次加以校勘:一是南轩《癸巳说》与通行本的比较,揭示其中改与不改两种情况;二是通行本与反映淳熙改本的五种材料的比较("一本(作)"说、《四书集注》、《四书或问》、《四书集编》、《西山读书记》),亦存在改与不改两种情况。由此得出一些初步看法:南轩《论语解》经过长期反复的修改而成,修改过程受到好友朱熹的深刻影响;通行本中的"一本(作)"基本属于改本;通行本与朱熹、真德秀的引文明显有别者,可断定为新旧改本之别;仅有个别无关紧要的字词之别而意义无变者,当是版本编刻所致。通行本改与不改情况的存在,表明它当是新旧杂糅本。准确把握南轩《论语解》前后文本的客观差异,对厘清今人及四库馆臣之差误,理解张栻学术演变及朱、张学术异同具有重要参考意义。

【关键词】 南轩先生论语解 癸巳初本 淳熙改本 张栻 朱熹

一、前言

《论语解》是张栻修改频繁、用力最多,最成熟之作,现主要有两种整理本:一是杨世文校点的中华书局2015年《张栻集》本(即长春出版社1999年杨世文、王蓉贵校点《张栻全集》本之再版),该本以通志堂经解本为底本,校以《张宣公全集》本、《四库全书本》、《摘藻堂四库全书荟要》本、学津讨原本、丛书集成初编本等5种。二是邓洪波校点的湖湘文库之《张栻集》本(2010年版),以道光年间陈钟祥洗墨池所刻《张宣公全集》本为底本,以文渊阁《四库全书》本

---

[*] 本文系国家社科基金重大项目"中国四书学史"(编号:13&ZD060)阶段性研究成果。
[**] 本文作者为北京师范大学哲学学院教授,博士生导师。

为参校本,并在定稿时参考了杨世文、王蓉贵的成果。二书为学界研究南轩《论语》思想提供了坚实文本,然尚有待完善之处。如杨世文校注本虽已校以真德秀《四书集编》《西山读书记》,但仅出校约 30 处。据笔者考察,当有约 200 处可出校。湖湘文库本虽晚出,但极少校勘,似未察觉《论语解》存在初本与定本之别。本文拟在前贤基础上对该书加以校补,尤着力于辨析南轩《论语解》的初本癸巳本与定本淳熙本之别,以消除四库馆臣及今人之误,为研究朱、张学术异同提供更可靠的文本依据。

诚如杨世文先生言,南轩《论语解》癸巳本与淳熙本相较,"差别较大"。南轩、朱子、东莱皆道出此前后二本甚不相干。如南轩《答朱元晦》言:"《语说》荷指谕,极为开警。近又删改一过,续写去求教。"①朱熹《张南轩文集序》言:"敬夫所为诸经训义,唯《论语说》晚尝更定,今已别行。"②《答吕伯恭》言:"詹体仁寄得新刻钦夫《论语》来,比旧本甚不干事。"③吕祖谦《与朱侍讲元晦》言:"詹体仁近亦送南轩《论语》来,比癸巳本益复稳密。"④朱子《答张敬夫语解》《与张敬夫论癸巳论说》引用并指出南轩《论语解》120 条应修改处,将之与通行本相较,则会认同四库所言,南轩仅修改 28 处,大部分未加修改。然而,如将之与通行本之"一本"、真德秀《四书集编》《西山读书记》、朱子《四书集注》《四书或问》所引相对照,即可发现南轩改动约 117 处,所改之处多为朱子所批评者,此即为"淳熙改本说"。真德秀所引南轩《论语解》应为淳熙本:其一,他在"子谓颜渊章"明确提出淳熙本与初本的差别,应是同时见过初本与定本,且非常注意二者区别。其二,真德秀在引用南轩《论语解》时,特重辨析朱、张异同。且其确知南轩《论语解》有前后两本,故据常理推测,其引用南轩之文当据其定本而非初本。而朱子《集注》《或问》所引南轩《论语解》,几乎皆为其赞同者,但朱子对南轩初解多有不满,故其二书所引用当为改本。今本保留 25 条作为异文的"一本""一作"说,此"一本(作)"说存在与《四书集编》所引重合、回应朱子对南轩癸巳《论语解》批评等情况,可证其当为淳熙修订者。另就全书来看,南轩淳熙改本虽有相当修改,但未改者仍占更大比重,体现了改本与初本之间的连续性与差异性,可知今本存在新旧杂糅的情况。

据南轩《论语解》反复修改的特点,本文以南轩《论语解》通行本为中心,采

---

① 〔宋〕张栻撰,杨世文点校,《张栻集》四,《新刊南轩先生文集》(以下简称《南轩文集》)卷二四,北京:中华书局,2015 年,第 1123 页。
② 〔宋〕朱熹撰,朱杰人等点校,《朱文公文集》卷七六,《朱子全书》24,上海:上海古籍出版社;合肥:安徽教育出版社,2002 年,第 3661 页。
③ 〔宋〕朱熹撰,朱杰人等校点,《朱文公文集》卷三四,第 1515 页。
④ 〔宋〕吕祖谦撰,黄灵庚等校点,《吕祖谦全集》第一册《吕太史别集》卷八,杭州:浙江古籍出版社,2008 年,第 439 页。

取分层比较的方式加以校勘,第一层是通行本与朱子《与张敬夫论癸巳论语说》(简称《癸巳说》)及癸巳《答张敬夫论语解》(简称《答语解》)中的南轩说比较,分为修改与不修改两种情况。第二层是通行本与《四书集编》《西山读书记》《四书或问》《四书集注》、"一本(作)"引文的比较,其中亦区别修改与不修改两种情况。尤其是其中修改情况,是本文重点所在,它集中体现了癸巳初本与淳熙改本之别。应强调的是,本文的改与不改的取舍标准,主要根据文本的差异是否引起了意义的变化,是否回应了朱熹的批评。如仅有个别虚词的差别而无实质意义变化者,则倾向于认为是版本差异所致。

本文南轩《论语解》通行本据中华书局 2015 年版本;《四书集注》据中华书局 1983 年版;《四书或问》《朱文公文集》据上海古籍出版社 2002 年版《朱子全书》本;真德秀《四书集编》据吉林出版集团有限责任公司 2005 年影印的《钦定四库全书荟要》本;《西山读书记》据上海古籍出版社 1988 年影印的《文渊阁四库全书》本。各书关系如下:本书所引朱熹的三部著作皆对南轩《论语解》的内容有所引用、评论;作为朱熹私淑弟子的真德秀两部著作大量引用南轩《论语解》。

《朱文公文集》中的《与张敬夫论癸巳论语说》是朱子对南轩癸巳年《论语解》的批评性回应,指出南轩解错误所在,并不时提出修改建议,对照今通行本,可发现其中存在修改与不修改两种情况。

二、通行本与《癸巳说》比较,未改者 69 条

表 1

章节	朱子批评之处	《癸巳说》与通行本之别
1.1 学而	误"思绎"为"紬绎"	
1.3 巧言令色	须先设疑问	"言语容貌"作"言辞容色"
1.4 三省	"处"字未安	
1.8 不重不威	分如己、胜己为二等	
1.9 慎终追远	批评"养"字,"厚者"句于经无当	"忽""忘"二字互乙,与《答语解》同
1.11 三年无改	盖用后说,用谢氏说过高,误用游氏说	"深爱"作"深忧"
1.13 信近于义	不合文意,不分明	"辱"后脱"之道"
1.14 就有道	本文未有此意	
1.15 贫而无谄	批"进于善道"解	
2.2 诗三百章	不相属	"其言"后脱"之发","非"前脱"而"

续表

章节	朱子批评之处	《癸巳说》与通行本之别
2.5 无违	意不足,太泛	
2.23 十世可知	惟古注马氏得之	"尽"前有"当"
2.26 非其鬼	不以祭无其鬼为诌	脱"而祭何为哉"
3.25 韶武	重美轻善	
4.3 仁者能好	此语似倒	
4.5 富与贵	指意不明	
4.10 无适无莫	未可以此非彼	"莫"后脱"矣","失之"前脱"此其所以异于吾儒,盖","也"前脱"之故"
4.14 求为可知	此说过当	"己"前脱"在","知之"前脱"自"
4.15 一以贯之	意善而辞不善	"无"作"若泯然无别"
4.24 讷言敏行	不必为某目而然	
5.17 臧文仲居	非所以言臧文仲	
5.19 季文子三	未善	
5.25 颜渊季路	不分明	
6.17 生也直	当为欺罔之罔	
7.2 默而识之	类皆想象亿度	"默识"作"默而识之"
7.4 子之燕居	形影却是二物	
7.10 子谓颜渊	推衍过多	"用"作"行"
7.17 子所雅言	然未须说	
7.26 弋不射宿	乘危二字未安	
7.35 奢则不孙	过高	
8.3 曾子有疾	"伤性"说过高	"形体"前后分别脱"夫以""言之"
8.9 民可使由	偏离文意	
8.19 民无能名	不必言其用之密	
8.21 禹吾无间	"所以成性"说不妥	
9.10 喟然叹	不可解	
9.17 未见好德	此语未安	
9.19 语之不惰	所解乃坠堕之义	
9.26 衣敝缊袍	此语不可晓	

续表

章节	朱子批评之处	《癸巳说》与通行本之别
9.28 知者不惑	不可晓	
10.8 食饐而餲	不可晓	
10.8 出三日	不合文意	
11.23 季子然	穿凿费力	"则"后脱"为大臣者"
13.18 直躬	不知所指	
14.9 为命	今自推说却不妨	
14.12 孟公绰	恐传本有误字	
14.16 正谲	恐当用致堂说	
14.25 为己	此为人非成物	
14.34 微生亩	恐亦未安	
14.43 谅阴	经文未有此意	"大君"作"人君"
14.46 原壤	恐圣人无此意	
15.2 一以贯之	何以知为初年事	
15.5 子张问行	别是一段事	
15.6 直哉史鱼	不须如此说	
15.8 志士仁人	有计较功利之意	
15.10 放郑声	不必如此说	
15.23 终身行之	忠恕关系不清	
16.2 礼乐征伐	不满其说	"所"作"为","意"前脱"私"
16.6 三愆	未说到此地位	
16.9 生而知之	此一节当删去	
17.10 子谓伯鱼	文义恐不然	
17.15 患得之	文义不分明	
17.24 君子有恶	未见恶人检身意	
18.7 荷蓧	此语自相矛盾	
18.10 不施其亲	不知"施"字如何解	
19.1 见危致命	不必如此分别	
19.7 学以致其	但谓极其所至	
19.11 大德小德	"节目"似未甚当	

续表

章节	朱子批评之处	《癸巳说》与通行本之别
19.18 孟庄子	盖善之也	
19.22 仲尼焉学	初若新奇可喜	

三、通行本与《癸巳说》(附《论语解》、庚寅《答张敬夫》) 比较，修改者 28 条

通行本针对朱子《癸巳说》中的批评，作出了相应的回应性修改。本节所列即为此类情况，此可证明今通行本受到朱子影响修改而成。

表 2

章节	朱子批评	通行本回应
1.2 孝弟为仁	以"心无不溥"形容，恐非本旨	删
1.5 千乘之国	"自使民以时之外"无所当	删"自、以外"，补"爱人者之先务"
1.16 不己知	未说到明尽天理处，为取友、用人而言（此条《论语解》）	据朱子意增删
5.9 昼寝	"抑"字恐误	改作"益"
6.16 质胜文	用杨氏说误，不合逻辑	乙正，删"矫揉就中"
6.19 中人以上	当改"不骤而语之以上"	据朱子意改
6.20 敬鬼神	"诬"字未安	"诬"作"忽"
6.21 知仁动静	"有急迫之病"	补"理各有止、周流不息"
6.26 子见南子	"过"当为"居"	"过"未改。改"必自卫君"句
6.28 博施于民	不足以发圣人之意	补"圣亦仁之成名耳，非谓仁未及乎此也"句
7.1 述而不作	是乃圣人逊避于前，而吾党扼腕于后	删被批评之句
7.7 自行束脩	一章而说过两节意思，气迫而味短	全改
7.8 不愤不启	愤悱两字与先儒正相反	改之
8.4 孟敬子问	采谢氏说，文意、义理皆有病	据朱子意改
8.7 弘毅	此句似说不着	改"弘""毅"解

续表

章节	朱子批评	通行本回应
9.4 子绝四	此绝字犹曰"无"	据朱子意改
9.29 可与共学	"权"不谓惊世难能之事	改之
9.30 唐棣之华	唐棣、常棣自是两物	据朱子意改
11.25 侍坐	无深沉之味而文意相冲突	删被批评之句
12.1 克己复礼	须设问答以起之	据朱子意改
12.17 子帅以正	夺却本文正意	改之
14.10 人也	古注说当	据朱子意改
14.33 不逆诈	孔注文义极不顺	改之
14.45 修己以敬	删"敬有浅深"及"亦"字	据朱子意改,并改"修己之道"
15.24 谁毁谁誉	此说未尽	补充
19.12 子夏之门	不合文义	删被批评说
19.25 陈子禽谓	所解不明	补充
2.13 先行其言	先行其言。一云行者不是泛而行,乃行其所知之行也。但先行其言,便是个活底。……惟恐其不行耳①	与庚寅《答张敬夫》及通行本全不同

四、通行本与《四书集编》、"一本"等比较,修改者117条

　　将通行本与代表淳熙改本的《四书集编》《读书记》《集注》《或问》(共93条)、"一本"(25条,一条存疑,为24条)比较,可发现此117条说在文、意上都存在明显修改通行本说、回应朱子批评的痕迹,显示南轩《论语解》确实存在淳熙改本。且所改文本占全书之比约五分之一。下表以《四书集编》为主,如《读书记》《集注》《或问》所引有不同处,亦标明之。表"引文"栏仅以省略节引方式列出涉及改动的文字部分,表"异文分析"栏仅举出较通行本原文调整较大的部分,限于篇幅,只能割舍详尽分析。表示《集编》等所引文字较之通行本为节引,节引还是删除不好判定,如所引文字缺少原文首尾部分者,则倾向于认为是节引。通常情况下,《集编》与《读书记》所引一致,但个别情况下不同,如7.25"吾不得而见"章,15.8"志士仁人"章。这与二书自身的编撰有关。其中也

---

① 〔宋〕朱熹撰,朱杰人等校点,《朱文公文集》卷三二,第1407页。

存在各书所引不一的情况，如 17.7"佛肸召"章，《集编》《集注》所引不同于《或问》所引，此亦与各书取材有关。凡此皆体现了南轩《论语解》改本的复杂性。

表 3

章节	《四书集编》等引文	异文分析（以各书引文为底本）
1.10 子禽问于	夫子……以政者……而私欲害之，是以终不能用耳①《读书记》《集注》引之	"而卒不能"句作"而私……用耳"
1.11 三年无改	同于"一本"	采朱子《癸巳说》第一说
1.12 礼之用	以和，然有敬而后有和，和者，乐也。礼乐相须而成，故礼必以和为贵②	脱"以""然"；"和"后衍"之所生"；"相须"前衍"必"；衍"先王……偏弊也"句；《读书记》"而成"作"相成"
1.14 就有道	于食与居，则不求饱与安，于言行则敬而谨。是人也……盖世固有不徇物欲而勉于言行者，然其所学毫厘之差，则其弊有不可胜言者……正者，正吾之偏也……其为就正一也③	简化首句。衍"又孜孜"句；衍"则是人"的"则"；衍"则其……当慎"句；"言吾"作"正吾"；末句作"其为就正一也"；《或问》节引"世固……言者矣"句同通行本；《读书记》"敬"作"敏"，"理之"作"理义之"
2.9 不违	夫子之言，颜子皆能体之于日用之间，所以夫子退而省其私，知其足以发明斯道，乃其请事斯语之验也④	更精简，乙正通行本语义关系，《或问》所引同
2.12 君子不器	凡人事以器言者……然其拘于才而有限则一也……不亦君子乎	"人可"作"人事"；（《读书记》未变，当作"人可"），"为拘"作"为"；句末脱"不亦君子乎"；"弗"《四库》《集编》作"勿"
2.20 使民敬忠	此皆在我所当为，非为欲使民敬忠以劝而为之也。然能如是，则其应盖有不期然而然者矣⑤	"然临……以劝"句作"能如是"；"其应"前脱"则"；《集注》所引同

---

① 〔宋〕真德秀《西山读书记》卷三二，《景印文渊阁四库全书》第 705 册，上海：上海古籍出版社，1988 年，第 136 页。
② 〔宋〕真德秀《四书集编》卷一，《钦定四库全书荟要》本，长春：吉林出版集团，2005 年，第 49 页。
③ 〔宋〕真德秀《四书集编》卷一，第 50 页。
④ 〔宋〕朱熹撰，黄珅校点，《四书或问》卷二，上海：上海古籍出版社，合肥：安徽教育出版社，2001 年，第 647 页。
⑤ 〔宋〕朱熹《四书集注》，北京：中华书局，第 59 页，1983 年。

续表

章节	《四书集编》等引文	异文分析（以各书引文为底本）
2.26 非其鬼	祀典自天子至庶人，各有其分而不可逾。盖天，理也，有是理则有鬼神。若于非当祭而祭，既无其理，何享之有？原其心之所萌，不过为谄而已。见义不为，无勇也，知而不为，是无勇也①	差异甚大。《读书记》引文至"谄而已"，"非当"作"非所当"
3.3 人而不仁	此圣人使人知礼乐之原也。不仁之人，虽欲为礼乐，其如礼乐何？盖是心存而后敬与和生焉，礼乐之所由兴也②	差异甚大
3.6 季氏旅于	当冉有为宰之时，始有是事。故夫子欲其救之以为之兆③	仅《或问》引，"家臣"作"宰"；"初有旅泰山之事"作"始有是事"；衍"而冉有盖不能也"
3.7 无所争	揖逊而升，揖逊而下，揖逊而饮，其雍容辞逊……然则君子其争乎④	改"揖让"句。乙正"其争也"与"君子乎"
3.11 或问禘	夫礼者……而诸侯不得用……天下万事莫不皆然，所当得为者……知此说者，则于治天下也不难⑤	仅《或问》引。衍"之者"；"皆有所当然者"作"莫不……为者"；"苟……易明"作"知此……不难"
3.20 关雎	哀乐……则是情之流而性之汩矣……性情之正也……琴瑟友之，钟鼓乐之……玩其辞者，又可不深体于性情之际乎	乙正"钟鼓乐之琴瑟友之"；"辞义"作"义"；脱"又"（《读书记》未变）。《或问》节引至"性情之正也"，"情之……汩矣"作"流于情而汩其性也"⑥
4.1 里仁	里，居也，里仁为美，言人以居仁为美也。人以居仁为美，苟不知择而处焉，是不智也。择而处之，乃利仁之事，然处之之久，则将安之矣⑦	差别甚大

---

① 〔宋〕真德秀《四书集编》卷一，第55页。
② 〔宋〕真德秀《四书集编》卷二，第57页。
③ 〔宋〕朱熹撰，黄珅校点，《四书或问》卷三，第662页。
④ 〔宋〕真德秀《四书集编》卷二，第57页。
⑤ 〔宋〕朱熹撰，黄珅校点，《四书或问》卷三，第666页。
⑥ 同上书，第671页。
⑦ 〔宋〕真德秀《四书集编》卷二，第61页。

续表

章节	《四书集编》等引文	异文分析（以各书引文为底本）
4.2 仁者安仁	自非上智生知之流，则利仁之事，正所当用力耳①	不见于通行本
4.7 观过	问：南轩《韦斋记》以党为偏，其说以为偏者，过之所由生也。观者，用力之妙也。觉吾之偏在是，从而观之，则仁可识矣②	所引《韦斋记》说，不见各本，当为佚文
4.8 朝闻道	所谓闻道者，盖涵养体察，积习精深而自得于实理，非若异端惊怪恍惚，超诣直入之论也③	节引。脱"自得于实理"及"超诣直入之论"
4.9 士志于道	南轩尝云："天下无间界底道理，欲做好人则不可望快活，要快活则做不得好人。"此之谓也④	不见于通行本
4.10 无适无莫	盖不失……非穷理之明，克己之至者，不能及此若夫异端之学，则初欲为无适莫而不知有义存焉，故徇其私意以为可否，而其无适无莫者，乃所以为有适有莫，而卒堕于一偏也	上半段大体同通行本，衍"者也"的"也"。"而义之与比"下文本大异
4.15 一以贯之	圣人之心……虽内外本末隐显之致，各有其分，然未尝不一以贯之也。故程子曰：如百尺木……皆一贯。夫子之告曾子，当其可耳。曾子盖默识之……发见而已⑤	《集编》节引，大改；《读书记》卷一五全引）二书另引南轩《答游诚之》"明道之言"一段
4.25 德不孤	德立于己，则众善从之。其为不孤，盖理之必然。如善言之集……语其至，则天下归仁亦是也⑥	"天下之善斯归之"作"众善从之"，"盖"作"其为"，脱"理之必然"，脱"语其至"
5.17 臧文仲居	所贵乎知者，为其明义理之是非也……则其昧理而悖于义，孰大于是	仅《读书记》引，"见理"作"义理"，"昧于理"作"昧理而悖于义"，《张宣公全集》作"疏于理"

① 〔宋〕真德秀《四书集编》卷二，第61页。
② 同上书，第63页。
③ 同上书，第64页。
④ 同上。
⑤ 同上书，第66页。
⑥ 同上书，第68页。

续表

章节	《四书集编》等引文	异文分析（以各书引文为底本）
5.22 伯夷叔齐	以夷齐……今夫子乃称之如此……盖其所为，亦安夫天理之所当然……则是私意之所执……味夫子此言，则庶几可以识之①	"称其不念旧恶"作"称之如此"，衍"于其"的"于"（《读书记》有"于"），"率夫天理之常"作"安夫天理之所当然"，"则其"作"则是"（湖湘版作"吾"），"不念旧恶怨是用希之言"作"此言"，"得之"作"识之"
5.24 巧言令色	正是教人习以为常而未知为耻……故以为耻焉。观此，则丘明为人诚实可知……为得。又可以味圣人与人为善，其辞气温厚如此②	"是皆"句作"正是……为耻"（《读书记》首四字作"是在众人"），"为耻"后脱"焉"，衍"观诸此"的"诸"（《读书记》有），"之为人可知矣"作"为人诚实可知"，脱末句"又可以"云云
5.25 颜渊季路	人之不仁……子路盖欲先去其私于车马之间者……则几于廓然大公而无物我之间矣。然犹……人之道也……然而学者有志于求仁，则子路之事亦不可忽。……然后颜子之事可以驯致。若慕高远而忽卑近，则亦妄意躐等，终身无所成就而已耳③	"人而"作"人之"，"克"作"先去"，"事事物物"作"车马"，"可谓"作"亦"，"则又……理"句作"则几于廓然大公"，衍"圣贤之分固宜尔"，"季路"作"子路"，"未宜"作"不可"，"以为入德之途则夫"作"然后"，"不然"作"若"，"屑"作"忽"，"卑近"后脱"则亦妄意躐等"，衍"将"，"进益"作"成就"。
5.26 内自讼	觉其为过……文之者多矣。内自讼则无一豪盖覆之意，其于从义进德也孰御④	"狃"前脱"而"，"知其"作"觉其"，衍"盖多"的"盖"，衍"能见其过而"，"则惩创"以下作"则无……孰御"句

---

① 〔宋〕真德秀《四书集编》卷三，第76页。
② 同上书，第76页。
③ 同上书，第77页。
④ 同上书，第77页。

续表

章节	《四书集编》等引文	异文分析（以各书引文为底本）
6.2 孰为好学	怒之所以迁者，以起怒于己故也。起怒于己，故溢于气，征于色，发于辞……莫之止。就有能知……故耳。就有能知怒之不当迁者，方其怒甲也而视乙，其辞气终未能以遽化，是皆起怒于己故耳。君子非无怒也……己何与乎！……过之所以贰者，以其所以为过之根不除也。人每患不见其过。就能见其过，而遏止其心，一或有懈，……有所小慊，……于过之所未形，未尝不知消而去之。如日之销冰，无复余迹。然则奚贰之有……克己复礼之功也。如是而后谓之好学，则孔门之所谓学者……不以是为标的乎①	"君子非"句前脱"就有……故耳"。"不知……足问"作"人每患不见其过"。"无纤……化也"作"未尝不知消而去之"。"冰"后脱"无复余迹"，衍"心不……事也"。《读书记》"就有能"作"孰能"，"未慊"作"少慊"
6.3 子华使	圣人于子华……原宪谓毋以与尔邻里乡党……圣人从容而不过……以私意加焉，则失其权度，或与其所不当与，虽贤于吝，然未免为伤惠，或辞其所不当辞，虽贤于贪，亦未免有害于廉矣②	"不当与"后脱"虽贤于吝，然未免"，"不当辞"后脱"虽贤于贪"，"亦反"作"亦未免"
6.5 三月不违	人具生道以生，其心未有不仁者也。一豪私欲萌于中，则违仁矣。惟不远而复者，私欲不萌，故其仁无时而不存焉。三月言其久而熟也，而不违焉。未若圣人之浑然无间也。……固亦异矣，然非见道明而用力坚，亦未易日月至也。由是③	首句"心不……存也"作"人具……存焉"，"纯乎天"作"浑然无间也"，衍"颜子……在此耳"，"由是"前脱"亦未易日月至也"
6.9 贤哉回也	仅引"此不可以想象求也，惟用力于克己，则庶几其得之耳"	不见于通行本
6.10 力不足	为仁……中道而废者也……不肯前也	"废者"后脱"也"，衍"如行半途而足废者也"

---

① 〔宋〕真德秀《四书集编》卷三，第78页。
② 〔宋〕黎靖德编，郑明等校点，《朱子语类》卷三一，《朱子全书》15，第1108页。
③ 〔宋〕真德秀《四书集编》卷三，第80页。

续表

章节	《四书集编》等引文	异文分析（以各书引文为底本）
6.18 知之者不	譬之五谷……好者,食而嗜之者也。乐者,嗜之而饱者也。知之而后能好之。知而不能好……自强而不息者与。	衍首句"知之……得矣","食之"作"食而嗜之",衍"知之……能乐之"句
6.19 中人以上	圣人之道,精粗虽无二致,但其施教,则必因其材而笃焉。盖中人以下之质,骤而语之太高,非惟不能入,且将妄意躐等。而有不切于身之弊,亦终于下而已矣,故就其所及而语之。是乃所以使之切问近思,而渐进于高远也①	"此以……之教"作"圣人……二致",脱"但其施教","高且远者"作"太高","岂徒……以上"作"而有……而语之",衍"渐而进之","自得之也"作"渐进于高远也",衍"然而"以下
6.20 敬鬼神	难莫难于克己,勉为其难,不计所获,循循不已,久自有所至……盖此意也	脱"难莫难于克己"
6.24 井有仁	而患难……夫子之所以……恻隐之形……理不可昧。于是可以究仁者之心也②	"患难"前脱"而","所以"前脱"之","恻隐之心"的"心"误作"形","此亦"作"是"（《读书记》未改）,"矣"作"也"。"心与理一"作"理不可昧",同于"一作"
6.28 博施于民	博施……特以见夫功用而非所以明仁也。圣亦……而又语之以仁者,公天下之理而无物我之私。故己欲立而立人,己欲达而达人,仁者之心也。欲进乎是,其惟近取譬乎。近取譬者,体之于吾身而推之。此恕之道也,所以为仁之方也,于其方而用力则可以进于仁焉。知能近取譬为仁之方,则知以博施济众言仁者,其亦泛而无统矣③	"而不当以此言仁也"作"特以……仁也"（"一本"有"然博施济众"字,《集编》当有遗漏）,自"公天下之理"而下,除"己欲立"句、"于其方而用力"句同通行本外,余皆不同。"至于仁"作"进于仁"。此处《集编》说与"一本"说各有遗漏。《读书记》与《集编》有两字之别："语之以仁者"作"仁焉","吾身"作"吾心"

---

① 〔宋〕真德秀《四书集编》卷三,第83页。
② 同上书,第85页。
③ 同上书,第86页。

续表

章节	《四书集编》等引文	异文分析(以各书引文为底本)
7.2 默而识之	默而识之,言不假言说,默识夫理之所当然也。在己则学不厌,施诸人则诲不倦,成己成物之无息也①	"世之言默识"句,据朱子意,改作"不假言……当然"
7.4 子之燕居	圣人声气容色之所形,盛德之至,不勉而中也	"盛德"以下不同通行本
7.10 子谓颜渊	用之则行……盖君子所性……道固自若。因时用舍而有行藏耳,惟颜子几于化,故足以当此。夫子路……不避祸害……临事而惧,戒惧于事始,则所以为备者周矣。好谋者或失于寡断,好谋而成,则思虑审而其发也必中矣。敬戒周密如此。乃行三军而已哉。……则将至于轻犯祸害,岂君子之所贵乎②	改本大体照朱子意。"君子"前脱"盖","其行……藏之"作"道固自若","道有行藏"作"有行藏耳","与此"作"当此","仲由"作"夫子路",衍"谓夫……为言",衍"古之人所以成"句,"岂独可"作"乃","则是"作"则将至于","非君子之所贵也"作"岂君子之所贵乎"
7.11 富而可求	夫子谓富不可求……有所不必言者矣③	衍"谓命……求者"句,"盖有"作"有所"
7.14 为卫君	叔齐之让……而以为国乎……国人……不思蒯聩父也,辄子也。父子之义先亡矣,国其可一日立乎!在辄之分宁委国而全其父子可也……中有所悔恨……其谓怨乎者,谓二者委国而去……而有所不足于中乎?夫子告子贡以求仁而得仁,谓二人者……岂夫利害之计乎……④	"不知"作"不思","立乎"后脱"在辄……可也"句,"悔慕"作"悔恨","悔"作"不足"
7.15 饭疏食	"崇高莫大乎富贵",非可以如浮云视,惟其非义则浮云耳。苟如所当得……特所乐不存也	衍"富贵本","义所当居"作"如所当得"
7.23 无隐章	夫子之道……盖道无乎不在,圣人其何隐乎尔……二三子固亦皆具是理,自近而用力焉,则知圣人	"苟能体之"作"固亦皆具是理"

---

① 〔宋〕真德秀《四书集编》卷四,第88页。
② 同上书,第90页。
③ 同上书,第91页。
④ 同上书,第92页。

续表

章节	《四书集编》等引文	异文分析（以各书引文为底本）
7.24 子以四教	忠信本一事，然……在学者，当以为两事而交相勉也……博文为先也	"而谓之四教者"作"然"；"并"作"交相"（《读书记》未变）
7.25 吾不得	参天地者也。君子者，具其德而未能充尽者也……若夫以无而以为有，以虚而为盈，以约而为泰	"已无……为泰"作"以无……为泰"，《读书记》全同通行本
7.27 不知而作	圣人之言动，无非天理也……多见而识其善，由闻见而求其善。虽未及乎知之至，然知之次也。择焉而益详，识焉而不已，则其知岂不日新矣①	"识其善"后脱"由闻见而求其善"，"择焉"后脱"而益详"，"将"作"岂不"
8.2 恭而无礼	然无礼以主之，……存乎人心，有节而不可过也……其弊如此，岂所贵于恭慎勇直者哉……天理之本，然以节之，是人为之私而已……②	"其节之存乎人心者也"作"存乎……过者也。"衍"何哉"的"何"
8.8 兴于诗	其情性之正……可践之规矩，学礼而后有所立。致知力行……此非力之可及	"性情"作"情性"（《读书记》未变），"所据之实地"作"可践之规矩"
8.11 骄且吝	周公以叔父之尊位上宰云云③	仅《或问》引
8.12 不至于谷	故以训善之成实焉……则亦难得之矣。然则盖学者能用其力，则必有月异而岁不同者，苟惟卤莽灭裂，岁月悠悠，望其有成，则亦难矣。圣人斯言，所以勉学者，使之自强，循循不已。自有所至，预期岁月而逆讨所成，则又为求获之私心矣④	"训善焉善者实也"作"训善之成实焉"，"善之难得也如此"作"则亦难得之矣"，"然则"以下文字差别极大
8.13 笃信好学	此言士之自处当如是也，然信好学其本欤。惟信之笃而后能好之，好之然后能守之不移也⑤	"惟笃信……不易乎"作"惟信……不移也"

① 〔宋〕真德秀《四书集编》卷四，第94页。德秀认为："多见而识之一句，二先生所释不同，以文义求之，则南轩似优。"
② 同上书，第97页。
③ 〔宋〕朱熹撰，黄坤校点，《四书或问》卷八，第764页。《或问》赞"张敬夫论周公事亦善"。
④ 〔宋〕真德秀《四书集编》卷四，第100页。德秀指出："二先生释'谷'之义不同，正宜参玩。"
⑤ 同上书，第101页。

续表

章节	《四书集编》等引文	异文分析（以各书引文为底本）
9.4 子绝四	绝云者，所以见其无之甚也。至于在学者而言，于是四者必用工以克去之，四者亡而后天理得①	"绝云者"后脱"所以见其"，末句作"至于在……天理得"
9.11 子疾病	所谓天者，理而已。理不应有而强使之有，故曰欺天……盖有……而不自觉。此君子之所以战兢自持②	脱"所谓天者，理而已"，衍"意"（《读书记》未变），"君子"后脱"之所以"
9.26 衣敝缊袍	此非不忮不求者，不能然也。盖人惟有己而有物……学之无穷，自不忮不求而勉焉，以至于圣不可知，其等级固有次第也。苟终身诵夫……利仁者之事……可谓至矣③	"盖人"前脱"此非……能然也"，"盖不忮……进也"作"学之……次第也"，《读书记》仅引"学之无穷"至结束，无"利仁者"的"者"
9.30 唐棣之华	此夫子所删去之诗……未易择也……将忽而不之究……不之进……显微之义④	衍"亦非……思耳"句，衍"可择"的"可"，"克究"作"之究"，"知进"作"之进"，"之几"作"之义"
11.1 先进	文胜而过质……小过之义也。或曰……故各有义耳⑤	"固"作"故"（《读书记》无"固"字），衍"今也……谓也"
11.16 富于周公	考左氏之《国语》……而又顺其所为……益以削弱⑥	衍"以冉……为"，仅《集编》"衰弱"作"削弱"
11.18 回也其庶	故夫子尝问以与回孰愈，至此又并称焉，所以进之者远矣《或问》其一说以命为爵命，则恐或未安耳⑦	"而……此义"作"至此又并称焉"，《或问》指出南轩曾把"命"解为爵命

---

① 〔宋〕真德秀《四书集编》卷五，第103页。
② 同上书，第106页。
③ 同上书，第108页。
④ 同上书，第109页。
⑤ 〔宋〕真德秀《四书集编》卷六，第114页。
⑥ 同上书，第118页。
⑦ 〔宋〕朱熹撰，黄珅校点，《四书或问》卷一一，第792页。

续表

章节	《四书集编》等引文	异文分析（以各书引文为底本）
11.21 闻斯行	闻义固当勇为……反伤于义矣。子路……唯恐有闻。则于所当为，不患其不能为矣；特患为之之意或过，而于所当禀命者有阙耳。……而为之不勇耳。圣人……而使之无过不及之患也①	衍"其勇盖如此"，衍末句"其成……至矣"，《集注》亦引
11.23 季子然	大臣不枉道以徇人，其不合则有去而已。由求……不能去，直尸禄……季子意其…或曰此何必由求而后能之……驯习蹉跌，以至于从人而弑君父者，多矣……至此耳②《或问》节引其说文字有异各本：弑父与君，不必由求而知不从矣。然世之顺从者，其始也惟利之徇而已矣，未遽有悖逆之心也。履霜坚冰之不戒，驯习蹉跌，以至于从人而弑逆者，多矣。此二子所以贤欤	据朱子意，"季子……止之"句作"大臣……而已"，"不之止"作"不能去"，衍"是不以道事君也"，"弑父与君亦不从"作"此"，《或问》"或曰弑……能之"作"弑父……从矣"，"曾不知顺从之臣"作"然世之顺从者"，"利"后衍"害"，脱"未遽有悖逆之心也"，"父与君"作"逆"，脱"此二子所以贤欤"
11.24 子羔为费	子羔……贼其心矣。夫民人……故夫子责之之深也③	衍"故夫……之叹"，"原子……所以"作"故夫子"，《读书记》"夫民"作"故民"
11.25 侍坐	三子之对，非偶然而言。盖体察其力之所至，而言其实也。言三年而可使如此者，其先后条贯素定于胸中而知其然也。向使用力不素……鼓瑟舍瑟之间，已可见……言莫春之时，与数子浴沂风雩……各得其所……亦夫子老安少怀之意也。皙之志若此……其于颜氏工夫，有所未尽耳④朱子提及尚有"不当忘也，不当助长也"说，今无"钦夫《论语》中误认意，遂曰：'不当忘也，不当助长也。'"⑤	大有精简，无通行本首末句。衍"所谓……患也"，衍"所谓三子者"，衍"门人……详者盖"，"浴乎……之下"作"浴沂风雩"，"老者……怀之"作"老安少怀"

---

① 〔宋〕朱熹《四书集注》，第129页。
② 〔宋〕真德秀《四书集编》卷六，第119页。
③ 同上书，第120页。
④ 同上书，第123页。
⑤ 〔宋〕朱熹撰，郑明等校点，《朱子语类》卷六三，第2071页。

续表

章节	《四书集编》等引文	异文分析(以各书引文为底本)
12.3 司马牛问	人之易其言也……知用力则言敢易乎哉。故仁者之言必切①	"用力……易矣"作"知……易乎哉",衍"以其……难也"
12.20 子张问达	圣人论达,盖为己笃实工夫,若有求闻之意,则其心外驰矣。色取仁者,其色则有取于仁,其行则违,如内交要誉恶其声之类,一豪萌于中,皆所谓行违也。虽然,使其有所不安于心,则庶乎可使之反者。惟其居之不疑,则终为不仁而已矣。又曰:闻与达异……行于家邦也②	与通行本大不同,以"又曰"形式置首句于文末,"若有"前脱"圣人论"一句,下皆不同
13.4 樊迟学稼	小人云者……小人之事耳。夫上之所好,下之所从也……诚意交孚……不远也。盖好德者人之公心。视迟之欲下从……亦远矣③	衍"孟子……此意",衍"而有弗……焉耳","下孚"作"交孚"(《读书记》作"所孚"),"是非……泯矣"作"盖……公心","区区"作"视迟之","小矣"作"远矣"
13.17 莒父宰	欲速……则平心易气,正义明道……以子夏之规模近小,故夫子以此告之④	仅《或问》引,"规模"后脱"近小",衍"夫子恐其小成也","故"后脱"夫子"
14.2 克伐怨欲	克伐怨欲不行,可谓能制其私欲矣……则四者之病无自而萌焉……故制之于流,未若澄之于源⑤	"克伐怨欲"作"四者之病",《读书记》无"故制……源也"句
14.13 成人	文之以礼乐,道问学之事也。又言其次者,圣人所以引而进也……无苟避也,久要不忘……亦笃实忠信之人。故在今日,亦可为成人⑥	衍"语成……然而",衍"平生之言","教笃"作"笃实",衍"可以"的"以"(《读书记》作"可谓"),"无苟避"湖湘版作"无所苟避"

---

① 〔宋〕真德秀《四书集编》卷六,第126页。
② 同上书,第130页。
③ 〔宋〕真德秀《四书集编》卷七,第132页。
④ 〔宋〕朱熹撰,黄珅校点,《四书或问》卷一三,第817页。
⑤ 〔宋〕真德秀《四书集编》卷七,第137页。
⑥ 同上书,第139页。

续表

章节	《四书集编》等引文	异文分析(以各书引文为底本)
14.17 杀公子纠	夫子……仁之功……其告子贡亦然……当昧之①	衍"皆","只为……告之"作"其告子贡亦然",衍"深"字(《读书记》不变)
14.23 子路问事	尽诚而不欺……一不得已……感动之。以子路之刚果,不患其不能犯,故告之以勿欺之为主焉《集编》引	《或问》所引:"一"作"必","动之"作"动也","于事"前脱"则","以子路"前脱"如内交要誉恶其声之类,一毫之萌皆为欺也"。"刚果"作"刚强","不患其不能犯"作"惧其果于犯焉",衍"欺之"的"之"。②《读书记》除"一不得已"未改外,余皆同《或问》。《集编》除无"若忠……昧矣"外,余与通行本同
14.25 古之学者	为己无所为而然也③	不见通行本,与"一本""为其所当然而已"有别
14.31 子贡方人	以上皆圣人称许之辞,然所以勉其不及者,亦甚至矣④	脱《集编》所引"以上"句
14.41 宿于石门	圣人非不知……彼虽……不可以已⑤	衍"晨门……者也","已"后衍"也"字,衍"然而"句
15.2 予一以贯	赐之学博矣,夫子欲约之也。故告以予一以贯之,使极夫体之所该而用之所宗也,不至泛而无统也。夫子之告……当其可则亦一也⑥	《集编》引此于忠恕一贯章。衍"进而……达矣","所宗也"后脱"不至泛而无统也",衍"所谓约……而已",衍"此亦……识之矣"
15.5 子张问行	笃敬者……则行有恒,以是而行,何往不可。故虽蛮貊,亦可行也。若夫……不可行。参前倚衡,使之存乎忠信笃敬也。常存之不素而欲遽保之于将发之时,难矣。此子张所以书绅,请事而不敢忘也⑦	衍"盖人……行焉","立则衡"作"参前倚衡",衍"之理","言行之间"作"将发之时"(《读记》作"既发之时"),衍"存而……行也",末句"子张……事"作"此……绅"

① 〔宋〕真德秀《四书集编》卷七,第140页。
② 〔宋〕朱熹撰,黄珅校点,《四书或问》卷一四,第833页。
③ 〔宋〕真德秀《四书集编》卷七,第142页。
④ 同上书,第143页。
⑤ 同上书,第145页。
⑥ 〔宋〕真德秀《四书集编》卷八,第149页。
⑦ 同上书,第150页。

续表

章节	《四书集编》等引文	异文分析（以各书引文为底本）
15.8 志士仁人	仁人于理之当然，如饥食渴饮也。志士谓志于仁者，亦能择而处之矣①	《集编》所引不同于通行本。《读书记》同通行本
15.17 义以为质	义以方外……彼礼所以行……义为体，礼与逊为用……至于信以成之则义②	衍"而信……盖"，"信则义"作"至……则义"
15.37 事君敬	事君者……而已。后其食……而已矣。盖亦……其义矣（《或问》③《读书记》引）	无"官有……一也"，无"尝为……而已矣。"
16.6 三愆	此章戒人言语当适其可也	此为《读书记》所引，未见通行本
16.9 生而知之	困而学，如已放而求，已失而复者也	未见通行本。《读书记》脱"而复"二字，当是遗漏
17.1 阳货欲见	圣人之待恶人，言虽逊而理未尝枉。他人……或至于犯害，惟圣人则从容酬酢而自然中节也④	脱"圣人之待恶人"，衍"此待恶人之道"，无"若"（《或问》有），"伤于辞危"作"至于犯害"（《或问》作"至于危言"），"圣人"作"惟圣人则"，"其含蓄中节如此"作"而自然中节也"（《或问》作"而自然中道也"）
17.5 以费畔	夫弗扰不禀命于君，畔其大夫……是以乱易乱，而又加甚焉……多为篡夺之计多出于此……夫子岂以是而欲往耶⑤	《集编》《或问》引"弗扰不禀命"至文末。"公"作"君"，衍"辄""而""谓"，"反"作"又"，"为"前脱"多"，"者也"作"多出于此"（《或问》为"出于此"），末句"若夫子……失之矣"作"夫子……往耶"

---

① 〔宋〕真德秀《四书集编》卷八，第151页。
② 同上书，第153页。
③ 〔宋〕朱熹撰，黄坤校点，《四书或问》卷一五，第863页。
④ 〔宋〕真德秀《四书集编》卷九，第162页。此处《集编》所引《或问》，与《或问》有异文。
⑤ 〔宋〕真德秀《四书集编》卷九，第164页。

续表

章节	《四书集编》等引文	异文分析（以各书引文为底本）
17.7 佛肸召	子路昔者之所闻，君子守身之常法也。夫子今日之所言，圣人体道之大权也。然夫子于公山弗扰……皆欲往者，其卒不往，何也？其欲往者……而卒不往者，知其人……知人之智也① 子路盖不悦公山之召矣，及川心而复有言焉，则以中心所疑……亦可谓善学矣。然而其不悦者，盖子路以己观圣人……圣人耳②	《集编》《集注》自开篇引至"知人之智也" "亲于……不人"作"子路……所闻"，"至于……希矣"作"夫子……权也"，"然而"作"然夫子于"，"夫子皆尝欲往"作"皆欲往者"，"而卒"作"其卒"，衍"则知其人之"的"则""之" 《或问》引"子路"至章末。衍"悦乎"的"乎"，"弗扰"作"公山"，"佛肸之召"作"此"，衍"夫中心"的"夫"，"抑"作"亦"，"而子路之不悦"作"其不悦者"，衍"在……然"，"处圣"作"观圣"
17.8 六言六蔽	学所以……好仁不好学，则徒欲博爱而不知所施之先后，故其蔽愚。好知……而不知约之所在……窒而蔽矣③	"好仁不好学之蔽"作"好仁……蔽愚"，衍"如欲……愚而已"，衍"至于好知"的"至于"。《读书记》"不知"作"不明"，"蔽"作"闭"
17.15 患得之	患得者，患无以得之也……凡可以勿失者……然则患得失之萌……不亦鄙乎④	"其所……之心"作"患得……之也"，"计利自便"作"患得失"，⑤ "勿失"仅湖湘版作"不失"
18.1 微子去之	当其位，处之尽其道者也……孔子皆称其为仁。以其忠诚恻怛，克尽其道故也⑥	"于其身"作"当其位"，"称"后脱"其"，末句采用"一作"说。"忠"四库本作"中"，《读书记》作"至"。《读书记》"自"前衍"各"，脱"其道故"的"故"
18.2 柳下惠为	其曰焉往而不三黜，则亦几于不恭矣⑦	《或问》仅引"下惠"句，"下惠谓"作"其曰"，衍"所以期于斯世者"

① 〔宋〕真德秀《四书集编》卷九，第164页。
② 〔宋〕朱熹撰，黄珅校点，《四书或问》卷一七，第879页。
③ 〔宋〕真德秀《四书集编》卷九，第164页。
④ 同上书，第165页。
⑤ 同上。
⑥ 同上书，第168页。
⑦ 〔宋〕朱熹撰，黄珅校点，《四书或问》卷一八，第893页。

续表

章节	《四书集编》等引文	异文分析（以各书引文为底本）
18.8 逸民	无可者……言其不有于中也。……故仕止久速,无不得其可。其惟天乎,其惟圣人乎……若柳下惠、少连则未免有可也。故孟子所欲,学孔子而已①	"存"作"有","大而化之"作"故仕……其可","其惟天乎"后脱"其惟圣人乎","下惠"前脱"柳","乃所愿"作"所欲",衍"则"
19.13 仕而优	大学……成物无二致也……学优则仕,终始于学而无穷也②	衍"物之"的"之",衍"其从容暇裕如此",衍"已"（《读书记》有）
19.22 仲尼焉学	文武之道,谓国家之制度典章,在当时犹有存者,未至尽泯也,在人所识何如……识其小者。至如乡党之间,其冠昏丧祭,日用饮食,亦习乎其教而不自知也。然则……无常师也。此其所以能集文武之道而极其大全与③	前两句大异通行本,据朱子意改,作"文武……泯也"。"人……无也"作"至……知也","备斯文之大全"作"能集……全欤","大舜"以下未引
19.23 叔孙武叔	武叔……知子贡者,使果知之,则于夫子之门,当求其……不暇矣④	《或问》"窥"作"知","使其果能之"作"使果知之",衍"则其"的"其","道"作"门",衍"望乎之心","求其"前脱"当"
19.25 仲尼岂贤	不可阶升……动之斯和……其死也哀,民心戴之如天,亲之如父母也……所造亦深矣⑤	衍"而升"的"而","斯和者"的"者"（《读书记》未变）,"足以知"的"以"。"无不……天乎"作"民心……父母也",《读书记》"亦深"误作"抑深"
20.1 谨权量	此篇所载……所以示后世之大法也	"此"后脱"篇","所以……符节"作"所以……法也"

通行本中25条"一本（作）"有若干条是据朱子意见修改,且同于《集编》等所引之说,如1.11"三年无改"章,可证"一作"当为改本之说。仅有例外是14.33"不逆诈"章,"一本"反而为朱子所批评的孔氏说,通行本则是修改说。

---

① 〔宋〕真德秀《四书集编》卷九,第170页。
② 〔宋〕真德秀《四书集编》卷一〇,第175页。
③ 同上书,第176页。
④ 〔宋〕朱熹撰,黄坤校点,《四书或问》卷一九,第913页。
⑤ 〔宋〕真德秀《四书集编》卷一〇,第177页。

以下"一本(作)"说,文字短者全引,长者略引,并略加评析。

表 4

章节	一本(作)	评析
1.5 千乘之国	不欺之也	《癸巳说》批"己"字未安,故"不欺之也"当是改本①
1.11 三年无改	旧说谓父在能观其志而承顺之……尹氏谓孝子之心有所不忍也	据朱子《癸巳说》主张的第一说,且同于《集编》二书所引
2.9 不违如愚	潜心默识,无疑之可复也	更合文意
2.16 攻乎异端	异端之说……害于心术而难反	删"小道、恐泥"说,回应朱子说
2.23 十世可知	三王之礼……谓之百世可知者,不亦信矣	回应朱子批《癸巳说》突出变革,否定因袭之误
4.5 富与贵	富贵人之所欲……富贵贫贱者,惟道所在而已	较通行本精改甚多。《集编》所引"于人之所欲"至文末同于"一本云",仅"甚于"为"大于"
5.8 女与回也	夫子既然其言……长其善而勉其所未及也	较通行本更精简
5.12 子路有闻	有所闻而行之未逮	更切文义
5.16 晏平仲善	以平仲行乎国政之久……则其余无取焉,亦可见也	不同于通行本,更精切
5.18 令尹子文	仁者之为……便以为仁,则不可	较通行本修改
6.24 井有仁	理不可昧	同于《集编》二书所引
6.28 博施于民	博施济众之义……欲进乎是……泛而无统矣	《集编》引文脱"然博施济众";"一本""欲进乎是"前脱《集编》中"故夫子……仁者之心也"句。
7.4 子之燕居	申申,舒泰也。夭夭,和洽也	近乎《集注》所引杨氏说
7.15 饭疏食	濂溪周子……惟用力于克己,是乃求之之道也	言外之意
8.4 孟敬子问	或曰此与非礼勿视……学者当识内外交正之意	似为本章下半段解"此所贵夫道"之补充,
9.10 颜渊喟然	博文……克己复礼也	改作朱子提出的侯氏说

---

① 湖湘本校勘指出其所据底本曾以"一作"说为正文,"底本误作正文。今依《四库全书》本"。

续表

章节	一本(作)	评析
10.8 出三日	出三日则人将不食而厌弃之,非所以敬神之意也	近乎朱子说
10.15 寝不尸	门人之察圣人……昔人之学固如此哉	言外之意,与通行本互补
13.27 刚毅木讷	计较作为,害仁为甚,故以刚毅木讷之质为近仁焉	与通行本说不甚关联,似为总论
14.25 古之学者	学以成己也……岂所以为学哉	因朱子批评而改,大异通行本
14.33 不逆诈	孔注先觉人情者,是宁能为贤乎。此解文义顺……温厚而含蓄也	据朱子批评的孔氏说,当为旧说。通行本则放弃孔说,当为改本
14.36 以德报怨	怨有轻重,若施于己之怨……直则非动于血气可知矣	与通行本大异
14.46 原壤	圣人之教人……孙弟乃学之本也	与通行本异
17.24 君子有恶	妄动	更贴文义
18.1 微子去之	以其忠诚恻怛,克尽其道故也	更细致,近朱子说,同《集编》二书所引

五、通行本与《四书集编》等比较个别文字有别者109条

《四书集编》等所引较通行本,有109条仅存在个别无关紧要文字的差异,如虚词"也""矣""而""者",或形容词"深""多",或代词"其""此"等,此等差异并未改变文本意义,并未回应朱子提出的批评。对此类情况不能视为改写本。它与通行本之间存在的个别文字之别,当与各书自身文本的形成,版本的刊刻有关,而无关内容和意义。此等情况反映出通行本与淳熙改本的一致性。为校勘起见,以下列出异文所在(以通行本为底本)。

表 5

章节	异文分析	章节	异文分析
1.7 贤贤易色	脱"此章""则"	2.11 温故知新	"曰"作"有云","此"作"之"(《读书记》未变),脱句末"矣"

续表

章节	异文分析	章节	异文分析
2.13 先行其言	脱"后言"的"后","深察"的"深",《读书记》不变	2.14 周而不比	"若小"作"故小",湖湘本"周则"作"周而",《读书记》"心"作"施",《或问》脱首句,置"周则……立也"于文末
2.15 学而不思	脱首句,脱"然也"的"也"	2.17 诲汝知之	"能"作"已",脱"则其"的"其"
2.18 学干禄	《集编》未变,《读书记》"告之"作"教之",脱"而亦"的"而"	3.8 巧笑倩	"素"前衍"夫","质"作"素","在后"的"在"作"为","默会……外矣"作"默会于意言之外矣",《读书记》"在"作"为"
3.13 媚于奥	《或问》节引"胸中"至文末,《读书记》仅引"胸中所存"句	3.19 君使臣	脱"《传》"字,"无以"前衍"如所谓",脱"而无"的"而"
4.4 苟志于仁	"何"前衍"则"字,脱末句"惟其……矣"	4.6 好仁者	脱"用力于仁"两句,"深切"前脱"弘大而"
4.21 父母之年	仅《读书记》引,脱"而喜惧存焉","尽心于其亲"作"尽其心于亲"	4.22 言之不出	《读书记》未变,《集编》"不出"作"不轻",脱"其勉"的"其","力"作"为"(当是字误),脱"盖"字
5.3 赐也何如	"周"作"用"(《读书记》未改),脱"终"	5.5 漆雕开仕	脱"使漆雕开",脱"斯"(《读书记》有),"盖"下衍"其","可以"的"可"作"敢","如何"作"何如",脱"则其"以下,《读书记》"漆雕开"作"之","可"作"敢"
5.10 加诸我	"仁者"前衍"乃"	5.12 子路有闻	引"门人"句
5.15 君子之道	"君子……矣"作"然君子……多矣","他"前衍"其",脱"也","圣"前衍"此","焉"作"者",此两处《读书记》未变	5.23 微生高直	脱"意者……为直"

续表

章节	异文分析	章节	异文分析
6.1 子桑伯子	脱"夫","居敬"作"敬","其所行自简"作"其行自然简也"	6.8 伯牛有疾	"于是"后衍"焉","而已"作"也","致"作"启",脱"孟子所谓"句
6.13 孟之反	引"为学……人也"	6.16 质胜文	引"以二……野乎"句,脱"之史"与"亦……知也"
6.21 知仁动静	"止"作"安"	7.8 不愤不启	"之方"作"之法","见于"作"发于",脱"其听"的"其"、"必待"的"必"、"继其"的"其","则是未能因"作"则必未能悟"(《读书记》未改),"推类"后衍"者","于彼亦"作"亦于彼"
7.9 有丧者	脱"一日之间""若此也"。《读书记》"著"作"至"	7.29 仁远乎哉	"至仁"作"至于仁","可往"作"可以往",《读书记》脱"而可"的"而","至之"的"之"
7.30 昭公知礼	"取"作"娶","乎"作"哉"	7.32 文莫吾犹	"于躬"前衍"至","孚"作"勉","既"作"晓",脱"文者"的"者"(《读书记》未变),"者欤"作"矣",《读书记》脱"人者"的"者"
7.34 子疾病	仅《或问》引,脱"若夫""则所谓","独"前衍"而","启告"的"启"作"发"	7.36 坦荡荡	脱"诸人"的"诸","徇欲而不自反"作"循物……于己","荡荡"作"荡"。《读书记》"诸"为"于","徇欲而不自反"作"徇欲而不反诸己"
8.1 泰伯	仅《读书记》引,"然也"作"是也","而已"作"也"。"夷狄"仅湖湘版作"荆蛮"	8.11 骄且吝	《集编》引"此言"至"何为哉",《读书记》分两处引通行本文字,"且也"作"且与","徇"作"役"

续表

章节	异文分析	章节	异文分析
8.17 学如不及	脱"当",脱第二个"怀不及之心",脱"放也"的"也","自是"作"自足","自足者也"作"是自足也","自恕者也"作"是自恕","曰姑""曰为"前各衍"而","人欲"后衍"之","而本心"作"本心之",《读书记》"夫心"作"人心",保留两"者也",句末"也"前衍"者"	8.20 舜有臣	脱"言""者"
9.1 子罕	"至于"作"所谓","是理"作"此理","何如"作"如何",无"之也"的"之"	9.2 达巷	"无乎"的"乎"作"所",脱"若"字
9.5 子畏于匡	脱"二者"	9.7 吾有知	"盖"作"两端者";脱"其远""其高"的"其","存焉"的"焉"
9.9 子见齐衰	脱"失也"的"也",脱"于齐衰",脱"于冕衣"的"于"(《读书记》"于"未变),"纲要"后衍"亦如是"。	9.10 颜渊喟然	"始终"作"终始"
9.16 子在川上	"无息"作"不息",脱"一草"的"一"、"何莫"的"何"	9.20 子谓颜渊	脱"辞也"的"也","未至"作"未进"(《读书记》未改),脱"横渠"说
9.21 苗而不秀	《读书记》"在夫"作"在乎"	9.22 后生可畏	脱"犹""亦"
9.28 知者不惑	"守己"作"其守",脱"于夫"的"于"(《读书记》未变),脱"为可以"的"为"	11.12 闵子侍	"未善"作"不善",脱"于"
11.14 由之瑟	脱"而"	11.15 子贡问	脱"于""盖"
11.19 问善人	脱"故",《读书记》脱"亦"	12.1 克己复礼	脱"逾者"的"者","本乎……见于"作"其本……发于",脱"目者"的"者",脱"曰一日"①

---

① 〔宋〕真德秀《四书集编》卷六,第125页。

续表

章节	异文分析	章节	异文分析
12.2 仲弓问仁	"出门"句作"出门云云","己所"句作"己所云云",脱"强恕"的"强"、"而不"的"而","故曰在邦"句作"故曰云云"	12.4 司马牛问	脱"不知","以夫"作"以其"(《读书记》未变),"嬰"作"攖宁",脱"而已","而何益乎"作"何益哉",①《读书记》"盖此"作"盖以此"
12.10 崇德	"之务"作"之切务",脱"则其"的"其","其理"后衍"矣"	12.16 成人之美	"患其"作"恐其"
12.22 樊迟问仁	"未可"作"不可"	12.24 以文会友	"辅云"作"辅之","多"后衍"矣"
13.12 如有王	脱"此则……及矣"	13.22 不占而已	《读书记》脱"决"
13.25 君子易事	《集编》二书仅引首句,脱"也",《或问》全引;"非说"前衍"而","以道"作"以其道","小人"前衍"若"	13.26 泰而不骄	"骄"前衍"曰",脱"免乎"的"乎"(《读书记》有)
14.7 君子而不	"自持"作"固持"(《读书记》作"是持"),脱"者之深","尽殄"作"尽泯"②	14.11 贫而无怨	《读书记》脱"易",脱"其中"的"其"(《或问》有),脱"为怨"的"为";"矣"作"也",《或问》"所安"作"所守"
14.12 赵魏老	"公绰"作"以绰"(《读书记》未变),"贵于"作"贵在",《读书记》脱"在当"的"在"	14.14 子问公叔	脱"则善"的"则",脱"之"(《读书记》亦脱)、"公叔"贾之",脱"能然"的"然","人"和"辞"之间衍"之"③
14.15 以防求	"曰"作"云",脱"请立"的"立"	14.18 公叔文子	"不萌"作"无"
14.19 子言卫灵	脱"之无"的"之","仅能"作"但能",《读书记》未改	14.21 言之不怍	《读书记》"言"后衍"之"

---

① 〔宋〕真德秀《四书集编》卷六,第126页。
② 〔宋〕真德秀《四书集编》卷七,第137页。
③ 同上书,第139页。

续表

章节	异文分析	章节	异文分析
14.24 君子上达	脱"上达、下达者"的"者",脱"天理也、人欲也",脱"君子、于""小人、于","皆云"作"同言"(《读书记》未改)①	14.26 蘧伯玉使	《读书记》脱"业者"的"者"
14.35 骥不称	"君子"后衍"乎"	14.38 公伯寮	"有命"作"一断以命","方之"作"较之"(《读书记》未改),脱"予之"的"之"及章末"矣"
14.42 子击磬	次序颠倒,脱"而""之"	14.45 修己以敬	脱"而已","天下"后衍"者","是理"作"其理","至"后衍"也",脱"理亦"的"亦"
14.47 阙党	"止"作"安","习"作"为","进乎"作"进于","乌"作"焉","循"作"循循"	15.1 卫灵公问	脱"宜在"的"在","尊"作"事"(《读书记》未变),"宜若"作"疑若"
15.6 直哉史鱼	"者也"作"者矣","比于"作"此于"(《读书记》未变),"卷而怀之"作"可卷而怀"	15.9 子贡问	脱"所事……务也"句
15.14 躬自厚	脱"其心""而"	15.18 病无能	《读书记》脱"非他也"
15.19 疾没世	"疾诸"作"病诸"	15.22 不以言举	"则言"作"则行","虽不……言"作"云云",《读书记》"然而"作"然则"
15.30 终日不食	脱"学……益也"	15.32 知及之	脱"统言"之"统"
15.33 不可小知	脱"是也"的"是"	15.36 贞而不谅	"执"后衍"于"
15.38 有教无类	"质"作"资",脱"无有","类"后衍"未有"	15.41 师冕见	脱"意亦"的"亦";脱"造次必于是",脱"如影之"的"之",《或问》篇末"矣"作"也"

---

① 〔宋〕真德秀《四书集编》卷七,第142页。

续表

章节	异文分析	章节	异文分析
16.1 季氏将伐	"斯"作"则"	16.4 益者三友	"闻"作"告","广"作"贵"(《读书记》作"可资"),"得不"前衍"焉","至"前衍"以"。湖湘版"修"作"德"
16.8 君子三畏	"弗"作"不","大人"后衍"者",脱"人之","三言"作"三者"①	16.10 九思	脱"而人"的"而","不然"作"若","察"前衍"深"
16.11 见善如	《或问》"徙"作"好","甚"作"诚"②	17.14 道听	"存"作"行","谈"作"助语",《读书记》未变
17.20 孺悲	"疑"作"宜",《读书记》未变	17.26 四十见恶	脱"犹"
19.1 见危致命	"决"前衍"能"	19.2 执德不弘	"其"作"惟"
19.3 子夏之门	"盖"后衍"其","辞"作"说",脱"甚"③	19.5 日知	脱"此之谓好学"
19.6 博学笃志	"惟"作"学者"	19.9 三变	脱"为之"的"之"
19.11 大德	脱"而至"的"而","故"作"然",脱"其出入"。④《读书记》"节"误作"万","执"作"势"	19.12 子夏之门	脱"今夫","其知"作"夫知","不胜言矣"作"不可胜言者矣"
19.16 吾友张	脱"为仁"的"为","必"作"须"	19.17 必也亲丧	《读书记》"其可以"作"岂可"
19.24 毁仲尼	"何"作"无",脱"徒为"的"为"(《读书记》未变)		

六、结语

综上可知,南轩《论语解》确乎存在一前后修订本,淳熙改本是在吸收朱子

---

① 〔宋〕真德秀《四书集编》卷八,第159页。
② 〔宋〕朱熹撰,黄珅校点,《四书或问》卷一六,第872页。
③ 〔宋〕真德秀《四书集编》卷一〇,第172页。
④ 同上书,第174页。

建议基础上,朝着精简、平实、注重文义、贴切文本的方向修改而成。是否认识到南轩《论语解》存在前后改本,直接影响对南轩思想及朱、张学术关系,甚至理学思潮演变的理解。学界对南轩《论语》思想的论述颇精,然似忽视了南轩《论语》思想前后的差别,而仅以癸巳本与通行本《论语解》立论,导致所论未尽乎善。如有学者据"博施于民"章"仁道难名,惟公近之"说论证张栻承袭明道"以公言仁"说,①而此说早已不见于淳熙改本。也有学者认为,南轩《论语解》宗奉二程,举"学而"章引程子"时复绅绎"说,及"为己为人"章"学以成己也,所谓成物者,特成己之推而已"说为例,其实作为改本说的"一本云"已删除"所谓成物"句。故学者判定"张栻《论语解》全书直接引述二程之说共 32 处"不妥,当在"《论语解》"前补"旧本"二字方确。②《论语解》前后改本之别的疏忽由来已久,四库馆臣于此即有所未明,《提要》言:

> 考《朱子大全》集中备载与栻商订此书之语,抉摘瑕疵,多至一百一十八条。又订其误字二条。以今所行本校之,从朱子改正者仅二十三条,余则悉仍旧稿……然则此一百一十八条者,特一时各抒所见,共相商榷之言,未可以是为栻病。且二十三条之外,栻不复改,朱子亦不复争,当必有涣然冰释,始异而终同者。③

馆臣以癸巳本与通行本相较,认为《癸巳论语说》朱子批南轩达 120 条,南轩接受修改者仅 23 条,将此归结为朱、张讲学辩难习气,求胜心切使然。当"学问渐粹意气渐平"之后,则不复相争。朱、张最终"不改不争"本应显示彼此之异,馆臣反得出"终同"的结论。盖其认为朱子于南轩之异议,后皆无之,故不争,不可以朱子癸巳之见来否定南轩。就淳熙改本来说,"不复改"之说是不合乎事实的,南轩此后确实深受朱子影响而修改其《论语解》。

今通行本是介于癸巳初本与淳熙定本之间的本子,带有二者糅合的特征。故在理解南轩思想之时,应充分准确把握其思想资料的前后差异及建基于此的思想变化,否则所论将缺乏一种必要的历史识度。据《论语解》前后本来重新审视朱张思想异同,约略存在四种情况:始异终同、始同终异、始终皆同、始终皆异。然须强调的是,四库所言"始异而终同",是认为朱子后来放弃对南轩批评而趋同于南轩,并以朱子三年无改章注为例证明之。客观而言,确乎存在朱子最初批评南轩说,后来放弃批评者,此表明朱子之见解亦在形成发展之中,亦体现了朱张二贤切磋砥砺、相互影响的治学过程。然就实际情形而论,

---

① 唐明贵《张栻〈论语解〉的理学特色》,《哲学动态》2010 年第 8 期。
② 肖永明《张栻〈论语解〉的学风旨趣与思想意蕴》,《湖南大学学报(社会科学版)》2011 年第 5 期。
③ 《四库全书总目提要》,海口:海南出版社,1999 年,第 196 页。

多数是南轩遵从朱子建议而改之。当然,南轩之改是经过自身思考而得出的,非毫无主见而一味随朱子脚跟打转者。本文显示了朱、张在切磋中对彼此学术观点的影响,进一步证实了向来为学者所忽视的南轩《论语解》改本的存在,实有助于南宋理学及经学思想的研究。[①]

[①] 可参拙稿《朱、张思想异同及理学演变——〈癸巳论语说〉之辩与〈四库提要〉之误》,《哲学研究》2018年第8期。

从段注改篆谈《说文》篆形校勘的原则与方法

马　尚[*]

【内容提要】　段玉裁《说文解字注》多处校改《说文》篆形，颇为清人诟病。近一百余年，古文字资料大量涌现。依据与段氏改篆相合的古文字字形，学者往往转而赞同段改。但在利用出土文献校勘篆形的同时，却往往掉入轻改古书的陷阱。本文从"昏""磨"两个典例出发，试谈《说文》篆形的校勘原则。

【关键词】　《说文》段注　篆形　古文字

段注[①]校改《说文》篆形多为清人诟病，近世，大量出土文献为《说文》及段注研究开辟了新的途径。但是，在利用古文字是正段说的过程中，却往往忽视了资料的时代性。本文通过讨论段注改篆的两则实例，谈谈利用古文字校勘《说文》篆形的原则。

一、"昏"及从"昏"之字

大徐本《说文》卷七日部"昏"字，"昏，日冥也。从日，氐省。氐者，下也。一曰：民声。"段注以为"一曰：民声"四字宜删。注文中，段氏以谐声偏旁证"昏"属文部，非从"民"得声：

> 昏字于古音在十三部，不在十二部，昏声之字，蠠亦作蚊，惛亦作忟，敯亦作忞。昏古音同文，与真臻韵有敛侈之别。字从氏省为会意，绝非从民声为形声也。盖隶书淆乱，乃有从民作昏者，俗皆遵用……此四字（按：指"一曰：民声"）盖浅人所增，非许本书，宜删。凡全书内昏声之字皆不从民，有从民者，讹也。

---

[*]　本文作者为北京大学中文系中国古典文献专业2018级博士研究生。
[①]　本文引书名常用简称，繁简称对照如下（按音序排列）：段注——段玉裁《说文解字注》；《集成》——中国社会科学院考古研究所《殷周金文集成》；《句读》——王筠《说文句读》；清华简——《清华大学藏战国竹简》；《释例》——王筠《说文释例》；《说文》——许慎《说文解字》；《系传》——徐锴《说文解字系传》；《义证》——桂馥《说文解字义证》。为使行文便捷，本文称引前辈学者时未加尊称，祈请见谅。

段玉裁云"盖隶书淆乱,乃有从民作昏者,俗皆遵用",意为在隶变过程中,昏字开始从民,"昬"字得到了广泛使用。以此为据,段氏改《说文》"脗""敯""瞂"三字:①改"脗"字。《说文》卷二:"吻,口边也。从口勿声。脗,吻或从肉从昏。"段氏改"脗"为"脗",注云:"昏声也。凡昏,皆从氏,不从民。"②改"敯"字。《说文》卷三:"敯,冒也。从攴,昏声。《周书》曰:'敯不畏死'。"段氏改"敯"为"敯",注云:"按昏从氏省,不从民,凡昏旁作昬者误,详日部。"③改"瞂"字。《说文》卷四:"瞂,瞀也。从夗昏声。"段氏改"瞂"为"瞂",未注。

甲骨文、两周金文、战国楚简文字中,"昏"均从氏从日。甲骨文中"昏"字首为王襄所识,郭沫若引段注,并大为称赞:"今得此,知殷人'昏'字实不从民,足证段氏之卓识,而解决千载下之疑案矣。"①古文字学者多从此说,赞同段注校改。蒋骥骋则认为段氏校改有误。② 不过,蒋氏对段玉裁改字的依据未加辩驳,使用的字形材料也不够丰富。下文将从字音和字形两个方面,为蒋说提供证据。

段氏在《六书音均表》中指出,先秦时期真、文、元三部可划然而分,汉以后三部合用。段氏认为,"昏""文"属文部,"民"属真部,因而,言"昏"字从"民"得声不可取。但从谐声材料来看,早在两周时期,从"民"得声之字亦有属文部者。例如:①毛公鼎"畎天疾畏"(《集成》5.2841),孙诒让释"畎"为"敯",指出"敯天"即"旻天","畎天疾畏"即《小雅·雨无正》《小雅·小旻》《大雅·召旻》所言"旻天疾威"。③"旻"从"文"得声,"畎"从"民"得声,两字却构成异文。②陈伟将郭店简《语丛一》31、97号简连读为"礼因人之情而为之即(节)廞者也",与《礼记·坊记》"礼,因人之情而为之节文,以为民坊者也"对应,④"廞"——"文"相对应,而"廞"字是从"民"得声的。⑤赵彤指出,"一部分真部字在战国楚方言中已经转入文部"。⑥综上可知,在两周时期,真文两部中以"民"为声符之字古音是极近的,"脗""敯""瞂"等字从"民"得声并不违背音理。退一步说,据段

---

① 于省吾主编《甲骨文字诂林》,北京:中华书局,1996年,第2456页。
② 蒋骥骋《说文段注改篆评议》,长沙:湖南教育出版社,1993年,第115页。
③ 〔清〕孙诒让《古籀拾遗 古籀余论》,《古籀拾遗》卷下《毛公鼎释文附》,北京:中华书局,1989年,第44—45页。
④ 陈伟《〈语丛〉一、三中有关"礼"的几条简文》,武汉大学中国文化研究院编《郭店楚简国际学术研讨会论文集》,武汉:湖北人民出版社,2000年,第143—144页;李天虹《释楚简文字"廞"》,饶宗颐主编《华学》第四辑,北京:紫禁城出版社,2000年,第85—88页(又收入李天虹《郭店竹简〈性自命出〉研究》,武汉:湖北教育出版社,2002年,第14—22页)。
⑤ 参李家浩《包山楚简中的"枳"字》补正部分,氏著《著名中年语言学家自选集·李家浩卷》,合肥:安徽教育出版社,2002年,第294页;李学勤《试解郭店简读"文"之字》,山东省儒学研究基地、曲阜师范大学孔子文化学院编《孔子·儒学研究文丛(一)》,济南:齐鲁书社,2001年,第117—120页。
⑥ 赵彤《战国楚方言音系》,北京:中国戏剧出版社,2006年,第99—100页,第109—110页。

玉裁的"次弟相近合用"说，①"昏""民"即使分属真、文两部，亦不能说明"睧""敃""瑉"等字必不可从"民"得声。

从字形而言，"昏"字在商周文字中从氐从日，但在秦代就已讹变为从民得声，如睡虎地秦简82"黄昏"之"昏"作 ![昏] 形。在汉代文字中，"昏"字普遍写作"昬"（参《秦汉魏晋篆隶字形表》第446页）。秦汉文字中，作为偏旁的"昏"也已普遍作"昬"，如"婚"作"![婚]"（《流沙坠简》3·22），"缗"作"![缗]"（睡虎地秦简110），"捪"作"![捪]"（马王堆《老子甲》116）"![捪]"（马王堆《老子乙》229上），"阍"作"![阍]"（孔宙碑），等等。

从字音、字形两方面而言，《说文》的"睧""敃""瑉"字极有可能是从民，而非从氐的。段玉裁的校改可能符合甲骨文字形，但却不符合秦汉用字的实际情况，不可从。

二、"𤎮"字

大徐本《说文》卷五甘部"𤎮"："和也，从甘从麻，麻，调也。甘亦声。读若函。""麻"并无"调"意（段注本《说文》卷七"麻"字："枲也。从林从广，林，人所治也，在屋下。"②），而与"麻"字形相近的"麻"却与"调"义相合。大徐本《说文》卷九："麻，治也。"卷七："秝，稀疏适也。"段玉裁据此改"𤎮"为"𪉠"。段注本《说文》："𪉠，和也，从甘、麻。麻，调也。甘亦声。读若函。"注曰：

> 说从"麻"之意，厂部曰："麻，治也。"秝部曰："稀疏适也"。稀疏适者，调和之义。《周礼》："凡和，春多酸，夏多苦，秋多辛，冬多咸，调以滑甘。"此从甘、麻之义也。各本及《篇》《韵》《集韵》《类篇》，字体皆讹，今正。

小徐《系传》有"臣锴曰：麻音历，稀疏匀调也，会意"。桂馥《义证》、王筠《句读》《释例》等据小徐之注，王筠《释例》上连西周金文"蔑曆*"之"曆*"，③以证段玉裁之说，④蒋冀骋亦从之。⑤

---

① 〔清〕段玉裁《六书音均表》表三《古十七部合用类分表·古一字异体说》，氏著《说文解字注》，上海：上海古籍出版社，1981年，第832页。
② 大徐本《说文》作："麻，与枺同人所治，在屋下。从广从枺。"此从段注所改。
③ 有关字形参董莲池编著《新金文编》（北京：作家出版社，2011年）第538—539页"𤎮"字。
④ 丁福保《说文解字诂林》卷五上，北京：中华书局，1988年，第2025页。
⑤ 蒋冀骋《说文段注改篆评议》，第115页。

不可否认,段玉裁改"麻"为"曆",与古文字字形相合。清华简贰《系年》第三章涉及史籍所载秦之先祖"飞廉","廉"字在简文中作▢▢(《系年》14)等形,正可隶定为"曆"。学界多认为该字即《说文》卷五的"麻"/"曆"字。该字结构、源流,目前学界的观点还有分歧:或认为"曆"字与"廉"通假,从"甘"得声,多将"曆"字与金文中成语"蔑曆*"之"曆*"认同;①或以为"曆"字从"廉"之省体"秝"得声,"曆"字与"蔑曆*"之"曆*"不存在演变关系。②《说文》云"麻"字"读若函",说明许慎对"麻"字"甘亦声"还是比较有把握的。陈剑提出"秝"为"廉"之省体,并举楚文字中读为"兼"的▢字(清华简陆《郑武夫人规孺子》17)为证,可信。因而,"曆"字大概应视为一个既从"甘"声又从"廉"省声的双声符字。

金文中"蔑曆*"之"曆*"的形体,或与《说文》"曆"字相类,自清代王筠以来,传统上将该字与"曆"字认同,赞同段改。③ 但如邱德修、李零、陈剑所指出,④商代及周初的"曆*"字从"秌"得声,如▢(《集成》5413)▢(《集成》6003),陈剑将该字读为懋勉之懋,于书有征。"曆*"与"曆"字很有可能并非同字。根据目前的材料,段氏改正后的"曆"字,还无法上溯到商、西周时期,应以最早见于战国文字为宜。

段玉裁所改之"曆"字虽与战国文字相合,但是,笔者所见各版《说文》,⑤除段注本外,"麻"均从"秝"不从"秝",段氏校改似乎缺乏版本依据。此外,《说文》收字虽云求古,但亦难免受到汉代讹变字形的影响(详见下文)。出土的汉

---

① 李学勤最先指出,"曆"从甘声,与"廉"通假,参李学勤《清华简关于秦人始源的重要发现》,氏著《初识清华简》,上海:中西书局,2013年,第141页。刘洪涛、李守奎、肖攀、季旭升、王志平、李零等学者同意此说,并将"曆"与"蔑曆*"之"曆*"认同。参刘洪涛《论掌握形体特点对古文字考释的重要性》,北京大学博士学位论文(指导教师:李家浩教授),2012年,第65页;李守奎、肖攀《清华简〈系年〉文字考释与构形研究》,上海:中西书局,2015年,第76—78页;季旭升《从〈清华贰·系年〉谈金文的"蔑曆(廉)"》,李守奎主编《清华简〈系年〉与古史新探》,上海:中西书局,2016年,第378—389页;王志平《"飞廉"的音读及其他》,李守奎主编《清华简〈系年〉与古史新探》,第390—411页;李零《西周金文中的"蔑曆"即古书中的"伐矜"》,《出土文献(第八辑)》,上海:中西书局,2016年,第54—55页。

② 参陈剑《简谈对金文"蔑懋"问题的一些新认识》,《出土文献与古文字研究(第七辑)》,上海:上海古籍出版社,2018年,第91—118页(该文又见复旦大学出土文献与古文字研究中心网站,http://www.gwz.fudan.edu.cn/Web/Show/3039,2017年5月5日)。

③ 〔清〕王筠《说文释例》卷一四,北京:中华书局,1987年,第651—652页;又见丁福保《说文解字诂林》,第2028页。

④ 参邱德修《商周金文蔑历初探》,台北:五南出版社,1987年,第47—54、60—62页;李零《西周金文中的"蔑曆"即古书中的"伐矜"》,《出土文献(第八辑)》,第54—55页;陈剑《简谈对金文"蔑懋"问题的一些新认识》,《出土文献与古文字研究(第七辑)》,第92页。

⑤ 包括大徐本系统的国图9588、北大LSB/9084、湘图本、静嘉堂文库本、汲古阁第五次校本、平津馆本(及陈昌治本)和小徐本系统的述古堂本、祁寯藻本。

代文字中,很多作为部首的"秝"已讹变为"林",如:①马王堆帛书《十六经·立命》"数日,磿(歷)月,计岁";①②水泉子汉简"爰磨(歷)"②;③张家山汉简"邮各具席,设井磨""井鹿车一具不见,磨败坏",伊强以为"磨"当为"磿",读为"櫪";③④东汉夏承碑"是故宠禄传于厤(歷)世"。"麿"字很可能也早已经由正字"厤"讹变为了"麿",被许慎收入《说文》的很可能是讹变后的字形。"林,调也"的说解,也很可能已经误"秝"为"林"了。同样,小徐《系传》"林音历"可能是对构形本义的一种理解,但却无法成为改篆的依据。

总之,段玉裁改"麿"为"厤",与战国文字中"厤"字字形偶合,但并不一定合于许书原字。《说文》字头"麿"是否当改为"厤",还当慎重考虑。

三、《说文》篆形及校勘原则

《说文》收录的字形,许慎自言"今叙篆文,合以古、籀",并在《说文解字叙》中阐明,其篆文来源于籀文,籀文又来源于古文:④

> 黄帝之史官仓颉,见鸟兽蹄迒之迹,知分理之可相别异也,初造书契……以迄五帝三王之世,改易殊体。封于泰山者七十有二代,靡有同焉。……及宣王太史籀著大篆十五篇,与古文或异。至孔子书六经,左丘明述《春秋传》,皆以古文,厥意可得而说。其后诸侯力政,不统于王,恶礼乐之害己,而皆去其典籍。分为七国,田畴异亩,车途异轨,律令异法,衣冠异制,言语异声,文字异形。秦始皇初兼天下,丞相李斯乃奏同之,罢其不与秦文合者。斯作《仓颉篇》,中车府令赵高作《爰历篇》,太史令胡毋敬作《博学篇》,皆取史籀大篆,或颇省改,所谓小篆者也。

许慎表示,《说文》小篆是秦时李斯等人省改史籀大篆而形成的一种书体,事实上,《说文》中的篆文情形比许慎所述要复杂得多。首先,小篆与秦文字是一脉相承的,而非有意省改;⑤其次,《说文》小篆不单纯为秦篆,还包含有六国

---

① 国家文物局古文献研究室《马王堆汉墓帛书(壹)》,北京:文物出版社,1980年,第61页。
② 张存良、吴荭《水泉子汉简初识》,《文物》2009年第10期。
③ 伊强《汉简名物考释二则》,《简帛(第八辑)》,上海:上海古籍出版社,2013年,第433—439页。
④ 许慎以为"古文"是最初的仓颉古文,但"古文"的字形实属六国文字。王国维论之甚详:"故古文、籀文者,乃战国时东、西土文字之异名,其源皆出于殷周古文。而秦居宗周故地,其文字犹有丰、镐之遗。故籀文与自籀文出之篆文,其去殷周古文反较东方文字为近。"参《观堂集林》卷七《战国时秦用籀文六国用古文说》,北京:中华书局,1956年,第306页。
⑤ 如裘锡圭所言,"小篆是由春秋战国时代的秦国文字逐渐演变而成的"。参裘锡圭《文字学概要(修订本)》,北京:商务印书馆,2013年,第70—72页。

文字。① 在此之外，《说文》篆形还存在另一种情况。

裘锡圭曾指出《说文》中的一些字形讹误：

> 《说文》中屡见跟秦汉时代实际通行的篆文不合的字形，这类篆文字形反而不如隶书、楷书近古。"戎"、"早"、"卓"等字里的"十"形，《说文》篆文都作"甲"，便是明显的例子。"甗"大概也属于这一类。②

赵平安对这一现象也有所论述，还总结了不合于汉字演进序列的《说文》篆形：

> (《说文》小篆)也有一些是汉人根据隶书新造的，清人已经意识到这一点，近年来，得到黄绮、李学勤、王宁等先生的支持。还有一些是发生讹变或经过篡改的。③

李家浩曾专文论述《说文》篆文有汉代小学家篡改和虚造的字形，指出林义光、王献唐已注意到这一现象。④

如前辈学者所论，结合古文字成果，《说文》中的篆文确有一部分与古文字不合，甚至完全不合乎汉字演进序列，这些字往往是汉代"讹变""篡改"或根据隶书新造的。许慎生活于东汉时期，⑤距秦统一文字(据《史记·秦始皇本纪》为公元前 221 年)已有二三百年之久。许慎所见到的小篆材料，很有可能是发生过讹变或经过篡改的。

裘锡圭对《说文》小篆之误曾作出明确区分：

> 《说文》成书于东汉中期，当时人所写的小篆的字形，有些已有讹误。此外，包括许慎在内的文字学者，对小篆的字形结构免不了有些错误的理解，这种错误理解有时也导致对篆形的篡改。《说文》成书后，屡经传抄刊刻，书手、刻工以及不高明的校勘者，又造成了一些错误。因此，《说文》小

---

① 赵平安指出，"(《说文》小篆)也有一些来源于六国古文，这在清代就有学者零星指出，近人黄焯先生又撰《篆文中多古文说》一文专论此事"。参赵平安《〈说文〉小篆研究》，南宁：广西教育出版社，1999 年，第 1—2 页；又见赵平安《〈说文〉小篆与汉字演进序列》，氏著《文字·文献·古史——赵平安自选集》，上海：中西书局，2017 年，第 134—135 页。

② 裘锡圭《释殷墟卜辞中与建筑有关的两个词——"门塾"与"自"》，氏著《裘锡圭学术文集·甲骨文卷》，上海：复旦大学出版社，2015 年，第 299 页。

③ 赵平安《〈说文〉小篆研究》，第 1—26 页；又见赵平安《〈说文〉小篆与汉字演进序列》，氏著《文字·文献·古史——赵平安自选集》，第 134—154 页。

④ 李家浩《〈说文〉篆文有汉代小学家篡改和虚造的字形》，氏著《安徽大学汉语言文字研究丛书·李家浩卷》，合肥：安徽大学出版社，第 364—377 页。

⑤ 许慎生卒年不可确考，姚孝遂《许慎与〈说文解字〉》(北京：中华书局，1983 年)云许慎生于公元 31 年，卒于公元 101 年，姑备一说。

篆的字形有一部分是靠不住的。①

裘锡圭将《说文》小篆之误分为两类，一为许慎之误，一为后人之误。这与段玉裁提出的校勘原则是相合的。段玉裁提出，校勘古书应分"底本之是非""立说之是非"两步进行，洵为高论。②《说文》所采小篆字形，理论上大部分是秦篆，事实上已经发生了讹变，这种错误属"立说之是非"；在成书之后，还有后代传抄刊刻整理带来的讹误，这则属"底本之是非"。古文字研究对于二者都应纠正，但校勘《说文》篆形，当"以贾还贾，以孔还孔"，以许还许，所当纠正的只有后者。

段玉裁修改了《说文》的部分篆形，③颇为清人诟病。近一百余年来，商周甲骨、战国秦汉简帛大量出土，许多古文字得以释读，新证学派也随之崛起。学界利用段注来考释古文字，也利用古文字来重新审视段注。这一过程中，许多段氏校改后的篆形被发现与古文字相合。如段氏依据汉石经《论语》《溧水校官碑》和魏《受禅表》改"矜"为"矝"，被徐承庆、钮树玉等清人指责为"以隶正篆"。但在马王堆帛书、银雀山汉简中，"矜"字均作"矝"形，在郭店楚简《老子甲》中，"矜"字从矛从命，楚文字中"命""令"通用，"矜"当从"令"，由此得证。④这种以新出文献订正《说文》篆形、评价段注改篆的方法，属王国维提出的"二重证据法"，⑤在出土文献不断涌现的今日，有很强的学术生命力。但是，在利用出土文献订正《说文》篆形的过程中，往往得出两种结论：如段氏所改之字合于古字字形，则言其校改不误；如不合，则言校改有误。这难免落入一个陷阱：依据年代过早的古文字字形校改篆形。⑥

---

① 裘锡圭《文字学概要（修订本）》，第 68 页。
② 〔清〕段玉裁《经韵楼集》卷一二《与诸同志书论校书之难》，上海：上海古籍出版社，2008 年，第 313—314 页。下同。
③ 据蒋冀骋统计，段注改篆（包括古、籀）共 181 字，增篆 24 字，删篆 21 字，参蒋冀骋《说文段注改篆评议》，第 48 页。
④ 从音韵学角度而言，矜属真部，令属耕部，两部在《诗经》中合韵，音近可通。参裘锡圭《用出土文字资料检验清儒在语文学方面的一些具体见解》，氏著《裘锡圭学术文集·语言文字与古文献卷》，上海：复旦大学出版社，2015 年，第 37—38 页；又可参赵彤《利用古文字资料考订几个上古音问题》，《语言研究的务实与创新——庆祝胡明扬教授八十华诞学术论文集》，北京：外语教学与研究出版社，2004 年，第 400—401 页。
⑤ 王国维《明堂庙寝通考》，罗振玉《雪堂丛刻》，北京：北京图书馆出版社，2000 年；又王国维《古史新证——王国维最后的讲义》，北京：清华大学出版社，1994 年，第 1—3 页。参〔日〕西山尚志《我们应该如何运用出土文献？——王国维"二重证据法"的不可证伪性》，"出土文献的语境"国际学术研讨会暨第三届出土文献青年学者论坛，台湾新竹，2014 年。
⑥ 如前文所提及以金文"䈞厤"之"厤"证明段改。又詹鄞鑫《谈谈小篆》第三章将"单"字篆形改为單，将圆圈与下部相连，秦汉文字中则以断开为常见（字形参《秦汉魏晋篆隶字形表》第 94 页）。詹鄞鑫《谈谈小篆》，北京：语文出版社，2007 年。

大多数古文字学者参照段注的目的在于求古文字之真,以此言段氏正误无可厚非;但是,若以求《说文》之真为目的,还孤立地将年代较早的古文字字形作为检验标准,则有悖于校勘之道了。由此,校勘《说文》篆形,应注意所用出土资料的时代性。

附记:本文先后蒙胡敕瑞先生、赵平安先生、李宗焜师、蒋玉斌师批评指正,谨致谢忱!

乾隆辛未保举经学初探

周昕晖*

【内容提要】 乾隆十四年至十六年,清廷进行了一次由内外高级官员保举潜心经术之士的选拔。此次保举,除散见各处的材料外,最为全面和系统的记载应属梁锡玙所撰《辛未保举经学录》。乾隆十四年发布上谕后,内外大臣共保举49人,但乾隆帝对保举结果并不满意,经过两次核定删汰,最终取中4人,实际在朝任职则只有2人。本文对被举49人的籍贯、功名、任职、应选等情况进行考证和初步分析。

【关键词】 清代　学术史　保举　经学

乾隆十四年(1749)十一月初四日,乾隆帝发布上谕,命在京的大学士九卿、在外的督抚大员保举潜心经学之士,至乾隆十六年,取中陈祖范、吴鼎、梁锡玙、顾栋高四人。因此事最终成于乾隆十六年辛未,故世多称之为"辛未保举经学"。

清前期之制科,最著者无过康熙十八年(1679)己未、乾隆元年(1736)丙辰两次"博学鸿词"之举。丙辰词科过后仅十余年,清廷下令征经学之士,昭梿《啸亭杂录》阐释其影响云:

> 上初即位时,一时儒雅之臣,皆帖括之士,罕有通经术者。上特下诏,命大臣保荐经术之士,辇至都下,课其学之醇疵。特拜顾栋高为祭酒,陈祖范、吴鼎等皆授司业,又特刊《十三经注疏》颁布学官,命方侍郎苞、任宗丞启运等裒集三礼。故一时耆儒夙学,布列朝班,而汉学始大著,龌龊之儒,自蹶足而退矣。①

然关于己未、丙辰两度博学鸿词,在清代即有秦瀛《己未词科录》、李集《鹤征录》、李富孙《鹤征后录》等著作,现今又有若干论文或专著。而辛未保举经学一事,就笔者所见,仅宋元强《乾隆朝"保举经学"考述》一文专论,② 其余则多

---

* 本文作者为北京大学中文系古典文献专业2017级博士研究生。
① 〔清〕昭梿《啸亭杂录》,北京:中华书局,1980年,第15—16页。按昭梿此说略有不确,顾栋高初亦授司业,乾隆二十二年方加祭酒衔;三礼馆之设立、殿本《十三经注疏》之开雕均在保举经学之前。
② 宋元强《乾隆朝"保举经学"考述》,《大连大学学报》2008年第1期,第1—5页。

在谈及乾隆朝学风时一语带过。故本文尽力搜讨文献,从文献资料、先后经过和被举人物等方面对此题目进行初步研究。

一、保举经学的文献资料

保举经学的相关资料,散见于各种公私文献。官方记载,见上谕、奏折、实录、地方志等;私家记载,则在诸家碑传、笔记、文集。这些史料多随事、随人而发,不成系统。

孙殿起《贩书偶记》卷三"诸经总义类"云:"辛未保举经学录一卷,梁锡玙恭纪,底稿本,纪乾隆十六年保荐者。"①今上海图书馆藏有《辛未保举经学录》抄本一卷(索书号:线普长456807),计一册,正文凡二十三筒子页,以正楷誊写于无格纸,半页十行,行二十一字。卷首题"辛未保举经学录 臣梁锡玙恭记",首页有"颉刚劫后所得书""上海图书馆藏"朱文印,应是顾氏旧藏而后归上图者。

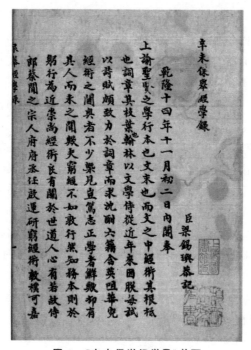

图1 《辛未保举经学录》首页

---

① 孙殿起《贩书偶记》,北京:中华书局,1959年,第65页。

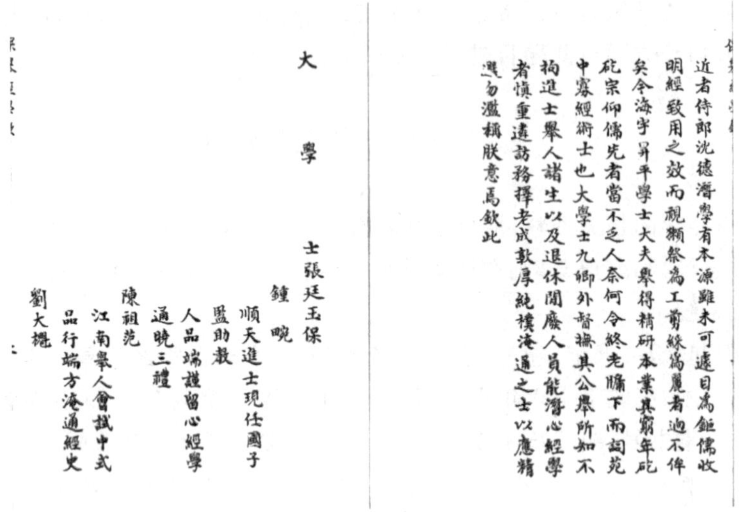

图 2 《辛未保举经学录》页 1B—2A

此书分三部分：

第一，乾隆十四年十一月初二乾隆帝命保举经术之士的上谕。

第二，大学士九卿督抚所举人员名单，包括举主姓名及官职，和被举者的姓名、籍贯、功名、考语等（唯沈树德、吴大受二人无考语，注云"考语原缺"）。如："大学士张廷玉保：钟皖，顺天进士，现任国子监助教，人品端謹，留心经学，通晓三《礼》。"

第三，(1)乾隆十六年闰五月十八日乾隆帝命大学士九卿将现举人员再行核实之上谕。(2)内阁议奏。(3)乾隆帝命陈祖范、吴鼎、梁锡玙、顾栋高四人进呈著作，并引见吴、梁二人的上谕。(4)吴、梁进呈著述情况。(5)六月十一日授吴、梁国子监司业的圣旨。(6)六月十五日吴、梁谢恩折。(7)乾隆帝召见吴、梁二人的实录。(8)乾隆帝命武英殿缮写二人所进呈著作的上谕。

可见《辛未保举经学录》按下诏、保举、核定、取中的顺序收录了辛未保举经学的相关材料。

乾隆十七年（1752），武英殿刊刻梁锡玙进呈之《易经揆一》十四卷、《易学启蒙补》二卷，①封面题"御览易经揆一"。卷首收录上谕、奏折、保举名单，与《辛未保举经学录》全同。

李调元《淡墨录》卷一四《辛未保举经学》条，②录乾隆十四年上谕，既而撮述乾隆十六年上谕及进书之令，以及吴鼎、梁锡玙二人引见召对，武英殿缮写

---

① 〔清〕梁锡玙《易经揆一》十四卷、《易学启蒙补》二卷，清乾隆武英殿刊本。
② 〔清〕李调元《淡墨录》卷一四，清乾隆绵州李氏万卷楼刻《函海》本，页 1A—3B。

著作等事。最后罗列取中四人,以及其余四十五人的籍贯、功名、任职情况等。① 其内容皆不出《辛未保举经学录》范围,只有两处人名用字与《经学录》有不同。

法式善《槐厅载笔》卷三《恩荣》引《感恩录》,②除撮述内阁议奏、未录吴梁二人谢恩折外,其余与《辛未保举经学录》第三部分全同。又卷八《掌故二》引《纪恩录》,③所记保举名单即《经学录》第二部分,惟《经学录》原缺吴大受、沈树德二人考语,《槐厅载笔》中吴大受考语亦缺,而移《经学录》中夏力恕考语于沈树德下,另有两处人名用字与《经学录》不同。所谓"感恩""纪恩"者,应出于荐举取中人员之口,又因内容重合,疑此《感恩录》《纪恩录》即今见梁锡玛所记《辛未保举经学录》。

缪荃孙《烟画东堂小品》第四册有《保举经学名单》一种。④ 据《艺风老人日记》,癸丑(1913)六月七日,"钞到保举经学单",⑤即此也。查其内容,实即《辛未保举经学录》第二部分。《经学录》所缺考语,《保举经学名单》中亦缺,且人名用字与《经学录》全同。

要之,辛未保举经学一事,除先后之上谕、奏折见于《乾隆朝上谕档》《宫中档乾隆朝奏折》《高宗实录》外,则以梁锡玛所记《辛未保举经学录》为最系统全面的第一手材料。

二、保举经学的过程

兹据上谕、奏折等档案,及《辛未保举经学录》之记载,尝试还原乾隆十四至十六年(1749—1751)保举经学的运作过程。

乾隆十四年十一月初四,乾隆帝下诏:

> 圣贤之学,行本也,文末也。而文之中,经术其根柢也,词章其枝叶也。翰林以文学侍从,近年来因朕每试以诗赋,颇致力于词章,而求其沉酣六籍,含英咀华,究经训之闽奥者,不少概见。岂笃志正学者鲜欤?抑有其人而未之闻欤?夫穷经不如敦行,然知务本,则于躬行为近。崇尚经术,良有关于世道人心。……今海宇升平,学士大夫,举得精研本业,其穷年矻矻,宗仰儒先者,当不乏人。奈何令终老牖下,而词苑中寡经术士也?

---

① 李调元此处述吴鼎、梁锡玛、陈祖范、顾栋高四人后,云:"其保荐五十人,余四十五人者"云云,其语显然有误。
② 〔清〕法式善《槐厅载笔》卷三,清嘉庆刻本,页 21A—23B。
③ 〔清〕法式善《槐厅载笔》卷八,页 18B—21A。
④ 《保举经学名单》,《烟画东堂小品》第四册第三种,民国九年(1920)江阴缪氏刻本。
⑤ 〔清〕缪荃孙著,张廷银、朱玉麒主编,《缪荃孙全集 日记3》,南京:凤凰出版社,2014年,第263页。

> 内大学士九卿，外督抚，其公举所知，不拘进士、举人、诸生，以及退休闲废人员，能潜心经学者，慎重遴访，务择老成敦厚，纯朴淹通之士，以应精选勿滥，称朕意焉。钦此。①

在上谕中，乾隆帝表示在朝的学者致力于词章者多，现今则有意访求笃志经学之士，拔擢登用，命内外大员各举所知。选拔范围则相当广，所谓进士、举人、诸生、退休闲废人员均在其中，之后的保举情况也完全覆盖了乾隆帝划定的范围。乾隆帝即位之初，即有开三礼馆修《义疏》、刊刻殿本《十三经注疏》之举，此则又以全国性行动来搜求经学之士，但在此诏中，只划定"经学"作为范围，没有表现出"性理－考据"的倾向性。

求贤诏发布后，内外大臣都行动起来，在京的大学士九卿，首先上报所举名单。至十二月十七日，乾隆帝再次发布上谕，其中除了命廷臣商议如何考试以外，还透露出其他信息：

> 此番大学士九卿所举②，为数亦觉过多，果有如许淹通经学之士，一时应选，则亦无烦特诏旁求矣。各省督抚所举，尚未奏到。应俟到齐之日，合内外所举人员，大学士九卿再行公同核定，无采虚名，以昭慎重。核定后，请旨调取来京引见，朕亲加临试，庶得实学宿儒，光兹盛典。③

查《辛未保举经学录》中名单，自大学士张廷玉至通政司参议薄海，在京大臣已举荐32人，这个数字应该是出乎乾隆帝意料的。因各省督抚所举尚未上报到京，人数会膨胀到多少尚不知，在这道上谕中，乾隆帝表示怀疑和不满，故要求保举名单集齐之后，要再进行复核筛选，最终确定来京考试的人员。

次年四月，河南巡抚鄂容安奏："遵旨保荐经学宿儒，屡经访问，求其经术深纯，近里著己者，实难其人，不敢滥举。"得旨："知道了，各省多率举以充数博誉者，汝此奏是。"④据此，到了乾隆十五年四月，各省保举名单已有一部分呈到朝廷，有的尚未确定所举之人。乾隆帝赞同鄂容安的上奏，也借机抱怨各省所举太多太滥，有充数之嫌。保举名单陆续呈到，大学士九卿督抚内的官员，有不少并未保举。最终，内外大臣44人，共保举经学之士49名（被举人名单见下节），其中最少者举一人，多者如张廷玉、汪由敦、钱陈群、高斌均举三人。

名单整合之后，廷臣开始奉旨核定被举人员，乾隆十五年十二月二十日：

> 吏部题：据大学士九卿督抚等保举经学人员共四十九员，遵旨核定：

---

① 中国第一历史档案馆编，《乾隆朝上谕档》第二册，北京：中国档案出版社，1991年，第393页。
② "所举"二字上谕档无，据《实录》补。
③ 中国第一历史档案馆编，《乾隆朝上谕档》第二册，第417页。
④ 《清实录》第13册，北京：中华书局，1986年，第1004页。

查编修夏力恕、检讨吴大受、庶吉士鲁曾煜三员，原系翰林，因事回籍，将来原可供职，无庸再行保举。其原任同知吴廷华，因署通判任内计参浮躁降调，奉旨休致；原任笔帖式李锴，因打死家人革职；原任监察御史范咸，因巡视台湾分派供应革职；任直隶广大兵备道陈法，因检举淮徐道任内堤工漫溢，奏事不实革职；原任检讨孙景烈，因考试四等休致。核其情罪，非敦厚纯朴、淹通经术之士可知，应不准保举，并将保举不实之协办大学士吏部尚书梁诗正、兵部侍郎观保、原任工部尚书调镇海将军赵宏恩、内阁学士德龄、陕西巡抚陈宏谋，均照例罚俸九月，从之。①

在49人中，夏力恕、吴大受、鲁曾煜三人无庸保举，吴廷华、李锴、范咸、陈法、孙景烈五人不准保举，其余41人，应已通过核定，下一步是调取来京参加考试。但自核定之后过了将近六个月，局面仍无多大进展，乾隆十六年闰五月十六日，②皇帝再次发布上谕：

> 朕前降旨，令九卿督抚举荐潜心经学之士。虽据大学士等核覆，调取来京候试。现在到部者，尚属寥寥。……在湛深经术之儒，原不必拘拘考试，若如内外所举，既有四十余人，即云经术昌明，安得如许积学未遇之宿儒？其间流品，自不无混淆，岂可使国家求贤之盛典，转开幸进之捷径？势不得不郑重考校以甄别之。闻有素负通经之誉，恐一经就试，偶遇僻题，必致重损夙望，因而托词不赴，以藏拙为完名者。苟如此用心，已不可为醇儒矣，其安所取之？然此中亦实有年齿衰迈，不能跋涉赴考者，伏胜年九十余，使女孙口授遗经于晁错，其年岂非笃老？何害其为通儒。此所举内，果有笃学硕彦，为众所真知灼见，如伏生之流者，即无庸调试，朕亦何妨降旨问难经义，或加恩授以官阶，示之奖励乎？着大学士、九卿将现举人员再行虚公核实，无拘人数，务取名实相孚者，确举以闻。如果众所共信，即可不必考试，若仍回护前举，及彼此瞻徇，则尤重负尚经学求真才之意，独不畏天下读书人訾议，与后世公评耶？③

据考证，在被举41人中确有一些人由于老病或其他原因未赴京。因到京候试人员寥寥，无法考试，乾隆帝下令大学士、九卿再次核实讨论，其实是从41人中再筛选一部分。上谕中"即可不必考试"，已有草草收场之意。廷臣应该也理解了乾隆帝的寓意，所以第二次筛选中，大量删汰，仅留下陈祖范、吴鼎、梁锡玙、顾栋高四人。大臣讨论选定这四人的过程，流传着不同的说法。当时已

---

① 《清实录》第13册，第1206页。
② 按乾隆帝上谕日期，《实录》《上谕档》均作"十六日"，《辛未保举经学录》作"十八日"，今从《实录》及《上谕档》。
③ 中国第一历史档案馆编，《乾隆朝上谕档》第二册，第546页。

经在京候试的刘绍攽说:

> 辛未五月,特命罢试,由阁臣审定、九卿质实,定为方天游本姓胡、王延年、梁锡玙、吴鼎、陈祖范、顾栋高六人。御史大夫梅循斋珏成曰:"是旷典也,史册必载,恐未得真儒,无以副圣意。首二人奔竞,吾不画稿。"司农蒋南沙溥曰:"上问时何以对?"曰:"吾以实对。"不悦而罢。司农往来议论,去其二,以四人上。①

据刘绍攽言,则廷臣会议所举,除四人外本有方天游、王延年二人,后亦汰去。又阮葵生《茶余客话》云:

> 辛未,各省荐举经学深粹之士,先后将至京。谕旨谓:经学非词章可比,不得以一日文字定短长,其综核生平著述,择其尤异者以闻。后以吴鼎、梁锡玙、顾栋高、陈祖范名上,俱授司业。集议之初,浙江胡天游、江南蔡寅斗亦在选中,而胡名尤重,举主凡七人。宣城梅大锴奏二人久居京师,声气广播,恐非真才,遂不被恩命。然胡为词章之雄,蔡不过时文著名而已。②

同样是因为梅珏成的质疑,不过在阮葵生的记述中是方天游和蔡寅斗被黜落。

大学士、九卿达成共识后,将四人名单上报给乾隆帝,在《上谕》和《实录》中,四人的次序都是陈祖范、吴鼎、梁锡玙、顾栋高,并非依年纪为序,可能是按大臣保举总名单中的次序排列的。四十一人中汰去了十分之九,乾隆帝没有嫌弃大臣过于严格,而是表示认可,但最后定夺权还在他手中,据上一道上谕仅四天,闰五月二十日,又有上谕:

> 保举经学之陈祖范、吴鼎、梁锡玙、顾栋高,既据大学士九卿等公同覆核,众论佥同。其平日研究经义,必见之著述,朕将亲览之,以觇实学。在京者,即交送内阁进呈,其人着该部带领引见。在籍者,行文该督抚就取之,朕观其著述,另降谕旨。或愿赴部引见,或年老不能来京者听。其著述不必另行缮录,致需时日,启剿袭猝办,赝鼎混珠之弊。③

此令下后,吴鼎进呈《象数集说》《集说附录》《易问》《春秋四传选义》,梁锡玙进呈《易经揆一》。二人在六月初十由吏部带领引见,十一日奉旨:吴、梁二人俱以国子监司业用,二人至此才被乾隆帝正式取中。④ 至于陈祖范、顾栋高二人,

---

① 〔清〕刘绍攽《九畹续集》卷一《纪遇呈张少仪先生》,《清代诗文集汇编》第304册,上海:上海古籍出版社,2010年,第565页。
② 〔清〕阮葵生《茶余客话》,北京:中华书局,1959年,第235页。
③ 《清实录》第14册,北京:中华书局,1986年,第140页。
④ 参〔清〕梁锡玙《辛未保举经学录》,上海图书馆藏抄本。

在闰五月二十日的上谕下达后，江苏巡抚王师奉旨征取二人著述进呈，七月十三日，王师上奏折：

> 窃臣于本年六月十九日准吏部咨开大学士等核实经学人员一折，奉旨……。钦遵移咨到臣，除在京之吴鼎、梁锡玙著述业已恭呈御览，蒙恩授职外，臣查陈祖范系苏州府常熟县进士，顾栋高系常州府无锡县进士，即分檄苏、常二府委员前至其家，取到陈祖范所著未刻《掌录》一本、《余稿》一本，已刻诗文杂著一本。顾栋高所著未刻《毛诗订诂》五本，已刻《春秋大事表》一部计二十本，理合恭折进呈。其陈祖范之《掌录》《余稿》，顾栋高之《毛诗订诂》稿本内均有圈点添改处，钦遵谕旨，未敢另缮。再陈祖范年已七十六岁，顾栋高年已七十三岁，均据覆称年力老迈，不能到京，合并奏明，伏乞皇上睿鉴。谨奏。①

王师随折进呈陈祖范《掌录》《余稿》稿本和诗文集刻本，以及顾栋高《毛诗订诂》稿本和《春秋大事表》刻本，并表示二人年老体衰，难以进京。八月初三日，乾隆帝发布关于此事的最后一道上谕，认可陈、顾二人：

> 据王师折奏，保举经学之陈祖范、顾栋高，年力老迈，不能来京等语。陈祖范、顾栋高俱着给与国子监司业职衔，以为积学之劝，所有著述留览。②

乾隆十四年十一月初四，至十六年八月初三，历时近两年，"保举经学"终于落下帷幕。朝廷上下保举近五十人，最终仅取四人，又有两人年老不任职，仅授虚衔而已。事件前后，颇有虎头蛇尾之感。

三、保举经学人员丛考

本节以《辛未保举经学录》所载名单为基本线索，考察被荐举人员的举主、籍贯、功名、任官、年龄（以上三项均以乾隆十四年被举时为准）、应选情况等，供进一步分析讨论。史料所载或有不确，则略加辨正。惟辛未所举多衡茅之士，声名不显于后，其间有尚未考得其实者，则暂从阙，以俟日后订补。

需要注意的是，《辛未保举经学录》中举主的官职题写所据时间混杂，如德龄于乾隆十一年七月十六日至十四年十二月七日任吏部左侍郎，介福于乾隆

---

① 台北"故宫博物院"编，《宫中档乾隆朝奏折》第一辑，台北：台湾"故宫博物院"，1982年，第133页。

② 中国第一历史档案馆编，《乾隆朝上谕档》第二册，第559页。

十四年十二月九日至十五年正月廿九任吏部左侍郎,①二人是前后任,而在《经学录》中皆题为吏部左侍郎,显然此录中确定官衔所用时间并非划一,盖是据该官员奏上保举名单时的官职。

1. 钟暕(1694—1772)②

大学士张廷玉、兵部右侍郎观保保。钟暕字励暇,号集虚,直隶宛平人,雍正五年(1727)进士,时任国子监助教。精于礼学,曾入三礼馆与修《三礼义疏》,与方苞交甚密,方氏《与鄂少保论修三礼书》云:"仆与钟君暕反复讨论,以求其贯通,所费日力,几与特著一书等。"③张廷玉考语曰:"人品端谨,留心经学,通晓三《礼》。"观保考语:"谨厚老成,潜心经学。"

被举时56岁,大学士九卿再议名单时未被取中。王芑孙《宛平钟先生事状》云:"先是,尝与荐于经学,上以内外所荐多,俾大学士择其尤以闻。会推之前一日,海宁陈文简公到门索见先生,疑于名在举中,辞以疾,不获命。见而询孰可者,先生乃言某某,明日疏上,竟无先生名。"④按:此处记载略有误,陈文简公即陈元龙,卒于乾隆元年(1736),不可能在此时去见钟暕,盖是陈世倌(谥文勤)之误。

又,修《三礼义疏》对于乾隆前期学界有很大影响,即以此次保举人员为例,钟暕、王文清、吴廷华、方天游、盛衡等均由与修《义疏》而进入朝廷的视野。

2. 陈祖范(1676—1754)⑤

大学士张廷玉、礼部尚书王安国、吏部左侍郎归宣光、福建巡抚潘思榘保。陈祖范字亦韩,江苏常熟人。雍正元年(1723)举人,同年恩科会试中试,因病未参加殿试,时未仕。曾主苏州紫阳书院、徐州云龙书院、安庆敬敷书院、扬州安定书院。张廷玉考语:"品行端方,淹通经史。"王安国考语:"经学淹通,品行纯正。"归宣光考语:"人品端方,潜心经学。"潘思榘考语:"人品端方,老成谨

---

① 钱实甫编,《清代职官年表》,北京:中华书局,1980年,407—411页。
② 钟暕,《辛未保举经学录》《易经揆一》《淡墨录》《槐厅载笔》《保举经学名单》皆作"钟暕"。而王芑孙《宛平钟先生事状》、方苞《与鄂相国论荐贤书》(见《望溪先生集外文》卷五,《清代诗文集汇编》第222册,第328页)皆作"钟暕",今从后者。又钟暕生卒年,据〔清〕王芑孙《惕甫未定稿》卷一五《宛平钟先生事状》:"卒于乾隆三十七年十一月四日,年七十九。"(《清代诗文集汇编》第442册,第460页)以此推之,钟暕生于康熙三十三年(1694)。
③ 〔清〕方苞《方苞集》,上海:上海古籍出版社,1983年,第155页。
④ 〔清〕王芑孙《惕甫未定稿》卷一五《宛平钟先生事状》,第459页。
⑤ 〔清〕陈祖范《陈司业文集》卷四《自序》云:"予以康熙丙辰年五月二十日生。"(《清代诗文集汇编》第236册,第687页)康熙丙辰即康熙十五年(1676),《清代人物生卒年表》云生于康熙十四年,误也。钱大昕《潜研堂文集》卷三八《陈先生祖范传》及《清史稿》卷四八〇《陈祖范传》皆云陈祖范卒年七十九,以丙辰年生,下推至七十九岁,则卒年当在乾隆十九年(1754),与钱大昕所云辛未被举后"又三年,卒于家"相合,而《清史稿》所云"乾隆十八年卒于家"误也。参钱大昕撰,陈文和主编,《嘉定钱大昕全集》第九册,南京:江苏古籍出版社,1997年,第647—650页;赵尔巽等撰《清史稿》卷四八〇《儒林一》,北京:中华书局,1977年,第13150页。

厚,潜心经术,学有本原。"

被举时 74 岁,陈祖范在大学士九卿会推四人中,未赴京,以年老不任职,进呈著作后赐国子监司业衔。

3. 刘大櫆(1698—1779)

大学士张廷玉保。刘大櫆字才甫,号海峰,安徽桐城人,雍正十年(1732)顺天乡试副榜,时未仕。大櫆以文章著名,为方苞所激赏。张廷玉考语曰:"为人淳饬,潜心经学。"

被举时 52 岁,大学士九卿再议名单时未被取中。吴定《海峰先生墓志铭》:"会举博学宏词,方侍郎以先生荐。及试,为大学士张文和所黜,而文和后大悔。洎乾隆十五年诏举经学,文和独举先生,而文和旋去位,乃出为教谕于黟。"① 按张文和即张廷玉,与刘大櫆同乡,刘氏长于辞章而非经学,加之核定名单时,张廷玉已因配享太庙事去位,刘氏被黜落亦可想而知。

4. 王文清(1688—1779)②

大学士史贻直、协办大学士刑部尚书阿克敦、刑部右侍郎梅珏成保。王文清字廷鉴,湖南宁乡人,③雍正八年(1730)进士,原任宗人府主事,时在籍终养。曾与修《三礼义疏》,后主岳麓书院十余年,撰有《周礼会要》《仪礼分节句读》等。史、阿二人考语:"留心经学,为人纯朴。"梅珏成考语:"为人质直勤谨,潜心经学。"

被举时 62 岁,时因丁忧未赴京。④

5. 方天游(1696—1758)

大学士史贻直、协办大学士刑部尚书阿克敦、工部尚书刘统勋、户部右侍郎总督仓场彭树葵、大理寺少卿王会汾保。方天游字稚威,浙江山阴人,本姓胡,雍正七年(1729)顺天乡试副榜,时未仕。方天游善文,但负气恃才,好讥弹人,故虽名扬日下,而忌者实多。曾与修《三礼义疏》。史、阿二人考语:"学问淹博,为人狷介。"刘统勋考语:"品行端洁,博览经籍。"彭树葵考语:"为人朴直,潜心经学。"王会汾考语:"为人耿介,淹通经史,博习艺文。"

被举时 54 岁,大学士九卿再议名单时未被取中。朱仕琇《方天游传》云:

---

① 〔清〕吴定《紫石泉山房文集》,《清代诗文集汇编》第 408 册,第 374 页。
② 据秦薰陶编,钟筑甫订正,《王九溪先生年谱》,《湖湘文库》乙编第 95 册《湖南人物年谱一》,长沙:湖南人民出版社,2013 年,第 371—404 页。
③ 王文清籍贯,《辛未保举经学录》云河南,误也。
④ 〔清〕梅珏成《考古略叙》,见〔清〕王文清撰,黄守红校点,《王文清集》第二册,长沙:岳麓书社,2013 年,第 505 页。

"辛未举经明行修,卒为忌者中伤而罢。"①据云廷臣议定上奏名单时本有方天游,因左都御史梅珏成反对,遂被黜落,已见上节。

6. 张凤孙(1706—1783)

大学士张允随、贵州巡抚爱必达保。张凤孙字少仪,江苏青浦人,乾隆九年(1744)江南乡试副榜,②时候补州同。张凤孙即毕沅之胞舅。张允随考语:"为人醇谨,学问淹通,留心经术。"爱必达考语:"潜心经术,尤善于《诗》,为人醇谨朴厚。"

被举时44岁,大学士九卿再议名单时未被取中。乾隆十五年十一月初六日内阁奉上谕:"据总督方观承奏请,将在籍候补州同、曾经保举经学之张凤孙发直候补,令其在署佐理公务,俟应行得缺之日,照例酌量委用,至考试经学时,仍令赴京考试等语,着照所请,准其发往,该部知道。钦此。"③知其时张凤孙在任所等候调取进京。

7. 吴廷华(1682—1755)④

协办大学士吏部尚书梁诗正保。吴廷华字中林,浙江钱塘人,康熙五十三年(1714)举人⑤,原任同知,降调充三礼馆纂修,议叙一等。精于礼学,方苞、李绂并器重之,著有《三礼疑义》《仪礼章句》等。梁诗正考语:"老成敦朴,淹通三《礼》。"

被举时68岁。据沈廷芳撰《行状》"乾隆十五年举经学,以老病辞",⑥则吴氏本辞不应举,而乾隆十五年朝廷初次核定时,因他"署通判任内计参浮躁降调,奉旨休致",遂被黜不准保举。

8. 张熷(1705—1750)

协办大学士吏部尚书梁诗正、大理寺少卿王会汾保。张熷字曦亮,号南漪,

---

① 〔清〕朱仕琇《梅崖居士文集》卷二《方天游传》,《清代诗文集汇编》第336册,第206页。

② 见《道光丙午科顺天乡试张毓蕃朱卷》:"曾祖凤孙,雍正壬子副榜,乾隆丙辰召试博学鸿词,甲子副榜,壬申荐举经学。充正黄旗教习,武英殿经史馆纂修,刑部陕西司郎中,福建邵武府知府,云南粮储道,四川永宁道。著有《柏香书屋诗文钞》,世称张三子,谓孝子、君子、才子也。行艺纂入郡志,入祀孝子祠、吴郡五百名贤祠,诰授中宪大夫。"《清代朱卷集成》第99册,台北:成文出版社,1992年,第326页。

③ 中国第一历史档案馆编,《乾隆朝上谕档》第二册,第489页。

④ 吴廷华,《辛未保举经学录》《易经揆一》《保举经学名单》皆作"吴廷章",《槐厅载笔》《淡墨录》作"吴廷华",此人在吏部上奏及其余文献中皆作"吴廷华",当以此为准。

⑤ 〔清〕沈廷芳《隐拙斋集》卷四九《朝议大夫东壁吴先生行状》:"康熙甲午,以五经中乡试"。《清代诗文集汇编》第298册,第592页。

⑥ 同上。

浙江仁和人,乾隆十二年(1747)举人,①时未仕。张熷精于史学,著有《读史举正》。梁诗正考语:"潜心经学,人品醇谨。"王会汾考语:"素性端谨,潜心经学。"

被举时45岁。杭世骏《张南漪遗集序》:"天子方求硕学之儒,以黼黻圣治。公卿交上其名,征诣京师。时四方待诏者迟久未集,而南漪以江右故人之招舍而相就。道病而反,甫抵家,遂以不起。"②知张熷本已动身赴京,道病还家,乾隆十五年即去世。

9. 王延年(生卒年不详)

户部尚书蒋溥、工部尚书刘统勋保。王延年字介眉,浙江钱塘人,雍正四年(1726)举人,③时任国子监学正。蒋溥考语:"老成敦朴,沉潜经史。"刘统勋考语:"老成谨饬,潜心经史。"

被举时70岁左右,刘绍攽云大学士九卿再议名单时本有王延年名,因梅珏成反对而最终被黜。李调元《淡墨录》云:"王延年……年八十余,人荐举经学,进呈所撰编年纪事,得赐翰林侍读,终国子监司业。"④此条多误。据《国子监志》"(乾隆)十七年恭遇孝圣宪皇后六旬万寿恩科,现任学正王延年年逾七十,礼部带领引见,奉旨授为额外司业",⑤知延年之授司业衔,非因辛未保举也。

10. 顾镇(1700—1771)⑥

户部尚书蒋溥、吏部左侍郎归宣光保。顾镇字备九,江苏常熟人,乾隆三年(1738)举人,时任国子监学正。⑦顾镇乃陈祖范门人,长于《诗》《礼》,撰有《虞东学诗》《三礼札记》。蒋溥考语:"人品端方,潜心经学。"归宣光考语:"为人谨饬,留心经学。"

被举时50岁,大学士九卿再议名单时未被取中。顾镇既任国子监教职,其时应在京师。

---

① 〔清〕阮元《两浙輶轩录》卷二三,《续修四库全书》集部第1684册,上海:上海古籍出版社,2002年,第26页。
② 〔清〕杭世骏《道古堂文集》卷一一《张南漪遗集序》,《清代诗文集汇编》第282册,第114页。
③ 〔清〕李卫、嵇曾筠等修,〔清〕沈翼机、傅王露等纂《浙江通志》卷一四四《选举二十二》,上海:商务印书馆影印光绪二十五年刻本,1934年,第2564页。
④ 〔清〕李调元《淡墨录》卷一四,页4A。
⑤ 〔清〕文庆等撰《国子监志》卷四四《官师志四》,《续修四库全书》史部第752册,上海:上海古籍出版社,2002年,第156页。
⑥ 参殷衍韬《顾镇生卒年考辨》,《常熟理工学院学报(哲学社会科学)》2012年第9期,第100—102页。顾镇生于康熙三十八年十一月三十日,西历为1700年。
⑦ 〔清〕顾镇编辑,周昂增订《支溪小志》卷三:"乾隆三年戊午举于乡,十三年以归,昭简公荐授国子监学正,十五年蒋文恪公以经学上先生名,十七年迁助教。"《中国地方志集成·乡镇志专辑》第10册,南京:江苏古籍出版社,1992年,第35页。

11. 吴鼎(1700—1768)

刑部尚书汪由敦、户部左侍郎嵇璜、礼部左侍郎秦蕙田、大学士管河道总督高斌保。吴鼎字尊彝，号易堂，江苏金匮人，乾隆九年(1744)举人，①时未仕。吴鼎长于经学，撰有《易堂问目》《易例举要》，曾与其兄吴鼐及同里秦蕙田、蔡德晋诸人为读经会。汪由敦考语："熟精《易》理、三《礼》，人孝友谨饬。"嵇璜考语："素行淳朴，潜心《易经》。"秦蕙田考语："潜心经学，人品端朴。"高斌考语："研求经学，品行端谨。"

被举时50岁。吴鼎在大学士九卿会推四人中，吏部引见，授国子监司业。

12. 盛衡(生卒年不详)

刑部尚书汪由敦保。盛衡字汉诏，江苏阳湖人，举人，时未仕。衡曾助纂《三礼义疏》。汪由敦考语："淹贯三《礼》，人老成敦朴。"

被举时年龄不详，大学士九卿再议名单时未被取中。

13. 赵继序(生卒年不详)

刑部尚书汪由敦、湖南巡抚开泰保。赵继序字芝生，号易门，安徽休宁人，乾隆六年(1741)举人，②时未仕。赵继序历主直隶鸳亭书院，江西白鹭洲书院，著有《周易图书质疑》，兼取汉宋之说。汪由敦考语："潜心经学，人纯朴端谨。"开泰考语："潜心经术，学问淹贯，持躬谨饬。"

被举时年龄不详。大学士九卿再议名单时未被取中。查《(民国)安徽通志稿·艺文考稿》，"群经总义类"有胡廷玑《五经解随笔》一种，解题云"休宁赵继序序之，略谓辛未奉征入都，会以罢归"云云③，知赵继序曾赴京候试。

14. 李锴(1686—?)④

工部尚书赵宏恩、兵部右侍郎观保保。李锴字铁君，号鹰青山人，汉军正黄旗人，原任笔帖式，七品顶带。⑤ 李锴出自铁岭李氏，娶索额图之女，善诗文，隐于盘山。赵宏恩考语："通晓经史，行止朴实。"观保考语："人品端方，淹通经史。"

被举时64岁。《清史稿》云："十五年，诏举经学，大臣交章论荐，以老疾

---

① 赵尔巽等撰，《清史稿》卷四八〇《儒林一》，第13150页。
② 王钟翰点校，《清史列传》卷六八《儒林传下一》，北京：中华书局，1987年，第5482页。
③ 安徽通志馆纂修，《(民国)安徽通志稿·艺文考稿》经部十三"群经总义类"，民国二十三年铅印本，页5B。
④ 〔清〕陈景元《李眉山先生传》"岁丙寅，年六十有一矣"，见〔清〕闵尔昌纂录，《碑传集补》卷四五，周骏富辑，《清代传记丛刊》综录类五，台北：明文书局，1985年，第773页。
⑤ 赵尔巽等撰，《清史稿》卷四八五《文苑二》，第13378页。

辞。"①而乾隆十五年朝廷初次核定时,因他曾"打死家人革职",遂被黜不准保举。

15. 永宁(生卒年不详)

工部尚书赵宏恩保。永宁号东村,姓索绰罗氏,满洲正白旗人,内务府监生,时未仕。永宁长于诗,与李锴交尤密,偕隐于盘山。赵宏恩考语:"通达经史,行己朴实。"

被举时年龄不详。大学士九卿再议名单时未被取中。按方苞《二山人传》有石永宁,即此永宁也,永宁祖都图蒙康熙帝赐姓石,遂以石为姓。②《二山人传》云:"东村石永宁世饶于财,祖都图为圣祖亲臣……乾隆元年举孝廉方正,诣有司力言弱足难为仪,众莫能夺也。"③据方苞此文,知永宁志在悠游,既辞孝廉方正之举,则经学之举盖亦辞不应征。

16. 钱载(1708—1793)

吏部左侍郎介福、户部左侍郎嵇璜保。钱载字坤一,号箨石,浙江秀水人,雍正十年(1732)浙江乡试副榜,④时未仕。钱氏于诗画皆有特长,亦曾师从桑调元,受理学之影响。介福考语:"素行淳朴,究心经史。"嵇璜考语:"为人醇谨,殚心经籍。"

被举时42岁。大学士九卿再议名单时未被取中。自乾隆十二年,钱载即馆蒋溥邸,教其子,至被举时皆在京师。⑤

17. 范咸(生卒年不详)

吏部左侍郎德龄保。范咸字九池,浙江仁和人,雍正元年(1723)进士,⑥原任御史。范咸邃于《易》学,撰有《周易原始》。德龄考语:"为人端谨有守,潜心经术文艺。"

被举时年龄不详。乾隆十五年朝廷初次核定时,因他"巡视台湾分派供应革职",遂被黜不准保举。

18. 周大枢(1699—1770)

吏部左侍郎德龄保。周大枢字元木,一字元牧,浙江山阴人,廪监生,⑦时

---

① 赵尔巽等撰,《清史稿》卷四八五《文苑二》,第13378页。
② 参〔清〕德保等纂修,《石氏家谱》,国家图书馆藏清抄本,及〔清〕英和撰《恩福堂年谱》,《北京图书馆藏珍本年谱丛刊》第133册,北京:北京图书出版社,1999年,第309—310页。
③ 〔清〕方苞《望溪先生文集》卷八《二山人传》,《清代诗文集汇编》第222册,第116页。
④ 潘中华《钱载年谱》,上海:上海古籍出版社,2014年,第26—27页。
⑤ 同上书,第75页。
⑥ 〔清〕法式善《清秘述闻》,北京:中华书局,1982年,第148页。
⑦ 王钟翰点校,《清史列传》卷七一《文苑传二》,第5861页。

未仕。周大枢长于诗,与同里方天游在江东诗社中最称杰出。乾隆元年举博学鸿词报罢,辑有《鸿爪录》,仿诗话之体,录召试鸿博诸人之诗,以备掌故。①德龄考语:"究心经籍,尤娴《易》学,为人安静朴实。"

被举时51岁。大学士九卿再议名单时未被取中。按周大枢《存吾春轩集》卷七有《岁暮楂村公招同范侍御九池张季野孙带书西堂小集得硕字》,②楂村即德龄,范九池即范咸。同卷又有《祀灶之夕同人复集西堂分赋即次前韵》,诗中小注:"时特诏举经学,公以侍御及枢上荐。"③知荐举时范、周二人皆在京师,且盖无辞不应举之意。

19. 吴华孙(1701—1785)④

吏部右侍郎雅尔哈善保。吴华孙字冠山,号翼堂,安徽歙县人,雍正八年(1730)进士,原任翰林院编修。雅尔哈善考语:"为人端谨,居官廉直,博通经史,尤长于《诗》《书》。"

被举时49岁。大学士九卿再议名单时未被取中。

20. 程廷祚(1691—1767)

吏部右侍郎雅尔哈善保。程廷祚字启生,号绵庄,江苏江宁人,廪生,时未仕。程廷祚倾心于颜李学,曾问学李塨。著有《易通》《大易择言》《晚书订疑》等。雅尔哈善考语:"涵养清淳,学问淹贯,尤能研深《易》理。"

被举时59岁,大学士九卿再议名单时未被取中。程晋芳《绵庄先生墓志铭》:"乾隆十六年,上特诏举经明行修之士,先生以江苏巡抚雅公荐入都,复报罢归。"⑤知程廷祚已入京候试。程廷祚南归前,作《南归留上海宁陈相国书》,云:"昔圣祖仁皇帝肇开鸿博之科,被荐者七十余人,而录用者五十余人。年代渐深而再举,被荐者二百余人,而录用者才十余人。经学之科,皇上肇开于重熙累洽之后,天下所举仅四十人,而实被擢用者才两人尔。……今以二科所取之数,合并以观,是历年愈久,而人才愈不逮于往日。国体所关,曾未有大于是者乎!"⑥对丙辰、辛未两科取中人数之少颇为不满。

---

① 谢国桢《江浙访书记》,北京:生活·读书·新知三联书店,1985年,第52页。
② 〔清〕周大枢《存吾春轩集》卷七,《清代诗文集汇编》第289册,第557页。
③ 〔清〕周大枢《存吾春轩集》卷七,第557—558页。
④ 据〔清〕吴绶诏《覃恩累封资政大夫顺天府府尹加二级前提督福建学政翰林院编修翼堂府君行状》"雍正丙午科顺天乡试中式,八年庚戌会试,府君以第二人毂……生于康熙四十年七月初七日,卒于乾隆五十年乙巳二月初四日",见〔清〕法式善辑《时贤年谱行述传略》第六册,北京大学图书馆藏本。
⑤ 〔清〕程晋芳著,魏世民校点,《勉行堂诗文集》卷六,合肥:黄山书社,2012年,第812页。
⑥ 〔清〕程廷祚撰,宋效永校点,《青溪集》,合肥:黄山书社,2004年,第204页。

21. 储师轼（生卒年未详）

兵部右侍郎蒋炳保。储师轼字学坡，江苏宜兴人，廪监生，时未仕。蒋炳考语："为人纯朴端谨，潜心经学。"

被举时年龄不详，大学士九卿再议名单时未被取中。

22. 梁锡玙（1697—1774）

刑部左侍郎钱陈群保。梁锡玙字鲁望，号确轩，山西介休人，雍正二年（1724）举人，①时未仕。撰有《易经揆一》。钱陈群考语："为人端谨，研深《易》学。"

被举时53岁，梁锡玙在大学士九卿会推四人中，吏部引见，授国子监司业。据梁锡玙子梁徵所撰《行述》："（先大夫）屡上春官不售，因随世父（按即梁锡玙兄锡藩，时任永平知府）北平太守之任，时畿内学使者嘉禾尚书香树钱公按试是郡，于世父治所一见先大夫，谓有儒者气象，因相与纵谈竟日夕，遂知先大夫邃于经术，而先大夫亦多所请益，率与公相契合。于是先大夫之名常在其意中矣。今皇上庚午辛未之间下诏特举经学制科，钱公遂奏先大夫名应召。"②此为钱陈群保举梁锡玙之因缘。

23. 张仁浃（生卒年不详）

刑部左侍郎钱陈群保。张仁浃字观旂，浙江桐乡人（一说秀水人），康熙五十九（1720）年举人，③时未仕。撰有《周易集解增释》。钱陈群考语："品谊朴实，究心经籍。"

被举时年龄不详，大学士九卿再议名单时未被取中。

24. 边连宝（1700—1772）

刑部左侍郎钱陈群保。边连宝字赵珍，一作肇畛，号随园，直隶任丘人，拔贡生，时未仕。边氏善评诗文，撰有《杜律启蒙》《五言正味集》。钱陈群考语："为人谨饬，沉潜经学。"

被举时50岁，大学士九卿再议名单时未被取中。边连宝《病余长语》卷二："余于乾隆丙辰既蒙宫保尚书制府彭城李公卫及香树夫子以博学鸿词举，不第放归，越己巳，又蒙香树师以经学举，余以学殖俭薄，此名愈不可堪，兼其时已病，乃以二诗辞谢。"④又按《边随园先生年谱》，乾隆十五年四月十五日，边

---

① 赵尔巽等撰，《清史稿》卷四八〇《儒林一》，第13150页。
② 〔清〕梁徵《皇清诏举经学诰授中大夫内廷侍直国子监祭酒加二级记录二次显考确轩府君行述》，见〔清〕法式善辑《时贤年谱行述传略》第三册，北京大学图书馆藏本。
③ 〔清〕李卫、嵇曾筠等修，〔清〕沈翼机、傅王露等纂，《浙江通志》卷一四四《选举二十二》，第2559页。
④ 〔清〕边连宝《病余长语（附边随园先生年谱）》卷二，济南：齐鲁书社，2013年，第69页。

连宝之母去世。① 知边氏谢病加丁忧,并未赴京。

25. 王之锐(1675—1753)②

工部左侍郎何国宗保。王之锐字仲颖,号退庵,直隶河间人,拔贡生,时任国子监助教。之锐曾是李光地门人,与修《周易折中》,又从梅文鼎习历算。何国宗考语:"敦本笃行,学有根柢。"

被举时75岁,大学士九卿再议名单时未被取中。《清史列传》:"十四年,左都御史梅珏成、侍郎何国宗复以经学荐,以病不能行。"③据《辛未保举经学录》,梅珏成未荐王之锐。之锐时老病,但既然任国子监教职,本应在京,盖辞荐而已。

26. 蔡寅斗(生卒年不详)

工部左侍郎何国宗保。蔡寅斗字方三,江苏江阴人,乾隆十二年(1747)举人,④时任国子监录。蔡寅斗工古今文及骈俪韵语,后会试时自经于号舍。⑤何国宗考语:"为人醇谨,学问淹通。"

被举时年龄不详,大学士九卿再议名单时未被取中。阮葵生云再议时本有蔡寅斗,因梅珏成反对,遂被黜落。

27. 周天度(1708—?)⑥

工部右侍郎刘纶、协办河道总督张师载保。周天度字心罗,一字让谷,浙江钱塘人,⑦拔贡生,时未仕。刘纶考语:"沉潜经籍,为人朴诚。"张师载考语:"沉潜经籍,为人朴诚。"

被举时42岁,大学士九卿再议名单时未被取中。

28. 鲁曾煜(生卒年不详)⑧

左副都御史陈德华保。鲁曾煜字启人,号秋塍,浙江会稽人,康熙六十年(1721)进士,原任翰林院庶吉士。鲁曾煜为李绂典试浙江所取士,选庶吉士后乞归养亲,曾主福州鳌峰书院。陈德华考语:"终养在籍二十余年,居家孝友,

---

① 〔清〕边连宝《病余长语(附边随园先生年谱)》,第508页。
② 《清史列传》卷六七《儒林传上二》,第5366页。
③ 《清史列传》卷六七《儒林传上二》,第5366页。
④ 〔清〕陈延恩等修,〔清〕李兆洛等纂,《(道光)江阴县志》卷一七《人物》,《中国方志丛书》华中地方第456号,台北:成文出版社,1983年,第5册第1782页。
⑤ 〔清〕沈德潜《清诗别裁集》,上海:上海古籍出版社,1984年,第1212页。
⑥ 〔清〕周天度《十诵斋集》卷三《长宵夜坐书怀示弟及子》"余生康熙年,四十七戊子",《清代诗文集汇编》第314册,第432页。
⑦ 〔清〕法式善《清秘述闻》,第180页。
⑧ "鲁曾煜",《辛未保举经学录》《易经揆一》《保举经学名单》作"鲁曾昱",《槐厅载笔》《淡墨录》作"鲁曾煜",按吏部上奏及其余文献皆作"鲁曾煜",今从之。

潜心经学,自注《周易》,为人诚谨,不务浮华。"

被举时年龄不详。据李绂《送庶吉士鲁曾煜归养序》,知鲁曾煜任庶吉士后,即陈情归养。① 乾隆十五年朝廷初次核定时,因"原系翰林,因事回籍,将来原可供职",定为"无庸保举"。

29. 刘斯组(生卒年不详)

左副都御史叶一栋保。刘斯组字锡佩,一字斗田。江西新建人,雍正二年(1724)举人,②原任广东西宁县知县。曾主岳麓书院,尤深于《易》学,撰有《周易拨易堂解》。叶一栋考语:"为人端谨,经学淹通。"

被举时年龄不详,大学士九卿再议名单时未被取中。

30. 顾栋高(1679—1759)③

大理寺卿邹一桂保。顾栋高字震沧,号复初,一号左畬,江苏无锡人,康熙六十年(1721)进士,原任景山教习、内阁中书,雍正元年因奏对越次罢职。④ 潜心经学,于《诗》《书》《春秋》俱有撰述,其《春秋大事表》最称名作。邹一桂考语:"老成谨厚,淹贯经籍。"

被举时71岁,在大学士九卿会推四人中,未赴京,以年老不任职,进呈著作后赐国子监司业衔。

31. 吴大受(1685—1753)⑤

通政司参议薄海保。吴大受字子惇,号牧园,浙江归安人,雍正元年(1723)进士,⑥原任翰林院检讨。曾主苏州紫阳书院,时沈德潜正肄业院中。《辛未保举经学录》中考语缺。⑦

被举时65岁,乾隆十五年朝廷初次核定时,因"原系翰林,因事回籍,将来原可供职",定为"无庸保举"。

32. 戈涛(1717—1768)⑧

通政司参议薄海保。戈涛字芥舟,号蘧园,直隶献县人,时为举人,乾隆十

---

① 〔清〕李绂《穆堂初稿》卷三五《送庶吉士鲁曾煜归养序》,《清代诗文集汇编》第232册,第430页。
② 〔清〕承霈修,杜友棠纂,《(同治)新建县志》卷四七《儒林》,清同治十年刻本,页23。
③ 赵尔巽等撰,《清史稿》卷四八〇《儒林一》,第13149页。
④ 〔清〕邹方谔《大雅堂续稿》卷六《国子监祭酒顾公行状》,《四库未收书辑刊》集部第10辑第26册,北京:北京出版社,2000年,第382—383页。
⑤ 见〔清〕吴大受删定《诗筏》后附孙辰东《太史牧园公传》:"先生卒乾隆十八年,年六十九。"嘉业堂《吴兴丛书》本,附传页2B。
⑥ 〔清〕法式善《清秘述闻》,第343页。
⑦ 《易经揆一》卷首及《槐厅载笔》《保举经学名单》同缺。
⑧ 参〔清〕李中简《嘉树山房文集》卷六《芥舟先生小传》,《清代诗文集汇编》第348册,第454—456页。

六年(1751)进士。① 戈涛善诗,与边连宝友善,亦受知于钱陈群。薄海考语:"留心经籍,学品兼优。"

被举时33岁。李中简《芥舟先生小传》:"初用少银台薄图南先生荐,以经学征,未届期而选馆……改官御史。"②戈涛为辛未科二甲第十一名进士,闰五月初七日引见,乾隆帝命大学士九卿再议名单在十六日,此时戈涛已不必参与经学保举。

33. 李毯(生卒年不详)

直隶总督方观承保。直隶廪生。方观承考语:"潜心经学,于《易》《书》《诗》三经研究有年,为人循谨朴实,品重乡间。"

被举时年龄不详,大学士九卿再议名单时未被取中。

34. 张钦(生卒年不详)

直隶总督方观承保。江南举人,方观承考语:"文品兼优,考其经学,于《易》《诗》研究尤深。"

被举时年龄不详,大学士九卿再议名单时未被取中。

35. 惠栋(1697—1758)

两江总督黄廷桂、陕西总督尹继善保。惠栋字定宇,号松崖,江苏元和人,生员,时未仕。惠栋出身世家,号为四世传经,栋则为有清汉学巨擘,撰有《九经古义》《周易述》《古文尚书考》等。黄廷桂考语:"潜修好古,闭户穷经,精研考订,推重淹雅,为人方正,谨守廉隅。"尹继善考语:"学有渊源,博通经史,人亦朴实老成。"

被举时53岁,大学士九卿再议名单时未被取中。王昶《惠先生墓志铭》:"乾隆十六年,天子诏举经明行修之士,两江总督黄公廷桂、陕甘总督尹公继善,咸以先生名上,会大学士、九卿索所著书,未及进,罢归。"据此,惠栋似曾到京候试。

此次被举49人中,唯惠栋可称乾嘉考据学代表人物,其他乾嘉学术之领军,如王鸣盛、纪昀、钱大昕、朱筠等,要待到乾隆十九年成进士,方才登上舞台,戴震则还没有北上。较此数人,惠栋实高出一辈。辛未保举,尚是乾隆朝考据学全盛期的前奏,若从保举人员来看,惠栋为代表的考据学-汉学方法,只是包含性理学、汉宋兼采派等多个声部中的一个。

---

① 江庆柏编,《清朝进士题名录》,北京:中华书局,2007年,第496页。
② 〔清〕李中简《嘉树山房文集》卷六《芥舟先生小传》,第455页。

36. 刘鸣鹤(生卒年未详)

陕西总督尹继善保。刘鸣鹤字皋闻,江苏武进人,廪生。① 尹继善考语:"人极敦厚谨饬,潜心经学,精通《易》《礼》,曾荐鸿博。"

被举时年龄不详,大学士九卿再议名单时未被取中。鸣鹤为赵翼岳父,按《瓯北先生年谱》乾隆十二年丁卯:"会荐举宏博廪生刘皋闻公鸣鹤托府教授赵公永孝择婿,教授公遂以先生应。是冬完姻。"②

37. 刘绍攽(生卒年不详)

两广总督硕色保。刘绍攽字继贡,陕西三原人,拔贡生,③原任四川成都县知县。撰有《周易详说》《书考辨》《春秋通论》《春秋笔削微旨》等。硕色考语:"学问优长,究心经史,确有根柢,为人老成端方。"

被举时年龄不详,大学士九卿再议名单时未被取中。《(光绪)三原县新志》云:"应博学宏词,奉旨以知县用,宰四川什邡,调南充。巡抚硕色保举御史,辞,擢成都县,艰归。服阕,授福建宁洋,硕又以经学荐入京,免考,部铨湖北石首,奉旨以御史、经学二次,改要缺,调山西太原。"④又刘绍攽《纪遇呈张少仪先生》云:"大府硕恭勤公色,渊穆好学,闻而嘉之,时出其叔子穆太史丹与余往还。遂举应阳城马周之诏,以外艰,越数岁至都,经学之命下,恭勤总制两粤,相距几万里,仍以余名上。"⑤此语可见刘绍攽与硕色之渊源。《纪遇》一文云大学士九卿再议名单时,"余旅于处有投刺来者"云云,盖正在京后世。又刘绍攽对吴鼎、梁锡玙二人之学问大不以为然:"彼司成注《易》一不脱《折中》窠臼,一但写元人吴草庐、何元子十家之说。仕至少詹、讲读学士,御试文学侍从,置四等,迁延数岁俱去矣。"⑥恐亦是激愤之语。

38. 是镜(1693—1769)

大学士管河道总督高斌、河道总督顾琮保。是镜字仲明,江苏阳湖人,布衣未仕。筑舜山书院聚徒讲学,地方大吏颇有崇信之者。戴震曾撰《与是仲明论学书》,据段玉裁《戴东原先生年谱》,乃是镜客扬州时索观戴震《诗补传》,东原答之而作此文。⑦ 高斌考语:"究心经籍,笃志励行,不求闻达。"顾琮考语:"为人朴实,专心经学。"

---

① 〔清〕王其淦修,汤成烈纂,《(光绪)武进阳湖县志》卷二三《人物》,清光绪五年刻本,页40B。
② 〔清〕赵翼撰,曹光甫校点,《赵翼全集》第六册,南京:凤凰出版社,2009年,《附录》第4页。
③ 〔清〕焦云龙修,〔清〕贺瑞麟纂,《(光绪)三原县新志》卷六中,《中国方志丛书》华北地方第539号,台北:成文出版社,1976年,第2册第350—351页。
④ 同上。
⑤ 〔清〕刘绍攽《九畹续集》卷一《纪遇呈张少仪先生》,第565页。
⑥ 同上。
⑦ 〔清〕段玉裁《戴东原先生年谱》,见《戴震文集》,北京:中华书局,1980年,第223页。

被举时57岁,大学士九卿再议名单时未被取中。高斌、顾琮二人共荐是镜,而镜坚卧不出,《舜山是仲明先生年谱》云:"高中堂致书劝驾,并将奏稿寄阅,先生答书以辞。"①是镜在当时颇有争议,阮葵生即认为他诡谲诞妄,对高斌、尹继善被是镜倾倒也颇不以为然。②

39. 翁照(1677—1755)

此人《辛未保举经学录》、《易经揆一》卷首、《槐厅载笔》、《淡墨录》均作"盛照",误也,应是翁照。王鸣盛《赠翁征士霁堂先生序》"乾隆己巳,天子下诏,征经术之士。相国高公以霁堂翁先生应诏。"③即此翁照是也。

大学士管河道总督高斌保。翁照字朗夫,号霁堂。江苏江阴人,监生,时未仕,曾从毛奇龄学。高斌考语:"沉酣经史,老成敦朴。"

被举时73岁,大学士九卿再议名单时未被取中。

40. 周振采(1688—1756)

漕运总督瑚宝保。周振采字白民,号菘畦,江苏山阳人,拔贡生,时未仕。④周振采以制义名天下。瑚宝考语:"笃志穷经,持躬敦朴。"

被举时62岁,大学士九卿再议名单时未被取中。据齐召南《周白民小传》:"白民选贡后,督抚以孝廉、宏词及经学三举应诏,皆不就,家居待选教职。"⑤至周振采辞不应举,并未赴京。

41. 刘始兴(生卒年不详)

安徽巡抚卫哲治保。刘始兴字子彦,江苏金坛人,雍正元年(1723)举人,现任安徽霍邱教谕,⑥撰有《诗益》二十卷。卫哲治考语:"志行不苟,优于经学,笃好讲求,现有著作刊传。"

被举时年龄不详,大学士九卿再议名单时未被取中。卫哲治所云现有著作刊传者,《(乾隆)霍邱县志》曰:"两江督宪黄公行文各府县购访遗书,采录其《诗益》一书,颁发钟山书院。又橄县令丁侯捐资抄写未经刊刻诸缮本申送,嗣奉安抚卫公札,谕呈送己未刻诸书一百八十余卷,特加优奖,保荐经学。"⑦

---

① 〔清〕张敬立编,〔清〕金吴澜补注,《舜山是仲明先生年谱》,《北京图书馆藏珍本年谱丛刊》第95册,北京:北京图书馆出版社,1999年,第256—257页。
② 〔清〕阮葵生《茶余客话》,第232页。
③ 〔清〕王鸣盛撰,陈文和主编,《嘉定王鸣盛全集》第十册,北京:中华书局,2010年,第276页。
④ 见〔清〕齐召南《宝纶堂文钞》卷七《周白民小传》,《清代诗文集汇编》第300册,第273页。
⑤ 〔清〕齐召南《宝纶堂文钞》卷七《周白民小传》,第273页。
⑥ 〔清〕张海等修,〔清〕薛观光等纂,《(乾隆)霍邱县志》卷六《宦迹》,《中国方志丛书》华中地方第717号,台北:成文出版社,1985年,第1册,第370—371页。
⑦ 〔清〕张海等修,〔清〕薛观光等纂,《(乾隆)霍邱县志》卷六《宦迹》,《中国方志丛书》华中地方第717号第1册,第370—371页。

42. 徐文靖(1667—?)

安徽巡抚卫哲治保。徐文靖字位山。安徽当涂人,雍正元年(1723)举人,时未仕,国子监学正衔。① 徐文靖从事考据之学,撰有《周易拾遗》《禹贡会笺》《竹书纪年统笺》《山河两界考》《管城硕记》等。卫哲治考语:"立品端方,淹贯经史。"

被举时83岁。《四库总目》云徐文靖,"十七年又荐举经学,特授翰林院检讨",②此说误也,既然大学士九卿议定名单中并无徐文靖,何以授检讨?《清史稿》云:"十七年,征经学,入都。会开万寿恩科,遂与试,年八十六,以老寿赐检讨,给假归。"③知文靖之翰林院检讨衔乃是因壬申恩科而授,非因辛未荐举经学也。《总目》《清史稿》云十七年荐举经学,盖俱因与万寿恩科时间相混致误。从著述来看,徐氏是比较典型的考据学者,但在日后的考据学史叙述中,没有得到太多关注。

43. 周毓仑(生卒年不详)

浙江巡抚永贵保。周毓仑,字汝峰,江苏铜山人,拔贡生,时未仕。毓仑乃徐用锡门人。④ 永贵考语:"品行端方,明于经史。"

被举时年龄不详,大学士九卿再议名单时未被取中。《(嘉庆)芜湖县志》:"周毓仑,字汝峰,铜山人,拔贡,国子监一等教习,乾隆十六年任,二十二年以学行保举去。"⑤据此,保举时周毓仑应在京师国子监。

44. 龚元玠(1716—?)⑥

江西巡抚阿思哈保。龚元玠字鸣玉,号畏斋。江西南昌人,廪生,时未仕。撰有《十三经客难》。阿思哈考语:"潜心经学,人亦老成。"

被举时34岁,大学士九卿再议名单时未被取中。

45. 张锦传(1696—?)

江西巡抚阿思哈保。江西临川人,乾隆十二年(1747)举人,时未仕,⑦有《东峰集》十二卷。阿思哈考语:"为人质直,通晓经义。"

被举时54岁,大学士九卿再议名单时未被取中。

---

① 赵尔巽等撰,《清史稿》卷四八五《文苑二》,第13387页。
② 〔清〕永瑢等撰,《四库全书总目》,北京:中华书局,1965年,第105页。
③ 赵尔巽等撰,《清史稿》卷四八五《文苑二》,第13387页。
④ 黄裳《来燕榭读书记(下)》,沈阳:辽宁教育出版社,2001年,第139页。
⑤ 〔清〕梁启让修,〔清〕陈春华纂,《(嘉庆)芜湖县志》卷七《职官志》,民国二年重印本,页29B。
⑥ 据秦国经编《清代官员履历档案全编》第19册,上海:华东师范大学出版社,1997年,第64页。
⑦ 〔清〕童范俨等修,〔清〕陈庆龄等纂,《(同治)临川县志》卷四三《人物》,《中国方志丛书》华中地方第946号,台北:成文出版社,1989年,第7册第2606页。

46. 陈法(1696—1766)

陕西巡抚陈宏谋保。陈法字圣泉,号定斋。贵州安平人,康熙五十二年(1713)进士,原任大名道。① 陈法主理学,又撰有《易笺》八卷。陈宏谋考语:"潜心经学,而于《周易》尤能切为讲求,为人志行端方,才识通达。"

被举时54岁,乾隆十五年朝廷初次核定时,因"检举淮徐道任内堤工漫溢,奏事不实革职",遂被黜不准保举。《(咸丰)安顺府志》云:"己巳赐环回京,陈文恭公宏谋力荐之,后有诏举经学,文恭公又以先生应荐,先生决意归里,掌教贵山书院。"② 可见陈法与陈宏谋之渊源。

47. 孙景烈(1706—1782)③

陕西巡抚陈宏谋保。孙景烈字孟扬,一字竞若,号酉峰,陕西武功人,乾隆四年(1739)进士,原任翰林院检讨。孙景烈究心性理之学,陈宏谋巡抚陕西时延主书院,对关中学风甚有影响,著有《四书讲义》《关中书院课解》等,乾嘉名臣王杰出其门下。陈宏谋考语:"孝友端方,学问兼优,研究经史,讲求实学。"

被举时44岁,乾隆十五年朝廷初次核定时,因他原是"考试四等休致",遂被黜不准保举。张洲《皇清征士郎翰林院检讨酉峰先生行状》:"相国陈文恭公以副都御史巡抚关中,聘主书院讲席……文恭公以经明行修荐于朝,先生辞之甚力。后以不合例为部议所格,然识者谓公所举为得人。"④ 可知对陈宏谋之举荐,孙景烈本就有推辞之意。值得注意的是,孙氏作为性理学者,在荐举中仍得到关注。

48. 夏力恕(1690—1754)⑤

湖北巡抚唐绥祖保。夏力恕字观川,湖北孝感人,康熙六十年(1721)进士,原任翰林院编修。以养亲归,曾主湖北江汉书院,撰有《杜诗增注》《菜根堂札记》等。唐绥祖考语:"品行端方,淹贯经史,学有根柢。"

被举时60岁,乾隆十五年朝廷初次核定时,因"原系翰林,因事回籍,将来原可供职",定为"无庸保举"。《(光绪)孝感县志》:"乾隆丙辰举鸿博、丁卯举

---

① 〔清〕常恩修,〔清〕邹汉勋、吴寅邦纂,《(咸丰)安顺府志》卷三八《安平人物传》,清咸丰元年刻本,页31A—B。
② 〔清〕常恩修,〔清〕邹汉勋、吴寅邦纂,《(咸丰)安顺府志》卷三八,页31B。
③ 见〔清〕张洲《对雪亭文集》卷九《皇清征士郎翰林院检讨酉峰先生行状》,《清代诗文集汇编》第361册,第615—617页。
④ 〔清〕张洲《对雪亭文集》卷九《皇清征士郎翰林院检讨酉峰先生行状》,第616页。
⑤ 〔清〕夏力恕《菜根堂札记》卷后弟子识语:"先生生于康熙庚午正月十七日亥刻,卒于乾隆甲戌十一月十四日戌刻,方六十五岁。"《四库全书存目丛书》经部第176册,济南:齐鲁书社,1996年,第446页。

经学,皆固辞。"① 知夏力恕本即辞不应举。

49. 沈树德(1698—?)

湖北巡抚唐绥祖保。沈树德字申培,号畏堂,浙江吴兴人,乾隆九年(1744)举人,时未仕,有《慈寿堂文钞》八卷行世。②《辛未保举经学录》中考语缺。③

被保举时52岁,大学士九卿再议名单时未被取中。

以上通过考证得知被举49人的一些相关信息,我们借此对被举人员的结构进行简单分析:

从籍贯来看,除张钦不能确定属江苏还是安徽外,剩余48人中,江苏16人,浙江11人,直隶5人,安徽4人,江西3人,陕西2人,湖南、湖北、山西、贵州、汉军旗、满洲旗各一人。江苏、浙江二省就占了保举人员的大半。

从功名来看,进士10人,举人17人,副榜4人,贡生监生10人,生员5人(李错为勋贵子弟,是镜为布衣,均无功名)。考虑到各层级人员的基数,此结果其实还是对进士倾斜的。

从年龄来看,有15人年龄尚未考出,其余最年长为徐文靖,83岁;最年轻为戈涛,33岁。从已考证出部分的年龄结构来看,50—59岁最多,13人;60岁及以上12人;50岁以下8人。

从任职情况来看,49人中,当时有职务的7人,其中张凤孙实为候补,刘始兴为县教谕,其余5人皆是国子监学官。未任职的42人中包含了致仕、罢职、候补、未入仕等情况,遴选范围覆盖了多个群体。

最后,与杭世骏《词科掌录》④、李富孙《鹤征后录》⑤所载乾隆丙辰博学鸿词科名单对比,辛未年保举的49人中,有21人曾举博学鸿词科,比例近半。

四、余论

乾隆朝保举经学,最终仅取中4人,其中还有2人老不任职,此结果不能

---

① 〔清〕朱希白等修,〔清〕沈用增纂,《(光绪)孝感县志》卷一五《经学》,《中国方志丛书》华中地方第349号,台北:成文出版社,1975年,第3册第981—982页。
② 〔清〕沈树德撰《慈寿堂文钞》卷七《先妣旌表节孝陈太君行述》:"子男一,即不孝树德,邑廪生。乾隆元年召试博学鸿词科,辛酉选拔贡生,本省副榜,甲子本省中式举人。"《清代诗文集汇编》第288册,第61页。
③ 《易经揆一》卷首及《保举经学名单》同缺,《槐厅载笔》误将夏力恕考语移至沈树德名下。
④ 〔清〕杭世骏《词科掌录》,见周骏富辑《清代传记丛刊》学林类十七。
⑤ 〔清〕李富孙《鹤征后录》,见周骏富辑《清代传记丛刊》学林类十五。

说非常成功。但以朝廷功令明确倡导经学、实学，且荐举范围基本覆盖了科举制下的各个层级，在影响学术风气上是有意义的。

乾隆十五年介于清初学术和乾嘉学术之间：活跃在顺康年间的大师已经凋谢，新一代考据学家要到四五年之后方才崭露头角。作为全国性事件的保举经学，为我们展示了此时学术界的横截面，考据学、性理学、汉宋兼采甚至辞章之士纷纷发声，并在朝廷的视野中占据一席之地。在这一时期官方的普遍认知里，考据学并没有占据压倒性优势，被荐举的大部分学者，也没有表现出十分强烈的考据学（或汉学）倾向。

本文对保举经学的过程和保举人员做了最基础的考证工作，关于此事，还有很多值得探讨的问题。如被举人和举主之间的关系是怎样的？这其实体现了高级官员和学者之间的社会网络；举荐情况和考语反映当时学术界的具体情况和评价问题，如方天游和是镜，在今天的学术史中都不是重要人物，但一个在京师，一个在江南，都受到了高度重视，是否真如梅珏成和阮葵生所言，是因为"奔竞"和"狡诈"？保举经学与乾隆元年博学鸿词科仅相距十五年，在人员上又有若干重合，二者之间有什么区别和联系？这十五年间朝野学术风气有何转移？由保举经学生发出来的这些问题，对我们认识乾隆朝前期的学术动态颇有意义，还有待于进一步的研究讨论。

《拾遗记》时代印记考略

林 嵩[*]

【内容提要】 胡应麟曾怀疑《拾遗记》的实际作者为萧绮而非王嘉。《拾遗记》中记述的简帛时代的书写文化、带有古风的歌诗谣谶、未定型的节日等,都可说明其写作时代应在五世纪之前,故其作者不可能是梁代的萧绮。胡应麟的怀疑没有根据。

【关键词】 《拾遗记》 书写文化 古体诗 节日

明代胡应麟在《四部正讹》中曾认为旧称王嘉所著、萧绮编录的《拾遗记》一书乃是托名王嘉的"伪作",此书的实际作者应为萧绮而非王嘉。他的原话是:

> 《拾遗记》称王嘉子年、萧绮传录,盖即绮撰而托之王嘉。中所记无一事实者。皇娥等歌浮艳浅薄,然词人往往用之,以境界相近故。又《名山记》亦赝作,今不传。[①]

单看胡应麟这最后一句话,《名山记》其实就是《拾遗记》中专写神话仙山的第十卷,至晚在宋代时,就有人将这一卷别裁出来,取名为《名山记》(又称《拾遗名山记》)。陈振孙的《直斋书录解题》就同时著录了《拾遗记》与《名山记》。[②]这种单行的《拾遗名山记》在今《四库全书》本的《说郛》中仍能看到,不但没有失传,连罕见也算不上。顾颉刚曾评价胡应麟:"他有清楚的头脑,丰富的知识,可是没有深入的研究。"[③]这话并非无的放矢。

胡应麟对《名山记》的判断,既不符合事实,而他怀疑《拾遗记》的作者为萧绮而非王嘉,又没有说出任何理由,因此学者们大多对胡应麟这一观点并不信奉。可是另一方面,向来也没有人去证明过胡氏此论断不足为信。这其中的

---

[*] 作者为北京大学中国语言文学系、中国古文献研究中心副教授。
① 〔明〕胡应麟《少室山房笔丛》卷一六《四部正讹》,上海:上海书店,2001年,第317页。
② 〔宋〕陈振孙撰,徐小蛮、顾美华点校,《直斋书录解题》卷一一:"《拾遗记》十卷。晋陇西王嘉子年撰,萧绮叙录。"又:"《名山记》一卷。亦称王子年,即前之第十卷,大抵皆诡诞。"上海:上海古籍出版社,1987年,第316页。
③ 顾颉刚《中国辨伪史略》,载《秦汉的方士与儒生》,上海:上海古籍出版社,1998,第233页。

原因，或许正如前辈学者吴世昌所说："辨伪容易认真难。"① 但凡古书卷数与书志所著录有不合者，或内容上发生抵牾，或文字上有后代之地名、官名窜入的，都有可能被怀疑为"伪书"，故曰"辨伪容易"；相比之下，要想证明古书之著作权确属某作家，要比否定其拥有著作权更为困难。本文之所以题为"时代印记考略"而非"作者考略"，即有感于"认真"之难。

王嘉的生平事迹见于《晋书·艺术传》，②他最后是被姚苌杀害的。姚苌在东晋太元十一年（386）攻入长安并称帝。《晋书》记载，王嘉去世的时间只比释道安（312—385）略晚些。③ 苻坚对王嘉是十分礼遇的，姚苌一开始也想礼贤下士，但看来他称帝之后没多久，就杀害了王嘉。萧绮的生平不详，一般认为他是萧梁时代（502—557）的人。王嘉与萧绮，从地域上说，一在北朝，一在南朝；从生活年代上看，二者相隔有一百多年。我们拟做的工作是要在《拾遗记》中寻绎一些较有时代特色的元素或因子，把散见于全书的相关内容按类别组织起来，如果这些边边角角的材料都能从不同的方面指向同一个时代，那么就能从旁说明此书的作者确实是王嘉而不可能是萧绮。

一、简帛时代的书写文化

自东汉蔡伦改进造纸术之后，纸张作为较轻便、经济而易得的材料，逐步进入社会日常生活。但纸张取代简帛不是一朝一夕的事情。在整个魏晋时代，纸都与简帛并行，且在相当长的一段时间内，简帛仍是主流的书写材料；直到东晋末年，桓玄下令："古无纸，故用简，非主于敬也。今诸用简者，皆以黄纸代之。"④桓玄篡位是在元兴二年（403）十二月，次年即兵败身死，⑤他当政的时间很短。桓玄既然下令以纸作为官方文件的指定书写材料，当时纸张一定是相当普及了。我们大致可以公元五世纪为界：从蔡伦之后到五世纪之前，纸张虽越来越常见，但总体仍属于简帛时代；进入五世纪之后，则是简帛日渐隐退而纸张大行其道的时代。王嘉与萧绮的生活年代，一在五世纪之前，一在六世纪之后，恰好分属于这两个不同的时代。而我们分析《拾遗记》一书中所反映的书写文化，可以比较明显地看出仍属于简帛的时代。今举例如下：

"刀笔"是简牍时代最主要的书写工具。笔是用来写字的；刀（又称为"书

---

① 此处"认真"与"辨伪"对文，非态度端正之意，乃谓"求真""存真"。澳门大学中文系施议对教授系吴世昌先生高足，此语系施教授在课堂上转述。
② 《晋书》卷九五《艺术传》，北京：中华书局，1974年，第2496—2497页。
③ 释道安的生卒年代据汤用彤《汉魏两晋南北朝佛教史》，北京：商务印书馆，2015，第152页。
④ 《初学记》卷二一引《桓玄伪事》，北京：中华书局，1962年，第3册，第517页。
⑤ 《晋书》卷一〇《安帝纪》，第256页。

刀""削刀"或简称为"削")不是用来刻画,而是用于整治竹木或修正文字的。在竹简上书写时,遇写错之处,可用书刀刮去字迹后重写。《拾遗记》中提到:三国时,蜀汉的周群"游岷山采药,见一白猿从绝峰而下,对群而立。群抽所佩书刀投猿,猿化为一老翁"。①白猿故事的原型出自东汉时期的《吴越春秋》,原本讲的是越女与白猿比试剑术,②书刀是《拾遗记》中才加入的,可见在《拾遗记》产生的年代里,书刀仍是读书人随身常备的文具。

由于竹简笨重,不便于携带,古人有时情急之下只好将一些重要的信息记在衣料之上以备忘。《拾遗记》里说:西汉时刘向校书天禄阁,有个老者来传授他《五行洪范》之文,刘向恐怕忘记,"乃裂裳及绅,以记其言";东汉的学问家任末,勤奋好学,看书看到有合意的地方,"题其衣裳,以记其事",日子长了,衣服上写满了字。他的门徒见老师这样好学,只好替他又买了一件干净的衣服。③

在简牍时代,人们把写好的文件用麻绳、草索捆扎,而后在结绳之处用湿泥封裹,并在泥上捺印后烘干,以为验信,这些带印记的泥土称为"封泥"。封泥使用的范围不仅限于信牍。《拾遗记》记载:大禹治水之时,凡"所穿凿之处,皆以青泥封记其所,使玄龟印其上";又说神仙的金壶"上有五龙之检,封以青泥";东汉时还用外国进贡的兰金之泥"封诸函匣及诸宫门,鬼魅不敢干。当汉世,上将出征及使绝国,多以此泥为玺封。卫青、张骞、苏武、傅介子之使,皆受金泥之玺封也"。④封泥上钤盖的带有官衔的印章是用来检查核对以验证真伪的,所以叫作"检",或叫"检署"。按《拾遗记》的说法,汉代时外派的使节,都携带着玺印泥封的文书。至于五龙之类的封检,古人在观念上认为它们还具有驱鬼避邪的职能。《拾遗记》出现的"封泥",次数之多、用途之广、解释之详,说明"封泥"在那时仍是很常见的物事,而这个时代只能是王嘉生活的简牍时代。因为纸张普及了以后,玺印的用法发生了质的变化,印不再是打在湿泥上,而是直接用朱红色的印泥钤于纸上,此后封泥便退出了历史的舞台。

没有纸,也就无所谓印刷;简帛时代的书籍传播,一是靠手抄,二是靠口诵。

> 张仪、苏秦二人,同志好学,迭剪发而鬻之以相养,或佣力写书。非圣人之言不读。遇见坟典,行途无所题记,以墨书掌及股里,夜还而写之。析竹为简;二人每假食于路,剥树皮编以为书帙,以盛天下良书。⑤

---

① 〔东晋〕王嘉《王子年拾遗记》卷八,济南:山东人民出版社,2017年,第121页。
② 《吴越春秋》卷五《勾践阴谋外传第九》,北京:中华书局,1985年(《丛书集成初编》本),第194—195页。
③ 《王子年拾遗记》卷六,第100、101页。
④ 《王子年拾遗记》卷二、卷三、卷五,第41、61、82页。
⑤ 《王子年拾遗记》卷四,第73页。

书帙（书袠），又称"书囊"或"书衣"，通常用较好的布料或者细竹制成，是用来盛书的装具。简帛时代的书籍，外装多为卷轴形式。一部多卷的书，为了避免不同的书混在一起，也为了保护书籍，平时就以五卷或十卷为一帙，收入书帙之中。叶德辉认为："竹织者当称函"，又云："敦煌石室所藏卷子，外皆以细织竹帘包之，盖即竹帙之一种。见罗振玉《鸣沙山石室秘录》。"①据《拾遗记》所述，以细竹、树皮等编织者，亦可称书帙。

张仪与苏秦，好学而贫穷，常"佣力写书"。《拾遗记》中还提到汉代的王溥"家贫不得仕，乃挟竹简插笔，于洛阳市佣书"。②所谓"佣力写书"或"佣书"，指的是作"钞胥"或"写手"，替人抄写赚钱。读书人如果没有别的专长，"佣书"也许是最简易的谋生手段。"佣书"的收入是微薄的，王溥据说后来靠"佣书"而致富，这只是小说家言，如果真有其事，也只是极个别的现象。

"士别三日，即更刮目相待"的吕蒙，《拾遗记》中说他是在睡梦中得古圣人亲授《易经》，因此学问精进。

> 吕蒙入吴，吴主劝其学业。蒙乃博览群籍，以《易》为宗。常在孙策座上，酣醉忽卧，于梦中诵《周易》一部，俄而惊起。众人皆问之，蒙曰："向梦见伏羲、周公、文王与我论世祚兴亡之事，日月贞明之道，莫不穷精极妙，未该玄旨，故空诵其文耳。"众座皆云："吕蒙呓语通《周易》。"③

"诵"指的是背诵，古人读书注重博闻强记，对于常见的经典，要求反复吟诵而后默记于心。汉代的贾逵小时候家中贫穷，听到邻居家有读书声，贾逵的姐姐就抱着贾逵在门外静听。贾逵到了十岁的时候，能够"暗诵六经"。姐姐问他："我们家贫困，从来没有请过老师，你怎么会背这么多书呢？"贾逵回答："都是小时候从邻居家听来的。"贾逵还剥下桑树的树皮用来写字，或者干脆写在墙上、门上，就这样"且诵且记"，最后成了大学问家。④贾逵成才的故事，无疑有夸张的成分，但是能"暗诵"经典，却是当时读书人普遍的本领，尤其在书籍不易得的时代。

以上是《拾遗记》中关于简帛时代书写情况之记述，内容相当丰富，而全书提到"纸"的地方仅有一处。卷九中说，武帝曾赐给张华青铁砚、麟管笔、侧理纸。所谓"侧理纸"是"南人以海苔为纸，其理纵横邪侧，因以为名"。⑤青铁砚、麟管笔与侧理纸，在当时都是外邦进献的贡品，皇帝又将其赐予臣子，可见在

---

① 叶德辉《书林清话（附书林余话）》卷一，北京：华文出版社，2012年，第23页。
② 《王子年拾遗记》卷四、卷六，第73、95页。
③ 《王子年拾遗记》卷八，第117页。
④ 《王子年拾遗记》卷六，第100页。
⑤ 《王子年拾遗记》卷九，第130页。

当时,好一点的纸张属于高级文具,甚至可说是奢侈品。

二、书中所见歌诗谣谶

胡应麟说《拾遗记》中的"皇娥等歌浮艳浅薄,然词人往往用之,以境界相近故"。其实《拾遗记》一书中的歌词谣谶颇多,难用"浮艳浅薄"一词以概之。

按字数区分,《拾遗记》中的古诗,有四言的,如:韩终《采药》四言诗曰:"闇(暗)河之桂,实大如枣;得而食之,后天而老。""(因祗之国)丈夫勤于耕稼,一日锄十顷之地。又贡嘉禾,一茎盈车,故时俗四言诗曰:'力勤十顷,能致嘉颖。'""(王)溥先时家贫,穿井得铁印,铭曰:'佣力得富,钱至亿庾;一土三田,军门主簿。'"①

有五言的:"石季伦有爱婢曰翔风。……怀怨而作五言诗曰:'春华谁不美,卒伤秋落时。突烟还自低,鄙退岂所期。桂芳徒自蠹,失爱在蛾眉。坐见芳时歇,憔悴空自嗤。'"②

还有杂言的,如"(东方)朔乃作《宝瓮铭》曰:'宝云生于露坛,祥风起于月馆。望三壶如盈尺,视八鸿如萦带。'""(汉武)帝自造歌曲,使女伶歌之。时日已西倾,凉风激水,女伶歌声甚遒,因赋《落叶哀蝉》之曲曰:'罗袂兮无声,玉墀兮尘生。虚房冷而寂寞,落叶依于重扃。望彼美之女兮安得,感余心之未宁。'""谣言曰:'三七末世,鸡不鸣、犬不吠,宫中荆棘乱相系,当有九虎争为帝。'""张华为九酝酒,……闾里歌曰:'宁得醇酒消肠,不与日月齐光。'"③

其中最值得注意的是,出现了不少七言的,如"仙人宁封食飞鱼而死,二百年更生,故宁先生《游沙海》七言颂云:'青蘪灼烁千载舒,百龄暂死饵飞鱼。'""帝子与皇娥并坐,抚桐峰梓瑟,皇娥倚瑟而清歌曰:'天清地旷浩茫茫,万象回薄化无方;洽天荡荡望沧沧,乘桴轻漾着日傍;当其何所至穷桑,心知和乐悦未央。'……白帝子答歌:'四维八埏眇难极,驱光逐影穷水域,璇宫夜静当轩织;桐峰文梓千寻直,伐梓作器成琴瑟,清歌流畅乐难极,沧湄海浦来栖息。'""今苍梧之外,山人采药时有得青石,圆洁如珠,服之不死,带者身轻,故仙人方回《游南岳》七言赞曰:'珠尘圆洁轻且明,有道服者得长生。'""(昭帝)使宫人歌曰:'秋素景兮泛洪波,挥纤手兮折芰荷。凉风凄凄扬棹歌,云光开曙月低河。万岁为乐岂云多?'""又奏《招商》之歌,以来凉气也。歌曰:'凉风起兮日照渠,青荷昼偃叶夜舒,惟日不足乐有余,清丝流管歌玉凫,千年万岁喜难逾。'""里

---

① 《王子年拾遗记》卷二、卷六、卷九,第47、95、133页。
② 《王子年拾遗记》卷九,第133页。
③ 《王子年拾遗记》卷一、卷五、卷九,第33、80、84、126页。

语曰:'洛阳多钱郭氏室,夜日昼星富无匹。'""行者歌曰:'青槐夹道多尘埃,龙楼凤阙望崔嵬;清风细雨杂香来,土上出金火照台。'"①

这些七言的作品中,历来引用最多的是《皇娥歌》与《白帝子歌》两首,朱自清将其列为"传疑的古歌":

> 此二歌纯用七言,断非古体,大约是王嘉伪造的。不过辞虽不真,其事或出于相传的神话,而又为男女私情之作,可当"对山歌"起源的影子看。②

七言诗多数人认为起于"柏梁联句",但顾炎武在《日知录》中考其所涉人物、官职、地名等,指出年代多有不合之处:"汉武帝《柏梁台诗》本出《三秦记》,云是元封三年作,而考之于史,则多不符。……盖是后人拟作,剟取武帝以来官名及《梁孝王世家》乘舆驷马之事以合之,而不悟时代之乖舛也。"③其实"柏梁联句"只要不把它看成是武帝元封三年的作品,而看成是《三秦记》时代的产物,其真伪便不成问题,《柏梁台诗》仍是目前已知的较早的七言诗。正如《皇娥歌》与《白帝子歌》,如看成是皇娥与白帝子所作,自然是"伪歌";但如看成是小说家托古所作,就算不上"伪歌",而是真实的材料。

《拾遗记》中的歌诗谣谶都与特定的故事内容相联系,无疑皆出著书者之手,起码也是经过了作家的大幅润色与加工,都应该看作是个人创作的产物。而这些歌诗题材广泛、体裁自由,总体上反映了中古诗坛的时代特征。

七言之中宫人所歌的"秋素景兮泛洪波"与《招商》之歌(凉风起兮日照渠)虽然也是七字句,但其中有虚字"兮"的加入,不脱楚辞的余韵。"洛阳多钱郭氏室,夜日昼星富无匹"以及"宫中荆棘乱相系,当有九虎争为帝"这几句谣谚是仄收的;其余称"歌""曲""颂"的,皆平收而无仄韵。这是因为凡需合乐者,平收利于尾音的拖延与上扬,以便造成盈耳绕梁之余韵。如薛灵芸出嫁时行者所歌的"青槐夹道多尘埃,龙楼凤阙望崔嵬;清风细雨杂香来,土上出金火照台。"这四句七言诗,每一句都是入韵的,且句尾全取平声。这些作品仍带有很重的古乐府的痕迹。

永明(483—493)以后,沈约等人追求"一简之内,音韵尽殊;两句之中,轻重悉异",④产生所谓"齐梁体"。《拾遗记》中托名东方朔的《宝瓮铭》:"宝云生于露坛,祥风起于月馆。望三壶如盈尺,视八鸿如萦带。"虽然已用了对语,但

---

① 《王子年拾遗记》卷一、卷六、卷七,第 29、30、36、88、96、99、104 页。
② 朱自清《中国歌谣》,南昌:江西教育出版社,2018 年,第 18—19 页。
③ 详〔清〕顾炎武著,〔清〕黄汝成集释,《日知录集释》卷二一《柏梁台诗》,长沙:岳麓书社,1994 年,第 746—747 页。
④ 《宋书》卷六七《谢灵运传》,北京:中华书局,1974 年,第 1779 页。

声律上还不能完全达到对仗的要求。韵脚方面，首二句上句是平收，下句反而是仄收，后两句则全押仄韵；中间换了一次韵。这在写近体的人看来是别扭的，但恰恰就是古体诗的样子。比较梁代吴均（469—519）《行路难》中"白璧规心学明月，珊瑚映面作风花""掩抑摧藏张女弹，殷勤促柱楚明光。年年月月对君子，遥遥夜夜宿未央"等语，①吴均的诗虽然还不是近体，以技巧而论，已很接近近体。比吴均更早的鲍照（约415—470）是七言诗发展过程中关键性的人物，"红颜零落岁将暮，寒光宛转时欲沉。愿君裁悲且减思，听我抵节行路吟"②——即便是和鲍照的《拟行路难》比，《拾遗记》中的七言诗也还有比较长的一段距离。这种距离主要不是来自诗人的才性与水平，而是时代所造成的；如果王嘉、鲍照、吴均生当唐朝，以他们的水平，都能写出不俗的近体诗。正如顾炎武所说："三百篇之不能不降而楚辞，楚辞之不能不降而汉魏，汉魏之不能不降而六朝，六朝之不能不降而唐也，势也。用一代之体则必似一代之文，而后为合格。"③故总起来看，《拾遗记》中所见的七言诗，就其发展阶段与程度而言，与"齐梁体"存在时代性的差别；这些歌诗不像是萧梁时代人的作品，应是王嘉的手笔。

三、未定型的节日

记载中古时期岁时节令的书籍，以南朝梁代宗懔的《荆楚岁时记》（以下简称《岁时记》）最为知名。《岁时记》记载的是以江汉平原为中心的楚地的节俗。如果把《拾遗记》中与节日有关的内容与《岁时记》进行对照，可以发现，二者在时与地两方面皆不相合。

《岁时记》云："三月三日，四民并出江渚池沼间，临清流，为流杯曲水（《兰亭》有曲水流觞之记，亦此义也）之饮。"④《拾遗记》中也提到了三月三上巳之日的风俗：

> 及昭王沦于汉水，二女（引者按：指延娟、延娱）与王乘舟，夹拥王身，同溺于水。故江汉之人，到今思之，立祠于江湄。数十年间，人于江汉之上，犹见王与二女乘舟戏于水际。至暮春上巳之日，禊集祠间。或以时鲜甘味，采兰杜包裹，以沉水中。或结五色纱囊盛食，或用金铁之器，并沉水

---

① 余冠英《汉魏六朝诗选》，北京：人民文学出版社，1978年，第271页。
② 余冠英《汉魏六朝诗选》，第220、225页。
③ 〔清〕顾炎武著，〔清〕黄汝成集释，《日知录集释》卷二一《诗体代降》，第747—748页。
④ 〔南朝梁〕宗懔《荆楚岁时记》（以下简称《岁时记》），见〔宋〕吴自牧《梦粱录（外四种）》，哈尔滨：黑龙江人民出版社，2003年，第202页。

中，以惊蛟龙水虫，使畏之不侵此食也。①

王羲之的《兰亭集序》中的"流觞曲水"可以和《岁时记》所载的节俗相印证，《兰亭集序》的写作年代是东晋永和九年（353）。《拾遗记》中虽然也写了"禊集祠间"，但附会了昭王二妃故事的节俗却显得与众不同——尽管这故事是向壁虚构的，但故事中的社会风俗如与生活实际相去太远，势必无法获得读者的认同，西洋镜一下就会被拆穿，所以这些节俗本身应该是有相当的真实性的——这一与众不同的节俗，表明其或在地域上与《岁时记》有别，或其年代更加久远。《拾遗记》的作者如果是梁代的萧绮，很难想象他能在业已相对成型的古俗中再附会上新的故事。

细加分析，昭王二妃的故事里还几乎包含了后代端午节最主要的几个节日元素：一是用叶子包裹"时鲜甘味"投入水中，这和后代裹粽投江祭祀屈原如出一辙；二是"结五色纱囊盛食"，《岁时记》中有五月五"以五色丝系臂"的说法；②三是将祭品投入水中时，还要设法防止蛟龙抢食。《拾遗记》中也提到了介子推与屈原，但并没有把介子推、屈原与任何节日联系起来。③《岁时记》中还有五月五"竞渡"的说法，后世端午节之所以与屈原发生关系，"竞渡"习俗是关节点之一。④但在《拾遗记》的时代，五月五、屈原、竞渡之间，则完全没有构建起任何联系。从这方面看，《拾遗记》的年代也应在《岁时记》之前，故其作者不可能是梁代的萧绮。

---

① 《王子年拾遗记》卷二，第49页。
② 〔南朝梁〕宗懔《荆楚岁时记》，《梦粱录（外四种）》，第203页。
③ 《王子年拾遗记》卷三、卷一〇，第56、145页。
④ 详拙文《节日与贤人——从〈荆楚岁时记〉注文看节日的神圣化》，《中国典籍与文化》2018年第2期，第122—128、114页。

黄伯思与《博古图》成书关系考

赵学艺*

【内容提要】 由于相关典籍的亡佚，以及对史料记载的不同理解，黄伯思所撰《古器说》《博古图说》《秘阁古器说》与《博古图》之间的关系，一直是众多学者争议的话题，尚无定论。本文在厘清黄氏三书相互关系的基础上，结合黄伯思生平履历，对其著作与《博古图》的关系进行了考述。

【关键词】 《博古图》 黄伯思 《古器说》

黄伯思是北宋末年著名的金石学家，[①]其所撰金石学著作见诸文献记载的有《古器说》《秘阁古器说》《博古图说》。政和年间，作为馆臣一员的黄伯思参与了《宣和博古图》[②]的编纂工作，而他所著的这三部金石学著作与《宣和博古图》的关系，一直是学者们关注的焦点。

清人钱曾因误引蔡絛原文，因而据以认定《宣和博古图》是以黄伯思《博古图说》为基础增订而成。[③] 自此以后，许多学者都参与了这一讨论。

以近人容庚、岑仲勉为代表的部分学者继承了钱曾的观点，认为《博古图说》即《博古图》初修本，或其底本，后收入了重修本《宣和博古图》中。[④]

以今人孔令伟、叶国良为代表的部分学者，则认为黄伯思所撰《古器说》被

---

* 本文作者为北京大学中文系中国古典文献学博士。

① 黄伯思，字长睿，元丰二年（1079）生，元符三年（1100）进士。徽宗政和年间，曾任秘书省校书郎、秘书郎，殁于政和八年（1118），《宋史·文苑传》有传。

② 作为徽宗朝官修金石图谱的《博古图》，有初修本、重修本之分，初修本名《宣和殿博古图》，成书于政和初年；其重修本即今本，成书于宣和年间，历代或题《博古图》《宣和博古图》《宣和博古图录》《宣和重修博古图录》，文中径以《博古图》统称之。关于《博古图》的具体成书经过，笔者另有专文考述。

③ 钱氏《读书敏求记》曰："《博古图》成于宣和年间，而谓之重修者，蔡絛曰：'盖以采取黄长睿《博古图说》在前也。'"据蔡絛《铁围山丛谈》原文，此处"黄长睿《博古图说》"应为"李公麟《考古图》"。但《读书敏求记》刊本即如此，或为钱曾误记。参〔宋〕蔡絛撰，冯惠民点校《铁围山丛谈》卷四，北京：中华书局，2006年，第79页。〔清〕钱曾撰，〔清〕管庭芬、章钰校证，余彦焱点校《读书敏求记校证》卷二之中，上海：上海古籍出版社，2007年，第130页。

④ 详参容庚《宋代吉金书籍述评》，此文初收录于国立中央研究院历史语言研究所民国二十二年（1933）编《蔡元培先生六十五岁庆祝论文集》，后经修改补充，发表于《学术研究》1963年第6期，收入《颂斋述林》，北京：中华书局，2014年，岑仲勉《宣和博古图撰人》，《中央研究院历史语言研究所集刊》第十二本，1947年，后收入其《金石论丛》，上海：上海古籍出版社，2004年。

收入了初修本《博古图》中,《博古图说》是黄伯思后来在《古器说》的基础上增补而成。①

陈梦家在其遗稿《〈博古图〉考述》中,则认为黄氏《古器说》是对《宣和殿博古图》的补充说明,后被增修为《博古图说》,二书皆未被重修本《博古图》所收录。②

以上简要介绍了各家对于黄伯思诸作与《博古图》关系的认识。可以看出,诸家观点分歧颇大。接下来,仅在前人研究的基础上,结合相关史料,对此问题及其相关细节进行详细论证。

一、《古器说》《秘阁古器说》与《博古图说》及其相互关系

(一)《古器说》《秘阁古器说》与《博古图说》

在讨论黄氏诸作与《博古图》关系之前,首先要弄清楚这三部书的具体情况。

《秘阁古器说》是三本书中唯一存世者,收录于《东观余论》中。黄伯思去世后,其子黄𫍯采辑其父之作,成《东观余论》一书。黄𫍯于此书之后所附的跋文中称:

> 绍兴初寓居福唐,以先人秘书学士校定《杜子美集》二十二卷槧本流传。暨任帅司属官已后,开刻校定《楚词》十卷、《翼骚》、《九咏》、小楷《黄庭内景经》、摹勒索靖《急就章》各一卷。今任,复以先人所著《法帖刊误》、《秘阁古器说》、论辨题跋共十卷,总目之曰《东观余论》,及校定汲冢《师春》,刻版于建安漕司。先世遗书遂行于右文之旦,为时而出,岂特为家世之幸。绍兴丁卯春正月初三日,右宣教郎充福建路转运司主管文字黄𫍯书。③

绍兴丁卯年,即绍兴十七年(1147),据此跋可知,《东观余论》乃黄𫍯于此年正月合其父黄伯思所撰《法帖刊误》《秘阁古器说》及部分序跋文字汇编而

---

① 详参叶国良《宋代金石学研究》第二章《宋代金石学者与著述》,台北:台湾书房,2011年;孔令伟《黄伯思与〈宣和博古图〉》,《新美术》,2014年第9期。
② 陈梦家《〈博古图〉考述》,收入《陈梦家学术论文集》,北京:中华书局,2016年1月,第623页。
③ 〔宋〕黄伯思《东观余论》卷下,北京:北京图书馆出版社,2004年。案,《东观余论》今存最早版本为南宋嘉定三年(1210)庄夏刊二卷本,明代有项笃寿翻宋本、李春熙校刻本、五研楼钞本、《津逮秘书》本等,详参赵彦国《黄伯思〈东观余论〉成书及其版本考》,载《艺术百家》2003年第3期。南宋庄夏本收录于《中华再造善本》中,文中凡所引用,皆据此本。另,此书历代书目著录皆作二卷,今存宋代以来刊本亦皆作二卷,黄跋所谓之十卷本,未见流传。

成。今本《东观余论》于《法帖刊误》后,收录有以"说"名篇的古器物考释文章二十二篇,应即黄訉跋文中所谓的《秘阁古器说》。

黄氏《古器说》一书,早已亡佚,仅见载于南宋名臣李纲为黄伯思所撰墓志铭中。此墓志铭全文附载于《东观余论》书后,其中提到:

> 在馆阁时,当天下承平无事,诏讲明前世典章文物,修舆地图,集鼎彝古器,考订真赝。公以素学与闻,议论发明居多,所著《古器说》凡四百二十六篇,地志文字尤富。《古器说》悉载《博古图》,《地志说》见于《九域图志》。皆藏之御府,副在有司……惟公之殁,以宣和五年十月十八日,葬于镇江府丹徒县招隐山之麓,距今十有七年。①

黄伯思葬于宣和五年(1123),此墓志铭为李纲在黄伯思下葬十七年后,即绍兴十年(1140)所追写。据墓志铭所述,黄伯思在秘阁时,时时考订鼎彝古器,撰有《古器说》四百二十六篇,后悉数收录于《博古图》中。

《博古图说》也早亡佚,仅陈振孙《直斋书录解题》中收录此书,其他历代官私书目皆未著录。因此,《直斋书录解题》中的这段记述,也是后人讨论《博古图说》体例详情的唯一史料:

> 《博古图说》十一卷。秘书郎邵武黄伯思长睿撰。有序。凡诸器五十九品,其数五百二十七;印章十七品,其数二百四十五。案,李丞相伯纪为长睿志墓,言所著《古器说》四百二十六篇,悉载《博古图》。今以《图说》考之,固多出于伯思,亦有不尽然者。又其名物亦颇不同,钱、鉴二品至多,此所载二钱、二鉴而已。《博古》不载印章,而此印章最夥。盖长睿没于政和八年,其后修《博古图》颇采用之,而亦有所删改云尔。②

从陈振孙的记录中可以了解《博古图说》的大致情况:《博古图说》共十一卷,书前有序,共收录古器五十九种,五百二十七件,另外收有印章十七种,二百四十五件。在这段文字中,陈氏还明确驳斥了李纲"《古器说》悉载《博古图》"的说法。他将《博古图说》与重修本《博古图》③进行了比较考订,发现其中虽多包含《博古图说》的内容,但二书部分考订观点存在差异,所收器物也有较大的差别。因而,他认为在官方重修《博古图》时,只是在删改挑选的基础上,部分采用了《博古图说》中的内容。

---

① 《东观余论》卷下"左朝奉郎行秘书省秘书郎赠左朝请郎黄公墓志铭"条。
② 〔宋〕陈振孙撰,徐小蛮、顾美华点校《直斋书录解题》卷八,上海:上海古籍出版社,2015年,第234页。
③ 重修本《博古图》完成于宣和年间,李纲和陈振孙所见《博古图》当即重修本《宣和博古图》,此书亦见录于陈氏《直斋书录解题》中。此处,陈振孙显然认为《古器说》已经全部收入《博古图说》之中,因此才通过比较《博古图说》与《宣和博古图》,来考订李纲"《古器说》悉载《博古图》"的说法。

(二) 黄氏诸作之间的关系

在了解了黄氏诸作的具体情况后,我们可以结合史料,进一步探讨它们之间存在的关系。

首先,从成书时间上看,《古器说》《博古图说》久已亡佚,上文所引两则材料,就是它们各自见诸记载的唯一史料。其中,记载《古器说》的黄伯思墓志铭写成于绍兴十年,而文中在历数黄伯思的种种著作时,并未提及《博古图说》,说明此时《博古图说》并未成书。而著录《博古图说》的《直斋书录解题》,其作者陈振孙则主要活动在宋宁宗、宋理宗时期。因此,可以推知,《古器说》绍兴十年以前已经成书,《博古图说》则成书于《古器说》之后。而收录《秘阁古器说》的《东观余论》,据黄𧦬跋文,成书于绍兴十七年,黄跋中也未提及《博古图说》。因此可以得知,这三部书中,《古器说》成书最早,《博古图说》成书最晚。

其次,从所收器物数量上看,《古器说》收器四百二十六件,《博古图说》收器五百二十七件,而官修之《宣和殿博古图》,著录器物仅五百余器。若黄氏《古器说》与《博古图说》所载器物并无重合,则以黄伯思一己之力,所考订古器数量接近千件,为《宣和殿博古图》的两倍,这显然并不现实。因而,自陈振孙起,历代各家皆认为《古器说》后来收录于《博古图说》之中。另外,《秘阁古器说》所收器物仅二十二件,与前两者差距甚大,且从书名上看,应为《古器说》中的一部分。

结合以上分析,我们可以得出一个合理的推论:《古器说》成书最早,很可能黄伯思生前已整理成书,但一直未曾版刻流传,仅以稿本的形式存于家中。绍兴十七年,黄伯思之子黄𧦬拣选其中关于秘阁藏器的部分,为《秘阁古器说》,①合《法帖刊误》等其他著作,汇编为《东观余论》,刊刻上版。南宋中期,后人又在《古器说》的基础上,增补黄伯思考述古器、印章的其他文章,而成《博古图说》。简言之,《古器说》为最初定本,《秘阁古器说》为其选编本,《博古图说》为其后来之增修本。

二、黄氏诸作与《博古图》的关系

(一) 黄氏诸作与初修本《博古图》的关系

关于黄氏诸作与《博古图》成书的关系,需要结合黄伯思详细的生平履历和《博古图》具体的成书经过来探讨。

---

① 案,四库馆臣也认为《秘阁古器说》选自《古器说》,不过却是黄𧦬删去《古器说》中未定之说而成。这样就意味着《古器说》中绝大多数的器物考订,皆为"未定之说",这从逻辑上就很难说得通。

关于黄伯思的生平及仕宦经历,今人钱建状结合《宋史·文苑传》、黄氏墓志铭,以及《东观余论》中的相关记载,做了详细的考订,①今简述如下:黄伯思,字长睿,邵武人,生于元丰二年(1079),卒于政和八年(1118)。早年通过恩荫为假承务郎,元符三年(1100)进士及第,授通州司户,丁内艰不赴。服除,崇宁五年(1106),授河南府户曹参军,大观四年(1110)左右任满,为留守邓洵武辟为知右军巡院。政和三年(1113)入朝,改京秩,除详定《九域图志》所编修官兼《六典》检阅文字,寻差充监护崇恩太后园陵使司,掌管笺表。此年,以修书恩,升朝列,擢升为秘书省校书郎,很快,又迁秘书郎。政和五年(1115),丁父忧。政和七年(1117),服除复旧职,不到数月,就卧床不起。政和八年二月二十六日去世。

纵观黄伯思的任职经历,基本可以以政和三年为界分为两个阶段:政和三年以前,其任职主要集中在西京洛阳;政和三年至政和八年,则是他在汴京为官的阶段。

而关于初修本《博古图》的成书时间,据《皇朝编年纲目备要》载,政和三年:

> 时中丞王甫亦乞颁《宣和殿博古图》,命儒臣考古以正今之失。乃诏改造礼器。自是鼎俎笾豆之属,精巧殆与古侔。②

此事,王应麟《玉海》中亦有记载。③ 也就是说,在政和三年的时候,《博古图》初修本《宣和殿博古图》已经完成。在此年之前,黄伯思一直在洛阳任职,不可能参与《宣和殿博古图》的编纂。因此,认为《古器说》或《博古图说》被收入了初修本《博古图》的推测,从时间上来讲,就是无法成立的,黄伯思诸作与初修本《博古图》不可能有直接的联系。

(二) 黄氏诸作与《宣和博古图》的关系

上文排除了黄氏诸作与初修本《博古图》发生关系的可能,接下来探讨它们与《博古图》重修本——《宣和博古图》的关系。

从成书时间上看,《博古图》的编纂成书,是在北宋徽宗朝完成的。而通过上文的分析,我们知道,黄氏诸作只有《古器说》是在绍兴十七年之前完成的。

---

① 详参周祖譔主编,钱建状笺证,《历代文苑传笺证 肆·宋史文苑传笺证》,南京:凤凰出版社,2012年,第465—474页。
② 〔宋〕陈均撰,许沛藻等点校,《皇朝编年纲目备要》卷二八,北京:中华书局,第708页。
③ 〔宋〕王应麟撰,武秀成、赵庶洋校证,《玉海艺文校证》卷二二,南京:凤凰出版社,2013年,第1078页。

因此，探讨黄氏诸作与《宣和博古图》的关系，实际上就是要探讨《古器说》与《宣和博古图》的成书关系。

《古器说》久已亡佚，《东观余论》收录的《秘阁古器说》，根据前文推论，应该是《古器说》的选编本，通过比较《秘阁古器说》与《宣和博古图》相关内容，也可进一步印证《古器说》与《宣和博古图》之间的关系。

《秘阁古器说》今存二十二篇，分别是《秦昭和钟铭说》《商著尊说》《商素敦说》《商山觚圜觚说》《商狸首豆说》《周史伯硕父鼎说》《周举鼎说》《周宋公鼎说》《周方鼎说》《周宝穌钟说》《周雷钟说》《周罍周洗说》《周一柱爵说》《周云雷斝说》《周螭足豆说》《周素盦汉小盦说》《宋韹钟说》《汉金錞说》《汉螭文瓿说》《汉象形壶说》《汉小方壶说》《汉漏壶说》。其中，有十二件古器也见存于《宣和博古图》之中，分别是：商山觚圜觚、周史伯硕父鼎、周举鼎、周宋公鼎、周方鼎、周宝穌钟、周雷钟、周洗、周云雷斝、宋韹钟、汉螭文瓿、汉象形壶。

同时收录于《秘阁古器说》与《宣和博古图》的这十二件青铜器，两书相关的考证之辞却多有不同。以"周举鼎"为例，此鼎内壁有一铭文 ⊠，两书皆释为"举"，并因而将其命名为举鼎。关于"举"字的含义，《宣和博古图》认为：

> 器之铭"举"者，非特是鼎。若父癸尊而铭之曰"中举"；李公麟得古爵于寿阳，而铭之曰"己举"；王价得古爵于洛，而铭之曰"丁举"，其有见于铭者如此。若杜蒉洗而扬觯，以饮平公，因谓之"杜举"，则又见于献酬之制。此铭一字曰"举"，义有在于是欤？①

杜蒉扬觯，典出《礼记·檀弓》，《宣和博古图》结合传世文献及其他器物铭文，将此处之"举"理解为表示抬起的动作。而《秘阁古器说》对于此一铭文却有另一番解说：

> 盖爵、觯之属，可举以献酬之器，故或目以"举"。今此鼎亦铭以"举"而但一字，又非可举以献酬之器，则此所谓"举"，乃人名也，与"杜举""己举"异矣。以载籍考之，宋之僖公名举，楚有大夫伍举，下蔡有史举，燕有唐举，虽皆周人，然史举贱而为监门，唐举微而为相者，又皆周末人，而此鼎乃非晚周之器。今验其铭款，若非宋僖公举，则伍举也。僖公，微子之后，与周始终；伍举，庄、共之大夫，为楚闻臣，宜其制作传永而不忘。然《传》以诸侯言时计功、大夫称伐为铭之法，而此鼎特著名而不纪绩，亦犹

---

① 《至大重修宣和博古图》卷三"周举鼎"，《中华再造善本》影印明嘉靖本，北京：北京图书馆出版社，2005年。案，该书影印说明著录为元至大本，但经笔者具体比对，其所收《博古图》乃明嘉靖蒋旸刻本，其字体、断版、异文等版本信息，与北大图书馆所藏嘉靖本基本相同，只是删去了书前蒋旸之序文。关于这一问题，笔者另有专文详细考述。

公非之鼎弟铭以"非",公孙蛋之鼎弟名以"蛋",亦一字尔。①

黄伯思在此将"举"理解为作器者之名,并结合对器物的断代,明确推测此人"若非宋僖公举,则伍举也"。同一器物铭文,二书一解为动作名称,一解为作器者人名,差异明显。

再如"周史伯硕父鼎",根据其铭文拓片,其起始一句为:"隹(唯)六年八月初吉己巳,史白(伯)硕父追考(孝)于/朕皇考厘中(仲)……"十二地支中之巳,金文写作♀,两书皆将此字误释为"子"。而对于"己子"两个天干相连的现象,两书却有不同的理解。《宣和博古图》认为:

> 铭曰:"惟六年八月初吉己"者,以年系月、以月系日也。曰"子史伯硕父"者,伯硕父虽不见于经传,然周有太史、内史之官,谓之"子史",则称于父曰子,举其官曰史,而伯硕父则又其名也。②

《宣和博古图》生硬地将"己"和"子"拆分开来,将"子"字下读,理解为父子之"子"。但对于"初吉己"却无法进行合理的解释,只能存而不论。

《秘阁古器说》则明确认为:

> 铭之首曰:"惟六年八月初吉己子。"以己配子,则于十日刚柔疑若弗类。然三代鼎彝铭刻若此者,尚多有之。兄癸彝文曰"丁子",周戠敦文曰"乙子",今此鼎文曰"己子",是也。或曰:戊与己同类,古尚未分,则所谓己子乃戊子也。或曰:《易》之五位,相得而各有合,以配十日。若甲与己合,古亦未分,则所谓己子乃甲子也。丁子、乙子义亦如之。其说未知孰是。③

黄伯思仍将"己""子"连读纪日,同时引用"己子乃戊子""己子乃甲子"两种说法论证。虽以"未知孰是"收尾,但与《宣和博古图》的说法明显不同。

另一方面,《宣和博古图》亦有化用《秘阁古器说》者。如"周宝穌钟",其铭文曰:"走乍(作)朕皇且(祖)文考宝穌钟,/走其万年子子孙孙永宝用喜(享)。"对于其中"走""文考"的理解,《秘阁古器说》曰:

> 走之名,于经传无见,盖昔人自以称谓,犹孤、寡、不谷、臣、仆、愚、鄙,皆谦损之辞。故司马迁自称曰太史公牛马走,班固自称曰走,《汉书》作仆,《文选》作走,亦不任厕技于彼列。说者谓以犹今自称下走之类,此器所谓"走"者如此。然则走之号非独始于汉,盖亦上矣。此铭上言"走",

---

① 《东观余论》卷上"周举鼎说"。
② 《至大重修宣和博古图》卷二"周伯硕父鼎"。
③ 《东观余论》卷上"周史伯硕父鼎说"。

下言"朕",与左氏所谓"吾祖也,我知之"同意。其曰:"皇祖文考"者,按左氏卫庄公之祷曰:"敢昭告皇祖文王、烈祖康叔、文祖襄公。"此所谓"皇祖文考"者,亦犹卫侯所谓"皇祖文王"也。走者,周之宗室,亦文王后,故称文王曰"皇祖"。昔武王伐商以造周,尝称文王曰文考。至其子孙,距文王远矣,犹曰考者,盖推本而言之。至若赓之文考尊,师赒之文考彝,或之文考敦,但曰"文考"而不曰"皇祖",其皆周初之器乎,与此钟异矣。①

《宣和博古图》曰:

> 右三器皆铭曰"走",夫走,自卑之辞,如司马迁所谓牛马走是也。且孤、寡、不谷,侯王自称之耳。曰"文考"者,如曹、楚、晋、卫,或侯或王,皆以文称,盖以德立国者必曰文,以功立国者必曰武,是则称文者,特不一也。然此钟制样皆周物,岂以追享文王而作欤?在周之时,于后稷曰"思文",于文王曰"文考",于太姒曰"文母",是皆称其德也。今曰"皇祖文考",则宜在成康之后,作乐以承祖宗时耳。②

二书都将铭文中所见的"走"解读为自谦之辞,将"文考"解读为周宗室对文王的敬称,见解基本相同,《宣和博古图》的阐述,基本上可以看作删节《秘阁古器说》而成。

通过以上比较研究,我们可以知道,《秘阁古器说》所录部分器物同时也见于《宣和博古图》之中。后者在引用前书部分成果的同时,也吸收了许多其他儒臣不同的观点。这应该也是《古器说》与《宣和博古图》相互关系的反映。

另外,《古器说》基本收录于《博古图说》之中,因此,对《博古图说》与《宣和博古图》的比较,也能够反映《古器说》与《宣和博古图》的关系。陈振孙通过比较当时存世的《博古图说》与《宣和博古图》,发现《宣和博古图》"固多出于伯思,亦有不尽然者",并进而得出"盖长睿没于政和八年,其后修《博古图》颇采用之,而亦有所删改云尔"的结论。《宣和博古图》收器 839 件,《博古图说》收器 527 件,二书收录器物数量明显不同,因此陈振孙所谓"亦有不尽然者",当然不会是说二者在收录器物数量上的不同,而是说二书在相同器物的考订及铭文释读方面有所差异。陈振孙的比较结果表明,在重修《博古图》的时候,黄氏《古器说》是重要参考之一。但同时,《宣和博古图》对《古器说》的吸收是有选择性的,并非全盘接受,它同时也收录了许多其他儒臣的不同观点。

那么李纲为黄伯思所撰墓志铭中提到的"《古器说》悉载《博古图》",又该怎么理解呢?实际上,这篇墓志铭存在着两个不同的文本系统,通过比较两个

---

① 《东观余论》卷上"周宝龢钟说"。
② 《至大重修宣和博古图》卷二二"周宝龢钟"。

文本之间的差异,我们或许可以发现一些端倪。

黄伯思的这篇墓志铭,收录于《东观余论》书末,前人在讨论《古器说》时,引用的多是这个版本。实际上,此篇墓志铭,同时也收录于李纲本人的《梁溪先生文集》中,两个文本在涉及《古器说》这一部分时,记载并不相同。① 《东观余论》本述及《古器说》之处如下:

> 在馆阁时,当天下承平无事,诏讲明前世典章文物,修舆地图,集鼎彝古器,考订真赝。公以素学与闻,议论发明居多,所著《古器说》凡四百二十六篇,地志文字尤富。《古器说》悉载《博古图》,《地志说》见于《九域图志》。皆藏之御府,副在有司。②

《梁溪先生文集》本曰:

> 在馆阁时,当天下承平无事,诏讲明前世典章文物,修舆地图,集鼎彝古器,考订真赝。公以素学与闻,议论发明居多,馆阁诸公皆自以为莫能及也。③

东观本墓志铭详细记载了《古器说》之篇数,并谓其"悉载《博古图》";而梁溪本则于《古器说》一书丝毫未有提及,仅以一句"馆阁诸公皆自以为莫能及也"代之。因此,在引用李纲所作墓志铭作为论证材料之前,我们首先需要对它的两个不同文本系统进行全面考订,考察其异文产生的原因。另外,《宋史·文苑传》中对黄伯思生平亦有记载,有可与墓志铭相印者,故将三者相关之异文列表附于文末(见附表)。

经过仔细比对这两个版本的墓志铭,笔者发现二者共存在36处不同的文本差异。这36条异文,大致可分为职官修订、避讳、资料补充、资料修改、个别字句删改五种情况。

属于职官修订方面的异文,有第2、3、4、9、22、27、28、29条。在这8条异文中,东观本或是对梁溪本所涉职官进行补充,或是对其进行修订。如第2条中黄伯思祖父黄履的官衔,梁溪本所载为"资政殿大学士、会稽郡开国公、赠特

---

① 叶国良已发现两个版本的墓志铭在此处存在异文,但并未就此进行进一步讨论,仅以"不知何故"略过。见《宋代金石学研究》第二章《宋代金石学者与著述》。
② 《东观余论》卷下"左朝奉郎行秘书省秘书郎赠左朝请郎黄公墓志铭"条,以下简称"东观本"。
③ 〔宋〕李纲《梁溪先生文集》卷一六八《故秘书省秘书郎黄公墓志铭》,《宋集珍本丛刊》第37册,影印傅增湘校定清道光刊本,北京:线装书局,2004年,第676页。按,《梁溪先生文集》今存最早版本为宋嘉定六年(1213)刊本,今残存三十八卷。此书明代间有刊刻,清代有道光刻本。傅增湘以道光本为底本,选众本参校,世称善本。详参王路璐《〈梁溪先生文集〉版本概述》,《黑龙江史志》,2013年23期。现存宋刊残本无卷一六八,故此选用傅增湘校定本,以下简称"梁溪本"。

进",而东观本在此基础上,又增添了"左正议大夫、提举中太一宫"的职衔。查《宋史》黄履本传载:"徽宗立,召为资政殿学士兼侍读,复拜右丞。未逾年,求去,加大学士、提举中太一宫,卒。"①可知黄履确曾提举太一宫。

再如第 28 条异文,涉及黄伯思长子黄诏的官衔。梁溪本作"今为右宣教郎,前充荆湖南路安抚都总管司书写机宜文字";东观本则作"右通直郎、知福州长乐县事"。宣教郎为文臣京朝官第二十六阶,秩从八品;通直郎为文臣京朝官第二十五阶,秩正八品。再看其差遣,"书写机宜文字"仅为都总管司主帅之私人属官;②"知福州长乐县事"则是朝廷正式差遣官,主政一方。两相比较,可知梁溪本作成在前,东观本则根据最新情况,对梁溪本中所涉职官进行了修订。

属于避讳方面的异文有第 5、7、19 条。以第 5 条异文为例,梁溪本作"故左中大夫、右文殿修撰、赠太师李公";东观本作"故左中大夫、右文殿修撰、赠太师、卫国公李公夔"。梁溪本未写明此处"李公"之名讳,东观本则补写了出来。究其原因,是因为此处所说之李夔,即撰者李纲之父,故不直书其名讳,仅以李公代称。③

还有一部分异文,则是因东观本补充、修改梁溪本所载具体信息造成的。如第 31 条异文,对于黄伯思下葬的时间,梁溪本并未细说,仅作"某年月日",东观本明载为"宣和五年十月十八日",将具体下葬时间补充了出来。梁溪本以"某年月日"略写,可能因为李纲所得确切材料不足,故一笔带过,以待黄氏家人补充。

东观本还补充了一些在梁溪本中完全未曾提及的细节内容。第 18 条关于《古器说》的异文即是一例。另外再如第 16 条异文,关于黄氏笃好佛教方面,补充了黄氏"尝作《西方净土发愿记》,以述见闻及家世归依之意甚详"这一信息。

综合以上分析可知,李纲为黄伯思所撰墓志铭的两个版本中,收于《梁溪先生文集》者作之于前,可能为李纲初作之稿本。铭文谓"方葬时,诏、讯尚幼,不克铭于墓,大惧湮没先德,乃状公平生行事来请铭",可见李纲当时写作的材料,主要来自黄氏后人所撰黄伯思行状。收于《东观余论》者,则是黄氏后人修订后之最终本,在前者基础上增订了一些具体信息。《东观余论》收录的李纲所撰黄伯思墓志铭既为黄氏后人修订之版本,则其中关于《古器说》的记录当为黄氏后人所加。

---

① 《宋史》卷三二八,第 10574 页。
② 参看龚延明编著《宋代官制辞典(增补本)》,北京:中华书局,2017 年,第 503 页。
③ 〔宋〕陆游撰,孔凡礼点校《西溪丛语 家世旧闻》,《家世旧闻》卷上载:"李夔,盖建炎丞相纲之父也。"北京:中华书局,2012 年,第 188 页。

再从时间上来看,李纲撰写此篇墓志铭在绍兴十年(1140),黄氏后人改订亦当在此后不久。而根据笔者考证,重修不久的《博古图》,在靖康之变后就流失不知所踪。南宋初,朝廷及民间皆无收藏,直到绍兴十二年,才由毕良史从北地带归,藏于内府,很长一段时间常人难得一见。① 黄氏后人在补充这段材料时,并无机会得见《宣和博古图》原书。因此,其所谓《古器说》悉载《宣和博古图》的说法,就很值得怀疑了。很可能黄氏后人在并未得见《宣和博古图》的情况下,为彰显黄伯思之功绩,修改了李纲所撰墓志铭的原文,夸大了《古器说》与《宣和博古图》的关系。

小　结

综合以上分析,我们可以得出如下结论:黄伯思所撰《古器说》成书于政和年间,为其任职秘阁时所作。《秘阁古器说》与《博古图说》分别是在《古器说》基础上完成的选编本和增修本,皆成书于南宋时期。《古器说》与《博古图》初修本并无直接关系。而在重修《博古图》时,《古器说》作为重要资料来源之一,被有选择地吸收进了重修本《博古图》之中。

附表

	《东观余论》本	《梁溪先生文集》本	《宋史》本传
1.	左朝奉郎行秘书省秘书郎赠左朝请郎黄公墓志铭	故秘书省秘书郎黄公墓志铭	
2.	祖履,任资政殿大学士、左正议大夫、提举中太一宫、会稽郡开国公、赠特进。	祖履,任资政殿大学士、会稽郡开国公、赠特进。	祖履,资政殿大学士。
3.	考应求,任奉议郎、饶州司录事、武骑尉、赐绯。	考应求,任奉议郎、饶州司录事。	父应求,饶州司录。
4.	继李氏,封真宁县君;任氏封华容县君,后改封孺人,再封安人。	继李氏,封贡宁县君;任氏封华容县君。	
5.	故左中大夫、右文殿修撰、赠太师、卫国公李公夔。	故左中大夫、右文殿修撰、赠太师、卫国公李公。	

---

① 详参赵学艺《〈宣和博古图〉的重新发现者为毕良史考》,《北京大学中国古文献研究中心集刊(第十七辑)》,北京:北京大学出版社,2018年。

续表

	《东观余论》本	《梁溪先生文集》本	《宋史》本传
6.	儒学闻一时,会稽公命公师焉。种学绩文,根柢渊源,益臻壶奥。	儒学冠一时,会稽公命公师焉。钟学绩文,根柢渊源,益臻壶奥。	
7.	徽宗亮阴不言。	天子亮阴不言。	
8.	时朝廷方以宏词取士,公将应其科,肄业不辍。	时朝廷方以宏词取士,公将应其科,肄业不辍,人皆谓公决中高选。	
9.	少保莘国公邓公洵武实司留钥。	故资政殿学士邓公洵武实司留钥。	留守邓洵武辟知右军巡院。
10.	盖留者又二年,除详定九域图志所编修官。	盖留者又二年,朝廷有知公者,除详定九域图志所编修官。	
11.	寻充监护崇恩太后园陵使司,主管笺表。	寻充监护崇恩太后园陵使司,掌管笺表。	寻监护崇恩太后园陵,掌管笺奏。
12.	除秘书省校书郎,未几,迁秘书郎。既入馆,纵观册府藏书,雅惬所好,耽玩至忘寝食。	除秘书省校书郎,未几,迁秘书郎。既入馆,纵观册府藏书,雅惬所好,耽玩至忘寝食。	擢秘书省校书郎。未几,迁秘书郎。
13.	执丧咸以孝闻。	执丧咸以孝闻,素抱羸瘵。	丁外艰,宿抱羸瘵,因丧尤甚。
14.	不数月,竟不起疾,实政和八年二月二十六日,享年四十。	不数月,疾竟不起,实政和八年二月二十六日。	
15.	公遭会稽公之丧,广读佛书。	公初不信释氏,遭会稽公之丧,广读佛书。	
16.	尝作《西方净土发愿记》,以述见闻及家世归依之意甚详。		
17.	皆有度程。	皆有程度。	
18.	以素学与闻,议论发明居多,所著《古器说》凡四百二十六篇,地志文字尤富。《古器说》悉载《博古图》,《地志说》见于《九域图志》。皆藏之御府,副在有司。	以素学与闻,议论发明居多,馆阁诸公皆自以为莫能及也。	以素学与闻,议论发明居多,馆阁诸公自以为不及也。
19.	所解《太玄》诸书有疑义,以就公质之。	所解《太玄》诸书有疑义,多就公质之。	

续表

	《东观余论》本	《梁溪先生文集》本	《宋史》本传
20.	歌诗俊逸。	歌思俊逸。	
21.	有《东观文集》一百卷藏于家。	有文集五十卷藏于家。	有文集五十卷。
22.	命翰林侍书王著绪正诸帖。	命待诏王著绪正诸帖。	命待诏王著续正法帖。
23.	初仿欧、虞,后乃规摹钟、王。	初仿颜、柳,后乃规摹钟、王。	
24.	得其尺牍者,多藏去。	得其尺牍者,多藏弁。	得其尺牍者,多藏弃。
25.	亦好道家之言。	亦颇好道家言。	伯思颇好道家。
26.	以长子陞朝列,追赠左朝请郎。		
27.	娶张氏,左朝散大夫、直龙图阁、淮南路计度转运使、赐紫金鱼袋根之女,封太安人。	娶张氏,故朝奉大夫、直龙图阁、淮南路计度转运使根之女。	
28.	长曰诏,右通直郎、知福州长乐县事。	长曰诏,今为右宣教郎,前充荆湖南路安抚都总管司书写机宜文字。	诏,右宣教郎、荆湖南路安抚司书写机宜文字。
29.	次曰讷,右从事郎、福建路安抚大使司准备差遣。	次曰讷,右从事郎,新差福州怀安县尉。	讷,右从事郎、福州怀安尉。
30.	孙男三人,同寅、惟寅、见寅。孙女四人。	孙男二人,曰禄,曰祐。	
31.	惟公之殁,以宣和五年十月十八日,葬于镇江府丹徒县招隐山之麓,距今十有七年。	某年月日,葬公于镇江府丹徒县招隐山之麓,距今盖十有七年。	
32.	又公尝从先公太师学。		
33.	公禀其秀,瑞时以生。	公禀其秀,应时以生。	
34.	有正有隶,有章有行。	有正有隶,有草有行。	
35.	鸾翔鹄跱,为无不能。	鸾翔鹄跱,岳立渊渟。	
36.	兼资数器,以大其名。	兼资众妙,以大其名。	

《海录碎事》的资料采汇与处理
——兼议其体例"创新"

张鹤天[*]

【内容提要】《海录碎事》是一部诞生于两宋之际的私修类书,相关研究尚不丰富,且由于时代条件的限制,不无流于表面、人云亦云之见。如果越过其"出处标注",从文本内部对该书材料来源重作探索,则可发现其中大量资料承袭自《绀珠集》《文选》等类书、总集文献;且在搜集之时多照录原书行文,甚至标目。与此相关,其条目的结构特征也往往来自上游文献,编者似乎并没有创立某种词条格式的主观意识,前人对此书体例"创新"的认识有失偏颇。

【关键词】 海录碎事 文献来源 体例 绀珠集 文选

《海录碎事》是两宋之际叶廷珪编纂的一部中型类书,收录了叶氏数十年阅读摘抄的丽词华藻和语词典故,分门别类,"以为文章侊助"。[①]该书成于绍兴十九年(1149),传世本为二十二卷,分十六部、五百八十余门。[②]二十世纪八十年代,陈汝法先生关注到此书的文献价值,于该书研究可谓有首创之功。他

---

[*] 本文作者为北京大学中文系古典文献专业博士生。

[①] 〔宋〕叶廷珪《海录碎事》,《自序》,明万历二十六年刘凤、刘应广刻本。以下《海录碎事》引文除特殊标注外,皆出自该本。

[②] 该书现存有明万历二十六年刘凤、刘应广刻本(简称"刘凤刻本")及卓显卿印本(简称"卓印本"),日本文化十五年(1818)松崎重刊本(简称"和刻本"),国家图书馆藏明海隅书屋抄本(简称"海隅抄本"),台北"中央"图书馆藏旧抄本(简称"台旧抄本"),北京大学图书馆藏明抄本(简称"北大抄本"),台北"中央"图书馆藏乌丝栏抄本(简称"乌丝栏本"),清文渊阁、文津阁《四库全书》本(简称"文渊抄本""文津抄本")吉林省图书馆、国家图书馆藏《宋琐碎录》残卷由明杨氏家塾抄本《海录碎事》残本十卷伪造而成,或亦可视作一种抄本(参陈晓兰《〈琐碎录〉成书考》,《北京大学中国古文献研究中心集刊(第十九辑)》,北京:北京大学出版社,2019年)。在分卷上,今本皆为二十二卷;但大多数版本的卷三、卷四、卷七、卷八、卷九、卷一〇、卷一一、卷一三、卷二二这九卷皆分上下,如此计之,实乃三十一卷;台旧抄本的卷五亦分上下,则为三十二卷。在分门上,以刘凤刻本和台旧抄本为例,两本均作十六部,但门类划分存在差异:刘凤刻本的正文为五百八十一门,总目五百八十六门;而台旧抄本正文五百八十门,总目五百八十七门。

称赞其"摘引诗文从先秦到宋,大家、小家、正史、笔记均有,涉猎可谓广泛";①并提出其创造了"词头－解释－书例"的形式,"这是宋以前类书、字典、词典所没有的"。② 近年,王映予增附其说,更作"引书考",以统计表的形式详细罗列该书的引用书目和频次;又进一步突出了其条目形式的创新性,称之为"《海录碎事》独创的体例",且所提炼的词头"都是其他书中没有出现过的新奇词",书例和释义用字简省,以准确简明取胜。③ 然而,作为《海录碎事》的最新研究成果,该篇博士论文虽然能够使用网上文献和数据库工具,较二十世纪八十年代具有明显的资料优势,却未能深入到文本内部详加探究,几乎没有突破陈汝法先生两篇论文的基本观点和研究方法,论证有所偏失。因此,若想更准确地把握该书的资料采汇与编纂体例,恐怕便需要透过"出处标注"的表面现象,重新考察《海录碎事》材料来源的真实情况。

《海录碎事》的条目大多标有出处,可据以考索该书的文献来源。然而,所标不一定就是该条材料的直接来源;无标注的条目也可以根据引文规律推考出其实际的征引出处。因此,考察本书的材料来源状况,既离不开书籍表面的文字标注,又不可轻信、全信,需要谨慎甄别,合理推测。本文拟采取如下步骤重新考察该书的资料采汇情况:

首先,借助数据库检索,查找可能来源。以爱如生基本古籍库和类书库为基础查找前代书籍中出现的相关内容,参校数据库底本以外的其他版本,根据文本之间的相似性、书籍之间已知的承袭关系,寻找《海录碎事》该条材料的潜在来源,尤其关注注解释文、特殊格式、特殊异文、讹误错谬等文本特征是否相同。

第二步,联系上下条目,归并共同来源。《海录碎事》多用"上""已上并见某书"等字样表明邻近条目来源相同;且综观全书,门类之内材料并未被打乱重排,相同来源的条目仍相对聚合。故在处理某些未注出处的条目时,便可借助这一引书特点串联上下条目,综合考察判断。

第三步,筛选标注来源相同的条目,归纳引文规律。将标注出自某书的条目全部筛择出来,综合分析其标注格式、行文特点和内容提炼程度的差异是否与文献来源相关。

第四步,以"讹误链"为标志,区分"同源关系"和"因袭关系"。古人编书多相转抄,有时相同的内容会在不同书籍中反复出现,颇有"千人一面"之感。为了避免将"兄弟"关系误判作"父子"关系,拟以讹误链为线索,寻找文字变化之

---

① 陈汝法《〈海录碎事〉翻检小记》,《文献》1982年第2期。
② 陈汝法《〈海录碎事〉在辞书史上的文献价值》,《辞书研究》1983年第4期。
③ 王映予《宋代类书〈海录碎事〉研究》,第四章第一节、第三章第二节,兰州大学历史文献学专业2017年博士论文。

迹，判断材料源流关系。

因为历史的原因，今人无法完全排除古今图书差异所带来的干扰，准确还原其时书籍世界的完整状况。下文也只能据今日所能依傍的往籍旧文，对《海录碎事》的引书来源和编排体例做出一些合理有据的、更接近真实的推论。

一、《海录碎事》对类书文献的承袭：以《绀珠集》为例

按照上述四步判断法查考全书文献来源，可见《海录碎事》与之前的类书文献存在大面积重叠，尤以约成书于两宋之交的《绀珠集》最为显著。《绀珠集》，旧题宋人朱胜非编，刊行于绍兴七年（1137），①距叶廷珪书成之绍兴十九年不过十年左右。该书共十三卷，选录136种小说笔记资料，各系于书名之下。以其中摘录的唐代李肇《国史补》为例，该书《海录碎事》亦明引24条。兹举一条，以见三书行文异同：

《海录碎事·圣贤人事部下·讥诮门·穷兵独舞》：于颀闻韦皋撰《奉圣乐》以进，亦撰《顺圣乐》而进。其曲将半，行缀皆杖，而一人舞于中。将进，阅之慕容。韦绶在坐曰：何用穷兵独舞？以讽颀云。《国史补》。②

《绀珠集·国史补·穷兵独舞》：于颀闻韦皋进《圣乐》，亦撰《顺圣乐》以进。其曲将半，行缀皆杖，而一人舞于中。将进，阅之幕容。韦绶在坐，乃曰：何用穷兵独舞？以讽颀。

《国史补·卷下·于公顺圣乐》：于司空颀因韦太尉《奉圣乐》，亦撰《顺圣乐》以进，每宴，必使奏之。其曲将半，行缀皆伏，独一卒舞于其中。幕客韦绶笑曰：何用穷兵独舞？言虽诙谐，一时亦有谓也。颀又令女妓为六佾舞，声态壮妙，号《孙武顺圣乐》。③

对比可见，《国史补》该条内容颇多，不仅有"穷兵独舞"的故事，还记载了"六佾舞"的典故，而《海录碎事》和《绀珠集》都删去后者不录。即使前者内容重叠，两本类书的行文剪裁也多与《国史补》原文不同，如"言虽诙谐，一时亦有谓也"，两书均改写作"以讽颀"，将原文从容含蓄的评点式议论改换作简明直白的总结式陈述，以切合类书文风体例。尤其值得注意的是，这些改动在两书中往往亦步亦趋，若合符契，表现出相当的"默契"。甚至连讹误之处也时常吻合，像该条的"幕客"，《绀珠集》误作"幕容"，《海录碎事》又讹成"慕容"；穷兵独

---

① 旧题〔宋〕朱胜非《绀珠集》，王宗哲《序》，明天顺七年刻本，下同。
② 以刘凤刻本出文，他本仅出有价值的异文，在条末以（）标注，下同。
③ 〔唐〕李肇《国史补》卷下"于公顺圣乐"条，明崇祯《津逮秘书》本，下同。

舞之时，"行缀皆伏"，两书均误为"行缀皆杖"。

类似的"偶合"不止见于"穷兵独舞"一条。又如：

《海录碎事·文学部下·诗门·诗擅场》：唐人燕集必赋诗，推一人擅场。郭暧尚升平公主，盛集，李端擅场；送王相镇幽朔，韩纮擅场；送刘相巡江淮，钱起擅场。《国史补》。

《绀珠集·国史补·诗擅场》与《海录碎事》引文相同，但有明显讹字两处。

《国史补·卷上·李端诗擅场》：郭暧，升平公主驸马也。盛集文士，即席赋诗，公主帷而观之。李端中宴诗成，有"荀令何郎"之句，众称妙绝。或谓宿构，端曰：愿赋一韵。钱起曰：请以起姓为韵。复有"金埒铜山"之句。暧大出名马金帛遗之。是会也，端擅场。送王相公之镇幽朔，韩纮擅场。送刘相之巡江淮，钱起擅场。

《国史补》讲述了郭暧燕集中李端擅场的始末，既有人物对话描写、场面描写，又摘抄了李端诗句，记述详细而生动。但这些内容都被两部类书删除，与后文韩纮、钱起擅场一样缩略成一句简单的事实陈述，并加上一句概括性的引子，简要介绍"诗擅场"的基本含义。

再如：

《海录碎事·鸟兽草木部·飞鸟门·蚊母鸟》：江南有蚊母鸟，夏月夜鸣，吐蚊丛苇间。又蚊树，枇杷熟则皮裂，蚊纷然而出。《国史补》。

《绀珠集·国史补·蚊母》：江南有蚊母鸟，夏月夜鸣，吐蚊于丛苇间。又有蚊树，类枇杷树则皮裂，蚊纷然而出。

《国史补·卷下·江东吐蚊鸟》：江东有蚊母鸟，亦谓之吐蚊鸟。夏则夜鸣，吐蚊于丛苇间，湖州尤甚。南中又有蚊子树，实类枇杷，熟则自裂，蚊尽出而空壳矣。

在"蚊树"部分，《绀珠集》"类枇杷树则皮裂"句不通，该处《海录碎事》和《国史补》虽通，但文意殊别。讹误之迹，或由此可寻。《国史补》原意为：蚊子树的果实形似枇杷，果实成熟便自己裂开，蚊子全部飞出，果实遂成空壳。文意明朗无碍。《绀珠集》的"树"字，疑今本音讹，或乃"熟"字，该句或作"类枇杷，熟则皮裂"。省略或缺脱"实类枇杷"的"实"字之后，"类枇杷"主语不明，从而留下了歧义的空间。故《海录碎事》抄者或因此又删去"类"字，将"枇杷熟"当作时间状语，则意为"蚊子树会在枇杷成熟的时候裂开（树皮），蚊子纷纷然飞出"。虽然看起来文从字顺，却已经严重偏离了《国史补》的原意，而这条岔路的拐点或许便发生在《绀珠集》。

《海录碎事》和《绀珠集》两书的《国史补》引文在篇幅剪裁、行文方式、讹误异文上的"偶合"如此之多，不得不令人怀疑其"偶然"背后是否潜藏着"必然"：《海录碎事》标注出自《国史补》的条目,或许转引自《绀珠集》,而非直引自《国史补》。综考《海录碎事》明引《国史补》24条的整体情况,将其与《国史补》原文、《绀珠集》引文比对,三书文字的相似程度按"同""较同""稍异""较异"区分如下(表1):①

表1

海录碎事			绀珠集·国史补		国史补		备注
门类	标目	正文	标目	正文	标目	正文	
天部上·风门	抛云车	《国史补》……	抛云车	同。	叙舟楫之利	内容多,较异。	
地部上·地门	埋怀村	……《国史补》。	埋怀村	较同。	埋怀村下营	较异。	
饮食器用部·酒门	郎官清	《国史补》……	无	无。	叙酒名著者	内容多,较异。	《太平广记》亦有,内容多,稍异。②
饮食器用部·茶门	茶治热	……《国史补》。	茶治热	稍异。	瀹沪中浸黄	较异。	
圣贤人事部上·女婿门	上下同门	……《国史补》。	无	无。	无	无。	《因话录》卷三、《唐语林》卷四亦载,略同。③
圣贤人事部上·奴婢门	银鹿	……《国史补》。	银鹿	同。	颜鲁公死事	内容多,较异。	
圣贤人事部上·族望门	冈头卢	……出《国史补》。	钑镂王家	较同。	王家号钑镂	较异。	两条在《海录碎事》中间隔一条,位置较近。
	钑镂王家	……《国史补》。					
圣贤人事部下·书问门	陇西李勣	…《国史补》。	爵位不如族望	较同。	李勣称族望	稍异。	

---

① 完全相同标为"同",异文数量在三字以内(包括三字)为"较同",三到十字(包括十字)为"稍异",十字以上为"较异"。若内容完全不同,见备注。若不存在相关内容,标"无"。《海录碎事》的条目正文暂略,以省略号代替。"《国史补》……"表示"国史补"三字标注在条目之首;反之,"……《国史补》"表示该出处标注在条目之末。

② 〔宋〕李昉《太平广记》卷二三三"酒",北京:中华书局,1961年,第1785页,下同。

③ 〔唐〕赵璘《因话录》卷三,《丛书集成初编》本,北京:中华书局,1985年,第14页。〔宋〕王谠撰,周勋初校证《唐语林校证》卷四,北京:中华书局,2008年,第365页。

续表

海录碎事			绀珠集·国史补		国史补		备注
门类	标目	正文	标目	正文	标目	正文	
圣贤人事部下·禄仕门	大为路岐	……《国史补》。	无	无。	无	无。	《南史》卷五七、《旧唐书》卷一一六，稍异。①
圣贤人事部下·疾病门	白麦面	……《国史补》。	白麦面	稍异。	窦氏白麦面	较异。	
圣贤人事部下·讥嘲门	穷兵独舞	……《国史补》。	穷兵独舞	稍异。	于公顺圣乐	内容多，较异。	
臣职部上·宰相门	堂老	……《国史补》。	堂老	较同。	台省相呼目	内容多，稍异。	
百工医技部·医卜门	王彦伯医	……《国史补》。	王彦伯医	稍异。	王彦伯治疾	较异。	
文学部上·文章门	文章风尚	……《国史补》。	文章风尚	较异。	叙时文所尚	较异。	《绀珠集》异文更少，且有与《海录碎事》相同的"原创"结语。
文学部上·讹谬门	相府莲	……《国史补》。	相府莲	较同。	曲名想夫怜	较异。	两条前后相邻，三书皆是。
	下马陵	……《国史补》。	下马陵	较同。	讹谬坊中语	内容多，稍异。	
文学部下·诗门	诗擅场	……《国史补》。	诗擅场	较同。	李端诗擅场	内容多，较异。	
文学部下·纸门	乌丝栏	……《国史补》。	乌丝栏	较同。	叙诸州精纸	内容多，稍异。	

---

① 〔唐〕李延寿《南史》，卷五七，北京：中华书局，1975年，第1413页。〔后晋〕刘昫《旧唐书》，卷一一六，北京：中华书局，1975年，第4336页。

续表

海录碎事			绀珠集·国史补		国史补		备注
门类	标目	正文	标目	正文	标目	正文	
文学部下·书札门	斯翁之后	……《国史补》。	斯翁之后	同。	李阳冰小篆	内容多，较同。	
文学部下·碑碣门	碧落碑	……《国史补》。	碧落碑	较同。	绛州碧落碑	较异。	
政事礼仪部·刑法门	枷有三脱	……《国史补》。	枷有三脱	稍异。	王忱百日约	较异。	
鸟兽草木部·飞鸟门	蚊母鸟	……《国史补》。	蚊母	较同。	江东吐蚊鸟	较异。	
鸟兽草木部·果实门	第果食名	……《国史补》。（台旧抄本标目作"第果实名"）	弟果实名	较同。	第果实进士	较异。	

由上表可见，《海录碎事》24条中有21条与《绀珠集》的标目及正文高度相似，而与《国史补》原文存在一定差距。① 如果二者不存在渊源关系，各自独立剪裁芟截，很难出现如此"巧合"。《海录碎事》所引《国史补》，应当有相当大比例的条目实际乃自《绀珠集》转引而来。

由《国史补》一书的情况扩展发想，《海录碎事》与《绀珠集》的重叠关系或当不止于此。《绀珠集》共摘录136种书籍的零散材料，其中111种《海录碎事》有明引。② 现查考这111种重叠书籍在两书中的引文内容，发现仅《赵后外传》《洛阳伽蓝记》《颜氏家训》《北梦琐言》《乾馔子》《庐山记》《邺中记》《法苑珠林》《北堂书钞》《启颜录》《御史台记》《淮南子》《吕氏春秋》《大业杂记》《卢氏杂说》《北里志》《隋唐嘉话》《甘泽谣》《金坡遗事》19种书籍虽然两书均有引用，但

---

① 例外为"郎官清""上下同门""大为路岐"3条，其中"郎官清"条出处标注在前，或转引自《太平广记》；其余2条标注在后，有误注嫌疑。

② 《海录碎事》未见明引25种是：《异文实录》《国史纂异》《云溪友议》《八宝记》《广州记》《定命录》《潇湘记》《河东记》《景龙文馆记》《三水小牍》《原化记》《广异记》《乐府题解》《古今诗话》《古今名贤集》《本事诗》《幽闲鼓吹》《金銮密记》《传记》《松窗录》《苏氏演义》《乘异记》《归田录》《摭遗》《青箱杂记》。

似乎并无瓜葛,各自抄撮成编。其余92种重叠书目,《海录碎事》均在一定程度上参考袭用了《绀珠集》。分别统计各书在《绀珠集》《海录碎事》中的出现条数,以及《海录碎事》因袭《绀珠集》的条数、因袭条数占《海录碎事》总条数的比例,情况如下(表2):①

表2 《海录碎事》因袭《绀珠集》引书情况统计表②

序号	书名	绀珠集条数	海录碎事条数	因袭条数	因袭比例
1.	穆天子传	15	22	9	41%
2.	古今注	28	25	12	48%
3.	洞冥记	30	20	8+1	45%
4.	金楼子	32	4	2	50%
5.	杨妃外传	15	3	2	67%
6.	开元天宝遗事	87	2	1+1	100%
7.	明皇杂录	39	9	2+4	67%
8.	开天传信记	26	5	2+2	80%
9.	神仙传	35	13	4	31%
10.	续仙传	23	2	1	50%
11.	商芸小说	22	7	2	29%
12.	画诀墨薮	17	3	3	100%
13.	南楚新闻	6	3	3	100%
14.	邺侯家传	22	4	4	100%
15.	抱朴子	24	18	6+1	39%
16.	朝野佥载	68	27	20+2	81%
17.	国史补	81	24	21	88%
18.	谈薮	4	7	2+1	43%
19.	谭宾录	8	3	1	33%
20.	尚书故实	7	5	0+1	20%
21.	杜阳编	13	11	5+2	64%

① 《海录碎事》虽无明引、但很可能据《绀珠集》转录而误注出处者,暂且不计。如《原化记》《广异记》,《海录碎事》虽无明引,但是称引《拾遗记》的部分条目或转引自《绀珠集》所引二书。

② 表格中的X+Y,表示《海录碎事》引文中,有X条因袭自《绀珠集》所引对应书籍,有Y条因袭自《绀珠集》的其他部分,如"诸集拾遗"或其他书目。

续表

序号	书名	绀珠集条数	海录碎事条数	因袭条数	因袭比例
22.	摭言	80	14	7	50%
23.	岭表异录	6	11	2	18%
24.	博物志	21	16	2	13%
25.	嘉话录	28	2	2	100%
26.	因话录	25	7	4+1	71%
27.	荆楚岁时记	19	12	8	67%
28.	明皇十七事	14	1	1	100%
29.	南部烟花记	10	2	2	100%
30.	宣室志	21	8	8	100%
31.	羯鼓录	11	2	0+2	100%
32.	乐府杂录	11	1	1	100%
33.	幽怪录	18	19	0+1	5%
34.	十洲记	11	7	1	14%
35.	神异经	8	6	4	67%
36.	唐宋遗史	18	1	1	100%
37.	列仙传	11	8	2	25%
38.	酉阳杂俎	158	37	13+3	43%
39.	水衡记	9	11	9	82%
40.	文房四谱	5	3	1	33%
41.	荆州记	2	12	2	17%
42.	成都记	1	9	1	11%
43.	搜神记	11	11	1	9%
44.	论衡	7	6	3	50%
45.	名画记	5	2	1	50%
46.	黄庭经	35	11	10	91%
47.	古乐府	21	40	6	15%
48.	夏小正	19	4	2	50%
49.	輶轩使者绝代语	29	11	6	55%
50.	剧谈录	9	3	3	100%

续表

序号	书名	绀珠集条数	海录碎事条数	因袭条数	因袭比例
51.	炙毂子	7	2	2	100%
52.	历代画断	9	7	2	29%
53.	拾遗记	79	52	38+5	83%
54.	襄阳耆旧传	13	8	4	50%
55.	纪闻谭	10	2	2	100%
56.	山海经	13	35	2	6%
57.	三辅黄图	33	9	6	67%
58.	述异记	30	11	1	9%
59.	汉武故事	19	8	6+1	88%
60.	物类相感志	19	4	3	75%
61.	续齐谐记	8	2	1	50%
62.	异闻集	25	4	1+1	50%
63.	封氏见闻记	36	7	6	86%
64.	茶录	16	3	3	100%
65.	大中遗事	4	2	1+1	100%
66.	新罗国记	6	1	1	100%
67.	唐逸史	8	2	2	100%
68.	秦中岁时记	10	1	1	100%
69.	芝田录	11	3	3	100%
70.	金华子	13	7	7	100%
71.	翰林志	20	5	3	60%
72.	刘冯事始	21	1	1	100%
73.	传奇	17	5	5	100%
74.	青琐高议	19	2	2	100%
75.	谈苑	17	2	2	100%
76.	春明退朝录	14	2	2	100%
77.	谈助	11	6	6	100%
78.	丽情集	12	3	3	100%
79.	洞微志	10	4	4	100%

续表

序号	书名	绀珠集条数	海录碎事条数	因袭条数	因袭比例
80.	先公谈录	6	3	2	67%
81.	倦游录	6	2	1	50%
82.	资暇集	4	3	2+1	100%
83.	梦溪笔谈	8	2	2	100%
84.	鸡跖集	48	1	1	100%
85.	法书苑	12	7	7	100%
86.	脞说	7	5	2	40%
87.	湘山野录	3	2	2	100%
88.	国老闲谈	6	2	2	100%
89.	玉堂闲话	3	3	2	67%
90.	吉凶影响录	2	1	0+1	100%
91.	幕府燕闲录	6	1	1	100%
92.	言行录	2	1	1	100%
总计		1848	727	390	54%

其中,《开元天宝遗事》《画诀墨薮》《南楚新闻》《邺侯家传》《嘉话录》《明皇十七事》《南部烟花记》《宣室志》《羯鼓录》《乐府杂录》《唐宋遗史》《剧谈录》《炙毂子》《纪闻谭》《茶录》《大中遗事》《新罗国记》《唐逸史》《秦中岁时记》《芝田录》《金华子》《刘冯事始》《传奇》《青琐高议》《谈苑》《春明退朝录》《谈助》《丽情集》《洞微志》《资暇集》《梦溪笔谈》《鸡跖集》《法书苑》《湘山野录》《国老闲谈》《吉凶影响录》《幕府燕闲录》《言行录》38 种书籍在《海录碎事》中的引文皆见于《绀珠集》,应属转录,叶廷珪或许没有直接摘抄过原书。

如果将《绀珠集》卷一三"诸集拾遗"亦囊括在内,两书的承袭范围将继续扩大。《海录碎事》称引的《海外记》《养生决录》《莱州图经》《投荒录》《唐逸史》5 种,或皆照录自《绀珠集·诸集拾遗》,亦非直接引用。①

另有多本书籍因袭比例虽未至 100%,但已达百分之七八十,数目可观。以《汉武故事》为例,《海录碎事》明引 8 条,其中 6 条同于《绀珠集》所引《汉武故事》,1 条见于《绀珠集》引《北里志》,1 条"香柏"出自《文选注》,该书很可能

---

① 本段论述参考利用了李更《〈绀珠集·诸集拾遗〉臆说》一文及笔记资料,经作者同意使用,谨此致谢。李文见《北京大学中国古文献研究中心集刊(第十七辑)》,北京:北京大学出版社,2018 年,第 208—241 页。

也是转引。

　　总之,《绀珠集》虽不见于《海录碎事》二十二卷,却几乎卷卷皆有转引,门门可见暗用,两书中 92 种重叠引书约 54% 的条目或有承用之嫌。据王映予的统计,《海录碎事》全书共援引经部文献 23 部、史部 67 部、子部 78 部、集部 168 部(/人),共征引书籍、诗人诗文 336 部(/人)。① 不过,其集部"由于大量标注'某人诗'只能以人数做统计",实际上将大量摘自《文选》等总集的诗文亦分家单列(详后),造成统计数字远远超出援引典籍数量,不可据信。也就是说,《海录碎事》标注的援引文献应远少于 336 部,而这其中有 43 部(十分之一以上)或全部转引自《绀珠集》,92 部(四分之一以上)或部分来源于《绀珠集》。王映予称此书"大量摘录自《太平广记》《拾遗记》《世说新语》《酉阳杂俎》等小说集、杂家书籍",似非实情。如上表已见,《拾遗记》《酉阳杂俎》两书又见引于《绀珠集》,而《海录碎事》与《绀珠集》的重叠比例分别达到了 43/52、16/37。不见于《绀珠集》的部分或直接引自原书,或转录其他二手资料,详情尚有待探讨。

　　事实上,为《海录碎事》引来学界关注的庾信《愁赋》佚文,或亦与《绀珠集》存在千丝万缕的关联。二十世纪六十年代夏承焘先生《姜白石词编年笺校》,在《齐天乐》"庾郎先自吟《愁赋》,凄凄更闻私语"句下笺曰:"顷钱钟书先生见告:《愁赋》见叶廷珪《海录碎事》卷九下。"此后,庾信《愁赋》与《海录碎事》的因缘瓜葛便成了说明类书文献辑佚价值的生动一例。②

《海录碎事》卷九下"圣贤人事部下·愁乐门"原文云:

> 万斛愁:庾信《愁赋》曰:谁知一寸心,乃有万斛愁。
> 愁城:庾信《愁赋》:攻许愁城终不破,荡许愁门终不开。何物煮愁能得熟,何物烧愁能得然。闭门欲驱愁,愁终不肯去。深藏欲避愁,愁已知人处。

而相关内容已见于《绀珠集》卷一三"诸集拾遗":

> 愁城:《庾信集》:攻愁城终不破,荡愁终不开。闭户欲驱愁,愁终不肯去。潜藏欲避愁,愁已知人处。
> 煮愁:何物煮愁得熟,烧愁能燃。
> 万斛愁:且将一寸心,能容万斛愁。

故《海录碎事》或是将《绀珠集》的文本捏合归并,整理成了上述条目。但是,《绀珠集》仅标出处为"庾信集",未见"愁赋"之名;承袭自《绀珠集·诸集拾遗》的《类说·拾遗类总》亦有相关内容,同样没有直接标注"愁赋"二字。因此,这

---

① 王映予《宋代类书〈海录碎事〉研究》,第 88 页。
② 比如洪湛侯《类书的文献价值》,《文献》1980 年第 3 期。

些散句究竟是否出自庾信《愁赋》、"愁赋"篇名是否可靠,似尚有可疑之处。

二、《海录碎事》对总集文献的承袭:以《文选》《西昆酬唱集》为例

类书如此,总集亦然。《海录碎事》本为储备诗材而编,遂颇留心于诗词文赋的摘抄。据王映予的引书表统计,《海录碎事》称引经部文献共190则,史部1808则,子部994则,集部1982则。虽然具体数字不够准确,但大致比例关系可供参考。而摘录这些诗文佳句,似多有赖于诗文总集,尤以《文选》为最。

以《海录碎事》"天部下·光景门"为例,按照上文"同""较同""稍异""较异"的标准可分析材料来源情况如下(表3):

表3

海录碎事·天部下·光景门			古籍收录情况			备注
排序	标目	内容	书名卷数	篇名	内容	
1	决隙	二世谓赵高曰……	史记卷八七①	李斯列传	较同。	《资治通鉴》等皆较同。
2	飞光	李贺《苦昼短词》云……	李贺歌诗编卷三②	苦昼短	较同。	
3	利门名路	……杜荀鹤《赠诗》。(台旧抄本无"赠")	杜荀鹤文集卷一③	赠僧	同。	
4	一窖尘	……谢涛诗。				诗句较常见,各书皆同。
5	蓬科	山谷云……	黄庭坚诗集注卷一六④	再用前韵赠子勉四首	同。	
6	流电惊	……陶诗。	陶渊明集卷三⑤	饮酒二十首	较同。	
7	酣中客	……			较同。	

---

① 《史记》,卷八七,北京:中华书局,1982年,第2552页。
② 〔唐〕李贺《李贺歌诗编》卷三,民国诵芬室影印宋宣城本。历代别集、总集版本众多,表格所列不一定就是《海录碎事》摘抄的底本,仅表示本次对勘所用之本,尽量选择现存最早的、或校勘精良的版本,下同。
③ 〔唐〕杜荀鹤《杜荀鹤文集》卷一,《宋蜀刻本唐人集丛刊》,上海:上海古籍出版社,1994年,第23页。
④ 〔宋〕黄庭坚撰,〔宋〕任渊、史容、史季温注,刘尚荣点校《黄庭坚集注》卷一六,北京:中华书局,2003年,第576页。
⑤ 〔东晋〕陶渊明《陶渊明集》卷三,国家图书馆藏影宋抄本,下同。

《海录碎事》的资料采汇与处理　131

续表

海录碎事·天部下·光景门			古籍收录情况			备注
排序	标目	内容	书名卷数	篇名	内容	
8	叶中华	……陶渊明诗。	陶渊明集卷四	拟古九首	同。	《文选》有异文。
9	口燥唇干	《美哉行》古词云……				《乐府诗集》等引《乐府解题》行文稍异。①
10	星燧贸迁	……段成式。（台旧抄本诗句有异文）				暂未见。
11	短短	……李白诗。	李太白文集卷五②	短歌行	同。	
12	日临圭	……萧子云《岁春赋》。	艺文类聚卷三/初学记卷三③	萧子云《岁春直庐赋》	较同。	
13	凋年	……《鹤赋》。	文选卷一四④	鲍明远《舞鹤赋》	同。	
14	老腕晚	……《叹逝赋》。	文选卷一六	陆士衡《叹逝赋》	五臣同，李善较同。	
15	时飘忽	见上。				
16	世阅人	……《叹逝赋》。			较同。	
17	薄暮途	……《叹逝赋》。（台旧抄本"叹逝赋"作"上"）			同。	
18	日西颓	……《选·寡妇赋》。	文选卷一六	潘安仁《寡妇赋》	同。	
19	一瞬	……	文选卷一七	陆士衡《文赋》	同。	

---

① 〔宋〕郭茂倩《乐府诗集》卷三六，北京：中华书局，1979 年，第 535 页。
② 〔唐〕李白《李太白文集》卷五，影印宋蜀刻本，成都：巴蜀书社，1986 年。
③ 〔唐〕欧阳询《艺文类聚》卷三，上海：上海古籍出版社，1999 年，上册，第 57 页。〔唐〕徐坚《初学记》卷三，北京：中华书局，2004 年，第 61 页。
④ 〔梁〕萧统编，〔唐〕李善等注，《六臣注文选》，卷一四，北京：中华书局，2012 年，下同。

续表

海录碎事·天部下·光景门			古籍收录情况			备注
排序	标目	内容	书名卷数	篇名	内容	
20	曜灵俄景	见日门。（日门·曜灵俄景：……《啸赋》。）	文选卷一五	张平子《归田赋》	五臣同，李善较同。	
21	容华消歇	……	文选卷二二	鲍明远《行药至城东桥》	同。	
22	颓魄倾曦	见日门。（日门·倾羲：……谢灵运诗。）	文选卷二三	谢惠连《秋怀诗》	同。	
23	日归	《选》诗。	文选卷二八	陆士衡《猛虎行》	较同。	
24	后涂	……陆士衡诗。（台旧抄本无"年一作欲"）	文选卷二八	陆士衡《豫章行》	稍异，无"年一作欲"四字。	
25	随年落	……《选》诗。	文选卷二八	陆士衡《君子有所思行》	同。	
26	来日苦短	……陆士衡《短歌行》。	文选卷二八	陆士衡《短歌行》	同。	
27	生年	……《选》古诗。	文选卷二九	《古诗十九首》	同。	
28	衡纪	……《选》古诗。（台旧抄本"选古诗"作"上"）	文选卷三〇	谢惠连《捣衣》	同。	
29	圆景	……	文选卷三〇	谢灵运《南楼中望所迟客》	同。	
30	代祀忽	……	文选卷三〇	谢玄晖《和伏武昌登孙权故城》	五臣同，李善较同。	
31	年运倏	……以上皆《选》古诗。（台旧抄本"以上皆选古诗"作"上"）	文选卷三〇	谢玄晖《和王著作八公山诗》	五臣同，李善较同。	
32	河无梁	……陆士衡《拟古》。	文选卷三〇	陆士衡《拟古·拟迢迢牵牛星》	同。	

续表

海录碎事·天部下·光景门			古籍收录情况			备注
排序	标目	内容	书名卷数	篇名	内容	
33	露彩月华	……休上人。	文选卷三一	江文通《杂体诗·休上人怨别》	同。	
34	时迈齿载	……陈孔璋笺。（台旧抄本多"徒结反,大也"）	文选卷四〇	吴季重《答魏太子笺》	同。	《文选》其上是陈孔璋《答东阿王笺》,或由此误。
35	百年已分	……魏文帝书。（台旧抄本"魏文帝书"上多"选"字）	文选卷四二	魏文帝《与吴质书》	同。	
36	人生行乐	……杨恽书。	文选卷四一	杨子幼《报孙会宗书》	同。	
37	俟河之清	……周诗也。	文选卷四二	应休琏《与从弟君苗君胄书》	同。	李善注数引此二句,但出现在正文中,仅此一处。
38	驷隙	……刘孝标书。	文选卷四三	刘孝标《重答刘秣陵沼书》	同。	
39	促世珠	……陈陶《将进酒》。	文苑英华卷一九五①	陈陶《将进酒》	较同。	未必是材料来源,出文供参考。
40	忽西流	……刘越石诗。	文选卷二五	刘越石《重赠卢谌》	同。	

上表可见,"光景门"的40条中有27条见于《文选》,约占七成。这些重叠条目不仅内容和《文选》一致,②而且存在与《文选》相同或相关的版本标记物：

其一,条目顺序与诗文在《文选》中的出现先后基本相合。27条《文选》重叠条目中,仅第20、36、40三条次序有别。不过,第20条为互见条目,第40条

---

① 〔宋〕李昉《文苑英华》卷一九五,北京：中华书局,1966年。
② 27条重叠条目中,内容超出《文选》的仅有两处：(1)第24条"后涂",《海录碎事》多"年一作欲"四字。该句亦不见于台旧抄本,乃刘凤刻本独有,应为校刻所添。(2)第34条"时迈齿载",多"与蠹同"三字。该句的李善注皆用"蠹"字,张良注皆作"载",故《海录碎事》此语应由《文选注》提炼而来。

在门类之末,皆为窜乱易发之处。第35、36条与《文选》次序颠倒,当属偶发特例。总体而言,《海录碎事》"光景门"与《文选》内容重合的条目,前后顺序也基本相合。

其二,注音注释相同。如第35条"百年己分",《海录碎事》作:"谓百年己分,可长共相保。谓百年之欢,为己分之有。分,去声。魏文帝书。"该段见于《文选》卷四二魏文帝《与吴质书》:"谓百年己分(去声),可长共相保。"五臣注:"济曰:百年之欢,是己分之有,可长相保也。"则知"去声"之注,乃源于《文选》夹文小字注音;"谓百年之欢,为己分之有"之释,亦出自《文选》吕延济注。

其三,一些误注出处、误标作者的讹谬,也很可能与《海录碎事》对《文选》的袭用有关。杨晓斌先生曾指出《海录碎事》误辑了12条颜延之诗文,①今细究此12条,其中4条便误自江淹《杂体诗》。如上表第33条"露彩月华",本出自江淹《杂体诗·休上人怨别》,《海录碎事》却将小标题的"休上人"误当成作者,系于条末。无独有偶,"地部上·总载山门·秋岭"条出自《杂体诗·谢仆射游览》,也误注了作者名氏。其上下数条同样标出《文选》,该条海隅抄本注曰"选·谢混"。可知这些对江淹《杂体诗》散句作者的错误标注,或皆源于叶氏对《文选》的误读。

因此,"光景门"的40条中有27条或因袭自《文选》。并且《海录碎事》的文字和注释多与五臣本相同,偶尔使用李善本。比如第30条:"代祀忽:参差代祀忽,寂寞市朝变。"该句见于《文选》卷三〇谢朓《和伏武昌登孙权故城》,曰:"参差世(五臣作代)祀忽,寂漠(五臣作寞)市朝变。"可见该句的两处异文,《海录碎事》均同于五臣本。念及以五臣为主的六家本在北宋政和元年已有合刻,而以李善为主的六臣本面世较晚,已知各本均在南宋,故《海录碎事》参考取阅的《文选》或即是六家本,而非今日通行之六臣本。②

在《文选》之外,还有一部总集与《海录碎事》的关系似乎较为显著,那便是《西昆酬唱集》。《西昆酬唱集》共辑录17位诗人的酬唱诗作,《海录碎事》只明引了杨亿诗4条、刘筠诗6条,合计2人10条。然而,这10条引文中有5条标错了作者,讹误率高达50%。即使诗人们同属西昆体,诗风相近,似乎也不足以解释如此离谱的讹谬现象。为什么《海录碎事》在西昆体作者标注上会发生这样明显的错谬呢?如果将这些引诗放到《西昆酬唱集》中加以审视,似乎便能发现些许端倪。

《西昆酬唱集》作为一部酬唱总集,以某题某人为目,唱诗之后依次排列各

---

① 杨晓斌《类书、总集误收颜延之诗文辨正》,《文史哲》2006年第4期。
② 见傅刚《〈文选〉版本研究》第二章第三节,西安:世界图书出版西安有限公司,2014年,第173—182页。

人和作,和诗只标作者简称,略去诗名不提。抄写者在转录之时,便容易因此而疏漏了和诗之前的"亿""筠""映"等署名,或误连上诗,或误连唱诗。《海录碎事》5条引文的错误标注,也许便由此发生:

"衣冠服用部·衣服门·岑牟"曰:"杨文公诗:祢狂无自屈岑牟。"该句实际出自刘筠《许洞归吴中》。这组组诗为杨亿所唱,题目曰"许洞归吴中",下标"亿"字,杨亿唱诗之后便是刘筠该首和诗。①《海录碎事》标注作者时,或误连其上唱诗。

"天部上·河汉门·河左界""天部下·七夕门·天媛""天部下·刻漏门·兰夜""饮食器用部·宴会门·举白"4条皆注为刘子仪诗,意即刘筠的《戊申年七夕五绝》《清风十韵》和《夜燕》;然而,它们实际上应当出自同题组诗下杨亿、钱惟演和薛映的诗作。《戊申年七夕五绝》为刘筠所唱,叶廷珪误连唱诗;《清风十韵》《夜燕》两组组诗中,刘筠和诗紧接在钱惟演和诗之后,叶廷珪误连上诗。

可见《西昆酬唱集》的编排体例很可能便是《海录碎事》错标作者的致误之因。换言之,叶廷珪摘抄的这些西昆体诗句,或在一定程度上因袭自《西昆酬唱集》。《海录碎事》虽然看似援引了海量的诗文作品,但相当数量的诗文摘句可能转引自《文选》《西昆酬唱集》等总集文献。以《绀珠集》为代表的类书,和以《文选》为代表的总集,在叶廷珪采汇资料、抄撮成编的工作中扮演了相当重要的角色。事实上,类书、总集作为资料来源,不仅对《海录碎事》的文本内容填充颇多,或许还深刻地影响到了该书的文本格式,即所谓的"编纂体例"。

三、材料处理与编纂体式:《海录碎事》体例"创新"质疑

考察类书的编纂体例,同样不能仅从文字表象归纳总结,需要深入剖析文本来源,将类书的"原料"和"产品"认识清楚,才能更加清晰准确地把握编纂者究竟进行了怎样的加工。从前文的比对可见,《海录碎事》可能从《绀珠集》《文选》等类书、总集文献中转引了大量内容,在采撷抄撮时,虽稍加剪裁融化,或修改,或删并,使其行文表述更合己意,但是就总体而言,并未"伤筋动骨",基本保存了所抄书籍的格式特征和行文习惯。已有研究盛赞《海录碎事》"创造了'词头—解释—书例'的形式",所提炼的词头"都是其他书中没有出现过的新奇词";但是从文本溯源来看,这些所谓的条目格式应非《海录碎事》首创。例如,陈汝法先生在论证中举两则条目为例:② 一是"衣冠服用部·笏门·簿":

---

① 〔宋〕杨亿编,王仲荦注,《西昆酬唱集注》,北京:中华书局,1980年。下同。
② 陈汝法《〈海录碎事〉在辞书史上的文献价值》。

> 簿：秦必以簿击颊。注：簿，手版也。《晋·舆服志》。

此处"秦必"当为"秦宓"之误；该段材料《晋书·舆服志》未见，而见于《三国志·蜀书·秦宓传》，包括"注：簿，手版也"亦是《三国志》该篇的裴注。①

二是"圣贤人事部中·高洁门·解形"：

> 解形：犹脱身也。《汉书·王昌传》：解形河滨，削迹赵魏。

所谓《汉书·王昌传》实为《后汉书·王昌传》之误，而"犹脱身也"四字更乃唐代《后汉书注》，②一字不差。

这两条注文的情况绝非特例，事实上，《海录碎事》中的注释文字基本都不是叶氏本人所增，他只是把原书的注文连同格式都一并摘抄取用过来，以备记忆罢了。这一点在前文《海录碎事》因袭《文选注》的举例中亦可体现。已有研究认为叶廷珪是在有意打造一部"语词汇编"，为此，他对这部词典的体例是有所规划的。首先要"收词立目"，广泛收录普通词语、典故辞藻、专科语词和方言词汇；然后要为词条撰写"释义"，寻找恰当的"书证"，简明见义，审慎考辨。③这恐怕是用现代词典编纂的视角来解读古代类书结构了，或有以今律古之嫌。通过文本溯源可以发现，《海录碎事》一则条目的词头、释音、释义、书证基本上来源相同，它们是从同一段文献中一起摘录下来的。因此，叶廷珪的编纂流程不是先有词头标目，再找解释书证；而是直接摘抄正文和注文，再提炼词头。因此，如果说《海录碎事》的条目具有"词头—解释—书例"的形式特征，也只能说明叶廷珪的取材文献中具备上述组成部分；这是后人对于《海录碎事》条目结构的总结归纳，不是叶廷珪本人的预设构想。

而其提炼的"词头"，也多袭自所摘文献，亦非"其他书中没有出现过的新奇词"。王映予在论证时举"天部上·天门·炼石补天"条为例，该条《海录碎事》曰：

> 炼石补天：《淮南子》曰：昔者女娲氏炼五色石以补苍天。

王映予认为："如'炼石补天'条内容在《初学记》等书中都有引用，但其提炼的'炼石补天'词头是新创的。"④然而，"炼石补天"一名并非始见于《海录碎事》，早在《北堂书钞》中便已出现，其卷一四九"天部·天"：

> 炼石补天：《淮南子》云：女娲炼五色石以补苍天。⑤

---

① 《三国志》卷三八《蜀书》八，《秦宓传》，北京：中华书局，1982年，第975页。
② 《后汉书》卷一二《王昌传》，北京：中华书局，1965年，第492页。
③ 陈汝法《〈海录碎事〉在辞书史上的文献价值》。
④ 王映予《宋代类书〈海录碎事〉研究》，第78—79页。
⑤ 〔隋〕虞世南《北堂书钞》卷一四九"天部·天"，天津：天津古籍出版社，1988年，第674页上。

笔者这里不是说《北堂书钞》就是《海录碎事》该条材料的直接来源,只是《北堂书钞》这一条便足以说明,"炼石补天"这一词头绝非"新奇词",其为叶廷珪新创的可能性较小。

再以《海录碎事》转引《绀珠集·国史补》的 21 条为例(见上文),可见其中有 18 条的标目与《绀珠集》完全相同。其余 3 条,有的源于条目拆分,有的由《绀珠集》调整压缩而来。如果我们回到《国史补》原书,会发现所有标目都是五个字,格式非常整齐;《绀珠集》在摘引《国史补》的时候为它们重新拟定了标题。到了《海录碎事》,又将《绀珠集》中相当部分的内容和标目一并打包继承了过来。

总之,虽然《海录碎事》在编修传抄的过程中会对所取材料加以有限的微调,但就整体而言,修饬的力度相对微弱,此书在很大程度上依然可以看作是对所取材料的誊抄复制,保留着相当浓厚的摘抄笔记的特质,并没有由此形成严格的体式规范,更遑论"体例创新",叶廷珪或许还没有想要构建一种辞书规范的自觉意识。

《海录碎事》由个人读书笔记整理而来,其编纂初衷本不为辞书出版。叶氏《自序》云:"每读文字见可录者,信手录之,未尝有伦次",绍兴十八年秋方才"取而类之",最终编定成书。故其选撷剪裁,仅需考虑个人作诗为文之便,抄撮编纂具有一定的随意性。这样一份本为自用的摘抄笔记,一方面只收新奇未见的诗材,条目简洁适中,表现出一定的目的性和实用性;另一方面却也"陈陈相因"了《绀珠集》《文选》等诸多类书、总集资料,表现出类书编纂的因袭性和随意性。在出版业渐趋兴盛的时代,该书裹挟着这些复杂特质最终还是走进了公众视野,并且又成为后世类书的因袭对象之一,卷入到类书编纂陈陈相因的资料队列之中。此后南宋类书与书坊的联系日益密切,类书编纂更将"博采众长"的传统进一步发扬,书籍之间的因袭承用变得更加轻率而普遍。《海录碎事》这部两宋之际的私修类书的采编,作为类书发展史上的一个小点,以点见面,折射出在商业出版发展时代中,人们对于书籍和知识的心态或许正在悄悄发生变化。这种变化常常给古籍面貌增添了更多的复杂性,因此,当我们试图去认识处于这一变化过程中的古人和古籍时,便需要更加细致深入的调查,不能仅从文字表象轻下断语。

中国国家图书馆藏钞本《蛾术编》及其价值探论
——以"说录"十四卷为例*

李寒光 刘 倩**

【内容提要】《蛾术编》由王鸣盛生前编定,道光年间姚承绪屡次谋求刊刻,最终由沈楙德请讵鹤寿校刊行世,前后历时近三十年。讵氏将九十五卷原本删为八十二卷,今中国国家图书馆藏杨文荪述郑斋钞全本,当从原稿钞出。钞本的文献价值包括:一、保留了书名、卷数等引书出处信息;二、保留了刻本漏行缺叶的大段内容;三、可补全刻本有意删去的整段、整条内容;四、能更准确地传递作者的性情。

【关键词】 王鸣盛 《蛾术编》 删改 钞本

王鸣盛,字凤喈,号西庄,晚年自号西沚。康熙六十一年(1722)生,嘉庆二年(1798)卒。① 初从沈德潜受诗法,后与惠栋交游,博通经史。论学奉郑玄为宗旨,严守家法;考史以事实、制度、名物、地理、官制为重。著述颇丰,有《尚书后案》《周礼军赋说》《十七史商榷》《蛾术编》《西沚诗文集》等。《蛾术编》是王鸣盛毕生精力之所在,晚年一直在董理篇卷。赵翼作诗庆贺他双目复明,有诗句称"生平未定稿,戢戢束万筒"。赵氏自注曰:"时方排纂《蛾术篇》。"② 然而,直到辞世也没能最终定稿。钱大昕写挽诗曰:"四座高谭胆太粗,东方玩世住人间。蚤年说佛希摩诘,晚岁谭诗重义山。天借金篦完老眼,人夸玉骨尚童颜。谁知蛾术编钞毕,不得深宁手自删。"③大有叹惜之意。由于王氏为乾嘉学

---

* 本文为国家社科基金后期资助项目"清代考证笔记研究"(项目编号:20FZWB13)阶段性成果。

** 李寒光,武汉大学文学院特聘副研究员;刘倩,湖北省图书馆特藏部员工。

① 按:王鸣盛去世于嘉庆二年年末,公历已经进入 1798 年。参江庆柏《清代人物生卒年表》(北京:人民文学出版社,2005 年)。

② 〔清〕赵翼《瓯北集》卷三四《春间晤西庄于吴门因其两目皆盲归作反曝目篇祝其再明诗成尚未寄秋初接来书知目疾竟已霍然能观书作字郾人不禁沾沾自喜窃攘为拙诗颂祷之功再作诗以贻之西庄当更开笑眼也》,清嘉庆十七年(1812)湛贻堂刻本(《瓯北全集》之一),上海:上海古籍出版社,1995—2002 年,《续修四库全书》第 1446 册,第 652 页。

③ 〔清〕钱大昕《潜研堂诗续集》卷八《西沚光禄挽诗四首》其一,清嘉庆十一年(1806)刻本(《潜研堂全书》之一),上海:上海古籍出版社,1995—2002 年,《续修四库全书》第 1439 册,第 406 页。

坛巨擘，又精心编纂此书，所以倍受推重。钱大昕为王氏撰写墓志曰：

> 阐许、郑之学，一时推为巨手。又撰《蛾术编》百卷，其目有十……盖仿王深宁、顾亭林之意，而援引尤博赡焉。①

江藩《汉学师承记》亦盛赞曰：

> 又有《蛾术编》一百卷，其目有十……其书辨博详明，与洪容斋、王深宁不相上下。②

此书问世之后，逐渐成为学者引用的来源，甚至用作评价考证议论是否正确的标准，在晚清学术史上产生了重要影响。但《蛾术编》的通行版本，即道光年间沈氏世楷堂刻八十二卷本是经过沇鹤寿删改过的，并加注了自己的按语。虽然沇氏对原稿中的错误进行了校改，但毕竟在一定程度上改变了王书的本来面目。所以张之洞《书目答问》以"未足"二字论之，③未能达到他所界定的善本标准，即"足本、精本、旧本"。目前，学界易得的版本包括《续修四库全书》本、1958年商务印书馆排印本、2010年中华书局出版的陈文和主编《嘉定王鸣盛全集》本、2012年上海书店出版社出版的顾美华点校本等，均据此刻本影印或点校。今中国国家图书馆藏有未经沇氏删削的全部九十五卷钞本，台湾学者陈鸿森教授在辑录王鸣盛佚文时，曾多次提及此本，特别是所撰《王鸣盛年谱》，专门提到参考了"过去学者所未及引"的"《蛾术编》足本九十五卷"，④即数次引用的"述郑斋钞本《蛾术编》"。《年谱》后附"著述考略"曰：

> 中国国家图书馆藏海宁杨文荪述郑斋钞本九十五卷，其《说刻》十卷、《说系》三卷在焉。取校沈本，知沈刻各卷皆妄有删略，如卷一四删去"无锡人纂刻类书""痘疹书""真诰""佛法三家佛书三类""南北二宗""一花五叶""域中凡五教""归愚"等八条，知今本非其原书矣。⑤

一方面，陈先生的研究提示我们这个钞本存在较大的文献价值；而另一方面，陈氏的引用集中在与王鸣盛家族、生平有关的"说系"部分，对已刻部分的校勘也主要是条目删并的比较，尚不足以全面揭示此本的特点与意义。有鉴

---

① 〔清〕钱大昕《潜研堂文集》卷四八《西沚先生墓志铭》，清嘉庆十一年（1806）刻本（《潜研堂全书》之一），上海：上海古籍出版社，1995—2002年，《续修四库全书》第1439册，第207页。
② 〔清〕江藩撰，漆永祥笺释，《汉学师承记笺释》卷三，上海：上海古籍出版社，2006年，第265页。
③ 〔清〕张之洞撰，范希曾补正，《书目答问补正》卷三"子部·儒家类"，上海：上海古籍出版社，2010年，第132页。
④ 陈鸿森《王鸣盛年谱（上）》，《"中央"研究院历史语言研究所集刊》第八十二本第四分，2011年，第679页。
⑤ 陈鸿森《王鸣盛年谱（下）》，《"中央"研究院历史语言研究所集刊》第八十三本第一分，2012年，第167页。

于此，我们将此钞本与沈氏刻本相校勘，以探求钞本独立于刻本之外的学术价值。

一、王鸣盛《蛾术编》的钞刻流传

《蛾术编》一书，王鸣盛生前已编定分卷，虽然只是一部学术札记，但王氏本人却对此十分得意。他曾说：

> 我于经有《尚书后案》，于史有《十七史商榷》，于子有《蛾术编》，于集有诗文，以敌《弇州四部》，其庶几乎？①

可见，正是由于《蛾术编》的撰写，使王鸣盛达到了清人普遍崇尚的"学兼四部"的目标，可以"远侪伯厚，近匹弇州"，而更见考据功力。但是，在嘉庆二年王氏去世后的较长时间内，此书一直没有刊刻，仅以钞本流传。

道光元年（1821），王鸣盛的外孙姚承绪根据王氏后人家藏本抄录了一部，伺机刊刻。今刻本书后有姚氏道光十八年（1838）跋：

> 《蛾术编》九十五卷，外大父西庄先生遗稿也。此书成于晚岁，取平时著述汇为一编，分"说制""说地""说字""说录""说刻""说人""说集""说物""说通""说系"十门。……或劝之梓。先生曰："是编之成，一生心力实耗于此，当有知我于异世之后者。"如是者四十年，海内咸想望丰采。间有采入他书，如述庵司寇《金石粹编》所取"说刻"殆半，其他经史诸书援引甚夥，而原书故未刻也。岁辛巳（道光元年，1821）于先生文孙耐轩昆季假得此本，缮写一通，求政于今制府陶云汀官保，官保序之，饬本县鸠工镌板，惜未果行。②

陶澍，字于霖，号云汀。据《陶文毅公（陶澍）年谱》，澍于道光二年（1822）任安徽布政使，三年（1823）擢安徽巡抚，五年（1825）五月始任江苏巡抚。③ 为《蛾术编》写序，事在道光九年（1829）。今刻本卷首有陶氏序曰：

> 兹编出，使先生生平含咀英华、张皇幽眇之能较然尤共见。余词垣后进，忝抚吴，适值刊编，主者来问序。④

---

① 〔清〕沈楙德识语，见〔清〕王鸣盛《蛾术编》书前，中华书局图书馆藏清道光二十一年（1841）沈氏世楷堂校刻本，上海：上海古籍出版社，1995—2002年，《续修四库全书》第1150册，第24页。
② 〔清〕姚承绪《蛾术编跋》，见《蛾术编》书后，《续修四库全书》第1151册，第85页。
③ 〔清〕王焕鏕《陶文毅公（陶澍）年谱》，长沙：湖南人民出版社，2013年，《湖南人物年谱》第2册，第48—54页。
④ 〔清〕陶澍《蛾术编原序》，见《蛾术编》书前，第3页。

此序收入《陶文毅公全集》,但内容与《蛾术编》书前所刊有诸多不同,于此书之刊刻,提供了更多信息:

> 西庄先生务淹贯,所著《尚书后案》《十七史商榷》已有刻本,又有《蛾术编》九十五卷,冯子龄孝廉持以示余。……先生没后家日落,同邑学者闵是书之散落,将醵金付刻。因为序其端。①

陶澍于道光十九年(1839)去世,而《蛾术编》的最终刊成,当晚至道光二十一年(1841)以后。今刻本书前的陶序题作"蛾术编原序",亦可为早期谋划梓行之一证。冯子龄,名绍彭,字载篯,一字子龄,江苏嘉定人,与钱大昕、王鸣盛同乡。道光元年(1821)中举,故序中称"冯子龄孝廉"。

由此,我们可以推断,王鸣盛去世后,《蛾术编》的书稿藏于家,并有钞本流传,学者多有采录,尤以王昶摘录"说刻"为甚。道光元年(1821),姚承绪从鸣盛孙王汝平兄弟那里借得并钞录一部,开始与同乡学人筹集资金,谋划刊刻。九年(1829),冯绍彭找到江苏巡抚陶澍,请求写序,实际上是为了请官方出面刊成此书。但由于某种原因,此次刊刻计划并没有实现。一直到了十年之后,秦鉴(字照石,号澡石子)、张鉴(字吟楼)将姚氏藏本拿给热心编刻清人著作的沈楙德,希望得以借沈氏之力而成刊刻之事。姚氏跋曰:

> 厥后秦君澡石、张君吟楼取承绪所藏本,复于沈君翠岭。君故风雅好古,尝汇刻《昭代丛书》,搜采极富,旋以先生书刊刻行世,成有日矣。为述是编颠末寄之。②

值得注意的是,姚氏这篇跋文署的时间是道光十八年(1838),应该是转交给秦、张二人时先写好的,所谓"成有日矣",也只是表达了自己的迫切愿望而已。次年,即道光十九年(1839),张鉴才把书送到沈楙德的世楷堂。沈氏曰:

> 诸书皆已风行,而《蛾术编》则向未窥全豹也。己亥(道光十九年,1839)春余从其乡张吟楼司马鉴处见之,乃先生外孙姚八愚茂才承绪藏本,凡九十三卷。假归尽读,如获拱璧,即欲付剞劂氏。③

为刊刻此书,沈楙德请同乡连鹤寿校勘,连氏将九十五卷的钞本删为八十二卷。沈氏于识语中曰:

---

① 〔清〕陶澍《陶文毅公全集》卷三六《蛾术编序》,清道光二十年(1840)两淮淮北士民刻本,上海:上海古籍出版社,1995—2002年,《续修四库全书》第1503册,第379页。
② 〔清〕姚承绪《蛾术编跋》,见《蛾术编》书后,第85页。
③ 〔清〕沈楙德识语,见《蛾术编》书前,第24页。今按:陶序、姚跋皆云"九十五卷",此云"九十三卷",或沈氏误记,或刊刻之讹。因为沈氏撰写这篇识语时,连鹤寿已经将原书删为八十二卷,不复为九十五卷原貌。

> 会同邑迮青崖进士鹤寿见过,忻任勘校,以编中"说刻""说系"二门已见《金石萃编》及《王氏家乘》,因钞"说录"至"说通"八门为八十二卷,而每卷之中间加案语。①

大略交代了此次刊校原委。今以沈氏刻本观之,鸣盛原书篇幅既大,迮鹤寿校订之处亦复颇多,几乎在每条之后都加了大量按语,绝非草率而成。

刻本书前首为道光二十一年(1841)冬梁章钜序,曰:

> 又闻(王鸣盛)尚有《蛾术编》一书,凡九十余卷。余前作《文选旁证》,时访求之而未见。今年重至苏台,迮广文青崖以校刊本来示,索为之序。②

而书名页后牌记刻"道光二十一年岁次辛丑春二月开雕"三行十五字,据此可知道光二十一年(1841)春为本书开雕时间,是年冬,迮鹤寿请梁章钜作序。沈楙德于道光十九年(1839)春得此书,即使得书后立刻请迮氏校勘,校完后马上开刻,中间也仅有两年时间。八十二卷之书,既要校正文字,又要评判得失,可见迮氏董理之勤。

在刊刻过程中,道光二十三年(1843),迮鹤寿又请杨承湛作序,序曰:

> 嘉定王光禄著有《蛾术编》九十五卷,考据精能,搜罗宏富,久已推重士林,然未有刊本。吴江沈君翠岭……以是编属迮生青崖详加校勘,青崖又于每段复加以按语,纠谬正讹。或反覆紬绎,触类引伸;或讨论精核,明辨以晰。诚艺林快事也。……青崖,余壬午(道光二年,1822)分校所得士。是编刻成,问序于余,余自惭薄植无文,而得附名此书以传于后,亦何幸也。③

案:迮鹤寿于道光六年(1826)考中进士,壬午为道光二年(1822),当为鹤寿中举时间,杨氏当为同考官。此后四年,即道光二十七年(1847)全书之刊刻始告竣,有赵彦修序曰:

> 丁未(道光二十七年,1847)岁秋,余司教松陵,适沈君翠岭刻王光禄《蛾术编》成,属余为序。④

综上所述,从道光元年(1821)姚承绪谋划刊刻外祖遗著,至道光二十七年(1847)《蛾术编》刊成,前后历时近三十年,可谓旷日持久。自此而后,迮鹤寿校勘并案注的刻本成为通行本,九十五卷原本几不复为人所知。

---

① 〔清〕沈楙德识语,见《蛾术编》书前,第24页。
② 〔清〕梁章钜《蛾术编序》,见《蛾术编》书前,第1页。
③ 〔清〕杨承湛《蛾术编序》,见《蛾术编》书前,第2页。
④ 〔清〕赵彦修《蛾术编序》,见《蛾术编》书前,第3页。

二、中国国家图书馆藏九十五卷钞本《蛾术编》概况

王鸣盛在晚年编成《蛾术编》，稿本一直珍藏于家，直到道光元年（1821）才由姚承绪钞出以求刊刻。其间虽有王昶等撷取"说刻"诸条，但并没有被广泛传钞。道光二十七年（1847）刻本通行之后，钞本更不为所重，学者引用、评判，悉依迮氏校本。如文廷式《纯常子枝语》：

> 阅王西庄《蛾术篇》八十三卷，心得甚稀，而谬误处不可胜乙，又出所撰《十七史商榷》之下矣。至谓顾亭林为鄙俗，谓戴东原为不知家法，皆失之轻诋。……迮鹤寿附纠其失，有是有非。西庄钞袭戴、顾诸家，迮氏尚能发其覆。惟不通韵学，乃至谓"丛脞"二字反语为"惰"，亦可笑也。①

又民国时期刘锦藻《清朝续文献通考》著录此书，虽然列其目有十，包括"刻""系"二说，但卷数仍作"八十二卷"，②可知皆据刻本。

然而，近两百年来，《蛾术编》足本并未随着刻本的刊印与流行而散亡。今中国国家图书馆即藏有两部：一为九十五卷，与原稿卷数相合；一为九十三卷。《中国古籍善本书目》《北京图书馆古籍善本书目》著录。本文所讨论的，是九

---

① 〔清〕文廷式《纯常子枝语》卷五，民国三十二年（1943）刻本，《续修四库全书》第1165册，上海：上海古籍出版社，1995—2002年，第86页。八十三卷，当为"八十二卷"之误。

② 刘锦藻《清朝续文献通考》卷二六九《经籍考》，北京：商务印书馆，1955年，第10133页。

十五卷本。①

  九十五卷钞本共二十四册，每册书衣书册数、"说录（或标几卷）"等，左下书卷几至卷几。首册"说录十四卷"下本有"四本"二字，后用墨笔圈去。其他各册均不记本数。二十四册之数，疑为后来重新装订。今第十一册末手书"四十六页，共计字一万八千一百二"，本册为卷三十九至四十一，从后向前数四十九页，为卷四十起首。或为原来之一册。第十六册末有手书"第廿本"，并记字数；第十八册末则有"第廿一册"字迹。可知原装每册较薄，具体册数则不可考。正文半叶十一行，行二十或二十一字，左右双栏，黑口。卷端首行顶格写"蛾术编卷几"，次行下书"东吴王鸣盛说"，三行低一格书"说某几"，四行低二格书条目标题，再次行顶格书正文。沈氏刻本为半叶十行，行二十一字，书名、"说某几"、条目标题及正文格式与钞本一致，唯"嘉定王西庄先生原本"骑第二、三两行，低一格刊刻，下又有"吴江迮鹤寿参校、沈楙德校刊"，迮、沈名姓分别刻于第二、三行。可见此钞本与沈刻所据者行款格式大体一致，即今钞本大致保留了王氏原稿本的基本面貌。

  钞书格纸左边栏外下方印有"述郑斋校录本"六字。述郑斋为嘉道间浙江海宁人杨文荪室名。②文荪(1782—1855)，字秀实，号芸士。好收藏图籍，喜钞书，据瞿冕良《中国古籍版刻辞典》所载，抄有宋程俱《麟台故事》五卷、明谈迁《枣林杂俎》六卷、清吴珩辑《十三经历代名文抄》五十四卷、张金吾《十七史经说》十二卷等多种。此中国国家图书馆藏《蛾术编》九十五卷亦是其一。③正文钞写偶有讹误，或直接改正，或在书眉处校改。改后文字多与刻本相同。如卷五"诗序"条"且夫从序说，则□无一篇无关系者"，□处本误作他字（今不可辨），直接改作"诗"字；卷一二"南烬纪闻"条"托名辛疾弃"，直接在原文中将"疾弃"乙正为"弃疾"；卷七"三传互异"条"先师郑氏康成针左氏膏育发公羊墨守起穀梁废疾"，"盲"字误，在正文字右标出，眉上书"育"字；"服虔左传注"条"今当尽以所注尚君遂为服氏注"，"尚"亦标出，眉上改作"与"字等。所改与刻本正同。但又非据刻本校改，因为在钞本有而刻本无的条目段句中，亦有多处批注。如上举"服虔左传注"条，刻本至"杜忌服名重，欲以后出跨其上，故不取耳"而止，其下钞本还有一大段，共十六行半，349 字。其中"没而不说者多矣"句"多"眉校为"众"，"此皆颖逵之私见"句"颖"眉校为"颍"，"逵"字未改。原钞与校改皆字画工整，一丝不苟，当同出杨氏之手。校改所据者，则是钞写底本。

---

① 关于九十三卷本，陈鸿森曰："按中国国家图书馆另藏吴钟茂校录本，凡九十三卷，卷八八《辽刻》、八九《金刻》删略并合为一卷，又《说系》三卷，并为二卷。其书内条目颇多删略，视今本为少。"见《王鸣盛年谱(下)》，第 167 页注释。
② 瞿冕良《中国古籍版刻辞典》作海盐人，江庆柏《清代人物生卒年表》作海宁人。
③ 瞿冕良编著，《中国古籍版刻辞典》，苏州：苏州大学出版社，2009 年，第 524 页。

全书无序跋，首卷卷端钤"盐官蒋氏衍芬草堂二世藏书印""臣光焴印"及"寅眆"，知为晚清蒋光焴(1825—1892)旧藏。首册书衣有墨笔题识：

> 王西庄先生《蛾术编》未刻本。
>
> 道光间吴江沈氏所刻系迮青霞(崖)进士删本，为诸名人所讥，今已不复刷印矣。

此识字体、墨色与书衣所标册数、卷数、当册内容一致，虽未署姓名，但明显非钞书人所写。经山东省图书馆金晓东先生审验，似即蒋光焴手书。光焴为清代末年海宁藏书家，据金晓东先生《衍芬草堂友朋书札及藏书研究》考证，蒋氏与秀水杨象济(1825—1878)为儿女亲家，①而杨象济乃杨文荪之同族后人。象济《汲庵诗存》有《感旧十四首》，其一题作《家芸墅文荪明经》。② 则杨文荪手钞本《蛾术编》被其同乡后学蒋光焴收藏，事在情理之中。1949年后，蒋氏后人将家中藏书捐给国家，现主要分藏于中国国家图书馆、上海图书馆、浙江图书馆。此《蛾术编》钞本，当即彼时捐献者。

杨文荪钞本卷次、卷数、每卷起止条目与沈氏刻本基本一致。所不同者：卷七首条钞本作"三传废兴"，刻本"兴"作"立"；卷一五首条钞本作"说文书前标目"，刻本作"说文序目在书后"；卷三六末条"元板古今韵会举要"条钞本后尚有"元板韵府群玉"标目，无内容；卷四〇末"商山"条钞本后又有"乐天自京赴杭路由江汉"一条；卷五〇末"申浦"条钞本后有"江浙"条；卷五三末"老子杳冥诡异"条钞本后又有"黄老乃黄色老人""老子化胡成佛"二条；卷五八首刻本多出"郑康成"一目，刻本第二条"郑氏世系"为钞本第一条，实则"郑康成"条从"郑氏世系"原文中析出，此卷"郑氏世系图""郑康成年谱""郑氏群书表"三条钞本无，皆为迮氏所补，有按语说明；卷五九首条，钞本作"宋太宗阴贼狠戾"，刻本省作"宋太宗"；卷六六刻本于首条"顾命宫室制度"下比钞本多"明堂在国之阳不在应门内"一条目，两条内容并见钞本"顾命宫室制度"条，此卷钞本末又多"明堂在国之阳"条；卷六七末"禋于六宗"条钞本后又有"辨诸家六宗之非"一条，钞本亦属上条，不单独立目；卷七二首条钞本作"书疏言量之数与汉律历志异当以汉志为正"，刻本省作"书疏言量之数与汉律历志异"；卷七八末条钞本作"赵昕嘉定志误"，刻本无"误"字；卷八〇首"李陵答苏武书"钞本前有"文与道皆难言"条；钞本卷八一至卷九〇为"说刻"十卷，刻本无；钞本卷九一、卷九二分别为刻本卷八一、卷八二，即"说通"一、"说通"二，钞本卷九三至卷九五为"说系"三卷，刻本无；"说通"一末"辞达而已矣"条钞本后有"尚书伪孔传"

---

① 金晓东《衍芬草堂友朋书札及藏书研究》，复旦大学博士论文，2010年，页178页。
② 〔清〕杨象济《汲庵诗存》卷六《感旧十四首》，《清代诗文集汇编》第700册，上海：上海古籍出版社，2010年，第205页。

一条;"说通"二末"抱蜀"条钞本前有"忧人富"一条,后有"常清静""导引呼吸""起居寝食""摄生密语""老佛合一宗旨""儒佛断不可合""大患为有身""法华华严皆分四科""效佛语""六度万行"凡十条。以上仅就二本卷次起讫各条作一比较,卷中条目及正文内容差异暂不详列。

通过以上对钞本与刻本版式行款、卷次条目等基本情况的比较,我们发现,由杨文荪抄写、蒋光熼收藏的九十五卷《蛾术编》产生年代较早,很可能是从王鸣盛原稿钞出。而书中的条目,除去迮鹤寿明说删去的"说刻""说系"共十三卷外,仍然明显比刻本多。总之,与吴江沈氏世楷堂刻本相比,杨氏钞本更大程度地保存了《蛾术编》的原貌。

三、述郑斋钞本《蛾术编》文献价值探论

道光年间,吴江沈氏刊刻《蛾术编》,请迮鹤寿承担校刊之役。刊刻之际,沈氏写下识语冠于书前曰:

> (迮氏)以编中"说刻""说系"二门已见《金石萃编》及王氏《家乘》,因钞"说录"至"说通"八门为八十二卷,而每卷之中间加案语。先生于前代诸儒及近时亭林顾氏、东原戴氏多所辨驳,而青崖所见又与先生异同。予惟考据之学,言人人殊。要之是非不谬,俟诸后之论定。而各衷一说,亦足广学者见闻焉。爰并付梓,而为志其颠末云。①

研玩沈氏语意,起初并没有刊削、案注鸣盛原书的愿望。但当迮鹤寿"详加校勘"后,完全变成了王、迮二人的合著之书,木已成舟,沈楙德也只好一并刊刻了。至于沈氏是否认可迮氏的这种做法,以及对其按语评价如何,就不得而知了。

迮鹤寿在书前《凡例》中交代了校勘、案注此书的基本条例,今节录于左:

> 一、是编原本九十五卷,今止校刊八十二卷,尚有"说刻"十卷,详载历代金石,已见王兰泉先生《金石粹编》,无庸赘述。"说系"三卷,备列先世旧闻,宜入王氏家谱。

> 一、……崇信徐遵明为大儒,而谓《公羊疏》出其手,亦恐无据。又历讥杜元凯剿窃,蔡九峰妄缪,未免出言过分。诸如此类,今为稍圆其说。

> 一、近时谭考据者,前以顾亭林、后以戴东原两先生为最,学有根柢,言皆确实。是编务必力斥之,斯乃文人相轻之积习。今从节。

> 一、是编征引浩博,今将各书原文校对,有先生所引而原书并无者,……

---

① 〔清〕沈楙德识语,见《蛾术编》书前,第24页。

有原本现在而先生未见者，……今特一一注明，以便查核。

一、前人旧说，是编有引用之，而不载所出者，……今亦各为标明此系某人之说，庶几知其来历。

……

一、《吕刑》"百锾"、《考工》"三铧"辨论千余言，既载于前，复录于后，句句相同。此必偶然失检，未经抹去。诸如此类，概从删节。

一、僻居乡曲，家无藏书，专就架上所有，详为校正。遇有疑义，亦专就一己所见加以案语。或失之太繁，……或失之太简，……匆匆付梓，俱未删改，姑以俟博雅君子。①

总括而言，连氏对《蛾术编》原书做了删、校、注三项工作。其校主要是正误字。注则包括注出处与加按语，皆附于原文之下，易于区别，对王氏原书面貌变动不大。所做删削工作，一是删"说刻""说系"共十三卷，二是删前后重出之内容，三是删节"出言过分""文人相轻"之言语，并有所改动。据此看来，这似乎符合古人刊书宗旨。然而，我们前面已经提到，《蛾术编》是王鸣盛手自编校过的书稿，尽管不是完美无瑕的，但原稿是作者治学研究方法与考证思路的载体，足以反映出王氏的学术特色，甚至其性情风格。而经过后人的删削校改，往往会丧失一些关键信息，对我们探究彼时学术实况造成迷惑。

为此，我们以"说录"十四卷为例，将中国国家图书馆藏述郑斋钞本与吴江沈氏刻本相对校，发现连氏删改原本《蛾术编》的情况十分复杂，远不是《凡例》中交代的那样简单，谓之"大肆删削"亦不为过。今就二本异同稍加总结，讨论述郑斋钞本在保留文献上的价值。

第一，钞本保留了书名、卷数等引书出处信息。与前代相比，清代考据学日益严谨、完善的一大变化是注意标明引用来源，包括书名、篇卷，甚至版本等信息。连鹤寿在《凡例》中提到"有原本现在而先生未见者"，"特一一注明，以便查核"，说明他对于文献出处也十分重视。但在校刊过程中，连氏却删掉了许多王氏原稿中本来已经标出的出处，反而不若原本严谨。

如卷五"阎氏误信叶氏汉文无引毛诗序"条，刻本作：

阎若璩曰：诗，齐、鲁、韩三家皆立学，《毛诗》晚出，未尝立学，中兴后始显。②（卷五，第80页）

此条中，王鸣盛首先引用阎若璩的论说，再加驳正。但若璩著作非一，仅

---

① 〔清〕连鹤寿《蛾术编凡例》，见《蛾术编》书前，第7—8页。
② 〔清〕王鸣盛《蛾术编》卷五，《续修四库全书》第1150册，第80页。述郑斋钞本无页码，故仅在正文中开列卷数。所引刻本皆据《续修四库全书》影印本，以下随文括注卷数、页数，不一一脚注。

书姓名,不能确指。钞本则连同出自阎氏何书一并列出:

> 阎氏若璩《尚书古文疏证》曰:齐、鲁、韩三家皆立学,《毛诗》晚出且微,自芘以下四传皆一人。王莽立之,旋废。及中兴后始显。

今按:古人引书多略引、意引,核《尚书古文疏证》,钞本上的引文与若璩原书亦非一字不差,但文义全同。而刻本将《毛诗》在东汉之前的旋立旋废删去,已经稍稍背离阎书原义。又将引文出处删去,容易令人心生疑窦。

又如卷一三"唐律疏义"条考证此书流传变迁,于引用史料皆标明卷数,如《崇文总目》第十七卷、《郡斋读书志》第二卷下及第五卷上、《读书后志》第一卷、《直斋书录解题》第七卷、《通考》第二百三卷、《文渊阁书目》史部第三厨、《国史经籍志》第三卷等,清晰明白。刻本则将"第几卷"及"第几厨"一概删去。(卷一三,第152页)在全书中,这样的删削很常见,改后既弱化了考据的严肃性,也不利于读此书者比对原文,以清初以来逐渐形成的学术规范来评判,亦是一种倒退。

再如王鸣盛在撰写考证条目时,普遍使用校勘法,遇有异文,有时也会用小注的方式写在正文之间。刻本亦多有删汰。卷八"孝经古今文"条"桓谭《新论》云古《孝经》千八百七十二字"句下,钞本有小注曰:"《汉志》注引《新论》或作七十一,本疏及《太平御览》并作二。"刻本删去小注,则无法反映王氏格外重视校勘的治学风格。删去这类看似多余的内容,或许不会影响我们对作者观点结论的理解,但却很难重现他们多方考证的真实经过。又下文"今文有郑氏注,世称为康成撰,陆澄辨其非是"句,刻本紧接王氏辨正文字。然核钞本可知此处原有小注,引《南齐书》《南史》中陆澄辨伪之语。此注后又有正文"唐刘子玄亦辨之"及注:"见本疏及传注序,亦见刘肃《大唐新语》及《英华》。"刻本也弃而不取。(卷八,第107页)在语言的流畅、论证的紧凑以及观点的表达上,连氏删改后的文字略胜一筹,但王鸣盛的原文恰好展现了乾嘉学者旁征博引、反复推演的时代特色。通过对同一问题的多重举证,已经表达了王氏否定今本《孝经》郑注的思想倾向,这种倾向是删减后的文字所无法传递的。

第二,钞本保留了刻本漏行缺叶的大段内容。"书经三写,鲁鱼亥豕",沈氏刻本以姚承绪从王鸣盛后人所得藏本为底本;又经过连鹤寿校刊,再钞成清本,然后再写成上板书样才能刊刻。屡次传钞,难免产生讹误脱漏。述郑斋钞本形成的时间较早,很可能是从原稿钞出的。与刻本相比,钞本与王氏原书更加接近。实际上,我们在校勘中也确实发现刻本有数行、整叶脱去的地方,俱可赖述郑斋钞本补全。

如卷二"南北学尚不同"条首段,引魏收《魏书·儒林传》论"经学之在北不在南也"句后钞本有一段议论:

魏收此书几遭废点①者屡矣，而至今岿然尚存，亦属斯文有幸。史家每诋收轻薄，今绎此段，窃意收亦笃学，特负俗之累，为众所憎，故加非毁。于汉经师中择取三家，非北朝君臣不能定之，亦非魏收不能标举之。俾予今日俯仰窥寻，觉宣尼遗绪未坠于地，诚鸿宝也。此段之。

今按：从内容上看，此数句鲜明地表达了王鸣盛于南北朝经学扬北抑南的思想倾向。从形式上看，钞本每半叶十一行，行廿一字，此段始于卷二首叶B面第九行倒数第五字，止于第二叶A面第三行倒数第六字，凡110字，即恰为钞本之五行。当为钞写时疏漏脱去。

如果说上举五行脱文尚不足以影响我们对王鸣盛关于南北经学论述的理解，那么，下面的例子，则关涉论证是否严谨、逻辑是否合理了，见卷六"壁中书有礼记兼经与记言之又有左传"条首段。今不惮其烦，将钞本前后文移录于此，并标出刻本脱去之文字：

《汉志》同作《礼记》，则"记"字非讹。《家语》以为孔腾藏壁中，（以上第16叶A面）
《尹敏传》以为孔鲋所藏。而藏之皆在秦时，则何不可有《礼记》？若然，《汉志》果谓**坏宅**所得壁中书，但有《礼记》无《仪礼》乎？非也。《礼记疏》引郑康成《六艺论》云："孔子壁中古文《礼》凡五十六篇，其十七篇与高堂生所传同，而字多异。十七篇外则逸《礼》。"是康成此条煌煌具在，有何可疑？且《汉志》云《礼》古经出鲁淹中及孔氏，苏林云：淹中，里名。而"及孔氏"三字即实指坏宅得之壁中。足见壁中书有《礼》古经五十六卷，以一篇为一卷，于今现存十七篇外多三十九篇，此决然可信者。惟是称为《仪礼》，又称《周官》为《周礼》，小戴所删四十九篇为《礼记》，而并称"三礼"皆起汉末，西汉绝无。西汉有"二礼"（以上第16叶B面）
无"三礼"，故《艺文志》《礼》经与记合为一条，不分晰。此下方提行载《周官》别为一列。然则**坏宅**得"礼记"者，《礼》与《记》也，合经、记言之也。刘歆云逸《礼》有三十九篇，不言（以上第17叶A面）（卷六，第90页）

今按：钞本本卷半叶十一行，行二十字，与首卷二十一字不同。本段中有两个"坏宅"，分别为第十六叶B面二行第十、第十一字，第十七叶A面二行第十

---

① 点（點），据文义疑当作"黜"字。

三、第十四字。第一个"坏宅"前脱去"而藏"至"果谓"二十字,恰为一行;首"坏宅"之下至下"坏宅",凡十一行又三字,即 223 字,大约为钞本半叶内容。我们推想,钞至"尹敏传以为孔鲋所藏"时,因错行而脱一简。又因"坏宅"二字重复出现,故"所得壁中书"至"然则坏宅"涉上文而脱,最终形成了刻本的面貌。我们在前文已经分析,虽然述郑斋钞本与原稿行款未必完全一致,但应相差无几,因此,以上对刻本脱文的解释是合理的。

而这半叶文字的脱漏,直接导致了文义的缺失。谛审原文,王鸣盛先说《汉志》"礼记"二字不误,又据郑玄《六艺论》考得孔壁所出确有《仪礼》,则"礼记"并非《礼记》一书,而是《礼经》(即《仪礼》)与《礼记》的合称。如刻本所言,虽然认为"礼记"不误,但没有解释为什么又包含《仪礼》。据此,得出的结论应当是孔壁所出只有《礼记》,没有《仪礼》,与下文矛盾。(卷六,第 90 页)因此,如果不能据钞本补足此半叶内容,读者就会误认为是王鸣盛考证不严谨。

第三,刻本有意整段、整条删去的内容较多,可据钞本补全。除去"说刻""说系"二门以及脱漏的内容,连鹤寿在《凡例》中交代对原本的删削,仅限于前后重复的条目,以及对攻诘他人言辞的节略。但在校勘过程中我们发现,述郑斋钞本比世楷堂刻本一条之中多出接连数句、整段,或一卷之中多出整条、数条的现象颇为常见。说明连氏校刊原书,所做删削工作要远甚于《凡例》所言。

如卷一"孔颖达等各疏序所举前人疏见各史者"条考《礼记疏序》所举十一家生平著述,王鸣盛于贺循曰:"颖达所举皆南北朝人,晋惟循一人为最在前。"由此推断,《晋书·贺循传》《隋书·经籍志》《旧唐书·经籍志》《新唐书·艺文志》虽然都没有著录贺循有《礼记疏》,但确为孔颖达所见。因此,钞本于此句之下有一段评论曰:

> 今循《礼记疏》已亡,不可复见。然经予一番讨论,觉虽亡灭犹足发后人思古之幽情。试就颖达言绎之:循《疏》固用郑注为之者,斯其所以可惜也。

这种认识并没有真凭实据,也未必正确,但却展示了王鸣盛的经史考证思路以及结论假设。今天看来,这个考证过程甚至比结论的正确性更为重要,正体现了学者独特的考据风格。而刻本却删此数句,殊为无理。(卷一,第 39 页)

钞本保留刻本所删整段的,如卷六"乐记分篇"条,说明《汉志》所载《乐记》二十三篇,皆在《礼记》一百三十一篇中。今传《小戴礼记》四十九篇中的《乐记》实为二十三篇中的十一篇《乐记》之合。刻本仅此一段,其下即为连鹤寿按语一大段,比较郑玄、皇侃、褚少孙及吴澄所定十一篇《乐记》的次序。(卷六,第 91—92 页)而钞本在此段之后另有一段答人问今之《小戴礼记》四十九篇是否即一百三十一篇《记》之合,鸣盛以为"百三十一篇与四十九不但篇数不同,其文亦异",二者不是分合关系。本条标题为"乐记分篇",第二段虽只讲《礼记》篇数,但显然这一问一答是从前段讨论《乐记》的演变而来。看似无关,却正体现了学术札记"偶有心得,辄笔记之"的性质。连氏在校刊时追求文例的统一与内容的精练,将这类富含重要学术信息的内容删去不少,今皆可据述郑斋钞本补全。

再如卷一二"江南浙江通志"条,王氏以为《江南通志》远胜《浙江通志》,钞本曰:

> 江南疆域大于浙江甚多,而《江南志》仅二百卷,《浙江志》至二百八十卷。《浙志》之文反比《江南》为繁。自无识者观之,必谓《浙志》胜矣。予详考之,乃知《江南志》实远胜之。

刻本删去此段,仅曰"江南远胜浙江"。如此删节,其扬江苏而抑浙江的思想情感就无法充分表达了。下文又曰修《江南通志》者是顾栋高、陈祖范,二人"潜心经史,不肯徇俗,不肯欺人,其学有本原",①所以其书颇有条理。相比而言,论《浙江通志》曰:

> 而浙人夸多斗靡,全摸不着学问中门户,著述但成,其为疥骆驼耳。较之并博亦不能者,则为胜矣。

这段话直接批评浙江学风及学者著作,刻本也删去了。连氏按曰:

> 《江南通志》赵公宏恩所修,黄之隽主裁之,尚有未校正处。《浙江通志》嵇公曾筠所修,引书必载原文,以见信而有征,岂得讥其泛滥邪?(卷一二,第147页)

将删去原文与鹤寿按语相对读,我们可以发现二人观点截然不同,对江南、浙江《通志》的褒贬态度也恰好相反。因为这种认识的不同而删削原稿,替作者改书,这是古今学者所不取的。幸赖有钞本保留原文,使我们可以更真实地窥探王鸣盛的学术观点和风格。

与刻本相比,钞本多出的条目亦复不少。前文已经指出"乐天自京赴杭路由江汉""江浙""黄老乃黄色老人""老子化胡成佛"等条目均已遭删落,尚仅就各卷起讫处而言。"说录"十四卷内还有一些整条不见于刻本的内容。如钞本卷一四"本草"条后有"痘疹书""真诰""佛法三家佛书三类""南北两宗""一花五叶""域中凡五教"六条,刻本全无,而直接"曹宪吕向文选"一条。(卷一四,第165页)"后村居士集"条后"思归"一条,刻本亦无。(卷一四,第167页)可能是校刊者以为这些内容非儒学正统,或与考证无关,有损王鸣盛经史考证大

---

① 刻本删"其学有本原"句之"其"字。

家的伟岸形象，所以才弃而不取。但通过这些条目，后人可以读出一个思想多元、兴趣广泛的王鸣盛，进而描绘出清代考据学纷繁复杂的历史图景。如被删去的"域中凡五教"条，代表了清代中期士大夫对世界不同文化的理解，很有意思。论曰：

> 儒与天主、回教皆奉天者，儒为精粹，回教未之详。天主之奉天也，即以彼土人耶稣充之，殆类古祭祀用尸者。然道盗天之藏，欲与天俱存亡者也。佛凌空驾虚，欲出乎天之上者也。域中凡五教，而儒最纯，中庸不可能也。

在刻本中，这种主观形象的比附以及纯粹的儒学崇拜都看不到了。可见，钞本在保存王氏原文及真实传达其思想观念上，具有不可忽视的重要意义。

第四，钞本更能准确传递作者的性情。连鹤寿在《凡例》中明确指出："历讥杜元凯剽窃，蔡九峰妄缪，未免出言过分。诸如此类，今为稍圆其说。"又说："时谭考据者，前以顾亭林、后以戴东原两先生为最，学有根柢，言皆确实。是编务必力斥之，斯乃文人相轻之积习。今从节。"①对于编纂前人著作而言，特别是为自己所推重的学者校刊遗书，将原稿中不谦逊的话删去，以为贤者讳，本在情理之中，也是古人为自己或他人编书的通例。正因如此，具有原始史料性质的札记稿抄本才更有保存文献的价值。

如卷二"南北学尚不同"条抨击王弼乱道，钞本在"王弼，《三国·魏志》无传，仅于《钟会传》末附缀六句，述其注《易》及《老子》而已"句后尚有数句云：

> 裴松之注：正始十年卒，年二十四，无子绝嗣。弼，北人，天生宁馨儿，以坏风俗名教，此则不论南北。弼不过一短命少俊，全无事迹，位甚卑。在当时名亦不甚重，正当无传。于此见陈寿裁断之精。

刻本无此73字。（卷二，第43页）所谓"历讥杜元凯剽窃，蔡九峰妄缪"者，此之谓也，所以"从节"删去。卷三"王弼韩康伯注"条，引《三国志·魏书·钟会传》裴松之注，钞本又有"略言曹爽以弼补台郎。正始十年（249），爽废，以公事免。其秋，遇疠疾亡，时年二十四，无子绝嗣"句，刻本径改作"略言曹爽以弼补台郎。正始十年（249）卒，年二十四"（卷三，第65页）亦是此类。我们发现，王鸣盛对王弼极尽鄙夷之态，甚至反复将"短命少俊""无子绝嗣"这类话当作发泄情绪的谈资。而在刻本中，通过删节，就成了不置可否的平平叙述。校刊者意在塑造王鸣盛谦和敦厚的学者形象，反而令其本来面貌失真。更重要的是，王鸣盛通过贬斥王弼而抬高讲习郑玄经说的徐遵明，是有鲜明意图的。删减

---

① 〔清〕连鹤寿《蛾术编凡例》，见《蛾术编》书前，第7页。

之后,这种反衬效果也大大减弱了。

再如卷一四"淮南子"条"杜工部赴奉先县咏怀诗"段,钞本原文作:

> 近儒注云:"许慎注《淮南子》'颃'读如'项羽'之'项','洞'读如'同游'之'同'。"近儒之学号为博极,其实全是欺人。如此注予已考得的为高注无疑,近儒犹据《道藏》本指为许慎。……近儒注:"《淮南子》'画随灰而月晕阙①',许慎注曰:'有军士相围守则月晕,以芦灰环,缺其一面,则月晕亦缺乎上。'"恐亦是高诱注,非许慎注。而近儒遂訾訾言之。而大抵读书必须苦心考核,若近儒者,名虽高而欲以博欺人,便不值钱。即此可见其心术不正。

这段话中所说的"近儒"实指钱谦益。乾隆四十一年(1776)其著作遭禁毁后,学者往往三缄其口,或避而不谈,或挖涂原书,或改为朱彝尊等名字,或隐称"近人""近儒",不一而足。此处即是因朝廷禁令而不称名之例。这也是当时士人的普遍做法。但这段文字却暴露出王鸣盛逾越了考据学家身份的姿态。其实,宋代以来,《淮南子》许慎、高诱二家注本混为一书,一直到清代初期,许多学者还茫然不知,仅各据所见版本标引。② 钱注杜诗时,这个问题甚至还没有引起学者的注意,他据所见署名许慎的版本援引,故称许慎注。倘有辨析不明确处,也不是钱谦益个人学识不足,更不能据此而被批评为"欺人""不值钱""心术不正"。更何况,此处所引究竟是许慎注还是高诱注,对钱氏评注杜诗并无直接影响。王氏议论纯属借题发挥,而这种貌似无由来的批评,其根源则在于清廷密织文网的压力。在这种压力之下,学者的表现不尽相同,王鸣盛破口大骂,反映了迎合乾隆皇帝命令而歪曲学术评判标准的一种不良风气。因此,这段文字为我们观察与讨论清代学者、学术与政治的关系打开了一扇窗。但在刻本中却删作:

> 近儒注云:"许慎注《淮南子》'颃'读如'项羽'之'项','洞'读如'同游'之'同'。"其实是高诱注。……近儒注:"《淮南子》'画随灰而月晕'许慎注曰:'有军士相围守则月晕,以芦灰环,阙其一面,则月晕亦阙乎上。'"恐亦是高诱注。(卷一四,第162页)

这样一改,就把便于我们窥探清代学术状态的窗子给遮挡起来了。在此,我们不能对连鹤寿这种遵守惯例的删改提出过多批评,但更要重视述郑斋钞本保存至今的原稿资料,并借此来丰富和完善清代学术史的研究。

以上,我们梳理了王鸣盛《蛾术编》的校刻过程,对中国国家图书馆藏述郑

---

① 钞本、刻本均无"阙"字。
② 参看李秀华《〈淮南子〉许高二注研究》,北京:学苑出版社,2011年。

斋钞九十五卷全本的基本情况加以综述,并重点论述了述郑斋钞本的学术价值。毋庸置疑,在吴江沈氏的主持下,连鹤寿校刊《蛾术编》,纠正了原稿中的许多讹误,并以按语的形式为王氏论说填补出处,或补正其考辨之失,对于传播王鸣盛的考证成果与学术思想而言,厥功甚伟。就此而论,刻本的内容已经包含了另一位清代学者的学术成果,在清人著述史上,与王鸣盛的原稿同样具有独立价值。然而,通过校勘述郑斋钞本,我们发现了此本保存原作者学术成果、反映乾嘉考据学风以及学者个人性情的更丰富的材料,这些意义是刻本远不能代替的。

从《类说·真诰》到《道枢·真诰篇》
——曾慥书籍抄纂探微

李 更[*]

【内容提要】 南宋曾慥以其可观的图书编纂成绩而为当时和后世人所关注,传世者如《类说》《道枢》等,今人常有溢美之词,在相关研究中亦颇受重视。然对其学术造诣与治学态度,尚缺乏深入考察和清晰认识。本文借《类说》《道枢》二书对《真诰》的使用,揭示其图书抄纂过程中的一些"隐性"操作及相关问题,以期更好地认识曾慥其人其学,及隐藏在南宋书籍"爆炸式增长"背后的一些规律性现象。

【关键词】 曾慥 书籍编纂 道枢 类说 绀珠集

曾慥,字端伯,号至游子,晋江(今属福建)人,北宋名臣曾公亮裔孙,生活于两宋之际。南渡后曾任仓部员外郎、江南西路转运判官、户部总领应办湖北京西路宣抚使司大军钱粮等职,历知虔州、荆南、庐州[①]。其人出身文臣世家,仕途难称显赫,亦非卑微,喜文章著述,在宋代士人中具有一定典型性。经学者考证,曾慥著述颇夥,有《通鉴补遗》《类说》《乐府雅词》《高斋漫录》《宋百家诗选》《道枢》《集仙传》等若干种,涉子、史、集诸部。由于诸书未尽传世,是否著作等身不易考量,但无疑相当高产。其书多抄纂前人之书而成,显别于"藏之名山传之其人"的独立著述,前人既有"矜多衒博,欲示其于书无所不读,于学无所不能,故未免以不知为知"[②]的指斥,亦有"精于裁鉴"[③]之评,其学术造诣与治学态度,还有待深入考察和清晰认识。

从现存序跋著录来看,曾慥编书,并非自娱自乐或由自用之笔记、备忘增衍而成。即如《类说序》所标称的"如嗜常珍,不废异馔,下箸之处水陆具陈矣,

---

[*] 本文作者为北京大学中文系、北京大学中国古文献研究中心副教授。
① 参《全宋诗》卷一八三五曾慥小传。北京:北京大学出版社,1998,第20437页。
② 〔宋〕赵与时《宾退录》卷六,丛书集成初编本。
③ 《四库全书总目》卷一二三《类说提要》,中华书局影印浙江杭州本,1965年版,第1061页。

览者其详择焉",①明确的"览者"预设,背后是一位自觉的书籍制造者。置于其特定的时空背景——注重文事的宋代、雕版印刷业从发展到勃兴的两宋之交、出版业繁盛的福建地区,则不失为一个颇具意趣的现象,亦因之具有超越个案的意义。

在那个时代,人们看待知识与学术、进行知识再生产的心态发生了怎样的变化,今人又应如何把握来自或经历了这个时代的形形色色的古籍,不论从史料学抑或社会文化研究的角度,均值得探究。然而为材料所限,往往难以深入。

今偶得细节,借曾慥《类说》《道枢》二书中对《真诰》的使用,窥其一斑。或有助于认识曾慥其人其学,以及隐藏在南宋书籍"爆炸式增长"背后的一些规律。

一、《类说·真诰》与《道枢·真诰篇》

《类说》约成于绍兴六年(1136),"集百家之说,采撼事实,编纂成书"②,具有猎奇、事典双重视角,亦兼具小说汇编与类书双重属性,在小说资料的流传使用及类书递嬗中均占一席之地;十五年后的绍兴二十一年,曾慥辑录道教诸家养生方术而成《道枢》,亦被认为"对道教养生学的发展产生了深远的影响"③。前者摘录《真诰》128条,独立成卷,编于卷三三④,后者则于108篇中有《真诰篇》,居卷六之半。

《真诰》一书,南朝陶弘景编,是记录东晋南朝道教上清派历史及道术的重要著作,内容包括传道之事、修道养生之术、修仙之地与神仙之迹、上清经的传授历程。所谓"真诰者,真人口授之诰也,犹如佛经皆佛说",其记述依托于"真人之手书迹也,亦可言真人之所行事迹也",⑤因此,"绘声绘色地描述了真人云轮绿軿,锦帔玉佩,月夜下凡,与人相会,恍惚迷离,来去无踪的场面,极尽想象、铺张之能事。此为仙话"⑥,奇幻的神仙故事正可"广见闻",其中之妍辞丽

---

① 〔宋〕曾慥《类说序》,《类说》卷首,《北京图书馆古籍珍本丛刊》影印明天启刻本,北京:书目文献出版社,1988年,第6页。如无特殊说明,本文所引《类说》皆据此本,下不一一注明。
② 曾慥《类说序》。
③ 参〔宋〕曾慥《道枢》出版说明,北京:中央编译出版社,2016年。
④ 此为六十卷本系统条目数及卷次。五十卷本系统条目分合略有出入,亦单独成卷,位于卷二九。
⑤ 〔南朝〕陶弘景《真诰》卷一九《翼真检第一·真诰叙录》,〔日〕吉川忠夫、麦谷邦夫编,朱越利译,《真诰校注》,北京:中国社会科学出版社,2006年,第565页。如无特别说明,本文所引《真诰》皆据此本。
⑥ 《真诰校注》,朱越利《译者序言》第1页。

藻亦瑰丽动人,宜为《类说》所取。同时,"列仙之灵,吐辞为经。撮其玄机,可以颐生"①,其中所存服食、修炼诸法门,亦与《道枢》之宗旨正相切合。

因此,二书虽性质截然不同,对《真诰》均有取用亦非异事。然而,在出自不同宗旨的采录中,存在着大面积的雷同、甚至相同的讹谬,便值得品味。

今以成书较晚的《道枢·真诰篇》为核心,考察三者对应情况。《道枢·真诰篇》行文不分段落,但有"吐辞"之"列仙"名号或道经名称贯串其中,中央编译出版社 2016 年出版的《道枢》点校本,即据"表达主体"分之为 21 节。为方便讨论,下表借用了这一分段方式。

	道枢·真诰篇	真诰	类说·真诰	
			标目	位置
1	杜广平(杜契字也。后汉末人。)授玄白之道于介先生。常旦旦坐卧,任意存于泥丸,其中有黑气焉;次存于心,其中有白气焉;脐之中,有黄气焉。其初存也,气出如豆,既而其大冲天。于是三气如云,缠咽绕身。而覆身之上,变而为火。在三咽之内,复合景以炼一身,一身之内,五藏照彻。如是旦而行之,至日中而止。于是服气百有二十过,所谓知白守黑,可以不死者也。	卷一三		
2	《太素丹经景》曰:一面之上,常得左右手摩拭之使热,高下随形,皆使极匝焉。可使皱斑不生,而光泽如少女矣。所谓山川通气者也。	卷九		
3	《精景按摩经》曰:卧起,当平气正坐,先叉左右手,乃度以掩其颈后。因仰面视上,而举其颈,使颈与左右手争,为之三四,止。使人精和血通,风气不入。已,复屈动其身体,伸手四极,反张侧掣,宣摇百关,为之各三焉。卧起,以帨或厚帛拭颈中及耳之后,使周匝俱热,温温然也。顺发摩颈,若理栉之,无数焉。良久,摩左右手以治面目,已,乃咽液二十过以导内液。常行之,则其目明,其体不垢,邪气不干矣。于生气之时,咽液二七过,按体之所痛,向其王方而祝曰:"左玄右玄,三神合真。左黄右黄,六华相当。风气恶疫,伏匿四方。玉液流泽,上下宣通。内遣水火,外辟不祥。长生飞仙,身常体强。"祝已,复咽液二七过,按所痛者二十有一过。常行之,则无疾矣。耳目者寻真之梯级,总灵之门户也。	卷九		

① 〔宋〕曾慥《道枢》卷六《真诰篇》篇首,明正统《道藏》本。本文所引《道枢》皆据此本,下不一一注明。

续表

道枢·真诰篇	真诰	类说·真诰	
		标目	位置
常以手按其眉后之穴三九过，以手心及指摩其目权上，以手旋其耳，行三十过，其摩帷数数然无时也。既已，则以手逆乘额上三九过，从眉中而复上行入发际，其咽液无数焉。常行之，目清明矣。眉之后有小穴，是为上元六合之府也，其生化生日之辉焉。目之下，权之上，是决明之津也，以手旋其耳者，采明映之道也。夫人之老鲜不始于耳者也，以手乘其额之上而内存赤子，则日月双明，上元喜矣。于是终三九之数，是为手朝三元，固脑坚发者也。首之四面，以左右手乘之，顺发就结，惟令多焉。于是首血流散，风湿不凝矣。既已，则以手按其目二九过，是为检目神者也。	卷九		
4	司命东卿曰：清斋辟谷，则昼存日、夜存月在于口中，使其大如环，其日赤色有紫光，九芒焉；其月黄色有白光，十芒焉。于是咽其光芒之液。常密行之无数焉，或使日月居于面，左日右月，于是二景与其瞳合气相通，是为摄运生精，理和魂神之道也。	卷九		
5	太虚真人曰：月之五日，子之时，内存日象，从口而入，在于心之中，使照一心之内，与日合光。觉其心暖焉，即咽液九过。至于十有五日、二十有五日、二十有九日复为之，则耳目聪察，百关鲜彻，面有玉光，体有金泽。十有五年，太上遣仙车至矣。	卷九		
6	《大智慧经》曰：内存心中，有日大如钱焉，赤色而有九芒，从心而上，出喉至齿，回还胃中，如是良久，自见其心焉。已，乃吐气咽漱三十九过，一日三行之。行之一年疾除，五年身有光彩，十八年可以得道，日行无影矣。夜服月华，如服日焉，惟从脑中而下，其入于喉芷，亦不出于齿而还入于胃。	卷九		
7	张微子曰：平旦，先闭目内视，如见五藏。因口呼出气二十四过，使目见五色之气相缠于面，因入于口，纳此五色之气五十过，咽液六十过，扣齿七通，咽液七过，乃开目。久行之，常乘云雾而行。此服雾之方也。	卷一三		

续表

	道枢·真诰篇	真诰	类说·真诰 标目	位置
8	九华真妃曰：日者霞之实，霞者日之精，唯闻服日之法，未见餐霞之经。餐霞之经甚秘焉，致霞之道甚易焉。目者身之镜也，耳者体之牖也，视多则镜昏，听众则牖闭矣，吾有磨镜决牖之术焉。面者神之庭也，发者脑之华也，心悲则面焦矣，脑减则发素矣，精元内丧则丹津损竭矣，吾有童面还白之法焉。精者体之神也，明者身之宝也，劳多则精散矣，营镜则明消矣，吾有益精延明之经焉。	卷二	服日餐霞	9
8	守真一，笃者一年则首不白，秃发更生矣。内有家业子孙之羁，外有王事朋友之交，耳目广闻，声气杂役，则道不专，行事无益矣。真才多隐乎林岭之中，远世而抱淡，则婴颜而玄鬓矣。	卷二	守真一	11
8	于是吾将致乎玉醴金浆、交梨火枣，腾飞之药。若体未真正，邪念盈怀，则不能致矣。火枣交梨者，非外物也，其生于心，其中有荆棘，则梨枣不见矣。	卷二	玉醴金浆交梨火枣	12
9	青童大君曰：欲殖灭度根，当拔生死栽。沉吟堕九泉，但坐惜形骸。	卷三	青童诗	15
9	西城真人曰：神为度形舟，薄岸当别去。徘徊生死轮，但苦心犹豫。夫学道者可不自力乎哉！	卷三	度形舟	17
10	夫人之死也，其形如生者，尸解也。足不青，皮不皱，目光不毁，发不脱，而坚形骨者，尸解也。	卷四	尸解	22
10	尸解之仙方得御华盖，乘飞龙，登太极，游九宫而已。	卷五	尸解仙	42*
10	得道之士暂游太阴者，太一守其尸，三魂营其骨，七魄卫其肉，胎灵保其气矣。	卷四	得道之士	24
10	为道者当令三关常调焉。口者，心之关也。足者，地之关也。手者，人之关也。三关调，则五藏安矣。	卷五	三关	30
11	姜伯真遇仙，仙使乎倚日中，其影偏焉。仙曰："子笃志学仙而心不正，何也？吾诲汝：日出三丈，措手于二肩之上，以日当其心，心暖则心正矣。"从之，遂得道焉。		心不正	31
11	以夜半去枕平卧，握固，放其体，若气调而微者，身神具者也。	卷五	夜半握固	32
11	学道有九患焉：有志无时，一也；有时无友，二也；有友无志，三也；有志不遇师，四也；遇师不觉，五也；觉而不勤，六也；勤不守道，七也；志不固，八也；固而不久，九也。		九患	34

续表

	道枢·真诰篇	真诰	类说·真诰	
			标目	位置
	喜怒,损其志者也;哀乐,损其性者也;荣华,惑其德者也;阴阳,竭其精者也。道之忌也。	卷五	学道大忌	35
	为道者,口常吐死气而取生气焉,慎笑节言而思其形焉。		吐死气取生气	38
	式规之法,能使目明,何也?吾以甲子旬取东流清水合真丹以洗其目,斯则明矣。		式规法	37 *
12	太上曰:人命在几日间?或曰数日间,或曰终食间。太上曰:未也。或曰在呼吸间。太上曰:善哉!可谓知道矣。		道在呼吸之间	47
13	紫微夫人曰:为道者譬持火入冥室,其冥即灭而明独存矣。财色者其如刀刃之蜜欤?孺子知其甘于口而不知有截舌之患焉。		小儿贪刀刃蜜	51
14	南极老人曰:爱而生忧,忧生则有畏,故无爱则无忧矣,无忧则无畏矣。		无爱即无忧	52
15	太上真人:弹琴弦缓如之何?或曰:不鸣不悲。曰:弦急如之何?曰:声绝而伤悲。曰:缓急得中如之何?曰:众音和合,八音妙奏矣。	卷六	学道如弹琴	53
16	太上真人曰:学道执心,其如琴乎?			
	学道之人,如思朝食,未有不得者也。惜气如惜面目,未有不全者也。		惜气	54
	下士竞于求名,其如香以自燔,燔则气灭,徒欲众闻之,不亦惑欤?		求名如烧香	55
17	《太素经》曰:左右手常摩拭其面使热焉,则皱斑不生而光泽矣。摩左右掌至其热,以拭其目,顺手以摩其发如栉焉,左右胁更相以手摩之,则发不白,脉不浮矣。		摩面	57
18	《消魔经》曰:若体中不宁,当反舌塞喉,漱津咽液而无数,斯体中自宁矣。耳数按抑,则聪彻矣,其名曰营治城郭,名书皇籍者也。鼻数按其左右则气平矣,其名曰灌溉中岳,名书帝箓者也。	卷九	营治城郭灌溉中岳	58
	目欲瞑而坐内视,以见其五藏,则肠胃斯明彻矣。		闭目内视	59
	吾栉发则向王地而祝曰:泥丸玄华,保精常存。左为隐月,右为日根。六合清炼,百神受恩。既已,咽液者三,则发不白而日生矣。		栉发咒	61

续表

	道枢·真诰篇	真诰	类说·真诰 标目	类说·真诰 位置
19	《正一经》曰：闭气定静，可使百鬼畏惮。功曹使者，龙虎君至矣。	卷九	闭气拜静	63
	梦之恶者何也？一则魂妖，二则心试，三则尸贼也。既寤，以左手捻人中者十有四，扣齿者十有四，则反凶生吉矣。善梦则摩其目十有四，叩其齿十有四焉。		善恶梦	64
	寝之床欲高，高则地气不及，鬼气不干矣。夫鬼气侵人者常依地而为祟焉。	卷一〇	卧床欲高	70
	夜行叩齿，鬼斯畏矣，不敢近也。	卷一五	鬼畏啄齿	100*
	甲寅庚申，是鬼竞乱，精神躁秽之日。		五卯之日	75
	黄牛道士曰：夕寝，存日在额之上，月在脐之上，则万邪远矣。	卷一〇	暮卧存日月	77
20	中山刘伟道学仙十有二年，仙师试之，以十万斤之石，悬以一发，使伟道寝其下。伟道心安体胖，仙师曰：可教也。饵之神丹，白日升天焉。	卷五	白发悬石重十万斤	27*
21	昔者有人好道，不知其方，夙夜向柏木拜之，求长生焉。逾二十有八年，于是木生紫华，其甘如饴，食之而仙。或有拜太华者，致西岳丈人授以道；或有拜河水者，十年致河伯授以水行不溺之方。此无他焉，精诚之至也。	卷一二	拜树乞长生	79
	王仲甫吸引二景、餐霞四十有余年而无成焉，其子服之十有八年而仙去。南岳真人谓仲甫曰：尔脑宫亏减，筋液不注，安得有成哉？仲甫治其疾而后修其真，亦仙去。	卷一〇	学道先治病	114
	故学道者必先养其身而后可与议矣。			

可以看到，在全文不过2500余字的《道枢·真诰篇》，与《类说》相重叠者达六成。而这篇文字，亦因与《类说》的关系模式，截然分为两个部分。

其前七节于《真诰》出处相对集中，第2—6节出卷九《协昌期第一》，第1、7两节出卷一三《稽神枢第三》，并未按原书出处先后编排。第8节以下，则与相关内容在《类说》的出现顺序基本一致，涉《类说》三十四条，规律之外者仅三条（即加*号者），且其一为相邻两条位次颠倒；而从与《真诰》的对应来看，其中前三十三条覆盖《真诰》卷二至卷一二，《类说》顺序摘录《真诰》，可谓《道枢·真诰篇》与二书均相合，但《类说》之111至117条，相当于在《真诰》卷一六与卷一八的内容之间插入了出自卷一四、卷九、卷一〇的七条（讨论详后），《道枢·真诰篇》第 21 节"王仲甫云云"所对应的《类说》第 114 条正在其中,此处不与《真诰》的顺序一致,却依然同于《类说》,或非偶然。

内容取用上,《道枢·真诰篇》前七节不仅着眼于修炼原理,更偏重具体方法,甚至备录呼吸吐纳咽漱的次数,"可操作性"相当强。这种摘录角度与《类说》有明显差异,在《类说》也看不到直接的文字对应。例如其中第七节,《真诰》原文作:

> ……含真台,洞天中皆有。非独此也。此一台偏属太元府,隶司命耳。其中有女真二人总之。其一女真是张微子,汉昭帝时将作大匠张庆女也。微子好道,因得尸解法而来入此,亦先在易迁中。微子常服雾气,自云:"雾气是山泽水火之华精,金石之盈气也,久服之,则能散形入空,与云气合体。"微子自言受此法于东海东华玉妃淳文期,文期,青童之妹也。微子曾精思于寝静,诚心感灵,故文期降之,授以服雾之道也。服雾之道授微子,微子亦时以教诸学在含真、易迁中者。我昔尝得此方,乃佳,可施用者也。服雾法,常以平旦,于寝静之中,坐卧任己。先闭目内视,仿佛如见五脏。毕,因口呼出气二十四过。临目为之,使目见五色之气相绕缠,在面上郁然,因又口内此五色气五十过。毕,咽唾六十过。毕,乃微咒曰:"太霞发晖,灵雾四迁。结气宛屈,五色洞天。神烟合启,金石华真。蔼郁紫空,炼形保全。出景藏幽,五灵化分。合明扇虚,时乘六云。和摄我身,上升九天。"毕,又叩齿七通,咽液七过,乃开目,事讫。此道神妙,又神州玄都多有得此术者,尔可行此法邪?久行之,常乘云雾而游。(注:此服雾法,已别抄用,事在第三篇。今犹疑存此,与本文相随也。)……①

画波浪线的部分是《道枢·真诰篇》所取内容,并未摘取有关其来历、原理之叙述,而是与其前诸条特点相同,俨然是"服雾之方"的精简版,虽提纲挈领,但除了咒文,各修炼步骤大体都在,可以据而"行"之。行文用词大致保持原貌,除起首以"张微子曰"总括、末尾以"此服雾之方也"作结,仅有"因又口内此五色气五十过"与"因入于口,纳此五色之气五十过"、"常乘云雾而游"与"常乘云雾而行"的微小调整。而划直线的部分为《类说》所取者,即《类说》第 80 条"服雾气":

> 汉张微子常服雾气,云雾气是山泽水火之华精,金石之盈气,久服则能散形入空,与云气合体。微子受法于东华玉妃。

同样截取原文,几无变动。但取的是仙人"服雾气"的理路、效益,以及关系

---

① [日]吉川忠夫、麦谷邦夫编,朱越利译,《真诰校注》卷一三,第 409、410 页。

人。或云,《类说》记录了"服雾气"是怎么回事,但若想照此修炼,则全然无法可依。

但自第八小节始,《道枢》呈现出明显的"理"盛"法"消的面貌,文字也转而与《类说》丝丝入扣。从内容上看,第八小节说的是服食日、霞,养生养颜,与第七小节性质近似,然而可学可练的"方法"在其中并未出现。核之《真诰》原书,相关内容来自卷二:

六月二十九日九华真妃授书曰:"景应双粲,云会玄落。龙秀五空,采琼阆台。长歌灵幌,焕启玉扉。眇矣遗事,与世长辞。霞轸绛波,电赴紫栖。共携清响之外,同游云岫广崖,岂不善乎?岂不乐哉?日者霞之实,霞者日之精,君唯闻服日实之法,未见知餐霞之精也。夫餐霞之经甚秘,致霞之道甚易,此谓体生玉光、霞映上清之法也。

"眼者身之镜,耳者体之牖。视多则镜昏,听众则牖闭。妾有磨镜之石,决牖之术,即能彻洞万灵,眇察绝响,可乎?面者神之庭,发者脑之华,心悲则面燋,脑减则发素。所以精元内丧,丹津损竭也。妾有童面之经,还白之法,可乎?精者体之神,明者身之宝。劳多则精散,营竟则明消。所以老随气落,耄已及之。妾有益精之道,延明之经,可乎?此四道乃上清内书立验之真章也,方欲献示以补助君之明照耳。"授毕,取以见与。某口答:"唯唯。"乞请之也。①

……

守真一,笃者一年使头不白,秃发更生。夫内接儿孙,以家业自羁,外综王事朋友之交,耳目广用,声气杂役,此亦道不专也。行事亦无益矣。夫真才例多隐逸,栖身林岭之中,远人间而抱澹,则必瓔颜而玄鬓也。

玉醴金浆、交梨火枣,此则腾飞之药,不比于金丹也。仁侯体未真正,秽念盈怀,恐此物辈不肯来也。苟真诚未一,道亦无私也,亦不当试问。

火枣交梨之树,已生君心中也。心中犹有荆棘相杂,是以二树不见。不审可剪荆棘出此树单生,其实几好也。

虽云问也,其欲希之近也。当为君问主领者,三年更相问,以即日始。

丑年(此二字长史后益上)八月七日夜,云林右英王夫人口授答许长史。②

画线部分是与《道枢·真诰篇》《类说》所取相应之内容,二者文字对照如下。

---

① 《真诰校注》,第51页。
② 同上书,第74页。

道枢·真诰篇	类说·真诰
九华真妃曰：日者霞之实，霞者日之精，唯闻服日之法，未见餐霞之经。餐霞之经甚秘焉，致霞之道甚易焉。目者身之镜也，耳者体之牖也，视多则镜昏，听众则牖闭矣，吾有磨镜决牖之术焉。面者神之庭也，发者脑之华也，心悲则面焦矣，脑减则发素矣，精元内丧则丹津损竭矣，吾有童面还白之法焉。精者体之神也，明者目之宝也，劳多则精散矣，营镜则明消矣，吾有益精延明之经焉。	服日餐霞：九华真妃曰："日者霞之实，霞者日之精，惟闻服日实之法，未见知霞精之养【澹生堂本作"餐霞之精"】①。餐霞之经甚秘，致霞之道甚易。此谓体生玉光、霞映上清之法。"又曰："眼者身之镜，耳者体之牖，视多则镜昏，听众则牖闭。妾有磨镜之石，决牖之术。面者人之庭，发者脑之华，心悲则面焦，脑减则发素。所以精气内丧，丹津损竭。妾有童面之经，还白之法。精者体之神，明者身之宝，劳多则精散，营多则明消。妾有益精之道，延明之经。
守真一，笃者一年则首不白，秃发更生矣。内有家业子孙之羁，外有王事朋友之交，耳目广闻，声气杂役，则道不专，行事无益矣。真才多隐乎林岭之中，远世而抱淡，则婴颜而玄鬓矣。	守真一：笃行【澹生堂本作"者"】一年，使头不白，秃发更生。内接儿孙，以职【澹生堂本此字缺】业自羁，外综王事朋友之交，耳目广用，声气杂役，此道不专，行事无益。不失其【以上三字天启刻本有挖改挤刻痕迹，当出校改。澹生堂本作"夫真"】才例多隐逸，栖身林岭之中，远人间而抱淡，则必婴颜而玄鬓。
于是吾将致乎玉醴金浆、交梨火枣，腾飞之药。若体未真正，邪念盈怀，则不能致矣。火枣交梨者，非外物也，其生于心，其中有荆棘，则梨枣不见矣。	玉醴金浆交梨火枣：此则腾飞之药，不比金丹。若体未真【澹生堂本下有"正"字】，秽念盈怀，恐此物不肯来也。火枣交梨之根先生君心中者，使心中犹有荆棘相杂，是以二树不见。可剪除荆棘，俾此树复生，出其实，无几何也。

可以从内容、行文、细节瑕疵几方面对其间关联、或《道枢·真诰篇》的文本特征作出分析。

首先，从所摘内容来看，《道枢》皆不超出《类说》范围。二者虽行文不尽相同，但内容可逐句对应。仅《类说》"此谓体生玉光、霞映上清之法""不比金丹"两句，不见于《道枢·真诰篇》。而在《道枢·真诰篇》的后半部分，排除句式转换造成的差异，不见于《类说》的亦仅两句，即第十节"夫学道者可不自力乎哉！"与全篇末句"故学道者必先养其身而后可与议矣"，亦皆不见于《真诰》，乃曾慥用以串联原文、总结全篇者。

---

① 台北"中央图书馆"藏明山阴祁氏澹生堂钞本（简称澹生堂本）。较之多有校改的明天启刻本，此本更多地体现了《类说》的早期面貌。对前已列出版本差异者，后续讨论中或径用据此本校改之文字。

细审相关文字,可见如下特点:

1. 从行文上看,《类说》与《真诰》更具一致性。

《类说》文字虽属摘取节略,但几乎不改易行文。在用词、句式与《道枢·真诰篇》存在差异的情况下,《类说》皆与《真诰》一致。如第一人称用"妾"或"吾";同义词"人间"和"世";以及逻辑关系上"所以精气内丧,丹津损竭"作为"果"之并列关系,与"精元内丧则丹津损竭矣"之因果关系,等等。同时,《道枢》多出大量"也""焉""矣"之类语气词;句式也更具个性,如"妾有童面之经,还白之法"作"吾有童面还白之法焉","内接儿孙,以家业自羁"作"内有家业子孙之羁","夫真才例多隐逸,栖身林岭之中"作"真才多隐乎林岭之中",而诸处《类说》皆可与《真诰》直接对应。可知《道枢·真诰篇》对行文有所调整,以换用同义词、合并或拆分语句的方式来改变语言风格。这种行文处理方式也同样见于其他各节,如第三节以"左右手"换"两手",第四节以"辟谷"替"休粮",又改写《真诰》"清斋休粮,存日月在口中,昼存日、夜存月,令大如环"为"昼存日、夜存月在于口中,使其大如环",皆然。后半篇第十九节以"十有四"替代"二七",亦属此类。又如第十一小节"学道有九患焉"一段,相应内容在《真诰》原书作:

> 君曰:然则学道者有九患,皆人之大病。若审患病,则仙不远也。患人有志无时,有时无友,有友无志,有志不遇其师,遇师不觉,觉师不勤,勤不守道,或志不固,固不能久,皆人之九患也。人少而好道,守固一心,水火不能惧其心,荣华不能惑其志,修真抱素,久则遇师,不患无也。如此则不须友而成,亦不须感而动也。此学仙之广要言也,汝当思此。①

而《类说》摘作:

> 九患:学道者有九患:有志无时,有时无友,有友无志,有志不遇其师,遇师不觉,觉师不勤,勤不守道,或守不固,固不能久。此人之九患也。

删节前后论说,仅存"九患"之具体所指,但行文仍保留了《真诰》的格局,包括末二患之后的"或"字。而《道枢》的文字,看似与《真诰》《类说》近似度不高,实则只是在每一"患"之后加上"一也""二也"云云,将九个项目平铺直叙,再省去末句总结而已。因此,《道枢·真诰篇》前后"两部分"对原文行文所作处理是一致的,可以说是曾慥《道枢·真诰篇》文字处理的一般方法(这在一定程度上掩盖了二者的雷同,有"查重不会被发现"的效果,其中是否存有规避或掩盖雷同的成分,尚待考证)。只是在"后半篇"其文字基础换成了业经删减的《类说》。

即如第八节所涉,云其转写自《真诰》固无不可,然结合其与《类说》若干条

---

① 《真诰校注》,第185页。

目内容摘取的一致性,当非偶然。行文细节上,亦有如《真诰》"仁侯体未真正",《类说》《道枢·真诰篇》皆作"若体未真正"之类雷同,"仁侯"是《真诰》当中云林夫人对许长史(许谧)的称呼,《类说》摘录时,着眼于这一养生理论的普遍意义,故略去具体人物的特定称呼,《道枢·真诰篇》亦如此。从内容表达的角度看,这一偶合并不奇异,而二者文字换用完全相同,则偶然性大为降低。应该说,这不是内容采撷的偶同,而是从内容到行文的高度一致。亦可助证明《道枢·真诰篇》相关内容沿自《类说》。

2.《道枢·真诰篇》《类说》所摘均不多涉及修炼方法。

客观而言,《道枢·真诰篇》第八节所涉《真诰》原文本未细讲"服日""餐霞"的具体方法,以及如何做到"守真一",《道枢·真诰篇》与《类说》同样选择相关"养生之理"亦无可厚非,但在前者,却是内容侧重的一个转折。即不仅本节如此,第八节以降的十四节中,涉及修炼"法"的,仅十一节对应《类说》"心不正"、十七节对应《类说》"摩面"、十八节对应《类说》"栉发咒"、十九节对应《类说》"善恶梦"的部分,不仅较前半篇"无非如此"密度大减,本身的"偷工减料"也相当严重。

如《道枢·真诰篇》第十七节对应《类说》"摩面"的部分,与第二节实际源自《真诰》卷九同一记载,而摘取有出入。比对如下:

《真诰》	《道枢·真诰篇》第二节	《道枢·真诰篇》第十七节(部分)	《类说·真诰》"摩面"
《太素丹景经》曰:"一面之上,常欲得两手摩拭之使热。高下随形,皆使极匝。令人面有光泽,皱斑不生。行之五年,色如少女。所谓山川通气,常盈不没。	《太素丹经景》曰:一面之上,常得左右手摩拭之使热,高下随形,皆使极匝焉。可使皱斑不生,而光泽如少女矣。所谓山川通气者也。	《太素经》曰:左右手常摩拭其面使热焉,则皱斑不生而光泽矣。	《大素经》曰:一面之上,两手常摩拭使热,令人光泽,皱斑不生。
先当摩切两掌令热,然后以拭两目。毕,又顺手摩发,而(谓应作如字)理栉之状。两臂亦更互以手摩之,使发不白,脉不浮外。"①		摩左右掌至其热,以拭其目,顺手以摩其发如栉焉,左右肱更相以手摩之,则发不白,脉不浮矣。	先摩切两掌令热,以拭两目,仍顺手摩发如理栉之状,两臂更交互以手摩之,发不白,脉不浮外。

---

① 《真诰校注》,第 270 页。

《道枢·真诰篇》第二节是对《真诰》前段文字的改述,仅稍有删节,同时可见以"左右手"替代"两手",新增虚词"焉""也",及少量句式调整;第十七节则与《类说》"摩面"高度一致,包括简称《太素丹景经》为《太素经》,而《真诰》原有、第二节亦摘取的摩面要领"高下随形,皆使极匝焉",亦不复出现。细较行文,《类说》之"两手""两掌""两肱",在十七节作"左右手""左右掌""左右肱",与第二节以"左右手"替代"两手"如出一辙,增加虚词"焉""矣"亦然。从行文变化看,操作显出一人,只是据《类说》转录者,其内容特点亦随《类说》而有相应变化。

3.《道枢·真诰篇》借助关联词,为所摘内容建立起逻辑关系。

在《道枢·真诰篇》相关内容取自《类说》的基础上,审视其文句变化,可见在将《类说》原本各自独立的条目串联起来的同时,通过增加关联词,建立起了新的逻辑关系。如将"玉醴金浆、交梨火枣,此则腾飞之药,不比于金丹也。若体未真正,秽念盈怀,恐此物不肯来也"改作"于是吾将致乎玉醴金浆、交梨火枣,腾飞之药。若体未真正,邪念盈怀,则不能致矣","于是"一词,使得来自《类说》"玉醴金浆交梨火枣"条的关于"腾飞之药"与"心"的关系的论述,与其前"守真一"的内容成为因果关系。

4.《道枢·真诰篇》缺失了口授"主体"的转换。

在《道枢·真诰篇》诸"节"或看去相当自然的"文意段落"之中,口授之"主体"存在着暗中转换,却毫无呈现。这是一个不应被忽视的现象。

第八节所涉内容在《真诰》虽属同卷,但"服日餐霞"与"守真一"之间相隔内容颇多,有"六月二十九日夜,桐柏真人同来降,复谕授云云","七月一日夜,紫微王夫人、南岳夫人、九华真妃、紫阳、桐柏、清虚三真人、茅二君同降"之"授书",有"乙丑岁晋兴宁三年七月四日夜,司命东卿君来降""七月六日夜,司命君又降"之"喻书","七月十五日夜,紫微王夫人授书",等等,不一一枚举。即使在《类说》,"服日餐霞"与"守真一"之间亦有"南岳夫人云云"的"张良三期","吐辞"者存在转换,是显然的。《类说》重在事典,至于其事其理何人传授,并不十分关注。且不论是否保留传授者之名,作为各自独立的条目,在《类说》本身都不构成问题。但当相关条目被串联起来,成为《道枢·真诰篇》的论说形态时,其间就出现了如前所述因关联词而"明确"的逻辑关系。甚至有时,由于叙述主体缺席,这种逻辑关系无须借助于行文变化,也同样被"默认"。这也是中央编译出版社《道枢》点校本分节或云误读的由来。

这种情形在《道枢·真诰篇》后半部分比比皆是,可再以第十节为例:

> 西城真人曰:神为度形舟,薄岸当别去。徘徊生死轮,但苦心犹豫。夫学道者可不自力乎哉!夫人之死也,其形如生者,尸解也。足不青,皮不皱,目光不毁,发不脱,而坚形骨者,尸解也。尸解之仙方得御华盖,乘

飞龙,登太极,游九宫而已。得道之士暂游太阴者,太一守其尸,三魂营其骨,七魄卫其肉,胎灵保其气矣。为道者当令三关常调焉。口者,心之关也。足者,地之关也。手者,人之关也。三关调,则五脏安矣。

《类说》与之对应的是:

度形舟:西城真人曰:"形为度神舟【澹生堂本作"神为度形舟"】,泊岸当别去。徘徊生死轮,但苦心犹豫。"

尸解:人死后,视其形如生人,皆尸解也。足不青,皮不皱,目光不毁,无异生人。头发尽脱而失形骨者,皆尸解也。白日飞升方是仙,非尸解之例也。

尸解仙:尸解之仙不得御华盖、乘飞龙、登太极、游九宫。

得道之士:得道之士暂游太阴者,太一守尸,三魂营骨,七魄卫肉,胎灵录气。

三关:为道当令三关常调。三关者,口为心关,足为地关,手为人关。三关调,五脏安,则举身无病。

首先,二者对西城真人诗的裁剪完全相同。诗后,《道枢·真诰篇》出现了"来历不明"的"夫学道者可不自力乎哉!"一句,如前文所涉,不仅不见于《类说》,亦不见于《真诰》,乃曾慥用以串联原文者,强调肉身的重要性——这具仅属于本人的肉身,其问题也只能靠自身解决。接下来是有关"尸解"的界定,虽有"人死后,视其形如生人"到"夫人之死也,其形如生者"的句式转换,但内容可一一对应。① 其后,是"尸解仙"之"不得御华盖、乘飞龙、登太极、游九宫"的局限。② 再其后"有道之士"云云,仅末尾多"矣"字。而"三关"部分,则是"口为心关"云云转化为"某者,某也"之类,换汤不换药。因此,除去语气词、句式的变化外,二者高度一致。

这一节从文字表面看,是关于"神"与"形",特别是"形骸"问题的讨论,并延伸到养护形骸的法则,关系紧凑,似均出西城真人。然而在《真诰》,这些内容不仅跨了卷三、卷四、卷五,且次序先后有出入。情况如下:

西城真人王君常吟咏曰:"神为度形舟,薄岸当别去。形非神常宅,神非形常载。徘徊生死轮,但苦心犹豫。"小有真人王君常吟咏曰:……

十月十五日,右英夫人说此令疏。

---

① "发不脱,而坚形骨者,尸解也"与"头发尽脱而失形骨者,皆尸解也"为相反记述,此处《类说》与《真诰》同,《道枢·真诰篇》是改写时发生偏差抑或传写之误,未易判断。

② "不",《道枢·真诰篇》作"方"。不得、方得,含意相反,此处所述乃尸解之仙与飞升之仙的差异,不仅《真诰》《类说》皆作"不",《道枢·真诰篇》以"而已"结句,其句式也支持"不"字,"方"当为"不"之形讹。

右五条有掾书。(《真诰》卷三)①

人死,必视其形。如生人,皆尸解也。视足不青,皮不皱者,亦尸解也。要目光不毁,无异生人,亦尸解也。头发尽脱而失形骨者,皆尸解也。白日尸解自是仙,非尸解之例也。

右一条,甲手书写。

……

夫得道之士,暂游于太阴者,太乙守尸,三魂营骨,七魄卫肉,胎灵掾气。

右三条是长史抄写《九真经》后服五石腴事(以上《真诰》卷四)②

君曰:为道当令三关恒调,是根精固骨之道也。三关者,口为心关,足为地关,手为人关,谓之三关。三关调则五藏安,五藏安则举身无病。昔赵叔期学道在王屋山中……

……

君曰:"有尸解乃过者,乃有数种,并是仙之数也。尸解之仙不得御华盖、乘飞龙、登太极、游九宫也。"此谓自然得尸解为地下主者之类耳,非云托化遁变之例也。

……右道授卷讫此。

右一卷有长史书,又掾书(以上《真诰》卷五)③

起首处所摘诗确出西城真人,而接下来的内容跳到卷四《运象篇第四》,说的是"尸解"的特征或判断标准,在《真诰》亦未明标传授来源,其前为"许长史"所书"保命""右英""南人"之"告",末则出"保命",不论与此条有无关联,均可知此处与"西城真人"并无瓜葛。"得道之士"云云则来自《九真经》,亦无关"西城真人"。而《真诰》卷五《甄命授第一》,大体每条前均冠以"君曰",开篇"道授"二字下注云:"此有长史、掾各写一本,题目如此,不知当是道家旧书?为降杨时说?其事旨悉与真经相符,疑应是裴君所授。所以尔者,按说《宝神经》云'道曰',此后云'我之所师,南岳赤松子'。又房中之事,惟裴君少时受行耳。真诰中有'吾昔常恨此,赖解之早耳',此语亦似是清灵言,故也。"则有关"尸解仙"之待遇,以及"三关"的知识产权当属于"裴君",与西城真人无关。因此,这一节中来自西城真人的,实际仅起首处一诗而已。

而从编次顺序看,虽同出卷五,"尸解之仙不得御华盖、乘飞龙、登太极、游九宫"云云,在《真诰》的位置亦远在"三关"之后,间隔了大量其他内容。《道

---

① 《真诰校注》,第104页。
② 《真诰校注》,第158—159页。"胎灵掾气"之"掾"字下有校云:"俞本作录。"
③ 《真诰校注》,第176、187—193页。

枢·真诰篇》置之于此,当是依据大为简明的《类说·真诰》摘录时,按"话题"做了归类,同样取自《类说》。这也是在"后半篇"之"顺序"取用当中偶现的"例外"之一。

应该说,"吐辞"者的不精确,并非后半篇仅见,前半篇也存在。如第三节涉及《真诰》五条记载,按照原文的标称,除《大洞真经·精景按摩篇》,还有《太上箓淳发华经》上"按摩法"、清灵真人说《宝神经》,而后几种,在《道枢·真诰篇》皆付阙如。这种疏略,在曾慥或为常态,而据《类说》转录者则尤为严重。

5.《道枢》基于《类说》的调整改写,有时会偏离原叙述。

如第11节"姜伯真遇仙"一段,《真诰》卷五作:

> 君曰:"欲使心正,常以日出三丈,错手着两肩上,以日当心。心中间暖则心正矣。常能行之,佳。昔有姜伯真者,学(道)在猛山中,行道采药,奄值仙人。仙人使平倚日中,其影偏,仙人曰:'子知仙道之贵而笃志学之,而不知心不正之为失。'因教之如此,后遂得道。①

《类说》"心不正":

> 心不正:欲使心正,常以日出三丈错手着两肩上,以日当心,心中间暖则心正矣。有姜伯真行道采药,值仙人,仙使平立【澹生堂本作倚】日中,其形偏。仙人曰:"子笃志学仙人,不知心不正之为失。"因教以此,遂得道。

《道枢·真诰篇》这一节的全部内容,均出《真诰》卷五,原文皆冠以"君曰",即此则与其下对应《类说》"夜半握固""九患""学道大忌""吐死气取生气""式规法"诸条的内容,实际均为"裴君"所授。而《类说》未摘取传授者信息,此则仅记述了这一修炼法门。《道枢·真诰篇》在《类说》"裴君"完全隐身的文本基础上改写,作"姜伯真遇仙,仙使乎【疑当作平】倚日中,其影偏焉。仙曰:'子笃志学仙而心不正,何也?吾诲汝:日出三丈,措手二肩之上,以日当其心,心暖则心正矣。'从之,遂得道焉"。作为例证出现的"姜伯真"喧宾夺主,还出现了生动的仙人对话细节。若以《真诰》为直接依据,这种现象出现的可能性无疑低得多。

此外,《道枢·真诰篇》前后两部分自身的重复,如前文所举第二节与第十七节之"摩面",亦可作为摘录之基础文本存在转换的旁证。从文字处理方式看,操作显出一人,只是其人在改换摘抄对象继续工作之时,并未发现所取内容已见于前文。

也许在纂录过程中,略感疲惫的曾慥记起了曾做过的工作,将摘录底本从《真诰》原书,换成了自己的摘抄本《类说·真诰》,以省心力。

---

① 《真诰校注》,第177页。

这种借用，或云自己抄自己，算不上剽窃，至少不会带来著作权官司，然而出现在两部视角完全不同的书籍当中，就不免敷衍塞责之嫌(这种敷衍的对象是自己抑或读者，亦颇值得品味)。而这种现象出现在通常认为曾慥学术兴趣所在的道教典籍身上，且操作如此简单粗疏，则难免让人怀疑他对"学术"的"兴趣"或"造诣"究竟如何了。至少，所谓"精于裁鉴"有流于表面之嫌，当可确知。

二、从对《真诰》的摘录看《类说》与《绀珠集》的关联

《类说》以一卷篇幅摘录《真诰》128条，无疑呈现了编者对相关题材的偏爱。不仅所存内容多，亦堪称丰富详细。而在传世本《绀珠集》，《真诰》则近于隐性存在，即虽可见于总目，但正文部分各本均脱去书名，相关内容接续于《封氏闻见记》之后。由于二书内容迥异，识别和拆分并无难度。相关条目自"萼绿华"始，至"金条脱"，共23条，就《绀珠集》而言已不算少，但较之《类说》远逊。其条目文字极为简洁，且多属名物一类，人名、地名、物名，多为十余字，甚至仅寥寥数字，"点明"即止，即使偶有事典，亦略去细节，于过程、情节全不着意。陈静怡曾考证云："二十三条中，除'玉锦轮'一条外，《类说》内容与之符合。《类说》之'金玉条脱'即《绀珠集》之'萼绿华''绿华诗'金条脱；'香婴'即'珠约臂'；'服日餐霞'即'灵箫''还白法'；'云林夫人'即'王媚兰'；'兄弟七人得道'即'观香''眉寿'；'青童诗'即'殖灭度根'；'山中许道士人间许长史'即'许玉斧''素熏'；'玉佩金珰'即'八景舆'；'射箭'即'为道如射箭'；'按行洞天'即'独飙飞轮车'；'含真台'即'萧闲堂'；'稻名重思'即'重思'。"①但相关条目之间虽确有关联，重合度却并非那么高，内容、文字皆然。甚至可以说，就整体而言，二书所摘大异其趣。

如"兄弟七人得道"与"观香""眉寿"同出《真诰》卷三下列内容：

<u>王子晋父周灵王有子三十八人。子晋，太子也，是为王子乔。灵王第三女名观香</u>，字众爱，是宋姬子，于子乔为别生妹。<u>受子乔飞解脱网之道得去，入缑</u>(外书作维字)<u>氏山中</u>，后俱与子乔入陆浑。积三十九年，观香道成，受书为宫内传妃，领东宫中候真夫人(此即中候王夫人也)。

<u>子乔弟兄七人得道</u>(五男二女)，<u>其眉寿是观香之同生兄</u>，<u>亦得道</u>。(此似别有眉寿事，今不存。而掾书中有梦见人云："我是王眉寿之小妹。"疑此或当是相答也。)②

---

① 陈静怡《〈类说〉版本及引书研究》第四章《〈类说〉引书条目考析》，台北大学硕士论文，2012年，第123—124页。

② 《真诰校注》，第82页。按"宫内传妃"，《道藏》本作"紫清宫内传妃"。

《类说》之"兄弟七人得道"作：

> 王子晋父周灵王有子三十八人，子晋，太子也，是为子乔。弟兄七人得道，五男二女。妹名观香，受子乔飞解脱网之道，入缑氏山中。其兄眉寿亦得道。

可谓截取《真诰》原文数句，略为组织，述其梗概，关注点在于一家之中多人得道成仙这一事件的特异性。而《绀珠集》从前述记载中提取两条：

> 观香：王子乔妹名。
> 眉寿：观香之兄。①

仅以最简练的文字说明二人身份，不及其他。是"观香""眉寿"二人、或云二名的解释。并未留意这个神仙家族本身的精彩，甚至与二人来历关系至密的名仙"王子乔"，也不多留一字。（《绀珠集》录道教神仙之书多种，而皆无其人，疑因属"常识"而不取。）这里，"观香""眉寿"仅作为语汇出现，所录信息也仅能为其使用提供备忘。亦即四库馆臣所谓"摘录数语，分条件系，以供獭祭之用"②。应该说，《绀珠集》同样是猎奇，但所猎者为辞藻之"奇"，且"遗文僻典"③的特性更为鲜明。

此例《绀珠集》信息量明显小于《类说》，理论上难以排除提取自《类说》的可能。然综合其整体情况，当非如此。

首先，在《绀珠集》23条中，有不见于《类说》的"玉锦轮"。而陈静怡所谓"山中许道士人间许长史"即"许玉斧""素熏"亦不确，试作考辨：

	真诰	类说	绀珠集
卷二	凝心虚形，内观洞房，抱玄念神，专守真一者，则头发不白，秃者更鬒（鬒字亦应是琴【鬓】）。夫有以百思缠胸，寒热破神，营此官务，当此风尘，口言吉凶之会，身扉（凡作扉字者皆是排音，非扉扇之扉也）得失之门。众忧若是，万虑若此，虽有真心，固为不笃。抱道不行，握宝不用，而自然望头不白者，亦希闻也。玉醴金浆，交生神梨，方丈火枣，玄光灵芝，我当与山中许道士，不以与人间许长史也。八月七日夜，紫微王夫人授答许长史。④	山中许道士人间许长史 云林王夫人谓许长史曰："玉醴金浆，交生神梨，方丈火枣，玄光灵芝，我当与山中许道士，不以与人间许长史。许道士名玉斧，长史之子也。	许玉斧 王夫人谓许长史：火枣交梨，我当与山中许道士，不以与人间许长史。王斧者，长史之子名也。

---

① 〔宋〕佚名《绀珠集》卷一○，明天顺刻本。本文所引《绀珠集》皆据此本，下不一一注明。
② 《四库全书总目》卷一二三《绀珠集提要》，北京：中华书局，1965年，第1060页。
③ 《四库全书总目》卷一二三《类说提要》，北京：中华书局，1965年，第1061页。
④ 《真诰校注》，第74页。

续表

	真诰	类说	绀珠集
卷二〇	长史三男一女。长男名删……小男名翙,字道翔,小名玉斧,正生。幼有珪璋标挺,长史器异之。郡举上计掾、主簿,并不赴。清秀莹洁,糠秕尘务,居雷平山下,修业勤精。恒愿早游洞室,不欲久停人世。遂诣北洞告终,即居方隅山洞方原馆中,常去来四平方台。故真诰云:"幽人在世时,心常乐居焉。"又杨君与长史书亦云:"不审方隅山中幽人,为己设坐于易迁户中未?"亡后十六年,当度往东华,受书为上清仙公、上相帝晨。……长史一女名素熏,庶生。出适越骑校尉晋陵华瑛子,名广。①		素薰:许长史女名。

素熏虽为"许长史"之女,"许道士"(玉斧)妹,但其记事并未出现在卷二"紫微王夫人"所授部分,及其周边。在整部《真诰》,仅见于卷二〇对许氏神仙家族的记载当中。《类说》"山中许道士人间许长史"固未及之,自然不存在对应,"素熏"实亦不见于《类说》之条目。"许玉斧""素熏"在《绀珠集》分别为第12和22条,其位置亦与该书所呈现的顺序摘录的秩序相合。(《类说》"山中许道士人间许长史"末句并不见于《真诰》卷二,当是参卷二〇之信息、甚至《绀珠集》"许玉斧"条作补充说明,相关讨论详后。)

"'服日餐霞'即'灵箫''还白法'",亦与此相似。此条在《真诰》的来源,及《类说》所摘,已见前文,而《绀珠集》相应的两条是:

> 灵箫:九华夏【真】妃安郁嫔,字曰灵箫。
> 还白法:灵箫:"眼者身之镜,耳者体之牖,妾有磨镜之石,决牖之术;面者神之庭,发者脑之华,妾有童面之经,还白之法。"

"还白法"之内容确实包含在《类说》"服日餐霞"当中,但该条(及《类说》其他条目)虽称"九华真妃",却并未载录其小字。相关内容实见于《真诰》卷一:

> 兴宁三年,岁在乙丑,六月二十五日夜(此是安妃降事之端,记录别为一卷,故更起年岁号首也)。
> 紫微王夫人见降,又与一神女俱来。……紫微夫人曰:"此是太虚上真元君金台李夫人之少女也。太虚元君昔遣诣龟山学上清道,道成受太上书署为紫清上官九华真妃者也。于是赐姓安,名郁嫔,字灵箫。……"

---

① 《真诰校注》,第588—589页。

《绀珠集》"灵箫""还白法"两条相次,将来自卷一的九华真妃小字,亦冠于"还白法",二者显得非常紧凑。这一编排实际带有相当的偶然性,恰是《绀珠集》摘自卷一的末条和摘自卷二的首条,与原书摘录秩序相合,而条目之间、来自不同卷次的信息间相互照应,在《绀珠集》也并不鲜见。

《绀珠集》所摘,除末条"金条脱"外,其他皆与相关内容在《真诰》的出现顺序相一致,而"灵箫""玉锦轮""素熏"三条分别位于第 4、第 10、第 22,当非后来插入。

再如,《类说》《绀珠集》有部分条目标目相同而内容各异其趣。如"侍帝晨",二书同样出自《真诰》卷一五对仙官体系的记述。情况如下:

真诰	类说	绀珠集
侍帝晨有八人:徐庶、庞德、爱愉、李广、王嘉、何晏、解结、殷浩。并如世之侍中。…… 四明公及北斗君并有侍帝晨五人。其向者八人是北大帝官隶耳,选用亦同。(侍帝晨之号,仙官亦有,俱是侍中位也。此言选用并同,不知止取名位,当品才识,兼论功德耶?此诸人才位,永不相类,恐幽途所诠,别当有以耳。	侍帝晨:侍帝晨有八人。李广、王嘉、何晏等,如世之侍中。	侍帝晨:仙官号。

《类说》记述了"侍帝晨"职位的概况,于具体人员有删节,但保留了《真诰》前一段的语言结构,不涉第二段。而《绀珠集》注出的是"侍帝晨"作为名词的性质,当综合两段而来,在语言上更多地承借了第二段。亦显然是各自摘录。

综上,二书对《真诰》的摘录,从内容特点、条目出入及摘录顺序与原书的对应诸方面来看,其主体是各自进行的。这一点非常值得注意,也是讨论曾慥著述(至少传世本)不可忽略的信息。

总体来看,《类说·真诰》128 条中的前 110 条,摘录顺序与传世本《真诰》高度相合:1—5,出卷一;6—14,卷二;15—17,卷三;18—24,卷四;25—43,卷五;44—55,卷六;56,卷八;57—67,卷九;68—77,卷一〇;78,卷一一;79,卷一二;80—85,卷一三;86—94,卷一四;95—102,卷一五;103—110,卷一六。出自同卷的诸条目,先后次序亦大体同于原书,非常整齐。其内容则如前文所论,有明显的猎奇、事典的特点。这一部分来自曾慥对《真诰》的摘录,应无问题。虽然其中亦确有如《绀珠集》"为道如射箭:为道当如射箭,直往不顾,乃能径造堋垛"、《类说》"射箭:为道当如射箭,直往不顾,乃能得造堋的"这样内容相同,标目行文皆近似的条目,但《真诰》原文即"为道当如射箭,箭直往不顾,乃能得造堋的。操志入山,唯往勿疑,乃获至真"。[①] 二书皆沿用旧有表达,并

---

① 《真诰校注》,第 300 页。

不能指向其间存在必然联系。

但此后18条,在《真诰》原书出现位置则颇显错杂,信息构成亦呈现出不同特征。

类说		真诰	绀珠集		
序号	标目		序号	标目	备注
111	郁池玄宫	14/b			
112	帝晋九变十化经	14/a			
113	玉霄琳房	9			
114	学道先治病	10/a			
115	存神光	10/b			
116	味道读经	10/c			
117	神药	10/d			
118	老子拔白日	18/a			
119	上帝杀害日	18/b			
120	云林夫人	2	6	王媚兰	
121	玉佩金珰	5	13	八景舆	类说仅有前半
122	服日月法	9	14	服日月芒	
123	按行洞天	11	16	独飙飞轮车	
124	含真台	12	17	含真台	
			18	萧闲堂	
125	发不白	2			
126	死津生道	3			
127	服黄连不死	5/a			
128	白石生断谷	5/b			

其中118、119两条,出《真诰》卷一八,似可接续其前103—110出自卷一六的内容。如此,则来自卷一四、卷九、卷一〇的第111—117条处于无序状态。

而第120条以下,以在《真诰》原书的出现顺序计,则近于两次小循环。而其中120—124五条自成循环,虽然标目各异,却呈现出与《绀珠集》之6、13、14、16—18,从顺序到文本的明显雷同。

绀珠集		类说	
王媚兰	阿母第十三女,名为云林夫人。	云林夫人	王媚兰,阿母第十三女,名云林夫人。
八景舆	仙人有玉铖佩金珰,以登太极。有八景之舆,以游上清之界。	玉佩金珰	仙人有玉佩金珰,以登太极。
服日月芒	日有九芒,月十芒,诸公有服日月芒法。	服日月法	日有九芒,月有十芒,方诸宫有服日月芒法。
独飙飞轮车	东海君乘独飙飞轮车按行诸洞天。	按行洞天	东海君乘独飙飞轮车按行诸洞天。
含真台	处女之得道者以居之。	含真台	处士得道者居含真台,童女得道者居萧堂。【澹生堂本作"处女得道者居含真台,童男得道者居萧堂。"】
萧闲堂	童男之得道者以居之。		

首先,排除传写之讹后,文字几无二致。就差异"明显"者言之,"王媚兰"/"云林夫人",似异实同,仅是标目改换,《绀珠集》以姓名为标目,《类说》则标目用封号,于正文出姓名尔。"八景舆"/"玉佩金珰"更是"全"与"半"的关系。

从内容与表述看,均非常简短,不存原始行文。例如,"独飙飞轮车"/"按行洞天",从标目看,一为名物,一为事典,而二书文字全同。相关内容来自《真诰》卷一一:

> 茅山天市坛,四面皆有宝金、白玉各八九千斤,去坛左右二丈许,入地九尺耳。昔东海青童君曾乘独飙飞轮之车,通按行有洞天之山,曾来于此山上矣。其山左右有泉水,皆金玉之津气,可索其有小安处为静舍乃佳,若饮此水,甚便益人精,可合丹。天市之坛石,正当洞天之中央玄窗之上也。此石是安息国天市山石也,所以名之为天市盘石也。玄帝时,召四海神使运此盘石于洞天之上耳,非但句曲而已。仙人市坛之下,洞宫之中央窗上也。句曲山腹内虚空,谓之洞台仙府也,玄帝时召四海神,使运安息国天市山宝玉璞石,以填洞天之中央玄窗之上也。东海青童君曾乘独飙飞轮之车,通按行有洞台之山,皆埋宝金、白玉各八九千斤于市石左右四面,以镇阴宫之岭,诸有洞天皆尔。不但句曲而已。邑人呼天市盘石为仙人市坛,是其欲少有仿佛而不了了也。青童飙轮之迹,今故分明。……①

从大段记述中提取其一两句并加以概括,且细节处理相同,当非偶然。

再如,"含真台""萧闲堂/"含真台",从《类说》天启刻本看去差异很大,甚至男、女归属相反,但澹生堂本则与《绀珠集》正相一致。而从《真诰》"洞中有

---

① 《真诰校注》,第362页。

易迁馆、含真台,皆宫名也。……含真台是女人已得道者,隶太元东宫……此二宫尽女子之宫也。又有童初、萧闲堂二宫,以处男子之学也。"①可知在男、女归属上,《绀珠集》、澹生堂本《类说》不误,天启刻本《类说》的以含真台归"处士"、萧闲堂归"童女",当出臆改。而值得注意的还有,"处女""童男"的信息,在《真诰》并未出现,而其原注有"(协辰)夫人亦不知出适未,今此诸人或称女或称妇或称母,盖各取名达者而言之,非必因附其功福所及也。……前云八十三人,此是易迁耳,含真既为贵胜,当须迁转乃得进入也"云云,可见含真台并非"童女"之专利。《绀珠集》是否纳入了来自《真诰》有关"含真台女真"张微子、傅礼和之相关记载的"印象",不宜妄拟,但二书存在同样的内容偏差,若云偶合,恐亦过矣。

这一部分,《类说》袭自《绀珠集》是可以肯定的。看上去,在编者据《真诰》做过摘录之后,又续有补益,附于其后。其间,或重做翻检,或参考他书,也包括择《绀珠集》之数条纳入己书。在这个过程中,还可能借助《绀珠集》对某些原有条目做了补充,如"山中许道士"之末句,或许亦增益于此时。

道教养生之学,是曾慥兴趣所在,然而正是在其最感兴趣的书籍和领域,出现如此现象,又该如何看待呢?

由于《类说》传世本对《绀珠集》的袭用呈现相当复杂的情况,如拙文《〈类说〉本〈续博物志〉的前世今生——兼议〈类说〉对〈绀珠集·诸集拾遗〉的袭用及古书作伪》所论及,②此书据《绀珠集》抄录增益,非止一次,亦非出自一人,《绀珠集》之相关条目进入《类说·真诰》发生在何时、何人,与曾慥是否有关,在目前的资料条件下,已成难以证实、亦无法证伪的情形。由于内容侧重不同,《道枢·真诰篇》虽取用了《类说》,但其中并无来自《绀珠集》的条目,亦无助于分析。但《类说》对包括《真诰》以及《神仙传》《续仙传》等在内的若干道教典籍的摘录,均与《绀珠集》存在重叠,延续其讹误含混之处亦不在少,值得关注。③ 而《道枢·真诰篇》对《类说·真诰》的使用,似乎也强化了这样一个信息:在曾慥已在道教典籍上"下了不少功夫"之后,其相关书籍的编纂依然"不过如此"。当世对《道枢》的研究,多着力于其中养生思想之类,然而,从《真诰篇》的现象来看,则近于对破碎凌乱之知识的堆叠,恐亦不能太认真。曾氏所

---

① 《真诰校注》,第394页。
② 李更《〈类说〉本〈续博物志〉的前世今生——兼议〈类说〉对〈绀珠集·诸集拾遗〉的袭用及古书作伪》,《中国典籍与文化》2018年3期。
③ 《类说》《绀珠集》内容、体式相近,二书在流传中的交互影响亦较为复杂。《类说》对《绀珠集》的袭用,已多有学者论述。如关静《曾慥〈类说〉编纂及版本流传研究》(北京大学硕士论文2015)、赵君楠《〈类说〉因袭〈绀珠集〉考论》(北京大学硕士论文2016)等,笔者亦有多篇文章涉及。而二书流传中,《类说》对《绀珠集》带来的逆向影响则有待深入探讨,笔者以为,《绀珠集·真诰》末条"金条脱",或即一例。

编《集仙传》今不可见,如可用于考证,或可见更多有趣的现象。

在门阀制度瓦解,学术文化成为进身之阶的宋代,整个社会形成了前所未有的浓厚文化氛围,造就了更为庞大的知识群体,同时,也将知识学术拉下神坛,成为由全社会共同享有的、近在身边可以随时触摸的东西,这不仅带来了文化事业空前繁盛,也催生了更多元化的知识需求。即使进入"士大夫"的行列,也依然是普通人,文章著述也随之成为"平常事",特别是在近于"产业"的情况下,并不那么严谨郑重。因此,这些跨越千年而来的知识产品,并不会因"古"而神圣。这种变化和相关事实,本身承载着学术史、文化史或云相关知识接受与传播的重要信息,背后蕴含着广阔的研究空间,而对相关古籍所载录的文献史料,则需要更为冷静客观、或云严苛的审视和考辨,才能"合理"使用。

本文撰写过程中,得到北京大学中文系博士研究生关静同学在版本资料上的支持,谨此致谢。

《中华道藏》缺损字形辨误五例
——兼谈描润影印文献应注意的问题[*]

牛尚鹏[**]

【内容提要】 作为大型整理本文献,《中华道藏》在校录影印本道经时存在失校问题;三家本《道藏》在编纂时对其底本涵芬楼《道藏》中缺损字形做过描润,但个别地方值得商榷。本文对以上问题进行了辨析,并认为描润影印文献需要审慎,在无确凿证据特别是版本依据的情况下,应尽量避免人为的修改加工。

【关键词】 《中华道藏》 缺损字形 辨误 描润

道经是中国传统经典的重要组成部分,但历来缺乏系统精确的校勘整理。明版《道藏》在流传过程中本身就存在许多讹误现象,后来出版的《道藏》多为前者的影印本,因此讹误沿袭至今。国内最为通行的影印本《道藏》是三家本,三家本的底本是涵芬楼本,三家本在编纂时对涵芬楼本缺损的字形曾做过描润[①],但个别地方的描润并不妥当。以三家本《道藏》为底本的标点整理本《中华道藏》是对道经的一次系统整理[②],但其在校录影印本道经时存在个别失校问题。本文从文献学、语言学特别是从俗字角度对以上问题进行了辨析,以期对道经的存真复原及准确使用有所裨益。

(1)宋朝户部尚书陈畴,出除越州,忽承诏宣,再令赴阙,事涉颇疑。畴躬诣乾明观,登真武殿,炷香祷签,获黄真君第四道,辞意良雅,呼夏禹

---

[*] 本文为国家哲学社会科学基金项目"《中华道藏》校正"(18CZJ018)阶段性成果。
[**] 本文作者为天津外国语大学中文系副教授。
[①] "现决定据原涵芬楼影印本影印出版,原北京白云观本残缺各页,……借用现藏在上海图书馆的上海白云观旧藏本补足,以成完璧。共计补缺一千七百余行,纠正错简十七处,还描补缺损字五百余。"《道藏》,北京:文物出版社,上海:上海书店出版社,天津:天津古籍出版社,1988年,《前言》第5页。
[②] "明编《道藏》原刊本,今存世者寥寥。原北京白云观与上海白云观各收藏一部,清代已见残缺,虽经道光年间校补,仍稍有残缺,今此本已入藏中国国家图书馆,难得一窥。传世所见者,惟近世涵芬楼影印线装本。一九八八年文物出版社等三家据此本影印,略补其残缺,今用为底本。"张继禹编《中华道藏》,北京:华夏出版社,2004年,第1册《叙例》第5页。

庙祝鬻签杨昉详断。昉曰：公必当建旄节，讨东北鬼路猖獗之事。此签非吉兆也，去则应在百二十日，主定恶死。公忌，令昉勒伏状系狱，姑候其验。（《太上说玄天大圣真武本传神咒妙经注》卷四，《中华道藏》30/561）①

按："辞意良雅"，涵芬楼本如图左列，第三字字迹漫漶；三家本描补作"良"，如图右列。《中华道藏》据三家本录作"良"。这里要讨论的是三家本对该字形的描补是否准确，即该字形是否为"良"字。

今谓该字形非"良"字，当是"哀"之俗字。细查该字形，左上有一短撇，而三家本描补后显然是删掉了。查"良"之俗字，未见左上有带短撇者。②

"哀"之俗字常有以下写法，如𠰸（见唐《黄君夫人刘氏龛铭》）、𠰸（见唐《封丘县令白知新墓志》）③、𠰸（敦博014《大涅槃经》卷第一："举声号泣，哀动天地"）④、𠰸（明刊本《二科拍案惊奇》卷三〇："程宰不胜哀痛"）⑤、𠰸（见唐《王修本妻墓志》）⑥，可资比勘。据此，上揭残损之𠰸与以上"哀"之俗体或更接近。

从文义考察，"良雅"不合上下文义，"哀雅"谓哀切雅正⑦。上揭道经语例中，陈畴抽到了一个"辞意哀雅"的签，让杨昉详细解签，故下文杨昉解释"公必当建旄节，讨东北鬼路猖獗之事"，此谓"雅"；"此签非吉兆也，去则应在百二十日，主定恶死"，此谓"哀"。陈畴害怕了，所以把杨昉囚禁起来，看是否应验。如此解释，文从字顺。

(2) 凡夫不学，不顾宿命，不遵经法，是非纷乱，四见昏迷，六情所染，心不自尊。造恶之时，无所畏惧。（《太上说紫微神兵护国消魔经》，《中华道藏》30/520）

按："尊"字，涵芬楼本如图左列，字迹漫漶，乍看像"尊"字。三家本描补作

---

① 30/561 指《中华道藏》第 30 册 561 页，下同。
② 台湾"异体字字典"、《敦煌俗字典》《中华字海》《广碑别字》《碑别字新编（修订本）》《明清小说俗字典》《汉魏六朝隋唐五代字形表》《汉魏六朝碑刻异体字典》等大型俗字工具书均未见载。
③ 秦公、刘大新编著，《碑别字新编（修订本）》，北京：文物出版社，2016 年，第 131 页。
④ 黄征主编，《敦煌俗字典（第二版）》，上海：上海教育出版社，2005 年，第 1 页。
⑤ 曾良、陈敏编著，《明清小说俗字典》，扬州：广陵书社，2018 年，第 2 页。
⑥ 臧克和主编，《汉魏六朝隋唐五代字形表》，广州：南方日报出版社，2011 年，第 296 页。
⑦ 《汉语大词典》："哀雅：佛教语。谓声音哀切雅正。"举证为《观无量寿经》："其光化为百宝色鸟，和鸣哀雅。"清刘献廷《广阳杂记》卷三："哀雅梵音之中，忽闻此声，令人惊悸。"这个解释大致不误，但缺乏概括性。盖编者受例句出自佛经《观无量寿经》且有"和鸣"字眼之误导所致。根据本句所揭出现于道经中"辞意哀雅"的例证，可知"哀雅"不是佛教语，也不限于声音。此益可见道经文献在辞书编纂中的重要价值。

"尊",如图右列。《中华道藏》录作"尊"。今谓"尊"字误,涵芬楼本当为"專(专)"字。

考察异文,上揭例句在其他道经中也曾出现,《太上洞渊神咒经》卷一一:"见诸凡夫,学与不学,不顾宿命,不遵经法,是非纷乱,四见昏迷,六情所染,心不自专。造恶之时,无所畏惧。"该句正作"专",可为明证。"心不自专"符合上下文义,"是非纷乱,四见昏迷,六情所染"皆谓人心无所专主,与"自尊"无涉。道经中无"心不自尊"之文例,而"心不自专"类表述颇多,《太上洞渊神咒经》卷一四:"道说良善,七祖泯泯。疾病官厄,口舌纷纭。佩符请箓,心不自专。两舌诬谤,却反怨人。"

或作"心不自固",《太上洞渊神咒经》卷一一:"不慕灵宝大智慧源,未达宿命真寂无为自然性者,心不自固,妄惑所驰,六情所荡。或于所著,四见飘忽,天上地下,随恶轻重。"《太上洞玄灵宝三元品戒功德轻重经》:"赤明以后,逮及上皇,人心破坏,男女不纯,嫉害争竞,更相残伤,心不自固,上引祖父,下引子孙,以为证誓。"

或作"心不自定",《太上洞渊神咒经》卷一二:"凡人居世,或见昏迷,未入正一盟威之道,灵宝惠源,性情驰染,心不自定,妄生恐怖。六天九丑,知其心动,因生灾害。"《太上大道玉清经》:"欲随我下世教化,心不自定,不能生化,真应有滞,不能起感。"

"心不自专""心不自固""心不自定"义相类,可资比证。

(3)奏乐、称职、整圣、开经。各捧香启请如法,知磬举。(《太上元始天尊说宝月光皇后圣母天尊孔雀明王经》卷上,《中华道藏》30/592)

按:"整"字,涵芬楼本作 <g/>,字迹漫漶,如左图;三家本描补作 <g/>,如右图。"整圣"不辞,今谓当为"啓"(启)字,"启"谓告也,请也。《道教大辞典》:"启师:醮坛道场内容的其中一节。(玄妙观)由高功和两职员做,礼诵宝诰,启师告尊,说明弟子即将做法,请师尊协助。""启圣"与"启师"意义相类。

"启圣"在道经中十分常见,《三茅真君加封事典》卷下:"仪式如常至启圣。"《地府十王拔度仪》:"法事,启圣,入科。"《灵宝无量度人上经大法》卷二七:"灵宝自然朝,先启圣,次礼十方,次忏悔三礼。"《太上黄箓斋仪》卷五一:"列信朝真,陈词启圣。"《斋戒箓》:"启圣祈真,莫先于此。"例多不备举。

"法"字，涵芬楼本作🔲，字迹漫漶，如左图；三家本描补作🔲。描补后的🔲为何字？仍难辨识。《中华道藏》录作"法"字，是。以内证证之，《太上元始天尊说宝月光皇后圣母天尊孔雀明王经》卷上："平坐谈经如法，知磬举。""如法"其他道经亦常见，《太上洞渊辞瘟神咒妙经》："次施设斋筵香灯，如法请于天符。"《无上玄元三天玉堂大法》卷二五："次用铁板，长一尺二寸，阔二寸四分，书篆如法。"又同卷："晚朝诵咒如法。"又卷二四："请降入醮：次验灯宣表，入醮操伏如法。"《伏魔经坛谢恩醮仪》："法师长跪奏对如法。"例多不备举。

(4)凿开造化：凿开虚己，镕化至精。朴散胚浑；雕琢覆朴，块然胚浑。(《太上说玄天大圣真武本传神咒妙经注》卷三，《中华道藏》30/553)

按："雕琢覆朴，块然胚浑"八字三家本如右图所示，《中华道藏》所录大致不误，唯右列第三字与上字勾连，字迹漫漶不清，《中华道藏》录作"覆"，非是。"覆朴"不辞，今谓该字当为"復(复)"之俗写。

从字形而言，该字上部笔画简单，不像"覀"旁之省。遍查俗字工具书①，亦未见"覆"有如此作者。"復(复)"之俗字有以下形体，如復(见隋《张受墓志》)、復(见魏《元端墓志》)、復(见隋《王荣墓志》)②、復(见《正字通·彳部》)、復(见 S.388《正名要录》)。上揭图右列第三字，与其上字"琢"相连，且横笔又与双人旁之上撇相连，致不可辨识。如果把勾连的笔画断开，该字可以还原为🔲或🔲，楷定即復或復，显然，该字形与以上"復"之俗写形体极为相似。

从文义考察，《汉语大词典》："复朴：恢复真朴。""雕琢复朴"语本《庄子》，《庄子·应帝王》："然后列子自以为未始学而归，三年不出，为其妻爨，食豕如食人，于事无与亲，雕琢复朴，块然独以其形立。"唐成玄英疏："雕琢华饰之务，悉皆弃除，直置任真，复于朴素之道者也。""复朴"一词，道经常见。《道德真经集义》卷九："庄子曰：雕琢复朴，无为名尸，无为谋府。"《元始天尊说太古经注》："纯白入素，无为复朴。"《太上洞玄灵宝飞仙度人经法》："无始而反终，还淳而复朴。"《学仙辨真诀》："夫欲归根复朴，返魂还元。"《修真十书》卷一五："以太古之民淳而复朴，冥然无知。"可资比证。

---

① 台湾"异体字字典"、《敦煌俗字典》《中华字海》《广碑别字》《碑别字新编(修订本)》《明清小说俗字典》《汉魏六朝隋唐五代字形表》《汉魏六朝碑刻异体字典》等大型俗字工具书均未见载。

② 秦公、刘大新编著，《碑别字新编(修订本)》，第201页。

(5)天尊告真武曰：自今后，凡遇甲子庚申，每月三七日，宜一人人间。受人之醮祭，察人之善恶。修学功过，年命长短。可依吾教，供养转经，众真来降。魔精消伏，断灭不祥。(《元始天尊说北方真武妙经》，《中华道藏》30/523)

按："宜一入人间"涵芬楼本如右图，三家本同。显然"人"字乃《中华道藏》编者臆加。今谓"一"乃"下"之残误。证据有三：

一、从文献文本角度考察，对比一字左右两侧之"年""武"二字，显然一字偏靠上。如果是"一"字，则当居中，文本才协调美观。合理的解释应当是一乃"下"字遗脱下部两笔之残留。

二、从异文角度考察，真武真君下降人间在其他道经中也有类似表述，《太上说玄天大圣真武本传神咒妙经》："大帝曰：此神将（按：指真武真君），是岁每月六日、十六日、二十六日，诸天审察，十洞巡游。及正月七日，二月八日，三月九日，四月四日，五月五日，六月七日，七月七日，八月十三日，九月九日，十月二十一日，十一月七日，十二月二十七日。下降人间，剪灭邪魔，驱除瘟疟，保人庆寿，以全天命。"《真武灵应护世消灾灭罪宝忏》："（天尊）乃敕北方真武神将，躬诣诸天，遍为巡察。凡遇邪气，及有妖星，逆次流躔，速须戮剪。又下人间，录善伐恶，辅正除邪，济拔人天，祛妖摄毒，救护一切，无有枉横。"此二句之"下降人间""又下人间"可为"宜下人间"之明证。

三、"宜一人间"文义不通。道经中，真仙"下人间"为人类消灾之文例甚多，如《大惠静慈妙乐天尊说福德五圣经》："尔等受吾此经，宜下人间流传，信士依教奉行，祈沾福佑。"《太上元始天尊说北帝伏魔神咒妙经》卷一："今日请将三天真仙飞仙龙骑，往下人间，降禁是鬼。令得下元生人，免遭荼毒。"《太上灵宝朝天谢罪大忏》卷六："吾今遣玉清真人赍此经，降下人间，使一切众生散布供养，四时转念，上消天灾，下禳毒害。"《太上洞玄灵宝业报因缘经》："天仙兵马、仙童玉女同下人间，按行罪福。"《灵宝六丁秘法》："丁未玉女名叔通，字仁集。以午未日下人间，要知吉凶，召而问之。"《太上说玄天大圣真武本传神咒妙经注》卷一："每月于三七日，二斗星君各遣星光童子，案下人间，校戒生死罪福事也。"《法海遗珠》卷四一："帝敕万丈刀剑，敕赐墨印随身，日下人间救苦，夜居天上移星。"文句尚多，兹不备举。

"下""一"互讹文献习见。唐无名氏《孔子项托相问书》："孔子共项托对答，下下不如项托。""下下"，敦煌 P3833、S5529 均作"一一"。《册府元龟》卷六二一《卿监部二·监牧》:"之时天下以下缣易下马。"后二"下"字,宋本均作"一"。①《五分律》卷二七:"若先戴衣,应一着肩上。"《中华大藏经》校勘记云:"'一',诸本作'下'。"②唐释道宣《四分律删补随机羯磨》卷四:"悔者至一清净比丘所。""一",《碛砂藏》作"下"。③例多不备揭。

  以上我们从文献文本特别是从俗字的角度对道经若干失校文例进行了辨析。本文的研究表明,点校道经,不仅需要一定的道学修养,文献学、语言学特别是俗字学的知识也是必不可少的。点校者须着眼于多方,才能整理出理想的文献文本。另外,对影印本的描润工作也需要审慎,影印本的最大价值在于存真,在无确证特别是版本依据的情况下,存疑而不轻改,是校书的一个重要原则。影印本应尽量保留古籍原貌,避免人为的修改加工。正如杨琳先生所言:"对影印的善本,我们应注意的是,有些书出版社为了使原版清晰完美或正确,在影印时做了描润修改的加工,这有可能使原书走样,从而误导读者,……对影印本的修改,无论对错,都是不可取的。"④

---

① 〔宋〕王钦若等编著,周勋初校定,《册府元龟》,南京:凤凰出版社,2006年,第7册,第7202页。
② 《中华大藏经》,北京:中华书局,1997年,第40册,第203页。
③ 《中华大藏经》,第41册,第719页。
④ 杨琳《古典文献及其利用(第四版)》,北京:北京大学出版社,2017年,第166页。

贾谊《旱云赋》版本异文考述

何易展[*]

【内容提要】 贾谊《旱云赋》对于楚骚及汉赋融合具有重要典范意义,其全文较早保存在《古文苑》中,唐代亦有《北堂书钞》及李善注《文选》等摘引。流至宋明,异文间出,逐渐形成以《古文苑》和《汉魏六朝百三家集》两个不同的版本系统,然《艺文类聚》引录其中数句,则署作东方朔《旱颂》。兹后此赋作者权属屡起争议。然多未疑《艺文类聚》版本及其引录《旱颂》之伪,明人二赋兼收,清代各家所辑赋钞、赋汇选录《旱云赋》抑或略有扞格。今详其源流,以明《旱颂》及《旱云赋》之正伪。

【关键词】《旱云赋》《旱颂》《古文苑》《艺文类聚》《历朝赋格》

在清代几本重要的赋集中,陈元龙《历代赋汇》(以下简称《赋汇》)、陆棻《历朝赋格》(以下简称《赋格》)选录了贾谊《旱云赋》,此外《七十家赋钞》手稿本(以下简称《手稿本》)亦抄录此赋。[①]《手稿本》所录该赋当据《古文苑》校改,其与《汉魏六朝百三名家集》(以下简称《百三家集》)及《赋格》《赋汇》诸本略异。张惠言《七十家赋钞》手稿本虽抄有此赋,然其刊刻本却并未刊录此赋,或因作者权属未成实证。此赋传载甚早,在《古文苑》《北堂书钞》及《文选》注中多有引录,然因《艺文类聚》误引而致该赋作者权属在清代屡受质疑。加之异文流衍,故除陈元龙《历代赋汇》和陆棻《历朝赋格》承明人选集选录此赋外,较少选家辑选此赋。至近代此赋正伪又成一大争辩,马积高先生认为"此篇颇杂天人感应、阴阳灾异之说……故此篇是否为贾谊作,尚当存疑"。[②] 万光治先生《汉赋通论》附《汉赋今存篇目叙录》则同列贾谊《旱云赋》和东方朔《旱颂》,[③]亦实承明人之旧弊。赵逵夫、张强虽坚持此赋为贾谊作品,[④]然其持论多从汉初

---

[*] 本文作者为重庆师范大学文学院教授,北京大学访问学者。
① 〔清〕张惠言《七十家赋钞》(手稿本),《北京大学图书馆藏稿本丛书》(第3册),天津:天津古籍出版社,1996年,第201页。
② 马积高《历代辞赋研究史料概述》,北京:中华书局,2001年,第47—48页。
③ 万光治《汉赋通论》,成都:巴蜀书社,1989年,第335、349页。
④ 参赵逵夫《汉晋赋管窥》,《甘肃社会科学》2003年第5期,第35页;张强《贾谊赋考论四题》,《文学遗产》2006年第4期,第32页。

思想文化的角度以求佐证，或囿于破解马先生之发疑，而少有根据文献版本及其作品流衍的历时性探索。《旱云赋》在汉初文学史中地位极其重要，惜其泯而未发。今就诸书异文略作考辨，或明版本源流，以求从中揭橥作者权属之纠葛，或能探骊得珠。

一、清代赋选载录《旱云赋》的版本及异文

《历代赋汇》卷六"天象"与《历朝赋格》之中集《骚赋格》卷一并收《旱云赋》，细校二书所录《旱云赋》，或应出同一版本系统。《手稿本》虽与二书所录异文较多，然《手稿本》所据底本亦当为同一版本系统。

首先，从《赋汇》《赋格》二书刊刻时间来看，《历朝赋格》成书较早，大约在康熙二十五年（1686），《历代赋汇》成书于康熙四十五年（1706），相距近二十年。从表面看，《历代赋汇》所录《旱云赋》可能并非直接抄承《历朝赋格》，因二书所选《旱云赋》仍有五处用字相异。其中一处《历朝赋格》多某字，而《历代赋汇》少某字。另三处用字古通，一处形近而异。兹列诸本所引《旱云赋》异文如下：

"阴阳分而不相得兮"（《历朝赋格》《古文苑》《手稿本》）
"阴阳分而不得兮"（《历代赋汇》）①
"廓荡荡其若条兮"（《历朝赋格》）
"廓荡荡其若涤兮"（《历代赋汇》《古文苑》）

是否《历代赋汇》参校了《古文苑》呢？从《历代赋汇》及《古文苑》所录《旱云赋》大量异文来看，《历代赋汇》所引录当未参校《古文苑》版本。《历代赋汇》本与《历朝赋格》本该赋虽文字小异，然所据底本应是同一版本系统，如"条"与"涤"乃形近而误，作"涤"为优。再检《手稿本》"廓荡荡其若涤兮"句，原誊清稿亦为"条"，与《历朝赋格》本同。张氏在原字前直接加上了三点（氵），当据《古文苑》修改。至于"阴阳分而不相得兮"句则极可能为《历代赋汇》编辑抄录时误脱"相"字。《赋格》《赋汇》二本相异的其余三处为"離（离）"与"罹"、②"垄"与"垅"、"沉"与"沈"。这几个字基本上古为通用。《手稿本》与《历朝赋格》《古文苑》并作"离天灾而不遂"，《赋汇》本"离"作"罹"。《赋格》《赋汇》本五处异文大概为抄书人的疏谬，故基本上其所录《旱云赋》底本可视为同一版本系统。

其次，《手稿本》所录《旱云赋》底本当据《赋格》，然又据《古文苑》校改。张

---

① 〔清〕陈元龙编，《历代赋汇》，《摛藻堂景印四库全书荟要》，台北：世界书局，1985年，第425册，第223页。

② 〔宋〕章樵注，《古文苑》卷三"离天灾而不遂"句末随文夹注"离与罹同，遭也。"

氏手稿本所录该赋虽与《赋格》本相异，然经仔细辨认，张氏在誊清底稿原字或在天头、地脚、行间等处增删或修改，其增损修改完全从《古文苑》，而原抄底本则完全同陆葇《历朝赋格》本。如《手稿本》"滃滃澹澹而妄止"句，原抄"滃"下有重复号 ， 后被张氏涂去而作" "。《赋汇》与《赋格》本皆作"滃滃澹澹"，而《古文苑》即作"滃澹澹"。此当据《古文苑》校改。又如"运清浊之颃洞兮"句，张氏改"清"作"混"。《赋格》与《赋汇》本皆作"清"，而丛书集成初编本《古文苑》作"清"，龙谿精舍丛书本《古文苑》作"混"。又如"妄俪倚而时有"句，《手稿本》"俪倚"二字有乙倒的痕迹，如图： （原抄为竖排）。检《赋格》《赋汇》本皆作"俪倚"，而《古文苑》作"倚俪"。再如"遂积聚而合沓兮"句，《手稿本》原抄为"合"，后改为"给（給）"。据上下文书写及字体大小等辨识，"糹"为后加，旁亦注"合"（如图： ）。其意恐怕在提示"合"字为原抄本字。此句《赋格》与《赋汇》本作"合"，而《古文苑》作"给（給）"。此外如"释其耰锄而下涕""作孽大剧""恩泽弗宣""啬夫寡德""群生不福"等句，张惠言《七十家赋钞》手稿本都据《古文苑》改动，而《手稿本》原抄底本当同《赋格》《赋汇》本。① 另有两处异文张氏并未据《古文苑》改动，或因未能详审所致。如《手稿本》"扬波怒而澎濞"，丛书集成本《古文苑》作"扬侯"；龙谿精舍丛书本《古文苑》作"阳侯"；《手稿本》与《赋格》《赋汇》本皆作"扬波"。此处张氏并未据《古文苑》校改。又如"以郁拂兮"句，《手稿本》作"拂"，他书皆作"怫"，疑手稿本抄写错误，张氏未能细审。当然张氏虽主要依据《古文苑》校改，但也偶尔参照《文选》注，如《手稿本》"隆盛暑而无聊兮"，"盛暑"二字乙倒，"而"字旁改作"其"，并在此行地脚注："《文选》潘安仁《在怀县作》诗注引'隆暑盛其无聊'，陆士衡《从军行》注同。"② 此句《古文苑》作"隆盛暑而无聊兮"，与《赋格》《赋汇》本

---

① 按：虽《历朝赋格》录《旱云赋》与《百三家集》本所录相同，但《手稿本》当未参校《百三家集》本，因其所录《鹏鸟赋》等篇不同于《百三家集》本录《鵩赋》，故《手稿本》所录《旱云赋》当是以《赋格》本为底本。

② 〔清〕张惠言《七十家赋钞》（手稿本），《稿本丛书》（第3册），第201页。

同。由此可见,张惠言《七十家赋钞》手稿本虽于《旱云赋》题下标明"古文苑",然其原抄底本应据《历朝赋格》版本系统,《古文苑》则为其参校本。

再者,《古文苑》与《赋格》《赋汇》诸本所录《旱云赋》之版本依据是什么关系呢? 详考《古文苑》所录贾谊《旱云赋》,其与《赋格》《赋汇》及《手稿本》相异甚大,共有 32 句异文。显然《古文苑》所载《旱云赋》当为另一重要的版本系统。据今所寓目,《旱云赋》在清代便大致存此两种版本。《古文苑》成书较早,其版本或较清代《赋格》所据版本可信,故张惠言以誊清底稿参校《古文苑》后,发现异文甚众,便认为此篇"非真本"①而删黜。张氏在刊本中最终黜选此赋理由大概有三:其一张氏可能认为章樵称得之佛龛之《古文苑》未必可靠。二是其对陆葇《赋格》所据版本未作考辨,其源流不明。三是其时《旱云赋》与《旱颂》之质疑已起,难辨正伪。② 最终张氏《手稿本》在录贾谊《旱云赋》题名天头注"非真本",又在《手稿本》总目赋题下注"可删"。③ 张氏好友合河康氏绍镛刊刻该书时据此裁落此文。那么《赋格》《赋汇》所据的版本依据又是什么呢? 就上述诸赋选集的刊刻时间而言,其大致承续关系略可明了。张惠言《七十家赋钞》修撰成书时间大致在乾隆五十七年(1792),④而《赋汇》成书在康熙四十五年(1706)左右,⑤陆葇《赋格》成书在康熙二十五年(1686)十月。⑥ 从前述异文情况及编刊时序来看,《赋汇》《手稿本》录此赋时均可能参考了陆葇《历朝赋格》。《赋格》成书时间较早,陆葇在序中称:"余以壬戌(1682)之冬请假,癸亥(1683)春,襁负四十八日之儿,出广渠门至张湾,……乙丑(1685)之夏,曹希文、戴贡九二子介沈倩南疑以请,……则启缄发箧,复理咕哔之业而可乎! 于是仰溯荀宋,以逮元明。合余与南疑所藏而读之,寥寥不畅于怀,……久之,宗人心声,以手汇赋学大全二簏畀余。孝廉曹民表又出秋岳先生所聚宋元人文集贻余,入选乃洋洋乎大观矣。"⑦(《历朝赋格序》)陆氏所据有前人赋学大全,

---

① 参〔清〕张惠言《七十家赋钞》(手稿本),《稿本丛书》(第 3 册),第 201 页。
② 〔清〕浦铣《复小斋赋话》卷上云:"东方曼倩《旱颂》一首十二句,皆贾长沙《旱云赋》中语,不知何以摘出作东方文?"据何新文《浦铣及其赋话考述》(《文献》1997 年第 3 期)称浦铣生活于乾隆(1736—1795)时期,其著《历代赋话》和《复小斋赋话》完成于乾隆四十一年(1776),而张氏《七十家赋钞》成书于乾隆五十七年(1792)。按:虽然张氏称手稿本所录《旱云赋》非真本,但却并非否定贾谊著作权,而是因为此篇当时已存在的版本异文和对《旱颂》的质疑和诘难等,张氏并未作详细考证。他在校其他赋篇时亦有参校《古文苑》的情况,故其黜脱删裁极有可能为后面两个原因之故。
③ 〔清〕张惠言《七十家赋钞》(手稿本),《稿本丛书》(第 3 册),第 201、202 页。
④ 《七十家赋钞目录序》末尾署"乾隆五十有七年四月日武进张惠言",有清道光元年合河康氏刻本,见《续修四库全书》第 1611 册,第 4 页;又见《七十家赋钞》手稿本,第 15 页。
⑤ 据康熙《御制历代赋汇序》署康熙四十五年三月二十日,陈元龙《进呈赋汇表》末署"康熙四十五年九月十二日"上表。
⑥ 〔清〕陆葇《历朝赋格》,《四库全书存目丛书》,济南:齐鲁书社,1997 年,第 399 册,第 270 页。
⑦ 〔清〕陆葇《历朝赋格》,《四库全书存目丛书》,第 399 册,第 266—270 页。

也有宋、元人文集,所录《旱云赋》文字完全同于明张溥(1602—1641)辑《汉魏六朝百三家集》之《贾长沙集》所载。由此可证《手稿本》《赋汇》承《赋格》,而《赋格》乃承《百三家集》。

那么上述三部赋集与《古文苑》所录《旱云赋》版本到底有何关系,孰更接近原本呢?张氏因异文歧出而未明真伪源流,从而将此赋弃而不录。此两种版本流播情况在清以前如何,这些文字上的差异是怎样形成的呢?

二、《旱云赋》在清以前的传播与变衍

《旱云赋》在清以前的流播情况,需翻检历代对《旱云赋》之引述。迄今所见《旱云赋》较早记载于虞世南著《北堂书钞》,该书卷一五六"岁时部四"注引贾谊《旱云赋》6 句,文字与《古文苑》同,与《赋格》略异。① 此外唐李善注《文选》征引《旱云赋》亦基本与《古文苑》同。兹后宋代吴棫撰《韵补》、宋末元初陈仁子编《文选补遗》引贾谊《旱云赋》皆与今本《古文苑》所录略有出入,明代对贾谊《旱云赋》的引述情况最为复杂。由此推测,宋至明几百年间逐渐出现贾谊《旱云赋》另一版本,不同于《古文苑》,而趋近于《赋格》所录。这种演变之迹,可以从《文选》注追踪至清。

《文选》注引贾谊《旱云赋》,基本上与《古文苑》同,但有两处需注意。《六臣注文选》多处注引《旱云赋》,其中卷二六注引:"贾谊《旱云赋》曰:隆暑盛其无时。"②此句与《赋格》及《古文苑》诸本皆异。又同书卷二八注引:"善曰:'贾谊《旱云赋》曰:隆暑盛其无聊。'"③其标明"善曰",意即为李善原注。再检李善注《文选》卷二六及卷二八皆引作:"贾谊《旱云赋》曰:隆暑盛其无聊。"④前注"无时"当征引错误,可能为五臣注或其后刊刻时所误。此句《古文苑》及《赋格》本《旱云赋》皆作"隆盛暑而无聊兮"。又《六臣注文选》卷二七注引:"贾谊《旱云赋》曰:遂积聚而合沓,相纷薄而慷慨。"⑤而李善注《文选》卷二七同引此两句则作"贾谊《早云赋》"句。⑥ 显然"早"为"旱"之误,清代梁章钜《文选旁证》卷二三便曰:"'早'当作'旱',各本皆误。陆士衡《从军行》注引正作'旱'。"⑦此

---

① 〔唐〕虞世南《北堂书钞》,《景印文渊阁四库全书》,台北:台湾商务印书馆,1986 年,第 889 册,第 817 页。
② 〔梁〕萧统编,〔唐〕李善等注,《六臣注文选》卷二六,北京:中华书局,1987 年,第 491 页上。
③ 〔梁〕萧统编,〔唐〕李善等注,《六臣注文选》卷二八,第 519 页下。
④ 〔梁〕萧统编,〔唐〕李善注,《文选》,北京:中华书局,1977 年,卷二六,第 374 页;卷二八,第 395 页。
⑤ 〔梁〕萧统编,〔唐〕李善等注,《六臣注文选》卷二七,第 504 页下。原作"早云赋",疑刻写误。
⑥ 〔梁〕萧统编,〔唐〕李善注,《文选》卷二七,北京:中华书局,1977 年,第 384 页下。
⑦ 〔清〕梁章钜《文选旁证》卷二三,福州:福建人民出版社,2000 年,第 374 页。

句《古文苑》作"遂积聚而给沓兮,相纷薄而慷慨",①《百三家集》《赋格》《赋汇》作"遂积聚而合沓兮,相纷薄而慷慨"。② 除衍"兮"字,"给"为"合"外,基本同于《文选》。由《文选》所引两条可见,"合"与"给"之间的衍变,"兮"字的有无,"盛暑"的乙倒,"无时"与"无聊"之别,其因或许有二:一是引者或本"取意略文"③之法。二是选学兴盛,不断刊刻与誊抄李善注《文选》,及五臣注《文选》出,又历李善注与五臣注之分合诸变,征引偶或失其本来面目。考其文句,不过用字小异,然别无东方朔《旱颂》之说。

至宋代吴棫撰《韵补》,卷四"去声"条"慨"字下注:"贾谊《旱云赋》:逐积聚而给沓兮,相纷薄而慷慨。若飞翔之纵横兮,阳波怒而澎濞。"④此引前三句近《古文苑》,"逐"为"遂"之误,《文选》《古文苑》及《赋格》本皆作"遂"。而"给沓"同《古文苑》本,与《文选》《赋格》本异。后一分句《丛书集成初编》本《古文苑》作"扬侯怒而澎濞",龙蹊精舍丛书本《古文苑》作"阳侯怒而澎濞",而《百三家集》《赋格》《赋汇》作"扬波怒而澎濞"。"阳"与"扬"可能因繁体字形近而误,"侯"与"波"之衍可能为允合语义而改,亦可能因形近而误。当然从用典深邃、赋文风格来看,或许《古文苑》本"阳侯"更近于原本可能。

宋末元初陈仁子编《文选补遗》,其中至少有5处与《赋格》等所录《旱云赋》殊,与《古文苑》本亦略异。如《文选补遗》中"遂积聚而<u>给沓</u>兮""或<u>宛电</u>而四塞兮""隆<u>益</u>暑而无聊兮""阳风吸习熇熇""痛皇天之靡<u>济</u>"⑤等句,这五处异文情况如下:

【给沓】:《文选》注与《百三家集》《赋格》《赋汇》皆作"合沓";《古文苑》《韵补》《文选补遗》作"给沓"。

【宛电】:《文选补遗》《百三家集》《赋格》《赋汇》《手稿本》皆作"宛电";《古文苑》作"窈窕"。

【益暑】:《北堂书钞》《古文苑》《百三家集》《赋格》《赋汇》《手稿本》皆作"盛暑",而《文选》注作"暑盛"。陈仁子《文选补遗》作"益暑","益"当为

---

① 〔宋〕章樵注,《古文苑》卷三,《丛书集成初编》本,上海:商务印书馆,1936年,第70页。
② 〔明〕张溥辑,《汉魏六朝百三名家集》卷一《贾长沙集》,扫叶山房藏版,第15页;陆棻《历朝赋格》中集《骚赋格》卷一,《四库全书存目丛书》,集部399册,第537页;陈元龙编《历代赋汇》卷六,《摛藻堂景印四库全书荟要》本,第425册,第222页。
③ 《文选》李善注记"李叟入秦"事等,文非尽同于《列子》,与《后汉书》引亦稍异,李善自称此乃"盖取意而略文"之法(见《六臣注文选》卷四三,第809页),此亦为唐李白、清王琦等所用,王琦称此乃"古人用事之法"(见王琦注《李太白全集》卷一六,北京:中华书局,1977年,第764页)。
④ 〔宋〕吴棫《宋本韵补》卷四,北京:中华书局,1987年,第74页。
⑤ 〔元〕陈仁子《文选补遗》,《景印文渊阁四库全书》,第1360册,第502页。"益"与"盛"形近,疑误。另既然《文选补遗》作"给沓",则或许宋末元初陈仁子所见《文选》注版本有可能作"给沓",与今所见《文选》版本或异。

"盛"之形误。

【阳风吸习煏煏】：《北堂书钞》《古文苑》作"汤风至而含热兮"，而《百三家集》《赋格》《赋汇》《手稿本》作"阳风吸习而煏煏"，陈仁子《文选补遗》作"阳风吸习煏煏"，脱"而"字。

【靡济】：《古文苑》《百三家集》《赋格》《赋汇》《手稿本》皆作"靡惠"。

上述五处除一些用字形近致误外，《文选补遗》引《旱云赋》基本上接近明清出现的《百三家集》《赋格》《赋汇》及《七十家赋钞》手稿本所录。特别值得注意的是"阳风吸习煏煏"句，与《古文苑》本异，而与《百三家集》《赋格》等引"阳风吸习而煏煏"句几近相同。此句恰好在今据明刊本整理的《艺文类聚》引东方朔《旱颂》中出现。此似非偶然现象，绝非陈仁子辑抄时笔误。除晚明梅鼎祚《西汉文纪》、张溥辑《百三家集》之《东方大中集》、清人编《佩文韵府》《渊鉴类函》《全汉文》据《艺文类聚》引录东方朔《旱颂》，未见明以前文献征引东方朔《旱颂》之文，①且所引皆不出《类聚》所录十二句。此实可反证《类聚》录朔《旱颂》之错讹产生时代或许大致就在宋末元初至明之间，此间可能有不同于《古文苑》本的《旱云赋》版本羼出。至于《艺文类聚》的版本及流传情况十分复杂，今本多据明刊本整理，其中亦难免有改羼或失旧貌者（此见后文详述）。

陈仁子《文选补遗》除上述五处文字外，其余各处所引贾谊《旱云赋》，皆同于《百三家集》《赋格》《手稿本》，而与今本《古文苑》殊。特别是《百三家集》《赋格》与《古文苑》本相异之处，《文选补遗》与《百三家集》《赋格》相同，如"潝潝""扬波""贪婪""垄亩""耰锄""作孽大剧""廓荡荡其若条兮"诸处。由此可以推测，在宋末元初可能就逐渐产生了《百三家集》所据的贾谊《旱云赋》版本基础，此版本因与《古文苑》本的差异，可能又导致明人刊《类聚》时误纂《旱颂》。不过宋末元初时的《旱云赋》版本应未有作者权属之争，它也直接影响和促成了《百三家集》《赋格》等所录《旱云赋》版本。

事实上，也正因为可能有此两种版本的存在，在明代引贾谊《旱云赋》的情况也最为复杂。如明人陈第（1541—1617）撰《屈宋古音义》卷一"秽"字下注："（秽）音意。贾谊《旱云赋》：'或深潜而闭藏兮，争离刺而并逝。廓荡荡其若涤兮，日照照而无秽。'"②"争离刺"与《百三家集》《赋格》本同，《古文苑》作"争离"，无"刺"字；"日照照而无秽"句与《古文苑》本同，《百三家集》《赋格》本却作"日昭昭而芜秽"。又陈第撰《毛诗古音考》卷一"害"字下引"贾谊《旱云赋》：

---

① 分别见于梅鼎祚编《西汉文纪》卷九、张溥辑《汉魏六朝百三家集》卷四、严可均辑《全汉文》卷二五、张英撰《渊鉴类函》卷二二岁时部十一、张玉书撰《佩文韵府》卷六之三及卷七〇之三。
② 〔明〕陈第《屈宋古音义》卷一，《景印文渊阁四库全书》，第239册，第523页。中华书局1985年版陈第《屈宋古音义》卷一，其中"刺"似作"别"，"无"作"芜"（第23页）。

'畎亩枯槁而失泽兮，壤石相聚而为害。农夫垂拱而无聊兮，释其锄耨而下涕。'"①此数句与《古文苑》本基本相同，唯《古文苑》本"涕"作"泪"，二字繁体实形近。《百三家集》《赋格》本末句作"释其耰锄而下涕"。异文或可能因形近抄写致误。明末张自烈(1597—1673)《正字通》卷三："贾谊《旱云赋》：'畎亩枯槁而失□兮，壤石相聚而为害。农夫垂拱而无聊兮，释其锄耨而下涕。'"②其与陈第所引情况相同。在陈第《毛诗古音考》卷三"似"字下引："贾谊《旱云赋》：运清浊之颁洞兮，正重沓而并起。嵬隆崇以崔巍兮，时仿佛而有似。"③《正字通》卷一亦引此句，同《百三家集》《赋格》本，龙谿精舍丛书本《古文苑》"清浊"作"混浊"，《丛书集成初编》本《古文苑》作"清浊"，显然"混"与"清"形近而误。当然因引据之众，个别异文也难免有前合而后异，或前异而后合的情况。如陈第《毛诗古音考》卷一"败"字条下引"贾谊《旱云赋》：独不闻唐虞之积烈兮，与三代之风气。时俗殊而不还兮，恐功久而坏败。"④张自烈《正字通》卷四同引此数句，与《百三家集》《赋格》《赋汇》《手稿本》及《古文苑》诸本所引皆同。然张自烈《正字通》卷四引"贾谊《旱云赋》：逐积聚而合沓兮，相纷薄而慷慨。若飞翔之纵横兮，阳波怒而澎濞"，其与《百三家集》《赋格》及《古文苑》本皆相异。然仔细辨之，其"逐"当为"遂"之形误，基本上与宋代吴棫《韵补》卷四所引同。至于"合沓"二字，《正字通》本与《文选》注及《百三家集》《赋格》《赋汇》同，而《古文苑》及吴棫《韵补》作"给沓"。"阳波"二字《韵补》《正字通》本作"阳波"，《百三家集》《赋格》《赋汇》本作"扬波"，《丛书集成初编》本《古文苑》作"扬侯"，龙谿精舍丛书本《古文苑》作"阳侯"。这些异文的衍变，其中难免有抄写致误或因顺意而改。张自烈与张溥基本同时，所经眼文献不可能大异，所以手误为异文主要原因。上述引例异文实皆形近所误，由此可见陈仁子《文选补遗》、陈第《屈宋古音义》《毛诗古音考》、张自烈《正字通》等引注不但证明了贾谊《旱云赋》作者权属无疑，也大致廓清了《旱云赋》另一版本系统的衍成之迹。

综上来看，《旱云赋》两种版本系统的衍成大致历宋末元明时期，其或许与传抄过程中因个别字音形相近而误抄误刊相关。细检《旱云赋》二版本，大部分异文即误乙、误脱、误衍等情况，特别是形近易误字导致异文尤多。如"清"与"混"，"阳"与"扬"，"电"与"宛"，"雾"与"霭"，"闭"与"闷"，"条"与"涤"，"芜"与"无"，"煟"与"渭"，"阳"与"汤"，"满"与"澸"，"耰"与"耨"，"泪"与"涕"，"拂"与"佛"，"怼"与"怨"，"泽"与"怿"等，这些皆是形近产生的传抄之谬。又如"淪

---

① 〔明〕陈第《毛诗古音考》卷一，《景印文渊阁四库全书》，第239册，第430页。
② 〔明〕张自烈《正字通》卷三，清康熙二十四年清畏堂刻本。
③ 〔明〕陈第《毛诗古音考》卷三，《景印文渊阁四库全书》，第239册，第484页下。
④ 〔明〕陈第《毛诗古音考》卷一，《景印文渊阁四库全书》，第239册，第417—418页。

潧潧"可能是因"潧潧"重叠,而书写时亦误将"潏"复书或作略字符号(㇇)。①"倚俪"与"俪倚",二字皆入声字,音近,应为书者误乙。当然有些词在讹衍的过程中,既可能因形近而误,同时抄写者可能又考虑其意义的通畅而进行了改动,如"阳侯"或将"阳"误作"扬",后又觉"扬侯"费解,于是改"扬侯"为"扬波",进而或改为"阳波"。②从"窈电"一词的衍变看,亦出于形近和意义两方面,"窈窕"为习惯用词,繁体字"窕"与"电"形近。赋前文提到云、雷,后又提到雨,似自然应有"电",故衍成"正云布而雷动兮,相击冲而破碎。或窕电而四塞兮,诚若雨而不坠。"(据《赋格》本)为了押韵或将"碎破"乙倒为"破碎"。③"窈窕"本指天空幽妙深邃,实与前面"正帷布而雷动"及"四塞"相应,意即天空看似一张帷布笼罩,即使有雷声滚滚相冲击,但天空仍幽邃而四围幽暗,雨也始终不能倾降下来。至于"贪邪"衍为"贪婪",则可能因用词习惯。又如"烂煟"习惯上承偏旁以为意当相近,故改从偏旁相同。然此改"煟"颇谬,依《古文苑》注当指"渭水"为确。④而"畎畝(亩)"两字形近,极易误作"亩亩"而不通,《天中记》所引正作"亩亩",⑤此后或经张溥辑校进一步衍为"垄亩",在书写中又生发出"垄亩"或"垅亩"之别。

由此可以推知,宋明刻书较盛,在多次翻刻抄写中渐渐呈现出用字用语上的差异,其中多处异文便应是字形相近致误,而有些语助和乙倒,或为顺从句式特点或音韵特征而强为改动,这样就逐渐形成了所谓版本差异。当然这些异文中,如"阳"与"扬","波"与"侯"等,确可能因音形相近或义衍而致误,但如"作孽大剧"与"惜旱大剧","恩泽弗宣"与"无恩泽忍兮"⑥,"啬夫寡德"与"啬夫何寡德矣","群生不福"与"既已生之,不与福矣"等句则显然似由两种版本不同所致,而绝非仅仅形误、音误之故。因此在张溥之前《旱云赋》之另一版本应已渐形成。宋代吴棫《韵补》、宋末元初陈仁子《文选补遗》、明人陈第《屈宋古音义》《毛诗古音考》、张自烈《正字通》、张溥辑《贾长沙集》,及明代的一些文集或总集钞本、刻本等,在《旱云赋》两种版本的生成与传播中显然起了重要作

---

① 按:从《手稿本》所录《旱云赋》的书写情况来看,另外还有一种可能为《手稿本》所参版本或在"潏"字下作音注,音"某",尔后传抄者误将注文并入正文。当然,用同字音注的可能性比较低。极可能为抄者手误,故《手稿本》誊清时又去掉重字符号。
② 按:《楚辞》卷四《九章》中《哀郢》篇有"凌阳侯之泛滥兮"句,东汉王逸注:"阳侯,大波之神。"宋洪兴祖《楚辞补注》引《淮南子》云:"武王伐纣,渡于孟津,阳侯之波,逆流而击。"又引应劭注,皆作"阳侯"。故其原本或作"阳侯"为是。
③ 《丛书集成初编》本《古文苑》作"碎破",龙谿精舍丛书本《古文苑》作"破碎"。
④ 《古文苑》卷三作"渭",其注曰:"渭水枯竭,至于焦烂。"
⑤ 〔明〕陈耀文《天中记》,光绪听雨山房本。其卷六"烂渭"条下引贾谊《旱云赋》:"亩亩枯槁而失泽兮,壤石相聚而为害。"(第92页)《天中记》大约成书于明万历二十三年(1595)。
⑥ 《丛书集成初编》本《古文苑》卷三作"恩泽",龙谿精舍丛书本《古文苑》卷三作"恩怿",当为误刻。

用。至清代一些学者注引《旱云赋》则或兼采两种版本。如清人仇兆鳌注《杜诗详注》分别于卷二、卷一一、卷一八、卷二三、卷二四数处引到贾谊《旱云赋》,从所引情况来看,其引或同于《百三家集》本,或同于《古文苑》本。① 清人方世举《韩昌黎诗集编年笺注》卷一引"阴气辟而留滞",卷四引"正云动而雷布兮,相击冲而破碎"。② 虽与今存《古文苑》《百三家集》本都不同,但显系书写疏忽。另考清代辑佚或编纂的《佩文韵府》《全上古三代秦汉三国六朝文》《六朝文絜注》《骈字类编》《渊鉴类函》《贾子次诂》《韵府拾遗》《说文解字义证》《音学五书》等所引《旱云赋》文字,皆属此两种版本。清人杂引二版本,虽未辨源流,然皆无否定贾氏《旱云赋》著作权问题。

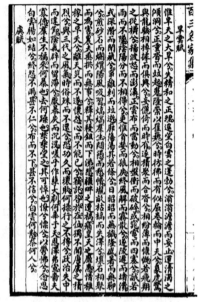

三、《旱云赋》及《旱颂》的作者权属

《旱云赋》较早见于《北堂书钞》《古文苑》。今本《艺文类聚》所引数句却题作《旱颂》,而文字基本与《旱云赋》同,且《类聚》将著作权归于东方朔。然而所谓朔作《旱颂》在《汉书·东方朔传》及《艺文志》并无明确记载。故《类聚》所引成为此赋著作权争执之端。《类聚》乃类书性质,摘录相关诗赋文句,亦非全篇。赵逵夫《汉晋赋管窥》一文称《类聚》录东方朔《旱颂》同于《古文苑》之贾谊《旱云赋》前四句及中间八句。③ 不过,这几句与《古文苑》本文字不尽相同,而部分则与《百三家集》本《旱云赋》文字同,如"阳风吸习而熇熇",其余亦多为形近音近或义通而改。

我们先来看诸书引东方朔《旱颂》的情况。在明以前除《艺文类聚》引东方朔《旱颂》外,几乎没有其他任何重要典籍引载。而从明代始出现明梅鼎祚《西汉文纪》、明张溥《汉魏六朝百三名家集》、清严可均辑《全上古三代秦汉三国六朝文》、清张英《渊鉴类函》、清张玉书撰《佩文韵府》引东方朔《旱颂》之文,但显

---

① 分别见清仇兆鳌《杜诗详注》,卷二,第105页;卷一一,第965页;卷一八,第1603页;卷二三,第2039页;卷二四,第2142页,北京:中华书局,1979年。
② 〔清〕方世举《韩昌黎诗集编年笺注》,清乾隆卢见曾雅雨堂刻本。《古文苑》作"正帷布而雷动兮",《历朝赋格》作"正云布而雷动兮"。
③ 赵逵夫《汉晋赋管窥》,《甘肃社会科学》2003年第5期,第35页。

然都据《艺文类聚》本文字,而别无来源。清代浦铣《复小斋赋话》卷上则对东方朔《旱颂》权属提出了质疑,其谓:"东方曼倩《旱颂》一首十二句,皆贾长沙《旱云赋》中语,不知何以摘出作东方文?"① 清王太岳《四库全书考证》、王先谦《汉书补注》等都对《艺文类聚》引作东方朔《旱颂》提出了质疑。从《旱颂》的载录流传来看,除《类聚》外,最早当为明梅鼎祚②《西汉文纪》,虽《四库提要》称"其作是编,则一以《史记》《汉书》为主,而杂采他书附益之,所据为根本者,较诸子杂言颇为典实",但梅氏是书缺点还是很明显的,纪昀便称"《列女传》及扬雄诸赋,并节录其'序',以例推之,其他亦将多不胜收,殊无义例。其于诏制既以各帝分编,又往往随事附各篇之后,端绪庞杂,于编次之体亦乖。"而且批评其《皇霸文纪》"真伪糅杂,颇有炫博之讥"。③ 何以质疑朔作《旱颂》乃伪撰呢?

其一,《隋书·经籍志》著录"《东方朔集》二卷",《旧唐书·经籍志》亦予以著录,然从宋代《崇文总目》开始,即不见于官私目录著作。因此《东方朔集》二卷至迟在宋初即已亡佚。而且唐时所见《东方朔集》二卷应未载其《旱颂》篇,故唐代其他类书等皆未有收录。《史》《汉》也皆不载东方朔《旱颂》,梅氏只可能是杂采他书而附益之。其最大的可能是采明刊本《艺文类聚》,④同时亦可能因明代各家引贾谊《旱云赋》异文的出现,从而讹误为东方朔《旱颂》。其后则主要为吕兆禧(约1573—1590)辑《东方先生集》,⑤收录《旱颂》。明末汪士贤《汉魏诸名家集》亦据其收辑。⑥ 又明万历年间康丕扬撰有《东方先生文集》,此

---

① 〔清〕浦铣著,何新文、路成文校证,《历代赋话校证》(附《复小斋赋话》),上海:上海古籍出版社,2007年,第388页。

② 按:据明天启刻本《本朝分省人物考》卷三八载梅鼎祚小传考证,其称"岁(万历)己丑,始以序贡,然年甫及艾耳。"公元1589年为万历己丑年,即此年梅鼎祚方五十岁,故其生年当为1539,而卒于万历乙卯,即公元1615年,其主要生活在嘉靖、隆庆、万历三朝。

③ 以上引三条皆出《西汉文纪提要》。〔清〕纪昀《西汉文纪提要》,《景印文渊阁四库全书》,第1396册,第185—186页。

④ 按:这种致误既有可能为梅氏采明刊本《艺文类聚》所致,也有可能为明刊本《艺文类聚》参梅氏《西汉文纪》而致误。然按今本《艺文类聚》卷首《前言》称"故自晚明以下,冯惟讷辑《诗纪》,梅鼎祚辑《文纪》,张溥辑《汉魏六朝一百三家集》,无不资以为宝山玉海。"梅氏之前,明代有诸种《类聚》翻刻本,如据《前言》载有明正德十年乙亥(1515)锡山华坚兰雪堂铜活字本、嘉靖六年丁亥(1527)天水胡缵宗苏州刊小字本、嘉靖七年戊子(1528)陆采加跋本、嘉靖九年庚寅(1530)宗文堂刊本、嘉靖二十八年己酉(1549)知山西平阳府事洛阳张松重刻小字本等,其后又有万历十五年丁亥(1587)王元贞南京刊大字本。这些本子相互比较,已多有异文和讹篡等。各版本间的异文和讹谬既与明代文人士风和学术风气有关,也与明代印刷出版业的繁荣及商业的逐渐发达相关,这些社会因素综合起来都直接影响着当时士人竞相追名逐利,因此书籍翻刻改版,以改头换面从而以求异逐新为利竞之途。

⑤ 按:《吕锡侯笔记》姚士麟跋云:"庚寅秋,君才十八,病疟死。"由此可以推知吕兆禧生卒年,约公元1573—1590年。吕兆禧《吕锡侯笔记》,樊维成《盐邑志林》,上海涵芬楼影印明刻本,1936年。

⑥ 明代汪士贤《汉魏六朝二十二家文集》收入该辑本。此书或称《汉魏诸名家集》《汉魏六朝二十名家集》《汉魏六朝二十一名家集》等。南京大学图书馆藏本题作《汉魏六朝二十二名家集》,《四库提要》著录作《汉魏名家》。见李江峰《吕兆禧和他的〈东方先生集〉》,《古籍整理研究学刊》2008年第4期。

书略晚于吕兆禧《东方先生集》，然是否收有《旱颂》不确。① 另张燮（1574—1640）《七十二家集》之《东方大中集》二卷收录东方朔《旱颂》，也比吕氏所辑略晚，或认为在万历甲午（1594）之后。但吕氏所辑明显采据并不十分谨严，其录东方朔文26篇：《七谏》《踞地歌》《诫子诗》《柏梁诗》《应诏上书》《谏起上林苑》《谏止董偃入宣室》《临终谏天子》《劾董偃罪状》《与公孙弘书》《与公孙弘借车马书》《与友人书》《侏儒对》《化民有道对》《剧武帝对》《剧群臣对》《伯夷叔齐对》《善哉瞿所对》《上天子寿》《上寿谢过》《割肉自责》《答客难》《答骠骑难》《旱颂》《非有先生论》《逸句》。后附《汉书·东方朔传》全文；其中《谏止董偃入宣室》《劾董偃罪状》《割肉自责》等篇应是从《汉书·东方朔传》中辑出的故事，绝不可能为东方朔文章旧本。张燮《东方大中集》当在此基础上裁为15篇，而保留其《旱颂》。之后张溥（1602—1641）《汉魏六朝百三名家集》之《东方大中集》二卷又采张燮所辑成果。由此可见，引载东方朔《旱颂》的文献主要出现在明代万历年间及以后。正因如此，清代学者不断提出质疑和驳证，如清王太岳撰《四库全书考证》卷九四称"此颂（引者注：《旱颂》）即用贾谊《旱云赋》而裁截之者。"②王先谦《汉书补注》亦以此篇为"后人伪托，不足据也"。③

其二，载录贾谊《旱云赋》且明确作者权属的文献明代以前则有《北堂书钞》、李善及六臣注《文选》、《古文苑》、宋陈仁子《文选补遗》、宋吴棫《韵补》等。据南宋陈振孙《直斋书录解题》称《古文苑》乃北宋孙巨源得于佛寺经龛之唐人藏书，"所录汉魏诗文多从《艺文类聚》《初学记》删节之本，石鼓文亦与近本相同"。④ 此即谓《古文苑》所录汉魏诗文，包括贾谊《旱云赋》尚与当时所见《类聚》或《初学记》所节载情况一致。若确如此说，唐人收载《古文苑》引唐欧阳询等编《艺文类聚》，则说明唐时《类聚》本可能并无东方朔《旱颂》之说。不然《古文苑》所录《旱云赋》的作者不可能明确标明贾谊，而且至宋章樵注时其参引汉晋间文史旧籍及"隋唐艺文目录所载诸家文集"⑤等，自然也会参引唐代具有官修性质的大型类书典籍《艺文类聚》，则不可能未发现贾谊《旱云赋》与东方朔《旱颂》的羼讹问题。而且几乎同时代《北堂书钞》和李善注《文选》都未提及东方朔《旱颂》而引作贾谊《旱云赋》，虞世南（558—638）编《北堂书钞》略早于欧阳询（557—641）编《艺文类聚》，略晚的李善（630—689）注《文选》也引作贾谊《旱云赋》而不作东方朔《旱颂》。这只可能说明唐代《艺文类聚》本此条可能与今本确有不同，当时《类聚》节选《旱颂》文字及作者并非今本《类聚》之貌。如

---

① 李江峰《吕兆禧和他的〈东方先生集〉》，《古籍整理研究学刊》2008年第4期，第67页。
② 〔清〕王太岳《四库全书考证》卷九四，清武英殿聚珍版丛书本，第2071—2072页。
③ 〔清〕王先谦《汉书补注》卷一○，上海：上海古籍出版社，2008年，第2998页。
④ 〔清〕纪昀《古文苑提要》，《钦定四库全书总目》，北京：中华书局，1997年，第2607页。
⑤ 〔清〕章樵《古文苑序》，《丛书集成初编》本，第10页。

果《旱颂》与《古文苑》之《旱云赋》相违逆,特别是作者明显讹谬,南宋陈振孙等识者岂不揭谬,而待晚明后才发作者权属之争?宋末元初陈仁子《文选补遗》引征与《古文苑》本渐异,然作者权属无疑,不过这可能暗示了《旱颂》的产生和《旱云赋》另一版本生成之径。

虽然清代有少数几位学者引录东方朔《旱颂》篇,如姚振宗《汉书艺文志拾补》,其亦不过据明代万历年后吕兆禧辑校《东方先生集》而录其颂篇名,①其《隋书经籍志考证》亦不过据吕氏和严可均辑而载其《旱颂》篇名。② 这些皆为晚出的依据,都无从找到明以前的任何引述来源和证据。不过清王太岳(1722—1785)论《汉东方大中集》录《旱颂》篇语则颇有玄机,其按语云:"此颂即用贾谊《旱云赋》而裁截之者。今据吕兆禧校本及《艺文类聚》改。"③为什么此处既称此颂即贾谊《旱云赋》,又称据吕氏校本和《艺文类聚》校改"旱天"为"昊天"呢?一是张溥辑贾谊《旱云赋》和东方朔《旱颂》此句都作"惟旱天之大旱兮",④若视作东方朔作品,并无更早的参校本可据。而吕氏校本和《类聚》本"旱天"作"昊天",实与《古文苑》本同。二是所引文字与张氏辑本贾谊《旱云赋》无甚差别,又所参据《类聚》本或可能并未署作者名。若王太岳所见《类聚》本为明前刊本且明显署为东方朔作品,则王太岳不可能下此断案。当然,这只是一种猜想,因此有必要了解《类聚》的刊钞流传情况。

其三,《艺文类聚》完成于唐初高祖武德七年(624),书成奏上。⑤《古文苑》一书,据南宋陈振孙(约1183—约1261)称乃北宋孙洙(字巨源)得于佛寺经龛中,为唐人所藏。⑥虞世南《北堂书钞》成书时间或比《艺文类聚》还早,一般认为完成于隋世。⑦ 此外,唐显庆年间(656—661)李善注《文选》,唐开元六年

---

① 〔清〕姚振宗《汉书艺文志拾补》卷三,民国师石山房丛书本,第114—115页。姚氏据明吕兆禧、严可均辑本归为东方朔作,实其未审之谬。
② 〔清〕姚振宗《隋书经籍志考证》卷三九之一集部二之一,民国师石山房丛书本,第1266页。
③ 〔清〕王太岳《四库全书考证》卷九四,清武英殿聚珍版丛书本。该书另有《丛书集成初编》本,中华书局1985年印。
④ 张燮《七十二家集》本《旱颂》作"维昊天之大旱",张溥《百三名家集》本《旱颂》作"维旱天之大旱"。而两家辑贾谊《旱云赋》皆作"惟旱天之大旱兮"。
⑤ 按:关于成书时间的考证,可参今本《艺文类聚》出版《前言》所述。〔唐〕欧阳询撰,汪绍楹校,《艺文类聚》,上海:上海古籍出版社,1982年,第1页。
⑥ 〔宋〕陈振孙《直斋书录解题》卷一五,上海:上海古籍出版社,1987年,第438页。
⑦ 〔清〕纪昀《北堂书钞提要》,《钦定四库全书总目》,北京:中华书局,1997年,第1771页。《四库全书总目提要》云:"此书盖世南在隋为秘书郎时所作。"又清光绪十四年(1888)南海孔氏三十有三万卷堂影宋刊本《北堂书钞》扉页载"文献经籍考"曰:唐弘文馆学士赠礼部尚书虞世南仕隋为秘书郎时,钞经史百家之事以备用,总一百七十卷八百一类。北堂者,省之后堂,世南成之所也。但郭醒《〈北堂书钞〉成书年代考论》认为《北堂书钞》成书于唐贞观七年至贞观十二年(633—638)之间"(《社会科学辑刊》2010年第3期),兹以成书隋时较为可信。

(718)吕延济等五臣注《文选》亦告成，①这几本书都先后完成于唐代。但除《艺文类聚》称引东方朔《旱颂》外，其余诸书皆称"贾谊《旱云赋》"，且《艺文类聚》无第二处引用《旱颂》或《旱云赋》。唐宋时期，包括《文选》众注及宋四大书皆未引及东方朔《旱颂》，而提及《旱云赋》时作者皆作贾谊。只有晚明至清出现的梅鼎祚《西汉文纪》、张溥辑《汉魏六朝百三家集》之《东方大中集》，以及清代人编的《佩文韵府》《渊鉴类函》《全上古三代秦汉三国六朝文》几部书提及东方朔《旱颂》，完全承《艺文类聚》所录，文字也基本无异，除此不见他书有引及朔《旱颂》和出此数句之外的句子，更不见有关《旱颂》的史志著录。

  从今本《艺文类聚》的整理情况来看，《类聚》有南宋绍兴年间的浙江刊本、明正德十年(1515)无锡华氏兰雪堂铜活字版印本、明嘉靖七年(1528)胡缵宗刻小字本、明嘉靖九年(1530)郑氏宗文书堂坊刻本、明万历十五年(1587)秣陵王元贞刊本，一般认为此本较劣。清光绪五年(1879)成都宏达堂本，该本是以明万历王元贞校刊本为底本的翻刻大字本。清光绪五年四川华阳宏达堂翻王元贞刊本(亦多讹误)。其后1959年上海图书馆以所藏宋绍兴刻本照原版式影印，但仍多残缺。1965年中华书局上海编辑所印行断句排印本，由汪绍楹校订。1982年上海古籍出版社据1965年中华书局版重版。今本所承基本上是据明刊本或明翻宋本，但真正依据宋本为底本的并不多。按1982年《类聚》的出版《前言》和《校艺文类聚序》称其宋本已缺佚窜乱甚多，至于明刊本则更甚。且将作者篇名"张冠李戴"的情况也不在少数。《艺文类聚》作为一部类书，以"旱、祈雨、蝗、螟"等为类，每类之下又以文体为别，唐人有赋颂同体观念，偶将"旱赋"作"旱颂"，或将作者记错或抄承错误（或凭记大意）亦有可能。《艺文类聚》重印说明便称该书"经历代传抄翻刻，错讹之处甚多"。②《前言》亦称此书有南宋绍兴年间刻本，然后世已不多见，留存的明刻本较多，现在也不易见到。虽然汪校本称以当时上海图书馆收藏的极为难得的绍兴刻本为底本而参校诸明刻本，但我们可以断定此本已不是唐代之旧貌。而上述几部引录东方朔《旱颂》的书皆出于晚明至清，然同时也收录贾谊《旱云赋》。显然这些书皆未详辨真伪，正如前文所述皆承梅氏《西汉文纪》误谬，梅氏所参据则极有可能据南宋以后的《类聚》刻本，甚至极有可能为明万历间刻《类聚》本。

  其四，《旱云赋》作者权属唐代以来文献未有异议。即便是明清时期除文献征引贾谊此赋外，甚至于创作中也将其作为事典、语典征引，如明人帅机《阳秋馆集》卷一九《五月二十八日复得雷雨稍满盈矣喜赋》："贾生可无旱云赋，休

---

① 参《文选》之《出版说明》，上海古籍出版社，1986年，第3页。
② 参《艺文类聚》1982年版"重印说明"，第1页。

哉此雨如雨珠。"①清人严首升《濑园诗文集》诗集前集卷二《雨》诗云："旱云赋未就,独起立长轩。"②这从另一个侧面反映了明清人对此赋主旨、风格及作者权属的评价。此赋主旨非"文学侍臣"的娱情之作,而极合于贾谊的骚人情怀,其"诗人之志"与赋作内蕴极相连理,而与东方朔之嬉笑嫚谈恢诡不类。在《卓氏藻林》《文选理学权舆》等书中亦多胪列存目贾谊《旱云赋》。显然明清人主流应是肯定贾谊《旱云赋》著作权的。而且从两篇异文比较来看,《旱颂》出现应较晚才比较符合逻辑。为说明情况,引《类聚》卷一〇〇灾异部《旱颂》如下:

> 维昊天之大旱,失精和之正理。遥望白云之郁淳,瀷曈曈而亡止。<u>阳风吸习而熇熇,群生闵懑而愁愦</u>。陇亩枯槁而允布,壤石相聚而为害。农夫垂拱而无为,释其耰锄而下涕。悲坛畔之遭祸,痛皇天之靡济。③

此段画线部分与《古文苑》本贾谊《旱云赋》略异,但意义基本与《旱云赋》相同。其中"阳风吸习而熇熇"句与《赋格》本相同,《古文苑》本作"汤风至而含热兮"。比《类聚》稍早的《北堂书钞》卷一五六"岁时部四"注引:"贾谊《旱云赋》云:'隆盛暑而无聊兮,煎砂石而烂渭。汤风至而含热兮,群生闷满而愁溃。畎亩枯槁而失泽兮,壤石相聚而为害。'"④《北堂书钞》早于李善及五臣注《文选》和《艺文类聚》,此段第一句在《北堂书钞》《古文苑》《赋格》《赋汇》及张氏《手稿本》皆作"隆盛暑而无聊兮";而第三分句《北堂书钞》《古文苑》作"汤风至而含热兮",《百三家集》《赋格》《赋汇》《手稿本》录贾谊《旱云赋》亦作"阳风吸习而熇熇",⑤与《类聚》本录东方朔《旱颂》同。或许正是明刊《类聚》本《旱颂》与《七十二家集》《百三家集》《赋格》本《旱云赋》版本生成有关,《旱颂》中"阳风吸习而熇熇"句恰好也并未出现在《古文苑》《文选》等明代以前的书中,而是出现在明清人辑《旱云赋》中,实可反证《旱颂》的出现确当在宋末至明代,其作者权属也应是有问题的。

其五,贾谊《旱云赋》的传流之迹十分清楚。在史志及书目文献中,清代丁丙辑《善本书室藏书志》、姚振宗撰《隋书经籍志考证》及《汉书艺文志拾补》、曾国荃撰《(光绪)湖南通志》皆提及《旱云赋》收录情况。明代彬阳何孟春在《贾太傅新书序》中谓:"《隋志》别有《贾子录》一卷,《唐志》《崇文目》九卷,集作二

---

① 〔明〕帅机《阳秋馆集》卷一九,清乾隆四年修献堂刻本。
② 〔清〕严首升《濑园诗文集》诗集前集卷二,清顺治十四年刻增修本。
③ 〔唐〕欧阳询《艺文类聚》,上海:上海古籍出版社,1982年,第1725页。
④ 〔隋〕虞世南《北堂书钞》卷一五六,《景印文渊阁四库全书》,台北:台湾商务印书馆,1986年,第889册,第817页。
⑤ 《汉魏六朝百三名家集》本作"阳风吸习熇熇",显然语句不通,或断句为"阳风吸习,熇熇群生,闵懑而愁愦"。但《赋格》本应是与其有所因承的,故视为一个版本系统。

卷,曰录,曰集,赋在其中矣。"①何孟春的《贾太傅新书订注》十卷,其中末卷为"附录",附录包括《吊湘赋》《鹏赋》《惜誓赋》《旱云赋》《虡赋》。何氏将其附于《新书》末卷,《旱云赋》或隶于《贾子》(又或名《贾子集》或《贾子录》)中。次第追溯,南宋陈振孙《直斋书录解题》著《贾子》十一卷,下记:"《汉志》五十八篇;今书首载《过秦论》,末为《吊湘赋》,余皆录《汉书》语,且略节本传于第十一卷中。"②《新唐书·艺文志》著录:"《贾谊新书》十卷。"又其丁部集录别集类著《贾谊集》二卷。③《旧唐书·经籍志》载《贾子》九卷,其丁部集录别集类"前汉《贾谊集》二卷"。④《隋书·经籍志》子部著录"《贾子》十卷",下注"录一卷",其集部《汉淮南王集》一卷下注:"又有《贾谊集》四卷,《晁错集》三卷,汉弘农都尉《枚乘集》二卷,录各一卷,亡。"⑤而《汉志》著录贾谊赋七篇(又《贾谊》五十八篇)。从汉代始,贾谊作品虽因其卷数篇目序次等的变化较难厘清其版本源流,但其中贾谊集的流传却是清晰的。在明代至少还可见《旱云赋》被保存在《贾子录》中,而南宋陈振孙时尚见《贾子》书,且其中首载《过秦论》,末为《吊湘赋》,余录《汉书》语。然《汉书》既载《贾谊》五十八篇,尚著贾谊赋七篇,可想此赋当在其中,未有异见歧说。

综上可猜测,唐宋本《艺文类聚》引"旱颂"条与今本或异。《艺文类聚》作为一部官修大型类书,参与人员较众,《旧唐书》卷一八八《孝友·赵弘智传》便云:"十数人同修《艺文类聚》。"⑥文假众手,成书时间亦速(约两三年),引注舛错极有可能。如果唐本《类聚》引《旱颂》条与今见无异,则唐至明数百年间当有文献可征,然迄未之见。由此我们可以肯定致错之端应是明刻本《类聚》,或为南宋绍兴刻本及其之后的传抄翻刻本。是否存在东方朔引用贾谊《旱云赋》的情况呢?对所谓《旱颂》与《旱云赋》中句子相同的情况,清代浦铣《复小斋赋话》卷上有致误之由的分析,其云:"东方曼倩《旱颂》一首十二句,皆贾长沙《旱云赋》中语,不知何以摘出作东方文? 亦犹《鹦鹉赋》,祢衡、潘尼二集并载。《奕赋》,曹植、左思之言正同。"⑦显然不管是错讹,还是文人之间取义别辞,其互相引述和模仿,难免不为他人所道。然除今本《类聚》外,唐至明以前个人和官修著录皆无蛛丝可寻。在如此漫长的历史时期,各代官私修撰书籍,包括类书等居然皆未记载,直至晚明出现的几部书中才同时保存了贾谊《旱云赋》和

---

① 〔明〕何孟春《贾太傅新书序》,《新书校注》,北京:中华书局,2000年,第525页。
② 〔宋〕陈振孙《直斋书录解题》卷九,上海:上海古籍出版社,1987年,第270页。
③ 〔宋〕欧阳修《新唐书》,北京:中华书局,1975年,卷五九,第1510页;卷六〇,第1576页。
④ 〔后晋〕刘昫《旧唐书》卷四七,北京:中华书局,1975年,第2024页、2053页。
⑤ 〔唐〕魏征《隋书》,北京:中华书局,1973年,卷三四,第997页;卷三五,第1056页。
⑥ 〔后晋〕刘昫《旧唐书》卷一八八,第4922页。
⑦ 〔清〕浦铣《复小斋赋话》卷上,见何新文《历代赋话校证》,上海:上海古籍出版社,2007年,第388页。

东方朔《旱颂》。所以从唐至今，贾谊《旱云赋》的著作权不容否定。浦铣对二篇并置的推测有合理之处，但却未作史实真伪考辨。马积高先生提出贾谊《旱云赋》的著作权质疑，并以汉初无阴阳灾异之说为据，是非颇谬。①《旱颂》为《旱云赋》之节略，作者极可能承明刻本《类聚》误衍附会。②

四、结论

《旱云赋》两种版本最初应缘于同一钞本或写本。对于孰更接近真实的文本，现已不可确考。然《旱颂》当摘自贾谊《旱云赋》，作者权属为贾谊而毋庸置疑，其误当出于明刻本《类聚》，而非唐本《类聚》旧观。至于在元明渐渐形成的《旱云赋》两种版本，原因大概有三：一是因为自唐至元明开始的赋学崇古倾向，使多家著述引录汉赋，其中包括贾谊作品，在传抄翻刻中为异文的产生提供了机缘。除直接选录汉赋作品外，在元明两代论及汉赋的著作尤多，如《定宇集》《宋诗拾遗》《文筌》《范德机诗集》《墙东类稿》《王征士诗》《小亨集》《清容居士集》《汉唐事笺》《古赋辨体》等，而明人笺疏著述中选录或论及"贾谊赋"亦不下三十余种，如《屈宋古音义》《毛诗古音义》《诗薮》《少室山房笔丛》《焦氏笔乘》《洪武正韵》《古音丛目》《转注古音略》《正字通》等。二是著述引征形式多为注疏摘引，甚至为一些转述形式类的"取义"方法，此亦造成异文滋繁。一般引录全文基本上考求原本，而一些阐释字音字义的注引文字，由于简短而又烦琐，往往"取意而略文"，③而非一一案索，此实为"古人用事之法"。④ 三是魏晋唐宋及之后书画渐重，并犹以画存文。此种书法或题图文在后世也成为一种文学文本传播的形式，成为后世版本的一种来源。正如明人安世凤《墨林快事》载明人以小楷书古赋十六篇，集为一册，其中便包括《旱云赋》一篇，⑤此对

---

① 参何易展《贾谊〈旱云赋〉之思想及其价值述略》，《天中学刊》2014 年第 2 期，第 61—65 页。
② 〔明〕梅鼎祚《西汉文纪》著东方朔《旱颂》而未录贾谊赋篇，其作《文纪》与王元贞刊《艺文类聚》本大致同时，王元贞为金陵（今南京）人。梅氏为安徽宣城人，曾与著名藏书家焦竑、冯梦桢、赵琦美等相约，各为访求博采遗书逸典、珍本秘籍，每隔三年聚会于金陵，各出所藏精本，互相勘写。王元贞与焦竑、姚大名、欧大任等亦过从甚密。梅和王二人或亦可能有往来，致所刊采互为印证而改篡者亦未必不可能之事。此所猜测，待考二人交往行迹，或为佐其说之一证（可参周军《金銮及其著述的研究》（西北师范大学硕士论文 2009 年）及周军《金銮生卒年新考》等《现代语文（文学研究版）》2009 年第 4 期）。
③ 《六臣注文选》卷四三，第 809 页。
④ 〔清〕王琦注，《李太白全集》卷一六《送当涂赵少府赴长芦》，中华书局，1977 年，第 764 页。
⑤ 〔明〕安世凤《墨林快事》，清雍正三年（1725）许尧勋抄本，大连图书馆藏。其卷一二《丰古赋》："人翁小楷古赋真迹十六篇，都为一册。其一《大言赋》、一《小言赋》、……《旱云赋》、一《士不遇赋》……翁各体皆精，而尤精于小楷。"倪志云《苏轼〈赤壁赋〉墨迹与刊本异文的辨正》（《中华书画家》2018 年第 4 期）即以台北故宫博物院藏苏轼《赤壁赋》书卷校其赋作"渺浮海之一粟"之"浮"字与"而吾与子之所共食"之"食"字与流行本的差异。

《旱云赋》两种版本的传播和定型不无影响。《旱云赋》不仅在思想内容上对汉代文学及思想的解析具有重要意义,而且其艺术技巧和题材意义揭橥了楚骚向汉赋的衍变,具有重要的文学史价值。

陈绎晚年仕履与王安石《四家诗选》编次考
——王巩《闻见近录》相关记载辨伪

刘　扬[*]

【内容提要】　宋王巩《闻见近录》记载《四家诗选》以送集先后成编,不含褒贬,与诸说不同。陈绎元丰七年与黄庭坚、王安石同在江宁,后贬建昌军,元祐二年北上密州,不久去世,与黄庭坚再无交集,黄庭坚绝无可能先后向王、陈二人印证此事。元祐二年王巩可能与陈绎在扬州会面,亦与其说矛盾,《闻见近录》所记与事实不符,恐为伪托。现有文献多支持《四家诗选》尊杜,当与王安石在熙丰间引领尊杜风潮的诗学背景相关。

【关键词】　王巩《闻见近录》　陈绎　黄庭坚　王安石《四家诗选》

陈振孙《直斋书录解题》云:"《四家诗选》,十卷。王安石所选杜、韩、欧、李诗,其置李于末,而欧反在其上,或亦谓有所抑扬云。"[①]王安石《四家诗选》以杜甫、韩愈、欧阳修、李白为次,关于这一编纂次序是否寓含褒贬、崇杜抑李,学界自来聚讼不休。

刘成国《新见史料与王安石生平行实疑难考》挖掘了《闻见近录》的相关记载,在集中辨析《四家诗选》编次问题后,得出并不尊杜的结论。[②] 按今见王巩《闻见近录》只有一条材料涉及《四家诗选》编选问题:[③]

　　黄鲁直尝问王荆公:"世谓《四家诗选》,丞相以韩、欧高于李太白耶?"荆公曰:"不然。陈和叔尝问四家之诗,乘间签示和叔,时书史适先持杜集来,而和叔遂以其所送先后编集,初无高下也。李、杜自昔齐名者也,何可下之?"鲁直归问和叔,和叔与荆公之说同。今乃以太白下韩、欧而不可

---

[*]　本文作者为北京大学中国语言文学系古典文献专业博士研究生。

[①]　〔宋〕陈振孙撰,徐小蛮、顾美华点校,《直斋书录解题》卷一五,上海:上海古籍出版社,1987年,第444页。

[②]　刘成国《新见史料与王安石生平行实疑难考》,《文学遗产》2017年第1期。下文简称《疑难考》。

[③]　〔宋〕王巩《闻见近录》,见《全宋笔记》第二编第六册,郑州:大象出版社,2006年,第28页。

破也。

该文主体内容可概括为：一，《四家诗选》因陈绎向王安石讨教诗艺而编；二，编纂时间在陈绎元丰五年（1082）三月到六年八月知江宁府期间；三，元丰七年岁初，黄庭坚自江西太和县移监德州德平镇，途经江宁拜谒王安石，询问编次一事。《疑难考》考证《闻见近录》所载与黄、王、陈行止吻合，判断"以其所送先后编集，初无高下"为《四家诗选》本意，尊杜说谬。

时间线上，作者的梳理丝丝入扣。然就此得出《四家诗选》并不尊杜的结论，恐未稳妥。因为《疑难考》虽已考察陈、王、黄、王之间的交集，但却忽略了"鲁直归问和叔，和叔与荆公之说同"一句，即并未落实黄、陈之间的行止交集。如果黄庭坚元丰七年（1084）后不会见到陈绎，《闻见近录》的可靠性就将大打折扣，《疑难考》的结论也便难以坐实。故本文拟从这一问题出发，对陈绎晚年仕履及王安石《四家诗选》编次问题进行分析考辨。

"鲁直归问和叔，和叔与荆公之说同"一句成立，首先需要黄庭坚与王安石见面；其次，黄庭坚与陈绎亦需会面；最后，黄、陈之会要发生在黄庭坚北归后，即晚于黄、王之会。三个条件同时成立才能证明《闻见近录》的可靠性。黄、王之会发生于元丰七年（1084）初黄庭坚移监德平镇时，这已被《黄庭坚年谱新编》基本证实，①笔者不再赘述。至于其余两个条件则可归纳为：其一，黄庭坚在《四家诗选》成书后是否可能见到陈绎；其二，如果可能，这个时间是否晚于黄、王之会。

细揣"鲁直归问和叔，和叔与荆公之说同"句意，可以得出"黄庭坚回到北方之前，陈绎已经在北方"的基本判断，惟其如此"归问"一语才合逻辑。利用《（景定）建康志》梳理陈绎仕履时，《疑难考》仅引述"元丰五年三月十日，太中大夫、龙图阁待制陈绎知府事……（六年）八月五日，以龙图阁直学士、太中大夫王益柔知府事"②，据此只能得知元丰五年（1082）陈知江宁府，六年被王益柔取代。关于陈绎的离职原因与此后行止等内容却被其文省略了。事实上，在王益柔知江宁府前，《（景定）建康志》还记载了如下内容：③

> （六年）六月二十日，绎移知建昌军。陈绎免，除名勒停，追太中大夫，落龙图阁待制，知建昌军；子承务郎彦辅冲替。绎坐前作木观音像易公使库檀像，私用乳香买羊亏价为绢二十八匹。彦辅坐役禁军织木绵，非例受公使库馈送而报上不实也。

---

① 郑永晓《黄庭坚年谱新编》，北京：社会科学文献出版社，1997年，第145页。
② 〔宋〕周应合《（景定）建康志》卷一三，见《中国方志丛书》，台北：成文出版社，1982年，第846页。
③ 〔宋〕周应合《（景定）建康志》卷一三，第846页。

这段材料交代了陈绎并非正常离职,而是因之前在广州任上的财务问题被免职,故此后被贬知建昌军。建昌军在今江西南城,而黄、王之会后黄庭坚北上德平(今山东临邑县北德平镇),二公一南一北,则"归问"云云必不成立。

《疑难考》使用《(景定)建康志》时漏掉的一段材料启发我们,黄、王之会前,黄庭坚是否可能见到陈绎并询问《四家诗选》编次一事;或元丰七年(1084)后,陈绎是否有机会北归并与黄见面。如果这两个假设成立,那么《闻见近录》即便不确,仍具有一定可靠性。

一、陈绎知建昌军情况与元丰七年前黄、陈行踪

先探讨假设一。由《(景定)建康志》与《黄庭坚年谱新编》可知,陈元丰六年(1083)南下江西,黄元丰七年自江西北上,则二人似有同处江西之经历。但据本文考察,这种可能也是不存在的。因为陈绎移知建昌军实有其事,但将时间定在元丰六年六月二十四日,恐不确。关于陈绎被贬一事,《续资治通鉴长编》(下简称《长编》)中有三条较详细的记载。首见于元丰六年神宗对孙迥上书的批复:[1]

> (闰六月)戊戌(二十四日),上批:"广州制狱,本以迥案发陈绎等事,久不结绝……"已而迥奏,以所案陈绎事连及宦官石璘。(李焘注:四月丁未(二日),差郭概。)

另二条皆在元丰七年(1084):

> 三月乙巳(六日)。大理寺丞郭概言,就江宁府劾陈绎,三供罪状不尽,乞追摄。诏陈绎所未承罪,止以众证结案。[2]

> 六月己巳朔(一日)。太中大夫、龙图阁待制、知江宁府陈绎免除名勒停,追太中大夫,落龙图阁待制,知建昌军;子承务郎彦辅冲替。绎坐前知广州作木观音易公使库檀像,私用市舶乳香三十斤买羊,亏价为绢二十八匹,上言诈不实;彦辅坐役禁军织木绵,非例受公使库馈送及报上不实也。[3]

据上述三则材料,神宗元丰六年(1083)四月二日差大理寺丞郭概调查陈绎等案,闰六月二十四日作过一次批示;元丰七年三月六日郭概在江宁府审定陈绎案,六月一日发布处理结果。结合《(景定)建康志》元丰六年八月五日"以龙图

---

[1] 〔宋〕李焘《续资治通鉴长编》卷三三六,北京:中华书局1985年,第8112页。
[2] 〔宋〕李焘《续资治通鉴长编》卷三四四,第8255页。
[3] 〔宋〕李焘《续资治通鉴长编》卷三四六,第8303、8304页。

阁直学士、太中大夫王益柔知府事"的记载,可知元丰六年八月五日到元丰七年六月一日间,陈绎被罢职接受调查,仍在江宁。

以下两条材料亦可作为旁证:

《(正德)建昌府志》卷一二:陈绎元丰七年任(建昌军知军事)。

《(同治)建昌府志》卷六:(元丰)陈绎,开封进士,七年以贬知军事。郑挟,知军事四年任,七年去。

两条《建昌府志》都指出陈绎在元丰七年(1084)知建昌军,且前任官郑挟"七年去",可知陈绎必无六年知建昌军之理。综上,笔者断定陈绎于元丰七年六月方移知建昌军,而自元丰五年(1082)三月十日至此,则始终驻于江宁。

至于《(景定)建康志》所谓"(六年)六月二十日,绎移知建昌军",则可能是误将陈绎的停职时间,记为得到处理结果的时间;或者把元丰七年(1084)六月一日发布的处理结果误记于六年下。六月一日和二十日的区别,除误记外,更可能是处理结果需从汴京传至江宁,路上耗时造成中央与地方文献的差异。笔者考证,汴京至江宁的公文传递速度,在20天左右。① 相比较而言,后一种的可能性更大。

回到对假设一的讨论。《黄庭坚年谱新编》推定黄、王之会发生在元丰七年(1084)初,据上文可知此时陈绎恰好也在江宁。既然黄庭坚对《四家诗选》编次问题如此感兴趣,何以不向近在咫尺的陈绎请教一番,而要留待北归?更重要的是,黄庭坚能向王安石询问编次问题,前提是《四家诗选》编成于元丰六年陈绎离开江宁前。现已知黄庭坚到达江宁时,陈绎尚未离开,且罢职又属于突发事件,则没有证据能表明此时《四家诗选》已然编成。如此,黄庭坚向王安石询问编次一事,恐亦为子虚乌有。再者,关于黄、王、陈元丰七年初同时出现在江宁的情况,《闻见近录》这条材料的书写者亦未必知晓。从逻辑上看,书写者一直在为黄、王之会营造陈绎的不在场证明,以黄庭坚北归见到陈氏时印证前说,增强其说之可靠性。如果他能意识到三人有共时出现的可能,恐怕不会如此描述。因此,黄、王之会前,黄庭坚与陈绎会面固不可能,三人同在江宁的情况又与《闻见近录》矛盾,可知假设一不成立。

二、陈绎赴密情况与元丰七年后黄、陈行踪

那么假设二是否成立呢?即黄、王之会后,陈绎是否有机会北归并与黄见

---

① 参考王安石二次拜相时的情况。《长编》卷二六〇记载熙宁八年二月十一日,神宗决定再次拜王安石为相,次日使者刘方平出发;《(景定)建康志》卷一二记载王安石三月一日赴阙,时间恰好是20天。

面。黄庭坚在元丰七年(1084)初过江宁,据苏颂《太中大夫陈公墓志铭》(下简称《墓志铭》)又知陈绎于元祐三年(1088)正月己巳(21日)去世,[①]这为我们划定了二人可能见面的时间范围。下面分别梳理黄、陈在此期间的行止,以找出可能产生交集的时间点。

据《黄庭坚年谱新编》可知,黄庭坚于元丰七年(1084)夏至德平镇;元丰八年哲宗即位,四月十四日诏为校书郎,九月抵京;此后,直到元祐六年(1091)秋护母丧南行前,黄始终在汴京任职于馆阁。故此期间,黄庭坚的行踪比较稳定,而陈绎被贬建昌军后的行止则鲜有关注,故而考求其晚年仕履就十分必要。《墓志铭》记载:[②]

> 改太中大夫、龙图阁待制、知江宁府。逾年左迁中大夫、知建昌军。今上即位,复为太中,移密州。元祐三年正月己巳,终于州宅之正寝。

从中可以获得三个信息:一,陈绎被贬建昌军时,除了刊落职名外,其散官亦由太中大夫降一级为中大夫。二,哲宗即位,陈绎的差遣官由知建昌军升为知密州,散官亦恢复为太中大夫。三,陈绎终于知密州任。

墓志铭作为记录传主生平的第一手资料,可信度通常较高,但受限于文体特征,部分内容可能为亡者讳,故需要其他文献来佐证。《长编》与《(景定)建康志》皆"追太中大夫",可证信息一;《长编》卷四〇八载"(元祐三年正月)己巳,太中大夫陈绎卒"[③],亦与信息三时间相同;但哲宗即位后,陈绎是否立即结束贬谪生涯北归,尚需考证,因为《长编》仅载"太中大夫陈绎卒",《宋史·陈绎传》亦仅记"后复太中大夫以卒"[④],皆未提及知密州事。这就需要我们对陈绎移知密州一事的真伪、陈绎密州之行的性质做进一步考索。

首先,陈绎是否离开建昌军,可以确认。根据两种《建昌府志》的记载:

> 《(正德)建昌府志》卷一二:陈绎元丰七年任(建昌军知军事)。元祐王勇。

> 《(同治)建昌府志》卷六:元丰:陈绎,开封进士,七年以贬知军事。元祐:王勇知军。

元祐年间陈绎的职位已为王勇取代。二者相合,说明陈绎确有离开建昌军之举。

其次,陈绎移知密州,应亦确凿。因为《墓志铭》中不仅记有陈绎移密州一

---

① 〔宋〕苏颂撰,王同策等点校,《苏魏公文集》卷六〇,北京:中华书局,2004年,第913页。
② 〔宋〕苏颂撰,王同策等点校,《苏魏公文集》卷六〇,第913页。
③ 〔宋〕李焘《续资治通鉴长编》卷四〇八,第9923页。
④ 〔元〕脱脱《宋史》卷三二九,北京:中华书局,1977年,第10614页。

事,还记载了陈至密州后向朝廷上书及其具体内容:①

> 初至高密,闻洮河守将获番酋鬼章生致阙下,州郡当奉贺表。公因表又奏疏曰:"陛下即位之初……"

是书由《墓志铭》撰写者伪造的可能性很小,则陈绎晚年确应北上密州。

再次,陈绎赴密州的时间,根据《墓志铭》描述为哲宗即位后,有些含混不明。元丰八年(1085)三月戊戌(5日),神宗驾崩,哲宗即位,则三月以后自属"今上即位"的时间范畴,但元祐元年(1086)、二年、三年则难以判断。而且这种描述还具有一定的导向性,读者易认为陈绎知密州是哲宗即位后的恩赏。根据本文查考的材料,恐怕不然。

《长编》元祐元年(1086)的两条材料,部分揭示了陈绎的仕履状况。卷三七六云②:

> (元祐元年四月)癸丑(十六日),中书舍人苏轼、范百禄等言:"吏部房送到词头,内知建昌军陈绎差知兖州。按绎资性倾险,士行鄙恶,当时所犯,自合除名。建昌之命,已犯公议,岂宜收录,复典大邦!非惟必致人言,亦恐奸邪复用,其渐可畏。所有告命,不敢依例撰词。"诏罢之。

据此,陈绎在元祐元年四月时,曾有一次北归知兖州的机会,但被时任中书舍人苏轼、范百禄动用封还词头的权力驳回,最终未能成行。

这里有三点值得注意:一,此次陈绎的预差遣是知兖州,而非密州;二,苏轼等人认为此前陈绎案所罚过轻,即"建昌之命,已犯公议";三,若该任命成立,确能显示新朝恩宠。因为宋代军的实际地位要低于州,府的地位又尊于州。③ 兖州在大中祥符元年(1008)升为大都督州,政和八年(1118)又升为袭庆府,④其政治地位不言而喻;而建昌军则同第七等之下州。⑤ 由建昌军到兖州是很高的升迁,即文中所谓"复典大邦"。

既然元祐元年(1086)兖州之行未成,后来陈绎又到达密州,很有可能是兖州之命后改为密州,毕竟后者是第四等之上州⑥,相较更易被舆论接受。我们还可依据已有材料,进一步推断陈绎真正的北上时间。《长编》卷三六八:⑦

> (元祐元年闰二月)壬辰(四日)朝议大夫、仓部郎中王说知密州。

---

① 〔宋〕苏颂撰,王同策等点校,《苏魏公文集》卷六〇,第914页。
② 〔宋〕李焘《续资治通鉴长编》卷三七六,第9124页。
③ 龚延明《宋代官制辞典》,北京:中华书局,2013年,第24页。
④ 〔元〕脱脱《宋史》卷八五《地理一》,第2110页。
⑤ 〔元〕脱脱《宋史》卷八八《地理四》,第2191页。
⑥ 〔宋〕王存撰,王文楚、魏嵩山点校,《元丰九域志》,北京:中华书局1984年版,第10页。
⑦ 〔宋〕李焘《续资治通鉴长编》卷三六八,第8664页。

此前我们没有关注密州方面的人事变动。据此，元祐元年(1086)二月四日王说已知密州，而陈绎在四月十六日兖州之命时仍知建昌军，则陈必不会在王说前知密。换言之，陈绎知密州必在王说调走以后。

王说离密时间，可据刘攽《彭城集》中的《朝议大夫知密州王说可知泾州朝奉郎集贤校理鲜于师中可知凤翔府制》推得①：

> 邠、岐二邦，皆国重镇。内修民政，则良守之事；外憺威声，则名将之略。朝所付予，是焉慎重。以某出于卿族，屡膺藩寄，以某向更戎琐，尝著能效，并付连城之寄，列居千骑之长。夫中和岂弟，所以爱养南亩；严重明果，所以董正师垒。勉力勤恪，以副推择。

草拟制敕是中书舍人等词臣职权所在，元祐元年二月四日王说知密后，刘攽担任该类职务的时间，也能在《长编》中找到：

> （元祐元年十二月）庚子（十六日），朝议大夫、直龙图阁刘攽为中书舍人，仍免试。②

> （元祐四年三月）乙亥（四日），中大夫、中书舍人刘攽卒。③

据此，刘攽任期为元祐元年十二月十六日至四年三月四日，则王说离密时间最早不超过元祐元年十二月十六日，此即陈绎赴密之时间上限。

《墓志铭》中有关记载又提示了赴密的时间下限④：

> 初至高密，闻洮河守将获番酋鬼章生致阙下，州郡当奉贺表。公因表又奏疏曰："陛下即位之初，凡兴边事，无大小疏近之臣，一切废不用。于今二年，四鄙无患……"

此处有两个标志性时间，一是"陛下即位……于今二年"，二是"洮河守将获番酋鬼章生致阙下"。哲宗即位于元丰八年(1085)三月戊戌，"于今二年"当到元祐二年(1087)。"洮河守将获番酋鬼章生致阙下"一事更加具体，据《宋史》卷一七⑤：

> （元祐二年）十一月……庚申（十二日），献鬼章于崇政殿，以罪当死，听招其子及部属归以自赎。

---

① 〔宋〕刘攽《彭城集》卷二二，见曾枣庄等《全宋文》册六八卷一四九一，上海：上海辞书出版社，2006年，第354页。
② 〔宋〕李焘《续资治通鉴长编》卷三九三，第9557页。
③ 〔宋〕李焘《续资治通鉴长编》卷四二三，第10232页。
④ 〔宋〕苏颂撰，王同策等点校，《苏魏公文集》卷六〇，第914页。
⑤ 〔元〕脱脱《宋史》卷一七，第325页。

此事发生于元祐二年十一月十二日,《墓志铭》谓陈绎"初至高密"即闻此事,则陈抵达密州亦当在十一月左右。

元丰六年(1083)末,黄庭坚由江西吉安调至山东德平镇,陈绎赴密路程与此相仿而略短。据《黄庭坚年谱新编》,知黄氏元丰七年初出发,六七月间至德平镇,类推之,陈氏概于元祐二年(1087)夏接到调令。宋代地方官员任期理论上为三年,实际上两年多就可能改官。陈绎元丰七年六月知建昌军,元祐二年(夏)方才改官,基本届满,谈不上在新皇帝即位后受到特殊优待。

最后是陈绎知密州的具体情况。《墓志铭》谓其"在郡遘疾,且革矣,犹不废事",据此陈氏确曾执掌密州,《长编》《宋史》等史料漏载。但这种说法亦有溢美之嫌。元祐二年十一月到次年正月二十一日,不过两三个月,是为陈绎人生最后的时间,按常理推测,此前数月长途奔波,抵密后正赶上北方冬季,这对一位风烛残年的老人而言应颇为艰难,因此最后数月陈绎未必能视事。加之时近年末,前任官员可能岁初启程,而王说离开密州的时间尚难判断,则另一种可能,是因为种种原因,陈、王二人未能顺利完成职务交接,故史料阙如。

回到本文的核心问题——黄庭坚北归后是否能见到陈绎,答案显然是否定的。黄庭坚自元丰八年(1085)九月至元祐六年(1091)秋始终在汴京,而陈绎只有一次元祐二年北上密州的经历。以当时的交通条件,其路线大致为自赣江转长江,于瓜洲入运河,至淮河转陆路北进,显然没必要到西北方向的汴京绕圈子,所以元丰七年后,陈绎再无还朝机会,也就不会见过黄庭坚。那么《闻见近录》所谓"鲁直归问和叔,和叔与荆公之说同"的说法,即便放宽标准也不能成立。

三、王巩行踪与《闻见近录》所记之抵牾

回顾《疑难考》的论证逻辑,王巩"与苏轼兄弟、黄庭坚皆为至交好友,所载黄庭坚尝面询荆公《四家诗选》旨趣,应相当可信"①,即王巩与黄庭坚的交游被视为《闻见近录》可靠性的保障。这在材料可被证实的情况下固然成立,而一旦材料出现矛盾,二人交谊亦足证《闻见近录》所记之伪。经上文论述可知,黄庭坚北归后不会见过陈绎,与陈距离最近是在元丰七年(1084)的江宁,而彼时《四家诗选》是否编成尚不清楚。《闻见近录》的这条材料时间线索混乱,疑点众多,以此为支点,结论自难令人信服。

继续追问这条材料与王巩的关系,会发现它来自王巩的可能性很低。参考《长编》与《宋代王巩略论》等,知王巩于元丰六年结束贬谪生涯北归,曾在江

---

① 刘成国《新见史料与王安石生平行实疑难考》,《文学遗产》,2017年第1期。

西与黄庭坚相见,①哲宗元祐元年(1086)三月十四日,由司马光推荐,擢为宗正丞,②十月二十五日上书言事获罪,十一月通判西京,③后改扬州通判。④ 四年三月二十六日,改知海州。⑤ 即元祐元年三月至十一月间王巩在京,后有短暂的洛阳之命,不久南下扬州。将他的时间线与黄、陈二人对比,不难发现三个疑点:

第一,元祐元年时王巩和黄庭坚都在汴京,其间苏、黄等人曾游览西太一宫并读王安石题壁诗,⑥苏轼兄弟亦曾与王巩一同品读黄庭坚诗文,⑦诸人更多次在文章中论及杜甫。⑧ 集中起来看,王巩于此时从黄庭坚处得知《四家诗选》的编次情况比较正常。如果黄庭坚在元丰七年(1084)初向王安石询及《四家诗选》编次一事,即使他并未同时向陈绎请教,作为转述者的王巩也应对陈绎的状况有所了解。

第二,苏轼和范百禄封驳词头之事发生在元祐元年四月十六日,王巩三月十四日已为宗正丞。按照苏、范二人的描述,陈绎案在当时是有较大争议的,那么即使王巩未在黄庭坚处得知,此时也应从苏轼处获知陈绎的下落。而王巩如果清楚元丰七年黄北上、陈南下之情况,便没有理由记下"鲁直归问和叔"这一说法。

第三,王巩于元祐元年十一月离开汴京。一方面,此前陈绎唯一北归的机会被自己的好友苏轼否决。黄庭坚和王巩本人都在汴京,陈绎能否北上汴京见到黄庭坚,王巩十分清楚,则必不会发生陈绎在北方见到黄庭坚这样的"乌龙事件"。另一方面,《长编》虽未记载王巩通判扬州的具体时间,但孔凡礼《苏轼年谱》通过对有关材料的梳理,确定在元祐二年六月前。⑨ 强调这一点,是因

---

① 李贵录《宋代王巩略论》,《贵州大学学报(社会科学版)》,2003年第1期。
② 〔宋〕李焘《续资治通鉴长编》卷三七一,第8991页。
③ 〔宋〕李焘《续资治通鉴长编》卷三九二,第9550页。
④ 〔清〕陆心源《宋史翼》卷二六,北京:中华书局,1991年,第283页。
⑤ 〔宋〕李焘《续资治通鉴长编》卷四二四,第10255页。
⑥ 〔宋〕蔡绦《西清诗话》卷中,见蔡镇楚编《中国诗话珍本丛书》册一,北京:北京图书馆出版社,2004年,第339页。系年见郑永晓《黄庭坚年谱新编》,第169、170页。
⑦ 〔宋〕苏轼撰,李之亮笺注《苏轼文集编年笺注》卷六八,成都:巴蜀书社,2011年,第336页;《书黄鲁直诗后二首》之一:"每见鲁直诗文,未尝不绝倒。然此卷语妙,殆非悠悠者所识能绝倒者也,是可人。元祐元年八月二十二日与定国、子由同观。"
⑧ 苏轼《记子美〈八阵图〉诗》《书子美〈自平〉诗》《书子美〈骢马行〉》《书子美〈黄四娘〉诗》等作品皆作于元祐间,黄庭坚在元祐元年五月下旬亦书杜甫诗,则杜甫大致是苏门比较日常的讨论话题。系年参考:李之亮《苏轼文集编年笺注》;郑永晓《黄庭坚年谱新编》,第145页。
⑨ 孔凡礼《苏轼年谱》卷二六,北京:中华书局,2013年,第788、789页;原题《次韵王定国倅扬州》,当从宋刊十行本《东坡集》及施本作《次韵王定国扬州倅》。《长编》卷四五九元祐六年六月丙申注引刘挚云:巩倅扬,及王安礼、谢景温二守。安礼知扬为元祐元年十一月戊辰事,本年六月己酉迁。见《长编》卷三九一、四〇二。知巩倅扬为本年六月前。

为陈绎赴密时间偏近元祐二年下半年,而王巩通判扬州时间在上半年,陈绎北上时,水路必经扬州,而此时王巩应该正在扬州。亦即,元祐二年王巩见到陈氏的可能性比黄庭坚还大,如果他想知道《四家诗选》的编次问题,可以直接询问陈绎,何必假托于黄。

此外,是否有陈绎在知江宁前就与王安石交谈过,且《四家诗选》亦在此前完成并流传的可能呢?即《闻见近录》所记陈、王之事,是否可能不在上文讨论的时间范围内?首先,元丰七年(1084)的黄、王之会是二人唯一的会面机会,① 这是该说无法回护的一点。其次,这一假设亦与学界对《四家诗选》编纂时间的判断不合。《疑难考》引述了罗忼烈的观点,指出欧阳修的文集在熙宁五年(1072)秋七月编定,此为《四家诗选》成书上限,而王安石卒于宋哲宗元祐元年(1086)四月,自为成书下限。罗氏进一步推测"王安石在当宰相、推行新法期间,日不暇给,大概没有闲情逸致做这种'废日力于此'(《唐百家诗序》)的工夫,可能是从宋神宗熙宁九年十月再次罢相至逝世前的十年间、闲居钟山时选辑成书的"。②

实则欧阳修的诗作在当时流传必广,《四家诗选》仅为选集,故不一定需要在欧集编订后才成书,但王安石熙宁变法期间无暇用心于此,应是实情。又考虑到蔡绦《西清诗话》"王文公晚择四家诗以贻法",③ 及华镇《题杜工部诗后》"元丰间,王文公在江宁,尝删工部、翰林、韩文公、欧阳文忠诗,以杜、李、欧、韩相次,通为一集,目曰《四选》"等记载,④ 知此书成于元丰的可能性最高,故罗氏"闲居钟山时选辑成书"的判断应该基本可靠,而元丰间陈绎与王安石交游的主要时间,正在其知江宁时。如此,《四家诗选》的编纂时间,又回到了本文讨论的范围之内。

综上,本文认为《闻见近录》中的这条材料绝非王巩实录,大概是后人伪造或假托之辞,如此便不能支持《四家诗选》编次不含褒贬的结论。更进一步,《闻见近录》的这条材料可以从四个层面理解。一,其隐含的《四家诗选》编于元丰间,比较可信;二,《四家诗选》的编选与陈绎有关,当在真假之间;三,假托黄庭坚、冒名王巩,必属伪造;四,《四家诗选》的编次无深意,属于书写者个人观点。这对于把握《闻见近录》一书的文献价值或有启示作用。

---

① 郑永晓《黄庭坚年谱新编》,第145页。
② 罗忼烈《两小山斋杂著》,北京:中国和平出版社,1994年,第142页。
③ 〔宋〕蔡绦《西清诗话》卷下,第395页。
④ 〔明〕解缙等编,《永乐大典》卷九○五页一三,北京:中华书局1986年影印本。

四、《四家诗选》与尊杜之风

前文已经提及,《四家诗选》编次是否寓含褒贬,最重要的是要回应王安石与尊杜抑李思想之关系,这也正是《闻见近录》等材料所共处的诗学背景。通过对相关文献的梳理,可以发现支持《四家诗选》编次尊杜的材料,在数量上要远较李杜不分轩轾者为多:

> 论诗如舒王,方可到剧挚之地。编《四家诗》从而命优劣,兹可见也。(李之仪《跋吴思道诗》①)

> 或问王荆公云:"编《四家诗》,以杜甫为第一,太白为第四,岂白之才格词致不逮甫耶?"公曰:"白之歌诗豪放飘逸,人固莫及,然其格止于此而已,不知变也。"(范正敏《遯斋闲览》②)

> 舒王以李太白、杜少陵、韩退之、欧阳永叔诗编为《四家诗集》,而以欧公居太白之上,世莫晓其意。舒王尝曰:"太白词语迅快,无疏脱处,然其识污下,诗词十句九句言妇人酒耳。"(惠洪《冷斋夜话》③)

> 子美之诗非无文也,而质胜文;永叔之诗非无质也,而文胜质;退之之诗质而无文,太白之诗文而无质。介甫选《四家诗》而次第之,其序如此。(李纲《书四家诗选后》④)

> 世言荆公《四家诗》后李白,以其十首九首说酒及妇人……此乃读白诗未熟者,妄立此论耳。《四家诗》未必有次序。使诚不喜白,当自有故。盖白识度甚浅……浅陋有索客之风。(陆游《老学庵笔记》⑤)

> 《四家诗选》,十卷。王安石所选杜、韩、欧、李诗,其置李于末,而欧反在其上,或亦谓有所抑扬云。(陈振孙《直斋书录解题》⑥)

值得注意的是,《老学庵笔记》虽云"此乃读白诗未熟者,妄立此论耳",实则并无确凿证据,仅为一家之言。总的来看,认为《四家诗选》尊杜的文献占据大部,这一定程度印证了本文对《闻见近录》的判断。

当然,《四家诗选》的编次问题之所以争论不休,还体现了不同个体对北宋中期杜甫地位崛起这一文化现象的不同理解,以及对王安石在尊杜思潮中发

---

① 〔宋〕李之仪《姑溪居士文集》卷四〇,四川大学古籍所编《宋集珍本丛刊》册二七,北京:线装书局,2004年,第89页。
② 〔宋〕胡仔《苕溪渔隐丛话·前集》卷六,北京:人民文学出版社,1962年,第37页。
③ 〔宋〕释惠洪《冷斋夜话》卷五,北京:中华书局,1988年,第43页。
④ 〔宋〕李纲《李纲全集》下《梁溪集》卷一六二,长沙:岳麓书社,2004年,第1488页。
⑤ 〔宋〕陆游《老学庵笔记》卷六,北京:中华书局,1979年,第79页。
⑥ 〔宋〕陈振孙撰,徐小蛮、顾美华点校,《直斋书录解题》卷一五,第444页。

挥作用的认识之差异。对于王安石尊杜这一点，学界基本可以达成共识，但对于其观点产生的时间、造成的影响，尚需进一步讨论。《闻见近录》假托黄庭坚询问王安石是书编次的做法，或可视为在此背景下，异见者争夺王安石这一重要批评资源的表现。这对于我们了解北宋中期诗风变革的细节是有益的，同时进一步表明考察杜甫地位崛起的具体时间和发生过程之必要性。

《蔡宽夫诗话》总结宋初以来的诗风[①]：

> 国初沿袭五代之余，士大夫皆宗白乐天诗，故王黄州主盟一时。祥符、天禧之间，杨文公、刘中山、钱思公专喜李义山，故昆体之作，翕然一变。景祐、庆历后，天下知尚古文，于是李太白、韦苏州诸人，始杂见于世。杜子美最为晚出，三十年来学诗者，非子美不道，虽武夫女子皆知尊异之，李太白而下殆莫与抗。

其中"杜子美最为晚出，三十年来学诗者，非子美不道……李太白而下殆莫与抗"的现象，很值得留意。北宋尊杜的源头可以追溯到王禹偁、孙何等人，但这些人的观点尚未得到诗坛的反响。王洙等人整理杜甫集，亦在宋人整理前代著作的大背景下，实则杜甫并未获得特殊地位。

杜诗风行大致发生在嘉祐二年（1057）至元祐八年（1093）间。其时北宋文坛明显分为两大阶段，前一阶段由欧阳修主盟，后一阶段由苏轼主盟。前后两期杜诗地位的变化，反映出很多值得思考的问题。

在整个欧阳修主盟时期，韩愈和李白仍是文人关注的焦点，杜甫地位虽然有所抬升，但尚未成为第一诗人。相比而言，欧阳修对李白的诗艺更加推崇，"杜甫于白得其一节，而精强过之。至于天才自放，非甫可到也。"[②] 在同时代及后人眼中，欧阳修也被视为李白式的诗人。苏轼《六一居士集叙》云："欧阳子论大道似韩愈，论事似陆贽，记事似司马迁，诗赋似李白。此非余言也，天下之言也。"[③] 该文写于元祐六年（1091），此时欧阳修早已仙逝，这些评价属于文坛对欧阳修的"盖棺定论"。

苏轼在元祐以前提到杜甫的次数很少，一次在熙宁四年（1071），《次韵张安道读杜诗》写道"谁知杜陵杰，名与谪仙高。扫地收千轨，争标看两艘"[④]，将杜甫视为与李白比肩的诗人；一次在元丰间，《书〈李白集〉》写道："良由太白豪

---

① 〔宋〕胡仔《苕溪渔隐丛话·前集》卷二二，第144页。
② 〔宋〕欧阳修撰，李之亮笺注，《欧阳修集编年笺注》卷一三〇《笔说·李白杜甫诗优劣说》，成都：巴蜀书社，2007年，第155、156页。
③ 〔宋〕苏轼撰，李之亮笺注，《苏轼文集编年笺注》卷一〇，第16页。
④ 〔宋〕苏轼撰，〔清〕王文浩辑注，孔凡礼点校，《苏轼诗集》卷六，北京：中华书局，2012年，第266页。

俊,语不甚择,集中往往有临时率然之句,故使妄庸辈敢尔。若杜子美,世岂复有伪撰者耶?"①这种表述有一定尊杜意味,但更多指向两人诗风差异,总体上与欧阳修差别不大。但在元祐元年(1086)回到汴京后,苏轼尊杜的观点已经比较突出。"诗至于杜子美……而古今之变,天下之能事毕矣",②"古今诗人多矣,而惟以杜子美为首",③明显不同于前,可见苏轼在元祐前后的态度转变。

这种转变的原因,部分在于政局的变动、文化思潮的转徙,士大夫心态、兴趣由此发生变化。黄州期间,苏轼在与王巩的书信中谈到,"杜子美在困穷之中,一饮一食,未尝忘君,诗人以来,一人而已",④这表现出在政治高压下,诗人群体从杜甫汲取思想资源的转向。但在这一大背景下,关键人物对尊杜思潮的引领作用仍不容忽视。

五、王安石在尊杜思潮中的作用

应该注意,欧阳修去世到苏轼还朝前,文坛出现了一段空白期,如果把汴京视为文学中心,这一空白期还可以拉长至熙宁三年(1070)欧阳修离汴,至元祐元年(1086)苏轼回京。如此嘉祐二年(1057)至元祐八年(1093)的文学发展或可分为三期,即欧阳修时期、空白期、苏轼时期。能在欧阳修、苏轼之间填补空白,在熙丰间对文学产生重大影响的人,就事实而言只有王安石。

对比欧阳修《堂中画像探题得杜子美》,与王安石《杜工部诗后集序》《杜甫画像》三条材料对于杜甫的态度,能够清晰地看到二人的差别。相较而言,欧阳修诗虽然写到"杜君诗之豪,来者孰比伦"⑤,但用于佐证尊杜并不十分恰当。因为其诗的创作背景比较特殊。朱弁《风月堂诗话》载⑥:

> 欧公居颍上,申公吕晦叔作太守,聚星堂燕集,赋诗分韵……又赋壁间画像,公得杜甫,申公得李文饶,刘原父得韩退之,魏广得谢安石,焦千之得诸葛孔明,王回得李白,徐无逸得魏郑公。诗编成一集,流行于世。当时四方能文之士及馆阁诸公,皆以不与此会为恨。

分韵作诗时,欧阳修被分到了杜甫,这种情况使诗人观点表达受到很大局限。且细读该句,杜甫的"来者"也不应包括李白,故难据此诗说明尊杜问题。

---

① 〔宋〕苏轼撰,李之亮笺注,《苏轼文集编年笺注》卷六七,第194页。
② 〔宋〕苏轼撰,李之亮笺注,《苏轼文集编年笺注》卷七〇,第598页。
③ 〔宋〕苏轼撰,李之亮笺注,《苏轼文集编年笺注》卷七五,第695页。
④ 〔宋〕苏轼撰,李之亮笺注,《苏轼文集编年笺注》卷五二,第689页。
⑤ 〔宋〕欧阳修撰,刘德清等笺注,《欧阳修诗编年笺注》卷九,北京:中华书局,2012年,第1045页。
⑥ 〔宋〕朱弁撰,陈新点校,《风月堂诗话》卷上,北京:中华书局,1988年,第101、102页。

王安石的《杜甫画像》则不同。2012年，日本学者东英寿新发现九十六篇欧阳修佚简，其中第三十六篇为《与王文公》[①]：

> 修近见耿宪所作《杜子美画像》诗刻题后之辞，意义高远，读之数四。不想见多年，根涉如此，岂非切磨之效耶！修当日会饮于聚星堂，狂醉之间，偶尔信笔，不经思虑，而介甫命意推称之如是，修所不及也。修顿首。

可见王诗为步武欧诗之作。但一方面，这首诗在艺术及对杜甫的理解上已经超过欧诗；另一方面，就性质而言，王安石是从诸人中单独挑出《杜甫画像》进行创作，尊杜观点更加明显。因此可以判断《杜工部诗后集序》所云"予考古之诗，尤爱杜甫氏作者。其辞所从出，一莫知穷极，而病未能学也"[②]，并非仅为诗集作序而滥发虚言，而是有实际的思想支撑的。

王安石编杜集是在"皇祐壬辰五月"[③]，即皇祐四年（1052）。刘成国《王安石年谱长编》将《杜甫画像》系于皇祐六年[④]，基本可信。可见王安石在皇祐年间就已经形成了相对成熟的尊杜观点，远较欧阳修、苏门文人为早。考虑到王安石在熙宁年间的影响力，其在熙丰时期对于杜甫地位提升的作用自非无稽。前人已经关注到了这一现象，如《苕溪渔隐丛话》载："嘉祐以来，欧阳公称太白为绝唱，王文公称少陵为高作，而诗格大变，高风之所扇，作者间出，班班可述矣。"[⑤]胡寿芝《东目馆诗见》云："嘉祐后，欧阳文忠尊李，王文公尊杜，一时风气振刷，诗格大变焉。"[⑥]他们都指出嘉祐以后，王安石在尊杜思潮中的地位。

行文至此，陈绎晚年仕履与《四家诗选》编次情况已经基本清晰。虽然王安石尊杜与《四家诗选》编次间不存在必然联系，但面对各家文献编写者通过阐释编次顺序，以表达诗学观点的实际情况，指出王安石在尊杜思潮中的具体作用，对于厘清这组问题显然是有意义的。当然，要想彻底解决这些问题还需要做大量工作，笔者限于学力，仅阐述一点浅薄思考，难免见笑于方家。

[①] 〔日〕东英寿标点，洪本健笺注，《新见欧阳修九十六篇书简笺注》，上海：上海古籍出版社，2014年，第56页。
[②] 〔宋〕王安石撰，李之亮笺注，《王荆公文集笺注》卷四七，成都：巴蜀书社2005年版，第1619页。
[③] 〔宋〕王安石撰，李之亮笺注，《王荆公文集笺注》卷四七，第1619页。
[④] 刘成国《王安石年谱长编》，北京：中华书局2018年版，第303、304页。
[⑤] 〔宋〕胡仔《苕溪渔隐丛话·后集》卷八，第58页。
[⑥] 〔清〕胡寿芝《东目馆诗见》卷一，见《清代诗文集汇编》册三五二，上海：上海古籍出版社，2010年，第221页。

略论《石仓宋诗选》对所选作品的删改
——以曾巩诗为例

许红霞[*]

【内容提要】 本文以曾巩诗为例，指出明曹学佺编《石仓宋诗选》中的曾巩诗选自明代流传的五十卷本《元丰类稿》的前八卷，并有对其诗歌内容、字句、诗题大量删减、改写的情况，分析其删改原因与曹学佺的诗学主张有着密切关系，进一步指出《石仓宋诗选》对作者作品的删改是普遍存在的现象，我们在认识到它对保存宋代诗歌文献有一定的价值的同时，也要了解其删改造成了对原始诗歌文献的破坏，使原作者的诗歌内容失去了本真面目，而《石仓宋诗选》中的《元丰类稿》，并非通常流传的曾巩的《元丰类稿》，研究者和阅读者要注意，避免受其误导和影响。

【关键词】《石仓宋诗选》 曾巩诗 《元丰类稿》 删改

《石仓宋诗选》是明末著名学者、诗人、藏书家曹学佺(1575—1646)[①]所编大型诗歌选集《石仓十二代诗选》的一个重要组成部分。[②] 共一百零七卷，选录了自寇准至释显万共192人的诗歌，[③]诗作计六千七百余首，[④]它反映了曹学

---

[*] 本文作者为北京大学中文系、北京大学中国古文献研究中心长聘制副教授。

[①] 曹学佺生年月日据许建昆先生考证，当为明万历二年闰腊月十五日，即1575年1月26日，卒年月日为清顺治三年(1646)九月十八日，今从。参见其所著《曹学佺与晚明文学史》之《晚明闽中诗学文献的勘误、搜佚与重建——以曹学佺生平、著作考证为例》，台北：万卷楼图书股份有限公司，2014年，第30—31页。

[②]《石仓十二代诗选》规模庞大，卷帙浩繁，《明史》卷九九《艺文四·总集类》著录为八百八十八卷，包括《古诗选》十三卷，《唐诗选》一百十卷，《宋诗选》一百七卷，《元诗选》五十卷，《明诗选》一集八十六卷，二集一百四十卷，三集一百卷，四集一百三十二卷，五集五十卷，六集一百卷。见中华书局点校本《明史》，第2498页。海内外各种图书目录对其著录的名目及总卷数并不相同，各图书馆收藏此书的数量也多寡有别，详情可参朱伟东《〈石仓十二代诗选〉全帙探考》(《文献》2000年第3期，第211—221页)。不过，各图书目录对此书所著录的名目及卷数的不同主要在于《明诗选》部分，对《宋诗选》的著录是相同的。

[③] 其中徐玑卷七一、卷九五重出，惠洪卷一○三、卷一○七重出，卷一○七误收唐诗僧修睦、虚中、景云、子兰、尚颜、清尚六人，北大中文系硕士生袁乐琼又发现其卷九三误收金人刘迎，故实录183人。

[④] 据袁乐琼2019年硕士学位论文《〈石仓宋诗选〉编集流传与文献影响研究》(指导教师：许红霞)中统计。

俭本人的选诗特点和文学主张，对保存宋代诗歌文献有一定的价值，对后代宋诗的编选整理也产生了广泛的影响。值得注意的是，收入《石仓宋诗选》中的宋人诗歌，大都经过了曹学佺的重新编选，很多并非依照底本完整录入，在编选过程中，不但对诗题有改动，还对很多诗歌内容进行了大量的删减，有些诗歌的字句可能还经过了曹学佺的重新撰写或修改，这就需要我们在利用和阅读此书时特别加以注意，本文拟以其中所录曾巩诗为例加以说明。

一、《石仓宋诗选》中曾巩诗选自《元丰类稿》

曹学佺字能始，号雁泽，又号石仓居士、西峰居士，福建福州侯官县（今属福州市）人，万历二十三年（1595）进士。历任户部主事、户部郎中、四川右参政、四川按察使、广西右参议等职。家居二十年，著书石仓园中。晚年为南明隆武朝授太常寺卿，迁礼部侍郎兼侍讲学士，进礼部尚书，加太子太保。清军攻陷福州，自缢而死。① 他所编《石仓十二代诗选》（亦称《历代诗选》）由《古诗选》《唐诗选》《宋诗选》《元诗选》《明诗选》五大部分组成，每部分前都有其所作序文一篇，从其序文末所署时间看，《古诗选》是崇祯四年（1631）清明日，《唐诗选》是崇祯四年立夏日，《宋诗选》是崇祯三年仲秋（农历八月），《元诗选》是崇祯三年冬月（农历十一月），《明诗选》是崇祯三年十月初一，可见至崇祯四年立夏日，此书的前四部分及《明诗选》的一部分都已经编成并付梓。② 其《宋诗选序》云：

> 予作《十二代诗选》，为期颇亟。或言于予曰："子未可以若是其几也。"予应之曰："然。"顾亦自有说。夫诗自汉魏而下以至晋、宋、六朝、三唐，予在金陵时阅选再四，缮写成帙，旋散佚去，予亦不之问，有暇乃更选。或有前后并存者，则以今昔之去取而验乎意见离合之何如也。《鲁论》云："子与人歌而善，必使反之，而后和之。"夫诗歌之属也，予不能歌，亦未能和，但日披阅而寻绎之，寻绎不已，若反之而已矣。宋元诗予概未之经目，集亦不可多得，但宋病于腐，元病于纤，每闻乎称诗者之言。以今观之，宋元自有宋元之诗，而各擅其一代之美，何可端锢以瑕訾也。三山徐、谢二家，收藏颇夥，亦不轻借人。兴公予老友，幼年喜购小本书，黍积铢

---

① 事见清张廷玉等《明史》卷二八八《文苑四》，中华书局1974年点校本，第24册，第7400—7401页。
② 此据中国国家图书馆藏明刊本《石仓十二代诗选》，其《明诗选序》后，只列有明诗选1—6集诗人姓氏目录及其诗歌。根据目录记载及学者朱伟东考证，《明诗选》卷帙繁复，还有7—10集、1—6集的续集、《闽秀集》、《社集》、《南直集》以及《浙集》、《福建集》、《楚集》等地方集，其编刻一直持续到崇祯末年。参见其《〈石仓十二代诗选〉全帙探考》，《文献》2000年第3期，第218页及第220—221页注13。

累,为日既久,兹且倒箧以俾予用,顾予而喜曰:"子《诗选》成,始知予前者之积累为不虚矣。"在杭为水衡时,斥俸以抄秘阁所藏,盖不欲彰彰之外。曩任粤西总宪,嘱其掌记以架上书,惟余所欲观,毋吝。今诸郎尚遵若考之训如一日也。予年家子林懋礼,顷亦好积书,有所得,每以告余,亦往往资乎其所不逮,于是合此三家之书而选宋元之集。每代各百十数家,而卷亦称是。……①

其中叙述了其编选《古诗选》《唐诗选》《宋诗选》的过程,阐明其对宋元诗的看法,并详细说明其选宋元诗主要是利用了其至交好友、著名藏书家徐𤊹(字兴公)、谢肇淛(字在杭)及其晚辈林叔学(字懋礼)三家的藏书。从编排体例看,《石仓宋诗选》中所收录的大部分诗歌是一人一卷,也有一卷中收录数位诗人,以一人为主,其他人作为附录。除卷一〇七及他卷所附录诗人外,其於所选每位诗人诗歌的首页,都标明诗集名及所选者,如寇准诗首页首行顶格写"石仓十二代诗选",同行下写"宋诗卷之首",第二、第三行上端有"巴东集"三字(写在二、三行中间位置),其下分别有"宋下邽寇准著","明后学曹学佺阅"(分占二、三行);王禹偁诗首页首行顶格写"石仓十二代诗选",同行下写"宋诗卷之二",第二、第三行上端中间写"小畜集"三字,下面分别有"宋太原王禹偁著","明后学曹学佺阅"。其所题集名或是根据所用底本所署,或是根据作者曾有诗集名题署。曾巩诗位于《石仓宋诗选》卷二一,其首页首行顶格写"石仓十二代诗选",同行下写"宋诗卷之二十一",第二、第三行上端中间写"元丰类稿"四字,下面分别有"宋盱江曾巩著","明后学曹学佺阅"。(参见后文所附书影)自《宿尊胜院》至《题饶君茂才葆光庵》共选录曾巩诗歌六十三首。《元丰类稿》是曾巩的诗文合集,共五十卷,包括诗八卷,文四十二卷,宋、元都有刻本,明代更是刻本众多,因宋刊本现只存残卷,笔者核查了《四部丛刊》影印元刊黑口本、明正统十二年(1447)邹旦刻本、成化六年(1470)杨参刻本、嘉靖二十三年(1544)王忬刻本、隆庆五年(1571)邵廉刻本、万历二十五年(1597)曾敏才等刻本,并参考了陈杏珍、晁继周点校的《曾巩集》②以及《全宋诗》第八册卷四五四至卷四六二曾巩诗③,这六十三首诗,皆出自曾巩《元丰类稿》卷一至卷八,且顺序一致。而徐𤊹《徐氏家传书目》卷六集部文集类北宋部分也著录有"曾巩《元丰类稿》五十卷",④说明徐𤊹家也藏有此书,所以《石仓宋诗选》中所选曾巩诗,

---

① 据国家图书馆及日本尊经阁文库所藏明崇祯三年序刊本。
② 〔宋〕曾巩撰,陈杏珍、晁继周点校,《曾巩集》,北京:中华书局,1984年。
③ 陈杏珍整理。
④ 《中国历代书目题跋丛书》第四辑,上海:上海古籍出版社,2014年,第365页。

当是曹学佺利用自藏或据友人所藏的《元丰类稿》而选编的。① 经学者统计,现知曾巩存世诗歌约 455 首,②《石仓宋诗选》所选占其诗歌总数将近七分之一,也算不少了,③说明曹学佺对曾巩诗的重视和喜爱。

二、《石仓宋诗选》中曾巩诗被删改情况

如前所述,《石仓宋诗选》中的宋人诗歌,很多并非依照底本完整录入,而是进行了大量的内容删减,有些诗歌的诗题也作了删减,有些诗歌字句可能还经过了曹学佺的重新撰写或修改。曾巩诗从《元丰类稿》卷一至卷八中共选收 63 首,包括卷一 9 首;卷二 5 首;卷三 1 首;卷四 10 首;卷五 4 首;卷六 13 首;卷七 11 首;卷八 10 首。其中诗句被删减者有 7 首,诗句被改写者约有 5 首。特别是从卷一中选的 9 首诗歌,有 6 首被删减诗句或改写字句。这些诗歌中删 2 句、4 句、6 句、8 句者皆有,最多者则删达 28 句。所删诗歌根据内容,有的删中间几句,有的删末尾几句,删中间句者较多。具体情况如下:

(一)诗句被删:凡[ ]中句为《石仓宋诗选》卷二一《元丰类稿》所无。④

放车秋崖望,所得过旧闻。初疑古轴画,山水秋毫分。时见崖下雨,多从衣上云。[濯足行上侧,心忧踏天文。]八荒正摇落,独余草木薰。但觉耳目胜,未知筋力勤。颠毛已种种,世患方纷纷。何当啸吟此,日与樵苏群。

卷一《上翁岭》⑤(删 2 句)

新霖洗穷腊,东南始知寒。惊我千里意,觉汝征途难。空江挂风席,扁舟与谁安。羁旅费亦久,橐衣岂无单。[念汝西北去,壮心始桓桓。竟逢有司惑,斥走怀琅玕。士固有大意,秋毫岂能干。所忧道里困,久无一樽欢。]我意生恻恻,为之却朝餐。人生飘零内,何处怀抱宽。已期采芝乐,握手青霞端。无令及门喜,淹留雪霜残。

卷一《寄舍弟》(删 8 句)

横江舍轻楫,对面见青山。行尽车马尘,豁见水石寰。地气方以洁,

---

① 从文字来看,《石仓宋诗选》中的曾巩诗,很可能是据嘉靖王忬刻本或其同系统的刻本所选。
② 见于晓川《曾巩〈续元丰类稿〉、〈外集〉考》,《四川师范大学学报(社会科学版)》2016 年第 5 期,第 121 页。
③ 《石仓宋诗选》中选诗最多的是惠洪诗,有 259 首,但惠洪存世约 1809 首,从比例上来看还是比较接近的。
④ 《石仓宋诗选》据中国国家图书馆所藏明崇祯三年序刊本,下同。
⑤ 原文据明万历二十五年(1587)曾敏才等刻本。下引文同。

崖声落潺潺。虽为千家县,正在清华间。① 风烟凛人心,世虑自可删。况无讼诉嚣,得有觞咏闲。常疑此中吏,白首岂思还。[人情贵公卿,烨烨就玉班。光华虽一时,忧悸或满颜。鸡鸭已争驰,骅骝振镳镮。岂如此中吏,日高未开关。一不谨所守,名声别妖奸。岂如此中吏,一官老无瘝。惛惛谋谟消,汩汩气象孱。岂如此中吏,明心慑强顽。况云此中居,一亭众峰环。崖声梦犹闻,谷秀并可攀。倚天巉岩姿,青苍露斑斓。对之精神恬,可谢世网艰。人生慕虚荣,敛收意常悭。诚思此忧愉,自应喜榛菅。]

卷一《靖安幽谷亭》(删 28 句)

飞光洗积雪,南山露崔嵬。长淮水未绿,深坞花已开。远闻山中泉,隐若冰谷摧。初谁爱苍翠,排空结楼台。辚辚架梁栋,辉辉刻琼瑰。先生鸾凤姿,未免燕雀猜。飞鸣失其所,徘徊此山隈。万事于人身,九州一浮埃。所要挟道德,不愧丘与回。[先生逐二子,谁能计垠崖。所怀虽未写,所适在欢咍。为语幕下士,殷勤羞瓮醅。]

卷二《游琅琊山》(删 6 句)

荒城懒出门常掩,春气欲归寒不敛。东邻咫尺犹不到,况乃傍溪潭石险。风光得暖才几日,不觉溪山碧于染。欣然与客到西岸,衣帻不避尘泥点。谷花洲草各萌芽,高下迸生如刻剡。[梅花开早今已满,若洗新妆竞妖脸。]柳条前日尚憔悴,时节与催还荏苒。沙禽翅羽亦已好,争趁午暄浮翠瀲。[从今物物已可爱,有酒便醉情何慊。]君厨山杏旧所识,速致百壶须滟滟。心知万事难刻画,惟有醉眠知不忝。预愁酪酊苦太热,已令洒屋铺风箪。

卷三《东津归催吴秀才寄酒》(删 4 句)

明妃未出汉宫时,秀色倾人人不知。何况一身辞汉地,驱令万里嫁胡儿。喧喧杂虏方满眼,皎皎丹心欲语谁。延寿尔能私好恶,令人不自保妍媸。丹青有迹尚如此,何况无形论是非。[穷通岂不各有命,南北由来非尔为。]黄云塞路乡国远,鸿雁在天音信稀。度成新曲无人听,弹向东风空泪垂。[若道人情无感慨,何故卫女苦思归。]

(删 4 句)

蛾眉绝世不可寻,能使花羞在上林。自信无由污白玉,向人不肯用黄金。一辞椒屋风尘远,去托毡庐沙碛深。[汉姬尚自有妒色,胡女岂能无忌心。]直欲论情通汉地,独能将恨寄胡琴。但取当时能托意,不论何代有

---

① 《全宋诗》册一八卷一〇三九页一一八八六录曾巩幼弟曾肇《南昌绣谷山幽谷亭》诗:"行尽车马尘,踏见水石环。谁为千家县,正在清华间。"出自《曲阜集》卷三,除"踏"一字不同外,与曾巩此诗中四句相同。

知音。［长安美人夸富贵,未央宫殿竞光阴。］岂知泯泯沉烟雾,独有明妃传至今。

（删4句）

卷四《明妃曲二首》

(二)诗歌字句被改写:凡( )中字句为《石仓宋诗选》卷二一《元丰类稿》所作。

朝寒陟山砠,宵雨集僧堂。蔽衣盖苦短,客卧梦不长。鸣风木间起(雄风树间吼),枯槁吹欲僵。向来雪云端,叶下百仞隍。起攀苍崖望,正受万虑戕。岁运忽当尔,我颜安得芳。传闻羡门仙,飞身憩苍苍。谁能乞其灵,相与超八方。

卷一《宿尊胜院》

夜叹不为绨纩单,昼嗟不为薇蕨少。天弓不肯射胡星,挽枪久已躔朱鸟。徐扬复忧羽虫孽,襄汉正病昭回杳。力能怀畏未足忧(谁为肉食不知忧),忧在(更看)北极群阴绕。

卷一《叹嗟》

荒城绝所之,岁暮浩多思。病眼对山湖,孤吟寄天地。用心长者间,已与儿女异。况排千年非,独抱六经意。终非常情度,岂补当世治。幽怀但自信,盛(往)事皆(徒)空议。气(天)昏繁霜多,节老寒日驶。局促去朋友,呫嗫牵梦寐。将论道精粗(论道欲忘筌),岂必在文字。

卷一《写怀二首》其二

柳色映驰道,水声通御沟。虽喜芳物盛,未同故人游。叩门忽去我,跃马振轻裘。佩印自兹始,过家当少留。中园何时到,薇蕨亦已柔。山翠入幽展,渚香浮迥舟。阡陌有还往,壶觞时献酬。应笑天禄(子云)阁,寂寥谁见求。

卷四《瞿秘校新授官还南丰》

枕前听尽(吹落)小梅花,起见中庭月未斜。微破宿云犹度雁,欲深烟柳已藏鸦。井轳声急推寒玉,笼烛光繁秉绛纱。行到市桥人语密,马头依约对朝霞。

卷七《早起赴行香》

(三)诗题被简省

《石仓宋诗选》中曾巩诗的有些标题也被删减。如卷四《秋夜露坐偶作》删去"偶作"二字;卷七《早起赴行香》删去"赴"字;卷八《游东山示客》删去"示客"二字;《寄题饶君茂才葆光庵》删去"寄"字。可看出简省后的诗题皆不如原诗题表述清晰。有些简省还是恰当的,比如卷六《遣兴安州十首》,是指包括《遣兴》诗在内的十首诗,因只选了《遣兴》,故去掉了诗题下小注"安州十首"。

三、删改原因分析

《石仓宋诗选》中为什么会出现对作者诗歌作品的删改情况呢？笔者以为这是与编选者曹学佺的诗学主张密切相关的。正如其在《石仓宋诗选序》中所说：

> 宋病于腐,元病于纤,每闻乎称诗者之言。以今观之,宋元自有宋元之诗,而各擅其一代之美,何可端锢以瑕訾也……大抵宋之为诗,取材广而命意新,不欲剿袭前人一字,而诗家反以腐锢之,其与予之向未寓目者,殆亦同病也欤。然而构思层迭、稍涉议论则有之。夫如是,则选当用何法？曰：宋人之选宋诗也,而首寇莱公,①盖以其合唐调也。……予固以宋人之选宋诗者选宋诗而已矣,故于莱公《巴东集》之首而序及之,以当凡例焉。

可见他对宋元诗歌、宋诗特点有着一定的客观认识和评价,与一味贬抑宋元诗者观点不同。这也反映出在明代晚期,诗坛尊唐卑宋的风气有所改变,人们逐渐摒弃"宋诗腐,元诗纤"的观点,对宋元诗开始有一些客观的认识和评价。不过,虽然曹学佺对宋诗从"向未寓目"到认识到其价值,思想观点有所转变,但是他在选编宋诗时,又按照宋人选宋诗的做法选宋诗,也还是以是否"合唐调"为标准的,所以对具有宋诗特点的所谓"构思层迭、稍涉议论"的诗歌进行了删改。至于经其删改之诗是否就一定"合唐调",抑或其所删改是否合适,则当另论。在《石仓唐诗选序》中曹学佺曾说：

> 选唐诗而不入李杜者,不重古风故也。……若大历以下之诸公,纯用才华而蕴藉少矣；贞元已下之诸公,纯用工巧而风致乖矣。其病皆在不习古风也。……故予凡遇中、晚之古风,若获拱璧焉。即有微瑕,<u>必加润色</u>。知我罪我,不以为惧。②

他阐述了学习古风的重要性,并明确指出他十分珍视中晚唐的古风作品,即使略微有些瑕疵的,他"必加润色",并不惧怕别人指责论罪。其所谓"润色",应该是包括了对字、句的修改和对诗句的删减。经过对《石仓唐诗选》的核查,其

---

① 《石仓宋诗选》卷一前有《寇忠愍集小序》,主要介绍寇准的生平事迹,其后有曹学佺按语云："《文献通考》宋集中编次寇忠愍为首,又《通考》引晁公武曰：'曾慥守赣州,及帅荆渚日,裒辑本朝诗选,自寇莱公以次至僧瑞二百余家。'则余之选宋集首莱公者盖本此耳。"国家图书馆藏明崇祯三年序刊本。

② 《石仓唐诗选》卷首,首都图书馆藏明崇祯四年序刊本。

中确有一些作者的古风诗歌被加以删改,而曾巩诗被删改的情况也是如此。《元丰类稿》中卷一至卷五为古诗,卷六至卷八为律诗,我们可以看出诗歌内容被删改的主要集中在前五卷古诗部分。所列的被删减诗句的诗歌,绝大部分应该就是曹学佺所认为"构思层迭、稍涉议论"的部分。比如被删减诗句最多的一首《靖安幽谷亭》诗,明章潢《万历新修南昌府志》卷四云:"靖安县,汉为靖安镇,南唐改县治,厅在县城西隅,厅东南有幽谷亭,乃谢令宇所建也。"①而幽谷亭即位于绣谷山中,是古代文人游览题咏的风景名胜之地,曾肇诗题即作《南昌绣谷山幽谷亭》。曾巩全诗共 42 句,从诗歌内容看可分为两部分,前半部分共 14 句,作者主要描写自己渡江舍楫,又经过长途车马之劳,来到了水石相激如鸣佩环,空气清新爽洁、崖落声潺潺的绣谷山幽谷亭,心情豁然开朗。他慨叹靖安千家县,就在这清秀美丽的景致之间。秀丽的景色使人对大自然产生敬畏之心,可以消除一切俗世的烦扰,况且县里又没有诉讼嚣争,县吏得以每日饮酒赋诗,尽享悠闲。所以作者猜测这里的官吏,可以一直在此为官至老,乐不思还了。总之是感叹这里风景的秀丽,并表达了对在这里做官的悠闲生活的向往。后半部分,作者话锋一转,对自己向往在此地为官生活的原因展开了议论。一连用了三个排比句,来说明人们争先恐后地追求功名富贵,虽能光华一时,但也每日担惊受怕,一有疏忽,名位尽失,而一旦谋谟消尽,终究落得凄凉的下场,怎如此处的官吏,以清明纯正之心,震慑强顽,每日过着悠闲的生活,谨守一职直至终老。更何况还有这样的秀美奇景为伴,使人可以忘却尘世的艰难,精神恬静安详。人生图慕虚荣,为算计忧愉所困扰,还不如过这种平淡自然的生活。后半部分对诗歌内容进一步深化,使我们能更深入地理解作者的思想观点。这正是曾巩诗歌的一个特点所在,而议论化也正是宋诗共有的特点。但在曹学佺看来,这肯定是属于"构思层迭、稍涉议论"的,所以就干脆把后半部分 28 句全部删除了。又如卷四《明妃曲二首》,每首各被删去了"穷通岂不各有命,南北由来非尔为""若道人情无感慨,何故卫女苦思归";"汉姬尚自有妒色,胡女岂能无忌心""长安美人夸富贵,未央宫殿竞光阴"等涉及议论或"构思层迭"的四句。但第二首末二句的"岂知泯泯沉烟雾,独有明妃传至今"是承接其前"长安美人夸富贵,未央宫殿竞光阴"两句诗意而来的,若删除了这两句,就割裂了其与最后两句的逻辑性,而使得最后两句显得突兀。至于所谓经曹学佺"润色"的部分,也不见得都是合适的。比如卷一《宿尊胜院》诗第五句,诸本皆作"鸣风木间起",而被改为"雄风树间吼";《写怀二首》其二的"盛事皆空议"被改为"往事徒空议";"气昏繁霜多"的"气"字被改为"天";"将论道精粗"被改为"论道欲忘筌";《叹嗟》一诗主要表达了作者对现实的感

---

① 其卷六又云:"绣谷山一名幽谷,在县北五里,层峦叠嶂,岭半有瀑布如练。"明万历十六年刻本。

叹和担忧,抒发了深沉的忧国忧民的情感,他感叹的不是自己缺吃少穿,而是忧虑国家正面临着外敌的入侵,徐、扬、襄汉又遭受了严重的自然灾害,最后两句"力能怀畏未足忧,忧在北极群阴绕"①,连用两个"忧"字,突出了作者对国事深深的忧虑,却被改为"谁为肉食不知忧,更看北极群阴绕",把作者所突出表达的忧虑情绪冲淡了。而卷四《瞿秘校新授官还南丰》一诗末句"应笑天禄阁,寂寥谁见求"中的"天禄"二字,诸本皆同,《石仓宋诗选》中却改为"子云",虽然扬雄校书天禄阁,并有"投阁"之典故,后人也有称"天禄阁"为"子云阁"者,但笔者以为此处从诗歌内容看也不一定就非改"天禄"为"子云"不可。笔者也曾对《石仓宋诗选》中所录惠洪诗作过核查,在所录259首惠洪诗歌中,有40首被删改,且皆是五、七言古诗。② 可见曹学佺在选唐诗与选宋诗时,指导思想和做法是一致的。他主张诗文创作要吟咏性情,真挚自然。他在《李太虚集序》中说:

> 大抵诗主比兴,文工形似,要皆本诸性情之真而触以时物之变。若不期于言而言之,又若有意若无意。故其妙处若化工之不可名状,若水月之不可摹捉,岂人力所能勉强而思议者乎? 余观太虚之诗若文,盖本诸性情者。故其厚寄慨而薄雕缋,体物而毕肖,撰境而不虚过。③

他认为无论是作诗还是撰文,都是本诸作者的性情之真,感时触物,自然而然地对感情的抒发,达到"若不期于言而言之,又若有意若无意"的境界。所以他赞赏李太虚之诗本诸性情,"厚寄慨而薄雕缋",可见他对那些无病呻吟,过分加以人工雕刻绘饰的作品是不欣赏的。他在《慈溪叶国桢诗集序》中称赞叶公作诗"超朗恬适,绝无聱牙钩棘之患,深不病理,浅不入俚,是可步趋唐人门径矣"。④ 也可见其喜欢超逸爽朗、恬适自然的作品,而排斥佶屈聱牙、艰涩难懂、多议论说理或浅俗入俚的诗歌作品。这与他认为宋代的一些诗歌作品"构思层迭、稍涉议论"的观点是一致的。他对所选诗歌作品加以"润色"、删改,应与他的文学主张和喜好是一致的。但是,无论如何,经过曹学佺删改的诗歌,文字、内容已发生了一些变化,已经不是原作者所创作的诗歌原样,容易误导后人对原作者诗歌的理解和研究,况且他的删改也不一定尽合其初衷和恰当,这是特别需要提醒研究者和阅读者注意的。

---

① 祝尚书先生解释这句为:"恩威并重,这一切都不足担忧,忧心的是皇帝被小人包围欺骗。"见《曾巩诗文选译》,南京:凤凰出版社2011年,第8页。
② 可参拙文《惠洪〈筠溪集〉源流考——兼论〈石仓宋诗选〉对作品的删改》,《文学遗产》2018年第2期,第53—66页。
③ 〔明〕曹学佺《石仓三稿》文部上,北京大学图书馆藏明崇祯间刻本。
④ 〔明〕曹学佺著,庄可庭纂辑,高祥杰点注,《曹大理诗文集·夜光堂文集》,香港:香港文学报社出版公司2013年,上册,第1015—1016页。

四、余论

曹学佺编《石仓十二代诗选》，在当时产生很大影响，"士争附以立名不可得"①，编成后"盛行于世"②。其明末刊本现中国国家图书馆、故宫博物院图书馆、上海图书馆、华东师范大学图书馆、吉林大学图书馆、日本宫内厅书陵部、公文书馆、尊经阁文库、静嘉堂文库、东洋文库、东京都立中央图书馆、京都大学人文科学研究所、名古屋蓬佐文库、美国哈佛大学燕京图书馆等多家中外藏书机构都有收藏，但皆非全编。完整收藏《石仓宋诗选》者，至少有十二家。③

日本国立公文书馆藏明刊本《石仓宋诗选》书影

在明代诗坛"尊唐抑宋"的大的时代背景下，它的刊行，对保存宋代诗歌文献确实有一定的价值，比如，有一些无别集存世的诗人的诗歌作品因《石仓宋诗选》的选录得以流传下来，其中所录的一些序跋资料也具有史料价值。但是，它所存在的对原作进行大量删改的问题，也是需要我们特别引起注意的。在《石仓宋诗选》中，被删改的作家作品也不只是曾巩、惠洪两家，笔者还依次核查了《石仓宋诗选》中所选寇准、王禹偁、宋祁、杨亿、钱惟演、刘筠、韩琦、文彦博、范镇、范仲淹、谢邁等十一人的诗歌，发现诗歌内容被删者有王禹偁、宋祁、韩琦、

---

① 〔清〕钱仪吉纂，靳斯标点，《碑传集》卷一二三《逸民》上之上《顾高士梦游传》，北京：中华书局，1993年，第10册，第3618页。
② 《明史》卷二八八《文苑四·曹学佺传》，第24册，第7401页。
③ 详可参袁乐琼硕士论文《〈石仓宋诗选〉编集流传与文献影响研究》。

范镇、范仲淹、谢薖六人,也有学者发现还有其他诗人诗歌被删改的情况。① 所以其删改诗人诗歌作品的现象是普遍存在的。我们不能排除因抄手疏忽或偷懒而漏抄诗句以及刻工偷工减料而删减诗句的可能,但是曹学佺在选诗时根据自己的诗学观点和喜好对一些诗歌进行了大量删改的做法是一定存在的。无论原因为何,这种删改都造成了对原始诗歌文献的破坏,使原作者的诗歌内容失去了本真面目。而由于《石仓十二代诗选》的流传,其缺陷也被沿袭到后代文献的编纂中。如《石仓宋诗选》就对清代宋诗选本的编纂产生了一定的影响,清代所编宋诗选本如陈焯编《宋元诗会》,顾贞观编《积书岩宋诗删》,管庭芬、蒋光煦编《宋诗钞补》等很多都是直接承袭《石仓宋诗选》所选,清范希仁所编《宋人小集》②抄录七十八种宋人小集,也多从《石仓宋诗选》直接抄录,如释净端《吴山诗录》、释怀深《慈受禅师诗》、释克文《云庵集》③、释宇昭《宇昭禅师诗》等。而且这种影响还及于国外,在日本不但保存有多部明崇祯刊本《石仓宋诗选》,还有日本人又根据其中所收录的诗人诗歌而刊刻的和刻本如《筠溪集》《云庵集》《宋僧诗选》。但是,由于其存在着诗人诗歌内容被删改等严重问题,使很多收入其中的诗人诗歌失去本来面目,必定会影响到我们对其诗集与诗歌的文献价值和文学价值的正确判断,这是应该引起我们研究者和阅读者特别注意的。虽然由于曾巩《元丰类稿》流传版本众多,目前尚未发现《石仓宋诗选》中对曾巩诗歌的删改对后来曾巩诗歌的编纂整理造成不良的影响,但是我们也需要了解到《石仓宋诗选》中的《元丰类稿》,并非通常流传的曾巩的《元丰类稿》,且有诗歌被删改的情况。我们在研究曾巩诗歌时了解了这个情况,就能免受其误导和影响。

---

① 申屠青松《明代宋诗选本论略》一文中指出《石仓宋诗选》中王安石、贺铸诗有删改的情况,还以苏轼诗为例,指出因抄书者疏忽和偷懒而漏抄诗句的情况。参见《南京师范大学文学院学报》2007年第4期。也可参襄乐琼论文第三章第一节。

② 清古盐范氏也趣轩抄本,藏台湾"中央图书馆"。

③ 范氏抄本比曹学佺《石仓宋诗选》卷一〇五《云庵集》少录两首诗外,其他皆同。

宋代十六家诗人生卒年考辨*

李国栋**

【内容提要】 宋代曾会、林旦、阳孝本、张举、李朴、黄伯思、陈渊、赵彦肃、何澹、吕祖俭、陈孔硕、王居安、赵汝譡、许应龙、袁甫、徐元杰等十六家诗人的生卒年,或无确考,或存异说,今加以考辨,有的考实了他们的生卒年,有的仅考出其卒年。

【关键词】 宋代诗人　生卒年　考辨

宋代诗人的生卒年,众多文史工具书和论著已有考证,但仍多不详,或存异说。近年,笔者致力于宋代诗人生平著述的专门研究,在生卒年考证上略有所获。兹以北京大学古文献研究所编纂的《全宋诗》编排为序,择取十六位诗人生卒年考证的相关文字整理成篇,就教于方家。

一、曾会(《全宋诗》册二卷七四页八五七)

曾会,字宗元,公亮父,泉州晋江(今属福建)人。太宗端拱二年(989)进士,官至集贤殿修撰。《(乾隆)泉州府志》卷四一有传。

曾会生卒年,诸史籍不载,《全宋诗》付阙。

按,其生卒年可确考。据宋张方平《赠金紫光禄大夫太师中书令兼尚书令楚国公神道碑铭》:"公讳会,字宗元……晚年乐池州、九华之胜,筑室山下,遂请致仕焉。以明道二年七月考终于山居,享年八十二。"①知曾会卒于仁宗明道二年(1033),自此逆推八十二年,得其生年在后周太祖广顺二年(952)。

二、林旦(《全宋诗》册一三卷七四八页八七二一)

林旦,初名雄,字子明,后改今名,字次中,福清(今属福建)人,林希弟。仁

---

* 本文为国家社科基金重大项目"全宋词人年谱、行实考"(编号:17ZDA255)成果之一。
** 本文作者为东莞理工学院城市学院文学与传媒学院讲师。
① 潘英南、吕荣哲编,《南安碑刻》,北京:作家出版社,2003年,第215—217页。

宗嘉祐二年(1057)进士。事见《宋史》卷三四三《林希传》附传。

《宋史》卷三四三谓其"为淮南路转运副使,历右司郎中、秘书少监、太仆卿,终河东转运使"。林旦之子林虙,字德祖,与朱长文善,长文《乐圃余稿》卷六《贤行斋记》:"太仆捐馆河东,德祖号顿,几不胜。间关扶护,下太行而归,未卒哭,葬吴西山……元祐癸酉三月望,泮池书。"①

按,据《宋史》本传及《贤行斋记》,林旦卒于河东转运使任上,据宋李焘《续资治通鉴长编》,其时当在哲宗元祐七年(1092)。

《续资治通鉴长编》载,林旦以元祐六年(1091)正月为河东转运使(卷四五四)。七年六月"丁丑,左朝请大夫李莘为光禄少卿、河东路转运使"(卷四七四)。元祐七年六月,河东转运使之职已为李莘取代,则其时原任林旦当已卒。

其生年尚不可考。

三、阳孝本(《全宋诗》册一七卷九七八页——三二二)

阳孝本,字行先,号玉岩居士,虔州(今属江西)人。学博行高,隐于城西通天岩二十年。苏颂、蒲宗孟皆以山林特起荐之,苏轼自海外归,过而爱焉。一时名士,多从之游。徽宗崇宁中举八行,为国子录,转博士,以直秘阁归。事见《宋史》卷四五八。

孝本生卒年,此前无考。今检元李路《阳玉岩先生行实》:"玉岩先生,乃模公七代孙。名孝本,字行先,居虔州……宣和壬寅,八十四无病而终。"②壬寅为徽宗宣和四年(1122),是年孝本卒,年八十四,得其生年为真宗宝元二年(1039)。

四、张举(《全宋诗》册一七卷一○二九页——七四九)

张举,字子厚,毗陵(今属江苏)人。英宗治平四年(1067)进士,终身不仕,卒谥正素。事见《文定集》卷一○《题吕子进集》、《宋文鉴》卷一三二《毗陵张先生哀辞》,《宋史》卷四五八有传。

《宋史》本传载其"崇宁四年,卒",王德毅等《宋人传记资料索引》、《全宋诗》、四川大学古籍研究所编《全宋文》皆据此定其卒年为1105年,生年均付阙。

按,张举生年实可考。据宋范祖禹《范太史集》卷二三《荐张举札子》:"臣

---

① 〔宋〕朱长文《乐圃余稿》,影印文渊阁《四库全书》本。
② 李修生主编,《全元文》,南京:凤凰出版社,2004年,第39册,第543—544页。

伏见前睦州青溪县尉张举,志趣高洁,词学清赡。治平四年甲科登第,以侍亲未尝出官,既终养又屏居不仕,已二十六年,今年四十九岁。"卷二五《荐冯山张举札子》:"臣于去年四月具札子奏举,未蒙施行。举有节行文学,登科二十七年,年已五十,不为世用。"①题下原注:"(元祐八年)八月十五日。"哲宗元祐七年(1092),张举四十九岁,八年(1093),五十岁,可推知其生年为仁宗庆历四年(1044)。

五、李朴(《全宋诗》册二二卷一二七五页一四四〇三)

李朴,字先之,兴国人(今属江西)。哲宗绍圣元年(1094)进士,官至国子祭酒。《宋史》卷三七七有传。

李朴生卒年有异说。《宋人传记资料索引》定为1064—1128,《全宋文》小传从之,《全宋诗》小传定为1063?—1127?,当以《宋人传记资料索引》说为是。

《全宋诗》之说,所据为《宋史》本传:"高宗即位,除秘书监,趣召,未至而卒,年六十五。赠宝文阁待制。"然宋李心传《建炎以来系年要录》卷一三明确谓"(建炎二年二月辛未)秘书监李朴卒……年六十五"。② 又宋陈渊《默堂集》卷二一《祭李先之祭酒文》:"维建炎二年岁次戊申,五月甲申朔,某日某甲子,迪功郎、吉州永丰县主簿陈渊,谨以清酌庶羞之奠,致祭于故李公祭酒舍人之灵。"③故李朴当卒于高宗建炎二年(1128),卒年六十五,知其生年在英宗治平元年(1064)。

六、黄伯思(《全宋诗》册二四卷一三六九页一五七二四)

黄伯思,字长睿,自号云林子,邵武(今属福建)人。哲宗元符三年(1100)进士,徽宗政和中官至秘书郎。有《东观余论》二卷、《法帖刊误》一卷传世。《宋史》卷四四三有传。

伯思生卒年有异说。《全宋诗》谓其卒于徽宗政和二年(1112),年四十,括注其生卒年为1073—1112。《宋人传记资料索引》则谓其生于神宗元丰二年(1079),卒于徽宗重和元年(1118),年四十。

《全宋诗》所据为宋李纲《梁溪集》卷一六八《故秘书省秘书郎黄公墓志铭》:"复除旧职,不数月,竟不起疾,实政和二年二月二十有六日也。"不为无

---

① 〔宋〕范祖禹《范太史集》,影印文渊阁《四库全书》本。
② 〔宋〕李心传《建炎以来系年要录》,北京:中华书局,1956年,第287页。
③ 〔宋〕陈渊《默堂集》,影印文渊阁《四库全书》本。

据,但未考虑版本有别,所载文字亦异。道光本《梁溪集》,"政和二年"作"政和八年"。①

按,《全宋诗》误,伯思当卒于重和元年(1118)。宋陈振孙《直斋书录解题》卷八云黄伯思"没于政和八年",清嵇璜《钦定续通志》卷五六一亦谓其"以政和八年卒"。《宋史》本传载其"以政和八年卒,年四十"。政和八年即重和元年。检《梁溪集》卷一三八《重校正杜子美集序》:"故秘书郎黄长睿父,博雅好古,工于文辞……长睿父殁后十七年,余始见其亲校定集卷二十有二于其家,朱黄涂改,手迹如新,为之怆然……绍兴四年甲寅六月朔序。"此序作于绍兴四年(1134),此时伯思已殁十七年,亦可推其卒于重和元年。卒年四十,推其生年为元丰二年(1079)。

七、陈渊(《全宋诗》册二八卷一六三四页一八三二四)

陈渊,字知默,初名渐,字几叟,学者称默堂先生,南剑州沙县(今属福建)人。瓘从孙,早年师事杨时,时以女妻之。高宗绍兴八年(1138)赐进士出身,官至监察御史。有《默堂集》传世。事见《宋史》卷三七六本传。

《全宋诗》定其卒年为1145,生年付阙。按,其生年实可考。明陈载兴编《陈忠肃公言行录》卷三《默堂先生行实》:"(绍兴)十五年卒,年七十有九。"②推其生年在英宗治平四年(1067)。

八、赵彦肃(《全宋诗》册四七卷二五一八页二九〇九三)

赵彦肃,字子钦,号复斋,严州建德(今属浙江)人。孝宗乾道二年(1166)进士,仕至宁海军节度推官。有《易说》传世。事见《(景定)严州续志》卷三。其生卒年,《全宋诗》付诸阙如。

彦肃生年不详,卒年为宁宗庆元二年(1196),有两证。清朱彝尊《经义考》卷二八《复斋先生行实》载:"先生名彦肃,字子钦,第进士……朱文公入侍经帏,以告赵忠定公,以宁海军节度推官起之,而先生已病矣,庆元二年卒。"③此行实明言其庆元二年卒。又宋喻仲可《易说跋》:"右《易说》六卷,复斋赵先生所述也……卒后二十有六年,郡守莆阳许公取是书刊焉,命仲可识其后……嘉

---

① 〔宋〕李纲撰,王瑞明点校,《李纲全集》,长沙:岳麓书社,2004年,第1552页。
② 刘家平《中华历史人物别传集》,北京:线装书局,2003年,第16册,第297页。
③ 〔清〕朱彝尊著,许维萍等校,《经义考》,台北"中央研究院"中国文哲研究所筹备处,1997年,第636页。

定辛巳五月,门人喻仲可敬书。"①跋后纪年为"嘉定辛巳",按辛巳系宁宗嘉定十四年(1221),据此推断其卒年亦为庆元二年。

九、何澹(《全宋诗》册四七卷二五一八页二九〇九四)

何澹,字自然,龙泉(今属浙江)人。孝宗乾道二年(1166)进士,宁宗庆元二年(1196)除同知枢密院事兼参知政事。《宋史》卷三九四有传。《全宋诗》将其生卒年付阙。

按,何澹生年为高宗绍兴十六年(1146),有两证。宋俞文豹《吹剑录》:"何参政澹,年二十一魁南省。"②何澹于乾道二年(1166)中进士,时年二十一,推其生年为绍兴十六年。又宋何处仁《何澹圹志》:"先公绍兴十六年八月二十五日丑时,生于杭之于潜县治。"③明言其生年为绍兴十六年。

其卒年为宁宗嘉定十二年(1219),前引圹志载:"嘉定十二年腊月,因感寒疾,初六夜三鼓,薨于私第,享年七十四。"

十、吕祖俭(《全宋诗》册四七卷二五二五页二九三一二)

吕祖俭,字子约,自号大愚叟,金华(今属浙江)人。从兄祖谦学,与朱熹为友,多往复辩论。以父荫入官,官至太府寺丞。宁宗庆元元年(1195),以辩赵汝愚事忤韩侂胄,安置韶州,改送吉州。遇赦,量移高安。事见《宋史》卷四五五本传。

《宋史》本传谓祖俭"(庆元)二年卒"。《宋人传记资料索引》《全宋诗》《全宋文》均从其说,皆误。

祖俭卒于宁宗庆元四年(1198),按宋李心传《道命录》卷七下:"祖泰字泰然,于子约为族弟。子约既贬,庆元二年,以生皇子德音,移筠州居住,四年秋,卒于贬所。"④又宋彭龟年《止堂集》卷一五《祭寺丞吕子约文》:"与君相望,曾不百里。书才几日,不交于轨。日有驶卒,忽至自米。谓君溘然,神为之褫。"⑤题注"戊午九月",戊午即庆元四年。此亦可旁证祖俭卒于庆元四年。

---

① 曾枣庄,刘琳主编,《全宋文》,上海:上海辞书出版社,2006年,第301册,第302—303页。
② 〔宋〕俞文豹撰,张宗祥校点,《吹剑录全编》,北京:古典文学出版社,1958年,第27页。
③ 郑嘉励,梁晓华编,《丽水宋元墓志集录》,杭州:浙江古籍出版社,2013年,第21页。
④ 〔宋〕李心传《道命录》,《丛书集成初编》本,北京:中华书局,1985年,第80—81页。
⑤ 〔宋〕彭龟年《止堂集》,影印文渊阁《四库全书》本。

十一、陈孔硕(《全宋诗》册五〇卷二六四九页三一〇四二)

陈孔硕,字肤仲,一字崇清,号北山,侯官(今属福建)人。初从张栻、吕祖谦游,后师事朱熹。孝宗淳熙二年(1175)进士,历秘阁修撰,学者称为北山先生。有《北山集》等,已佚。事见《(乾隆)福建通志》卷四三、《(道光)福建通志》卷一八六。其生卒年,《全宋诗》付阙。

按,孔硕生卒年实可考。据宋刘克庄《后村先生大全集》卷一四六《忠肃陈观文神道碑》:"公陈氏,讳韡,字子华……父讳孔硕,中大夫、秘阁修撰,赠太师……(绍定元年)五月,太师公讣至,奔丧亟归。"①知孔硕卒于理宗绍定元年(1228)。明王应山《闽大记》卷一五谓其"卒年七十有八",推其生年为高宗绍兴二十一年(1151)。

曾枣庄等《中国文学家大辞典·宋代卷》亦定其生卒年为1151—1228。

十二、王居安(《全宋诗》册五一卷二七三六页三二二一二)

王居安,字资道,始名居敬,字简卿,号方岩,黄岩(今属浙江)人。孝宗淳熙十四年(1187)进士,授徽州推官,累迁工部侍郎。理宗即位,以敷文阁待制知福州,升龙图阁直学士,转大中大夫。《宋史》卷四〇五有传。居安生卒年,《全宋诗》付阙。

居安生卒年有异说,张继定《王居安生卒年考略》定其生卒年为1151—1233②,曾枣庄、吴洪泽《宋代文学编年史》从之,而王兆鹏《宋代十三家词人生卒年考辨》定其生卒年为1150—1229后③。

按,居安致仕归,赋《满江红》词有"八十归来,方岩下、几竿修竹"之句,考定其致仕之年,便可推知其生年。王兆鹏先生据吴廷燮《南宋制抚年表》将王居安离开福州致仕时间定为理宗绍定二年(1229),推其生年为高宗绍兴二十年(1150),误。按,居安致仕在绍定三年(1230),《后村先生大全集》卷一四六《忠肃陈观文神道碑》:"(绍定二年)十二月,盗发于汀、剑、邵,群盗蜂起,残建宁、宁化、清流、泰宁、将乐诸邑,闽中危急。帅王侍郎居安请公提督四隅保甲,公辞之。"绍定二年十二月,居安仍知福州,三年(1230)夏六月,李骏已知福州。④故居安致仕当在绍定三年初,是年八十,知其生年为绍兴二十一年

---

① 〔宋〕刘克庄《后村先生大全集》卷一四六《忠肃陈观文神道碑》,《四部丛刊》本。
② 张继定、王呈祥《南宋名臣王居安研究》,杭州:浙江古籍出版社,1999年,第131—139页。
③ 王兆鹏《宋代十三家词人生卒年考辨》,《湖北大学学报(哲学社会科学版)》,2000年第3期。
④ 李之亮《宋福建路郡守年表》,成都:巴蜀书社,2001年,第31页。

(1151)。

居安卒年,张继定据刘克庄《挽王简卿侍郎三首》推断王氏卒于绍定六年(1233)冬某日,误。宋陈宓《复斋先生龙图陈公文集》卷一八《祭王侍郎居安文》:"呜呼!先生禀天台之间气,为我宋之巨贤。蚕魁天下,勇退壮年。文章政事,众美兼全……帅闽五载,屹若山镇,还第三日,俄而退蝉。呜呼哀哉!"①按祭文,居安致仕不久即卒。检《宋人传记资料索引》《全宋诗》《全宋文》,陈宓卒于绍定三年(1230),则居安亦卒于是年。

十三、赵汝譡(《全宋诗》册五三卷二七八六页三二九八四)

赵汝譡(《宋史》作谠),字蹈中,号懒庵,祖籍开封(今属河南),徙居余杭(今属浙江)。太宗八世孙,汝谈弟。少有智略,从叶适学,折节读书,与兄汝谈齐名,时人称"二赵"。登宁宗嘉定元年(1208)进士第,为太社令,迁将作监簿,大理司农丞。与史弥远不合,请外,历湖南、江西提举常平,江西、湖南提点刑狱。著有《懒庵集》,已佚。事见《宋史》卷四一三本传。

宋潜说友《(咸淳)临安志》卷六七载汝譡"知温州,以(嘉定)十六年夏卒于郡",《全宋诗》《全宋文》据此定其卒年为嘉定十六年(1223),生年付阙。

按,汝譡生于孝宗乾道三年(1167)。其兄赵汝谈《石屏诗集跋》:"式之与蹈中弟齐年,而又俱喜为诗。"②式之为戴复古之字,其生年,《全宋诗》定为乾道三年(1167),则汝譡亦生于是年。

十四、许应龙(《全宋诗》册五四卷二八三六页三三七六九)

许应龙,字恭甫,号东涧,闽县(今属福建)人。宁宗嘉定元年(1208)举进士,调汀州教授。累迁国子司业、祭酒、权直舍人学士二院,官至端明殿学士,签书枢密院事,提举洞霄宫。有《东涧集》传世。《宋史》卷四一九有传。

《宋史·理宗本纪三》谓"(淳祐)九年春正月……丁卯,许应龙薨"。《宋史·宰辅表五》、《宋史全文》卷三四载同。《宋史》本传云其卒年八十一,《全宋诗》据此定其生卒年为1169—1249。

《宋史》《宋史全文》所记有误。按宋赵汝腾《庸斋集》卷六《资政许枢密神道碑》:"淳祐戊申九月九日,金书枢密院许公应龙薨于三山府第……生于建安

---

① 〔宋〕陈宓《复斋先生龙图陈公文集》,清抄本,参《全宋文》第305册,第332—333页。
② 〔宋〕戴复古撰,金芝山点校,《戴复古诗集》,杭州:浙江古籍出版社,1992年,第325页。

尉廨,乾道戊子九月八日也……享年八十一。"①据此,应龙当生于孝宗乾道四年(1168),卒于理宗淳祐八年(1248)。

十五、袁甫(《全宋诗》册五七卷三〇一〇页三五八四六)

袁甫,字广微,号蒙斋,鄞县(今属浙江)人。燮子,从杨简学。宁宗嘉定七年(1214)进士第一,历官吏部侍郎兼国子祭酒,权兵部尚书,暂兼吏部尚书。有《蒙斋集》传世。《宋史》卷四〇五有传。

袁甫生卒年,《宋人传记资料索引》《全宋诗》《全宋文》皆付阙。

袁甫生卒年实可考。宋黄震《戊辰修史传·兵部尚书袁甫》明确谓:"(嘉熙四年)三月二十二日,终于位,年六十有七,赠通奉大夫,谥正肃。"②故袁甫之卒在理宗嘉熙四年(1240),逆推六十七年,其生年在孝宗淳熙元年(1174)。

又陈莉萍、陈小亮《宋元时期四明袁氏宗族研究》、张如安《南宋宁波文化史》和徐海蛟、许暖阳《袁氏家族》皆谓袁甫生于孝宗淳熙六年(1179)正月初二,卒于理宗宝祐五年(1257)九月,所据为《鄞邑城南袁氏三修宗谱》。不知此谱修于何时,有何根据,录此备考。

十六、徐元杰(《全宋诗》册六〇卷三一五一页三七八〇五)

徐元杰,字仁伯,一字子祥,号梅野,上饶(今属江西)人。理宗绍定五年(1232)进士第一,历著作佐郎兼兵部郎官,进太学少卿兼给事中、国子祭酒,特拜工部侍郎。有《楳野集》传世。事见《宋史》卷四二四本传。

《宋人传记资料索引》《全宋文》皆定其生卒年1194—1245,《全宋诗》定其生卒年为1194?—1245。

据宋黄震《戊辰修史传·刑部侍郎徐元杰》:"(淳祐五年)六月……夜四鼓,遽卒,年五十二。"③知元杰卒于理宗淳祐五年(1245),年五十二,得其生年为光宗绍熙五年(1194)。

---

① 〔宋〕赵汝腾《庸斋集》,影印文渊阁《四库全书》本。
② 〔宋〕黄震《戊辰修史传》,《宋代传记资料丛刊》本,北京:北京图书馆出版社,2006年,第21册,第89页。
③ 《戊辰修史传》,第95页。

《吴梅村诗集笺注》"程笺杨补"钞本考述

鲁梦宇[*]

【内容提要】 吴伟业诗歌的清人注本主要有五家，按撰写时间可分成早、中、后三个时期。杨学沆为程穆衡《吴梅村诗笺》补注时，已进入吴诗清注本的后期，更名《吴梅村诗集笺注》，此书有三种主要钞本流传至今，形成了"程笺杨补"系统。其中黄丕烈士礼居钞本从戴光曾稿本直接传写而来，民国时俞庆恩即据此为底本排印。后保蕴楼钞本出，因其抄写年代尚在乾隆时期，文本质量亦优于士礼居本，成为最接近"程笺杨补"原貌之本，渐为学界采用。北京大学图书馆藏退轩钞本亦属"程笺杨补"系统重要分支，经张尔田庋藏、邓之诚题识，抄写年代亦远早于士礼居钞本，是研究"程笺杨补"系统不可或缺的文献。

【关键词】 《吴梅村诗集笺注》 程笺杨补 士礼居钞本 保蕴楼钞本 退轩钞本

吴伟业为清诗大家，一时号称"诗史"，有清一代为吴伟业诗歌作注释者至少有五家，有评有笺，有注有补，或旁及词注，或杂以音注，不但命名近似，且多自诩"注吴诗第一家"，加之部分注本刊刻不善，流传不广，故其价值很难彰显。以程穆衡笺注的遭遇为例，晚出于程笺的吴翌凤注和靳荣藩注，或就正于程氏，或直接摘录程书，却均推己注为吴诗第一家，这与程笺文本未经刊刻不无关系。此外，在杨学沆对程穆衡原笺进行增删补注后，形成了"程笺杨补"本[①]，传钞范围开始扩大，竟取代了程穆衡原笺。目前学界对程穆衡原笺的利用和研究，完全基于杨学沆补注之本，程笺原貌却被尘封于故纸堆中。即使"程笺杨补"系统内部各版本的研究，也还有未尽善处，且未能把"程穆衡原笺"和"程笺杨补"区分开来。鉴于此种情况，在对某一系统钞本进行考查之前，对吴伟业诗歌清注本作整体的分期和界定十分必要。

---

[*] 本文作者为西北大学文学院古典文献学博士研究生。

[①] 〔清〕程穆衡原笺，〔清〕杨学沆补注，《吴梅村诗集笺注》，上海：上海古籍出版社，1983年，第3页。按，黄永年在序言中首次提出"程笺杨补"系统的说法，指杨学沆为程穆衡原笺作补注后形成的钞本系统。

一、关于吴梅村诗注的分期和界定

在吴诗众多注本中,部分注家在青年时期即开始笺注梅村诗,积年累月,着力甚深。因此,如果以文本形成的最终时间为衡量标准,不容易彰显早期注本的价值,故以注者着手笺注的时间为标准更显公允,如此清人注梅村诗可以分成早、中、后三个阶段。

(一)吴梅村诗早期注本

1. 钱陆灿评本《梅村诗集》

钱陆灿评本《梅村诗集》,论者惯称"钱笺"。程穆衡即对钱陆灿评本有所征引,并云:"《梅村》诗集向有钱湘灵评本,但摘索过酷,鲜所发明,兹择可采者,悉登之,仍冠以'钱笺'二字。"[1]程穆衡虽对"钱笺"颇有微词,但并未尽废弃之,说明其亦有可圈点者。钱陆灿为吴伟业门生,笺释语中尊称伟业为"吴师",笺注时自当去梅村未远,具体时间虽不可考,但至少在程穆衡笺注之前,因此称"钱笺"为吴诗早期注本当无疑议。关于"钱笺"文本,学界一度认为其湮没不传,近年有学者发现"钱笺"尚有清人曹炎、翁同龢、王振声三家钞本存世。[2]

2. 程穆衡《吴梅村诗笺》

程穆衡对吴伟业诗歌的笺释亦属于撰写较早者,作为同乡后进,程穆衡去梅村时未远,诗笺以"惟关诗旨,不及诗辞"为准的,对吴梅村诗歌指称时事处所言极详,在当时即产生了不小的影响,程穆衡自撰跋语云:"往在京师,出前叙示同人,以为不减刘孝标注,弗数徐、庾以下。"[3]除获此赞誉外,程笺亦曾得到吴伟业后人的征求,"适先生曾孙砥亭闻而征之余家,既归,而惜其衰然者在纸堆也。因排纂之,以寄砥亭"[4]。同人、好友的砥砺和推许一定程度上促进了程笺的传播,但程笺从初稿到编年定本完成,颇费周折,最终亦未付梨枣。《梅村诗笺》未编年稿本完成后,程穆衡改康熙原刻《梅村集》分类排序为编年排序,又定名《吴梅村诗笺》,此即编年本之始,有五种钞本流传至今,构成了《吴梅村诗笺》的原笺编年钞本系统。[5]

---

[1] 〔清〕程穆衡《吴梅村诗笺》凡例,中国国家图书馆藏旧山楼钞本,第3页。
[2] 毛文鳌《梅村诗集"钱笺"抄本三种述略》,《文献》2013年第6期,第108—114页。
[3] 〔清〕程穆衡《吴梅村诗笺》卷末跋。
[4] 〔清〕程穆衡《吴梅村诗笺》序。
[5] 程穆衡《梅村诗笺》存世五种钞本:中国国家图书馆藏旧山楼钞本;中国国家图书馆藏溪西草堂钞本;中科院文献情报中心藏独醒盦校录钞本;中国社科院文学研究所藏北皮亭写本;南京图书馆藏清钞本。这五种钞本均为程穆衡原笺,且已是对吴伟业诗歌进行过编年之面貌,故称"原笺编年钞本系统"。

(二) 吴梅村诗中期注本

中期注本涉及两家,即开始于乾隆十九年(1754),完成在嘉庆十九年(1814)的吴翌凤注①,以及创稿于乾隆三十年(1765),完成在乾隆三十五年(1770)的靳荣藩注②。

3. 吴翌凤《吴梅村诗集笺注》

吴翌凤所撰《吴梅村诗集笺注》耗时六十载,体例明晰,注释严谨,由于勘定时间较晚,作者有充足的时间吸收前人成果,堪称厚积薄发、后出转精之作。相较此前注本,吴翌凤注本最大的开创在体例上,"自来注诗家多以己意横隔前人诗句,遂令全诗断续破碎,不便吟讽。今总附于本诗之后,注中仍用大字标目,庶读者一目如,仿惠氏《精华录训纂》例也"③。吴翌凤首先注意到注文割裂原文的问题,在自撰凡例中,吴氏言:"是集向无注本,愚实创为之,后黎城靳氏《集览》出,其中有可采者,摘录数十条,仍标明所自,不敢攘善也。"④这在中国古代的注释体例中是较为先进的。吴氏自诩为注梅村诗第一家,从这一角度看,吴翌凤虽自诩为"首创",但亦有不掠前人之美的品格。

4. 靳荣藩《吴诗集览》

吴翌凤所称之"黎城靳氏《集览》",乃指靳荣藩所撰《吴诗集览》,关于此书的版本,学界已有较充分的梳理⑤。此书依《梅村集》原本之分类编排,未对吴诗系年。注释则以疏解字句为要宗,旁及典故和史实,但引书颇伤繁琐,为后来的吴诗注者所指摘。吴翌凤即云:"靳氏《集览》每字必详出处,繁琐无当,而于引用史传,反寥寥一二语,略无端绪,余故深矫其弊,庶乎详略得宜。"⑥杨学沆也指出:"黎城靳介人,名荣藩,辑《吴诗集览》,句疏字释,诚足为后学津梁,然卷帙太繁,转不耐观。"⑦靳荣藩撰《吴诗集览》时,正值清廷文字狱大盛,同时也受到乾嘉朴学的影响,从而导致征引繁博,篇幅过大。这一点已经有学者指出。⑧

---

① 〔清〕吴翌凤《吴梅村诗集笺注》凡例,清嘉庆十九年(1814)沧浪吟榭校定刻本。
② 〔清〕靳荣藩《吴诗集览》,清乾隆四十年凌云亭刻本,第8页。
③ 〔清〕吴翌凤《吴梅村诗集笺注》凡例。
④ 同上。
⑤ 眭骏《〈吴诗集览〉及其版本述略》,《图书馆杂志》,2007年第4期,第70—72页。
⑥ 〔清〕吴翌凤《吴梅村诗集笺注》凡例。
⑦ 〔清〕程穆衡原笺,〔清〕杨学沆补注《吴梅村诗集笺注》,第19—20页。
⑧ 朱泽宝《论清人对吴梅村诗史的理解——以〈吴诗集览〉为中心》,《长治学院学报》,2015年第1期,第36—39页。

(三) 吴梅村诗后期注本

5. 程穆衡原笺,杨学沆补注《吴梅村诗集笺注》

在靳荣藩写定《吴诗集览》十一年以后,杨学沆于乾隆四十六年(1781)亦完成了对程穆衡原笺的补注增删工作,形成了吴梅村诗注后期的重要注本——《吴梅村诗集笺注》,题曰:"鹤市迂亭程穆衡原笺;弘农后学杨学沆补注。"①此即学界通行之"程笺杨补"系统祖本之始。此本后经多方传抄,形成了不同的抄写分支,详后文。除以上三个时段的吴诗注本外,清末蒋剑人尚有《音注吴梅村诗》两卷,1935年由上海文明书局排印。又据邓之诚《清诗纪事初编》考证,清人印光奇著有《吴诗校正》二十卷,邓之诚评价其"似注非注,云择诗二十首,附以辩证,多驳靳注,亦有见地"②。限于篇幅,兹不赘述。

二、从《吴梅村诗笺》到《吴梅村诗集笺注》

经过上文对吴诗注本的分期和界定,杨学沆补注本《吴梅村诗集笺注》是在程穆衡《吴梅村诗笺》的基础上形成的,除了书名变化以外,程笺在杨学沆补注后,无疑更加丰盈充实,传抄范围亦开始扩大,单从这一角度来看,杨学沆可谓功不可没。

杨学沆,字湘灵,号匏堂,初名云衢③,生卒年不详,通过其为程穆衡原笺补注的时间来看④,杨学沆大致活跃在乾隆后期至嘉庆初时。杨氏本人对程穆衡的学问极为推崇,但对程笺文本,特别是对"未详所出"之处的态度则颇可玩味:

> 迂亭程先生著《梅村祭酒诗笺注》十二卷,《诗馀》附笺一卷,分散各类,年经月纬,卓哉成一家之言,诚可谓体大思精矣。顾先生博极群书,故其原序谓祭酒之诗,未许剡中者得窥其崖略,兹之所编,唯贵覆今,无烦征古。若予小子,学识谫陋,综览全书,时或茫其所出,暇日翻阅旧籍,辄为释注若干条。⑤

杨学沆对程穆衡笺注整体赞誉有加,但认为程笺的问题在于有些注释未注明详细出处,这也是其补注的原始初衷。又据杨学沆另一处识语:"此书悉照程氏原书,唯中间稗史数条,因成书时《明史》尚未颁行,故间一引用,今从芟削,

---

① 〔清〕程穆衡原笺,〔清〕杨学沆补注,《吴梅村诗集笺注》,第23页。
② 邓之诚《清诗纪事初编》,上海:上海古籍出版社,2012年,第395页。
③ 〔清〕汪学金《娄东诗派》卷二七,清嘉庆九年诗志斋刻本。
④ 〔清〕程穆衡原笺,〔清〕杨学沆补注,《吴梅村诗集笺注》,第19页。
⑤ 同上。

悉依正史。又识。"①可见杨学沆虽尽力保留程穆衡原笺的面貌,但毕竟有所改易,其具体补注工作概括起来包括三个方面:

(一) 疏解程笺

所谓"综览全书,时或茫其所出,暇日翻阅旧籍,辄为释注若干条",对未详的程笺出处,进行重新解释,其实已经包含了疏解的意味。杨补本具体文本编排采用"摘字注释"的方式,即保留程穆衡原来的双行小字笺注不变,将自己对原诗的补充注释摘字标出,列于每一首诗之后,然后再进行补注,最大程度尊重程穆衡原笺。

(二) 将程笺引稗史处悉数删除,代以官修《明史》

历来注家,在引据材料时多依正史为主要资料,如无特殊情况,野史稗乘为不得已而引用。程穆衡笺注时,官修《明史》尚未颁行,因此注文中保留了大量稗史野乘文字,但程穆衡为这部分内容的采用确立了两条准则,其一云:"此书是笺非注,然正史稗官,深虑读者偶忘所出,转滞诗旨,故略标其概于上方,俾自求之,载籍胜于撮抄。"②其二云:"大事而议论纷者,一依《明史》为断,或本传错杂他传,全采节录,一字不假,以国成为论定,庶野乘可废焉。"③可见在程穆衡的心中对正史和稗官的取舍,悉遵历来注家的传统。需要指出的是,正是由于程穆衡在史料选择时的"不得已",使大量的稗史野乘文字保留在了程笺天头眉批之处,具备一定的文献价值。面对这部分不合乎官修史著的内容,杨学沆的态度相对坚决,"今从芟削,悉依正史",这种做法在一定程度上改变了程穆衡原笺的面貌。

(三) 自吴氏玄孙处借抄《梅村诗话》附于卷尾

保蕴楼本《吴梅村诗集笺注》在吴梅村诗歌最后一卷之后,附有《梅村诗话》一卷,前有杨学沆跋语云:"吴祭酒《诗话》一卷,乙未岁,余读书胥江之感德庵,祭酒玄孙翔洽时侨居寓广陵甥馆,过从颇密,见其箧中携此帙,盖先生手书稿本,中多改窜,有涂乙不可辨者,余译而录之。"④可见杨学沆得到的《梅村诗话》系吴伟业手稿,经过一番甄别加工,与《吴梅村诗集笺注》合抄一处,这是非常重要的手稿本搜集、誊录工作。

除以上三方面外,杨学沆还从靳荣藩《吴诗集览》中引用个别注文,与程笺

---

① 〔清〕程穆衡原笺,〔清〕杨学沆补注,《吴梅村诗集笺注》,第 20 页。
② 〔清〕程穆衡《吴梅村诗笺》凡例,第 3 页。
③ 同上书,第 2 页。
④ 〔清〕程穆衡原笺,〔清〕杨学沆补注,《吴梅村诗集笺注》,918—919 页。

相发明。① 总之,经过杨学沆的补注增删,原属于程穆衡的《吴梅村诗笺》变成了程穆衡原笺、杨学沆补注的《吴梅村诗集笺注》。

三、"程笺杨补"钞本系统补正

目前学界对"程笺杨补"系统各钞本的梳理和研究已经取得了初步的成果,比如黄永年分析了"程笺杨补"之本从戴光曾到黄丕烈的递相传抄情况,以及1929年俞庆恩据黄丕烈士礼居钞本排印行世的过程。在此基础上,黄永年又据嘉庆帝名讳"颙"字从最初的不避讳到最终的粉涂,以及字体纸张,考证出保蕴楼钞本系乾隆年间抄写,距离"程笺杨补"之原本距离甚近,并且文字内容远优于士礼居钞本。② 潘景郑所撰跋语则推测保蕴楼是杨学沆本人的藏书斋,保蕴楼钞本很有可能是杨学沆完稿后眷写之本。③ 此后"程笺杨补"系统即以保蕴楼所藏之钞本为善,上海古籍出版社据此影印后,渐为学界采用。

从戴光曾本到黄丕烈本的传钞关系,黄永年、潘景郑通过《藏园群书题记》中所载之跋语进行了判断,但对戴光曾原钞本这一直接证据未予交代,不无遗憾。另外,关于保蕴楼钞本的避讳问题,还可作细致深入的探讨。在保蕴楼钞本、士礼居钞本之外,北京大学图书馆所藏退轩钞本《吴梅村诗集笺注》,也是"程笺杨补"系统重要的抄写分支,产生时间早于士礼居钞本,经名家递藏和题跋,应该引起重视。

(一)士礼居钞本由戴光曾稿本"直接传写"而来

1. 戴光曾钞本《吴梅村先生编年诗集笺》十四卷

戴光曾,嘉庆年间人,生卒年不详。光曾字松门,岁贡生,家赤贫,仕宦不畅,惟以书法名于其时。④ 此钞本藏国家图书馆古籍部,全书十二册,含《诗笺》十二卷、《诗馀小令笺注》一卷、《梅村诗话》一卷。目录尾页钤"秉衡"朱方印,每卷首页又钤"虞阳丁秉衡所读书"朱长方印以及"丁氏秉衡"朱方印,知此本为清末虞阳丁国钧旧藏。

此本所载之程穆衡原笺序言、杨学沆补注弁言、凡例、正文等,文本编排顺序与黄丕烈士礼居钞本相同。每卷首页题"鹤市迂亭程穆衡原笺;恒(弘)农匏

---

① 〔清〕程穆衡原笺,〔清〕杨学沆补注,《吴梅村诗集笺注》,第20页。
② 黄永年《〈吴梅村诗集笺注〉前言》,〔清〕程穆衡原笺,〔清〕杨学沆补注,《吴梅村诗集笺注》,第3页。
③ 潘景郑《著砚楼书跋·吴梅村诗笺稿本》,上海:上海古籍出版社,2006年,第284页。按,潘文名为"稿本",实际指保蕴楼藏清乾隆钞本《吴梅村诗集笺注》。
④ 〔清〕钱骏祥等《(光绪)嘉兴县志》卷二七,清光绪三十四年(1908)刻本。

堂杨学沆补注",知此稿本属于"程笺杨补"系统之序列。展卷读之,全书每页均有不少修改、涂乙之痕迹。又《诗笺》第十二卷末缀有"嘉庆丙寅二月廿有八日,录竟于永春学使行馆之仰高楼,戴光曾手抄并记",《诗馀小令》卷末缀"嘉庆丙寅三月十有三日,录竟于兴化学使行馆西偏客楼",《诗话》卷末缀"嘉庆丙寅三月,录竟于兴化小楼,戴光曾记",可见此本乃戴光曾于嘉庆十一年(1806)不同月份抄写于不同地点之本,虽有戴光曾校勘修改的痕迹,但并非其本人自创手稿,而是过录他人之本,故应断为钞本。

除以上三处录竟小记以外,全书卷末又附戴光曾一段题识文字:

> 读梅村诗,非笺不易,解笺非眼极明、学极博、具知人论世之识无当也。余爱读梅村先生诗,囊于鲍文廷博处得某氏批本,又阅靳氏所刊《吴诗集览》,采录之间,附鄙见并注于原集上,客游来闽,存于家。同游郑子师愈,于汴省录得此本,为娄东程氏笺,诚善本也。原集分体,此则编年,一善也;靳氏注应详者多略,此则详简得宜,二善也;靳氏书晚出,且窃取他人语附会之,此笺成于康熙戊午,去梅村时未远,又同里见闻多确,三善也。亟手录副本,越半载始竟。他日归,出前手注本,校其异同得失而折中之,有力则刊以传。庶不没笺者苦心,而读者亦得其要矣。①

按,"此笺成于康熙戊午"为戴光曾误识,应为"乾隆戊午(1738)"。据程穆衡所撰跋语,其未编年初稿成于戊午年,编年定本完成在乙酉年,且程穆衡时年六十有四。② 若假定程笺撰写时间在康熙戊午年(1678),那么编年定本完成的时间一定在之后的康熙乙酉年(1705),据此上推六十四年,即程穆衡出生在1641年,吴伟业其时才32岁,故"成于康熙戊午"完全不合事实。又据《直隶太仓州志》载,程穆衡为乾隆二年丁巳(1737)进士③,可作为程穆衡活跃在乾隆时期的旁证,故初稿成于乾隆戊午年(1738)为确定事实。

戴光曾在卷末题识中,不仅交代了钞本的来源,也对程穆衡笺注和靳荣藩《吴诗集览》的得失进行了比较,并对程笺未能刊刻抱有遗憾。其实在得到所谓"娄东程笺"本之前,戴光曾本人也曾为吴伟业诗歌作过注释,并有志将"手注本"与程笺相校,以付梨枣,但从目前的资料来看,戴光曾这一夙愿未能达成。

2. 士礼居钞本的传写过程

上文所列戴光曾钞本卷末题识,亦保存在士礼居钞本中。士礼居钞本后由傅增湘收藏,黄永年即据傅增湘《藏园群书题记》所载戴光曾、黄丕烈两处题

---

① 〔清〕程穆衡原笺,〔清〕杨学沆补注,《吴梅村先生编年诗集》卷末跋,中国国家图书馆藏戴光曾稿本。
② 〔清〕程穆衡《吴梅村诗笺》卷末跋。
③ 〔清〕王昶等《(嘉庆)直隶太仓州志》卷三六《人物》,清嘉庆七年(1802)刻本。

识语,判断士礼居钞本从戴光曾处抄写而来。① 其实不仅如此,更准确的说法应该是,黄丕烈直接得到了戴光曾钞本,通过影钞而成士礼居本。这种直接传写的关系,黄丕烈所撰题识中已显出端倪:

> 岁辛未闰三月三日,有事至嘉兴,因访戴君松门于吴泾桥。松门爱素好古,图书满家。余造访之夕,挑灯茶话,秘籍遍搜。松门以此书相示,余爱之甚,遂乞归展读一过,知宝胜于靳笺,为其注时事多所从明也。录此为副,书中写误及原有脱落未尽考正,顾以翌日钞毕,粗对一次。时中秋前三日,黄丕烈识于求古居。②

首先,黄丕烈造访戴光曾,并借回书籍的时间在嘉庆十六年辛未(1811),而戴光曾过录完毕的时间在五年前的嘉庆十一年(1806),相距时间十分接近,或许戴光曾在校正原工作本后,尚未来得及誊写新本,当然也有可能戴光曾并未将誊写清本交与黄丕烈,总之不管戴光曾是否誊写新本,黄丕烈得到之本确实存在"写误"以及"脱落"之处,这一点毋庸置疑。

其次,戴光曾钞本与士礼居钞本之笔体字迹相合处甚多,并且钞本戴跋漏字添加之处,士礼居本戴跋如法炮制(见图1、图2),如"曩于鲍文廷博处得某氏批本"一句中"处"字乃后加,士礼居本同此,这种情况,乃黄丕烈延请抄手影写戴光曾原本而成,这也符合黄丕烈的收藏和抄书习惯。总之,士礼居钞本直接传抄戴光曾稿本而来可作定论。

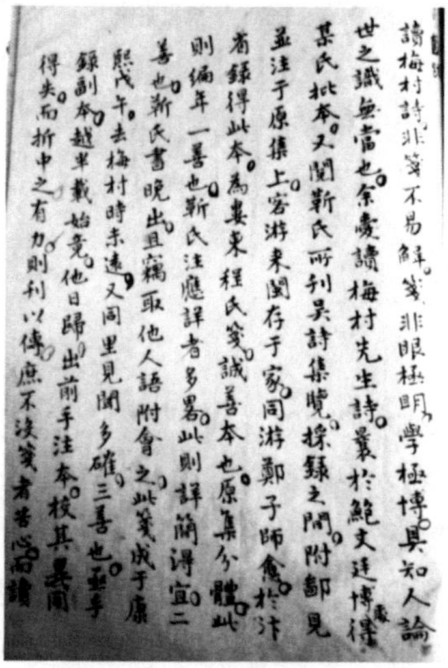

图1 国图藏士礼居本抄录之戴光曾跋　　图2 国图藏戴光曾稿本之原跋

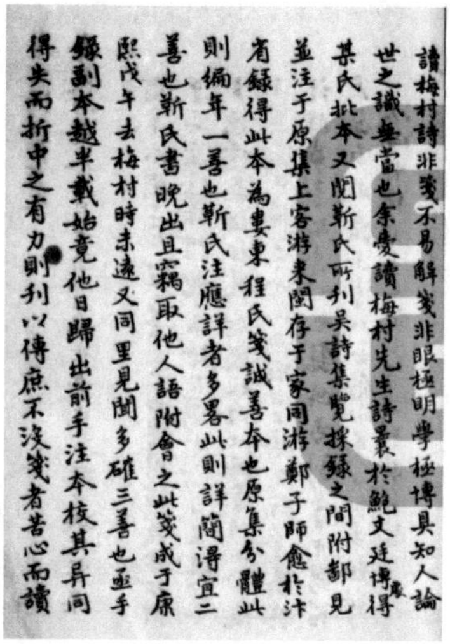

---

① 黄永年《〈吴梅村诗集笺注〉前言》,〔清〕程穆衡原笺,杨学沆补注,《吴梅村诗集笺注》,第3页。
② 〔清〕程穆衡原笺,〔清〕杨学沆补注,《吴梅村先生编年诗集》跋,中国国家图书馆藏士礼居钞本。

（二）再谈保蕴楼钞本的避讳问题

据黄永年的分析和梳理，目前最接近"程笺杨补"原貌的应该是保蕴楼钞本，黄氏据纸张、版式、字体、书写风格以及避讳字等进行判断：

> 钞用太史连纸，印黑格板，版心镌"梅村诗集""保蕴楼"字样，作软体写刻，审非嘉道以降风气。阙笔之字亦止于乾隆帝名讳，嘉庆帝名讳"颙"字初不阙笔，后来始用粉涂，则抄写之尚在乾隆时可知。①

钞本的避讳问题十分复杂，一般来说钞本即使不避讳，亦不可为凭据。避讳则要视具体情况而定。保蕴楼钞本中的避讳十分严格，以上海古籍出版社1983年影印黄永年购藏本《吴梅村诗集笺注》为例，其避康熙、雍正、乾隆三帝名讳极为严格，集中体现在"玄""胤、禎""宏、弘"诸字中。"玄"改"元"，"禎"作"正"或阙笔，"胤、宏、弘"亦均作阙笔处理，几乎每卷都可以找到大量相关的避讳现象，其严格程度堪比刻本，这至少证明抄写者十分注意避讳之问题，故可作为判断抄写年代的参考。黄永年已指出，保蕴楼钞本避讳止于乾隆帝，那么抄写年代在乾隆或乾隆之后已属无疑。因此嘉庆帝之名讳的处理情况则成为判定其抄写年代下限的重要参考。

1. "颙"字粉涂

"颙"字本不常见，保蕴楼钞本《吴梅村诗集笺注》共出现"颙"字五处，均不避讳。卷四《阅园诗》其六吴诗正文"我爱东林好，还家学戴颙"②，"颙"不避。卷五《赠文园公》吴诗正文"绿绮暗尘书卷在，脊令原上学戴颙"③，"颙"不避。又本句注"戴颙"条下，杨学沆补双行小字作："《南史·戴颙传》字仲若……父逵善琴书，颙及兄勃并受琴于父。"④其中"颙"均不避，可见无论是吴伟业诗歌正文，还是杨学沆补注中之文字，"颙"不阙笔，不改字，亦未见粉涂，或许黄永年家藏保蕴楼原钞本有粉涂处，影印后已难显现。

2. 不避"琰"讳

除"颙"字外，嘉庆帝名讳"琰"，一般写作"谈""淡"，或将"炎"旁改为"文""火"。核影印保蕴楼钞本，"琰"多不避，如卷六《思陵长公主》"衔哀存父老，主祭失元良"句下双行小字注云"吴陈琰《旷园杂志》甲申三月廿五日"中"琰"不避。⑤又如卷一二《题冒辟疆名姬董白小像（并引）》有"名留琬琰，迹寄丹青"

---

① 黄永年《〈吴梅村诗集笺注〉前言》，〔清〕程穆衡原笺，杨学沆补注，《吴梅村诗集笺注》，第4页。
② 〔清〕程穆衡原笺，〔清〕杨学沆补注，《吴梅村诗集笺注》，第238页。
③ 同上书，第301页。
④ 同上书，第302页。
⑤ 同上书，第409页。

句,"琰"不避。① 若此可反向论证,既然保蕴楼钞本的抄写者具有强烈的避讳意识,假定其抄写在嘉庆时期的话,似无理由不避"颙、琰"二字。因此初不避嘉庆帝名讳到后来对颙的粉涂,其实反映的是保蕴楼本在流传过程中增加的避讳情况,恰好证明了其产生年代在乾隆时期。

(三) 退轩钞本及其庋藏线索

北京大学图书馆藏《吴梅村诗集笺注》钞本十二卷,正文卷一题"鹤市程穆衡迓亭原笺;恒(弘)农杨学沆匏堂补注"②,与保蕴楼钞本、士礼居钞本写法均不相同,但知此亦为"程笺杨补"系统之分支。除邓之诚和"退轩"两处跋语是专属于此书外,其文本编排顺序与保蕴楼、士礼居二钞本均同。

钞本卷首页邓之诚所撰题跋,对梳理此钞本的源流至为重要,原文如下:

> 吴诗唯程笺能详其事,不止为梅村功臣,益足证史,惜世无刊本。近太仓人以黄丕烈传钞本付活字印行③,讹脱颇多,纸墨皆恶,不足置几案间。数年前,孟劬先生得此旧钞本,远在黄本之前,弥足珍也。先生于吴诗有独好,尝笺释此本若干条,他日倘合程笺付之梓,岂非艺林一快事欤? 己卯六月,溽暑逼人,借读一过,聊识数语,五石居士邓之诚。④

题识结束之处钤"之诚题识"印,后钤"云水道人""五石"诸印,通过"己卯六月""孟劬先生得此旧钞本"等信息,知此乃邓之诚在1939年为张尔田所藏钞本撰写之题识。

此钞本目录页钤"观我生室"印,核清末民初以"观我生室"名者,一为严复,号"观我生室主人";⑤ 一为罗士琳,其生平历算著作都为《观我生室汇稿》。⑥ 又据张尔田为晚清词人郑文焯撰《大鹤山人逸事》,文末缀有"孟劬记于观我生室"字样,⑦ 知"观我生室"亦属张尔田室名,结合此本经张尔田收藏的事实,故目录页所钤"观我生室"印应属张尔田更为合理。详观邓之诚之题识,知张尔田独好梅村诗,亦曾就退轩钞本笺释若干条,其时在清末民初,张尔田此

---

① 〔清〕程穆衡原笺,〔清〕杨学沆补注,《吴梅村诗集笺注》,第822页。
② 〔清〕程穆衡原笺,〔清〕杨学沆补注,《吴梅村先生诗集》卷一,北京大学图书馆藏退轩钞本。
③ 此指太仓人俞庆恩就黄丕烈士礼居钞本为底本,排印《吴梅村先生编年诗集》,并将其收入《太昆先哲遗书》中,事在1929年。参看:〔清〕程穆衡原笺,〔清〕杨学沆补注,《吴梅村先生编年诗集》,1929年俞氏"世德堂"排印本。
④ 〔清〕程穆衡原笺,〔清〕杨学沆补注,《吴梅村先生诗集》卷首题识,北京大学图书馆藏退轩钞本。
⑤ 白寿彝、龚书铎《中国通史·近代前编(下册)》第11卷,上海:上海古籍出版社,1999年,第1200页。
⑥ 赵尔巽等《清史稿》,北京:中华书局,1965年,第13997页。
⑦ 唐圭璋《词话丛编》,北京:中华书局,2005年,第4367页。

举与嘉庆年间的戴光曾不谋而合,戴光曾亦曾预想将自己"手注之本"与程笺合刻,以期对吴诗笺注有所裨益,遗憾二人之注均未得见于后世。

除张尔田曾收藏此钞本外,序言页及每卷首页钤"选学家孙"印,未详所出。又卷末"退轩"跋文"嘉庆二年十月二十一日录于光州学署,校文之暇,得是帙于海盐顾孝廉如圃箧中。退轩记"①,虽然"退轩"以及"海盐顾孝廉如圃"所指何人,难下定论,但此钞本于嘉庆二年(1797)抄录完成,时间的确早于黄丕烈士礼居钞本,甚至早于戴光曾稿本,其价值自然不容忽视。

四、结语

自杨学沆为程穆衡原笺增删补注后,流传至今的主要钞本呈现出三条不同的抄写分支,其中士礼居钞本虽经黄丕烈题识并收藏,但由于辗转传写,致文字错讹诸多,已为黄永年指出,作研究底本,殊难称善。但可结合戴光曾稿本考察"程笺杨补"具体的文本传抄过程。保蕴楼钞本《吴梅村诗集笺注》,由于抄写时间在乾隆年间的结论得到进一步确定,目前来看仍然是研究"程笺杨补"的最佳底本。由于新发现之退轩钞本的产生时间亦在嘉庆二年(1797)前,且卷中程笺部分注文不见于保蕴楼、士礼居二钞本②,至少可备校勘之用。

通过对《吴梅村诗笺》"程笺杨补"系统钞本的梳理,凡寓目、收藏此书的人,几乎无一例外对程穆衡原笺给予了充分的肯定,说明程穆衡原笺的价值确实值得深入挖掘。因此对吴伟业诗歌注释文献的考察,绝不能只停留在"程笺杨补"系统中,还应当于程穆衡原笺传世之稿本、钞本中寻求答案。另外,吴伟业诗歌在清代注本众多,将这些注本作为一条完备线索来看,自吴伟业辞世后直到晚清的二百多年间中,为吴诗作注者代有人才,即使到了民国初年,尚有以张尔田为代表的学者,好读梅村诗,且有志笺释,从阅读与接受的角度来看,这种现象本身值得深入探析。

---

① 〔清〕程穆衡原笺,〔清〕杨学沆补注,《吴梅村先生诗集》卷末跋,北京大学图书馆藏退轩钞本。
② 退轩钞本卷一《永和宫词》引李清《三垣笔记》载田贵妃事,不见于保蕴楼、士礼居二钞本。

日本天野山金刚寺永仁写本《全经大意》谫论

刘玉才*

【内容提要】 日本天野山金刚寺永仁写本《全经大意》,概述十三种中国经典,是未见于中日公开书目著录的珍稀文献。根据内容推断,当是日本人撰述,经目结构深受《经典释文》影响,颇能体现日本平安末期以至镰仓时期学问构成的样态。因为引据文献均在中国唐代以前,保存不少未见著录之书和今书佚文,具有较高的文献辑佚和异文校勘价值。

【关键词】 金刚寺　永仁写本　《全经大意》　经目　辑佚

日本大阪府河内长野市天野山金刚寺是真言宗御室派大本山,寺内存藏平安以降珍贵典籍颇丰。新近后藤昭雄教授主持整理,勉诚出版社刊为《天野山金刚寺善本丛刊》第一、二期,共计五卷,收录文献五十种。其中有永仁四年(1296)写本《全经大意》,内容为十三种中国经典的概述,未见于中日公开书目著录,惟日本皇室京都御所东山御文库"宝藏御物御不审柜目录"有"全经大意一卷"的记载,故此当为珍稀文献。

根据整理者的记录,此写本为帖装一册,竖宽15.5厘米,横长22.7厘米,文字部分共32页,卷端无题,卷尾题"全经大意",有"永仁四年丙申卯月十四日酉克终书写了"题记,封面押有"天野山金刚寺"朱印。未见书写者题名,有另笔"正円之"三字,当是所有者之名。书内有朱墨傍训、送假名、返点之类符号。后藤昭雄考察"老子"条内引用《集注文选》有关东方朔为太白星精转世文字,云源出于《蒙求和歌》,故推论是在日本撰述,而根据引用文献的传入时限,判断成书于镰仓时代,均甚为精当。①

"全经"之称,在中国语例甚少,多指经书全文;而在日本中世文献较为常见,意指经书,相对于正史、文集而言。《全经大意》依次列述《周易》《尚书》《毛诗》《周礼》《仪礼》《礼记》《春秋(左氏传)》《公羊传》《穀梁传》《论语》《孝经》《老子经》《庄子》十三部经典。每部经典,记述书名、卷(篇)数,列举注疏卷数、作者,然后从列举注疏和其他文献中辑录有关概述文字。引用文献只到唐代,没

---

* 本文作者为北京大学中文系、中国古文献研究中心教授。
① ［日］后藤昭雄,《全经大意》,《本朝汉诗文资料论》,东京:勉诚出版,2012年。

有宋代以降内容。此举《礼记》为例,以见其格式:

> 礼记廿卷四十九篇
> 　　注郑玄　　正义七十卷孔颖达
> 　　疏百卷王(皇)侃梁国子助教　三礼义宇(宗)三十卷崔灵恩撰
> 　　释文四卷陆德明　三礼大义三十卷梁武帝撰

《正义》序云:夫礼者经天义地,本之则太一之初,原始要终云々。

正云:夫礼者经天地理人伦,本其所起在天地未分之前,故《礼运》云,夫礼者必太一,是天地未分之前,已有礼也。礼者理也,物生则自然而有尊卑,若羔羊跪乳,鸿雁飞有行列,岂由教之者哉?是三才既判,尊卑自然而有。

又云:遂皇在伏羲前,始王天下也,是尊卑之礼,起于遂皇也。

《六艺论》云:遂皇之后,历六纪九十一代,至伏羲,始作十二言之教。然则伏羲之时,易道既彰,则礼事弥著。

《古史考》云:有圣人,以大德王造作钻燧,出火教民熟食,人民大悦,号曰遂人。乃至伏羲,制嫁娶以为礼,作瑟琴以为乐,则嫁娶嘉礼始伏羲也。

《世纪》云:神农始教天下种谷,故人号曰神农,则祭祀古吉欤礼,起于神农也。

又《史记》云:黄帝与蚩尤战于涿鹿,则有军礼也。

若然自伏羲以后,至黄帝,吉凶宾军嘉五礼始具。

正云:其《礼记》之作,出自孔氏,至孔子没后,七十子之徒共撰所闻,以为为此记,或录旧礼之仪,或录变礼之所由,或兼记体履,或杂叙得失,故编而录之,为以记也。其《周礼》《仪礼》《礼记》之书,自汉以后,各有传授三礼。

《大义》序云:《礼记》盖是仲尼门徒所撰记之,所以为此。记者,昔成王幼小,周公摄政,损益前王,制作二礼,开立体仪,以训天下。

正云:《王制》篇者,汉文皇帝令博士诸生作此王制;《月令》篇者,吕不韦所治也,又周公所作也;《中庸》篇者,是子思伋所作也;《缁衣》篇者,公孙尼所撰也。其余众篇皆如此例,但未能尽知所记之人也云々。

又云:戴德传记八十五篇,则《大戴礼》是也;戴圣传礼四十九篇,则此《礼记》是也。

据此可见,《礼记》是以经注二十卷本为目,标举注疏文献为郑玄注、孔颖达《正义》、皇侃《义疏》、陆德明《经典释文》、崔灵恩《三礼义宗》、梁武帝《三礼大义》。概述文字则主要摘录《正义》序言,包括《六艺论》《古史考》《世纪》《史记》诸条引文。但是"《大义》序"条,当是直接采自《三礼大义》。其余各经,格式与《礼记》雷同,只是概述文字取材有异,然多以《经典释文》"序录"、《五经正义》"序言"和刘炫诸经《述议》等内容为来源。值得注意的是,各经概述摘录文字方式,并不完全忠实于原文,颇有节略改易之处。此外,引用同书文字,多以"又云"标识,但个别条目并非承自前书。标注出处,亦有讹误。如《孝经》部分,"《孝经》者孔子弟子曾参说孝道""《古文孝经》世不行"两条,均作"述云",实际是引自《经典释文》,而非《孝经述议》。以上情况,在以《全经大意》为辑佚文献来源时,需要特别留意。

关于《全经大意》的文献意义,目前已有后藤昭雄、高桥均的先期研究予以揭示。[①] 后藤昭雄作为原始文献整理者,不仅做出《全经大意》是在日本编纂、成书于镰仓时代的考证,而且将其记载书目与《日本国见在书目录》《旧唐书·经籍志》进行对照研究,从而得出所列注疏止于唐代,其中受《经典释文》影响最大,引用孔颖达《正义》、刘炫《述义》材料亦多的结论,并钩稽刘炫《孝经述义》《孝经去惑》、贾大隐《老子述义》,以及《五经要抄》《编年故事》《高才传》、纬书等佚存文献,分析其佚文价值。此外,后藤昭雄发现《全经大意》与藤原赖长日记《台记》所载读书内容关系紧密,并进行关联研究,试图揭示日本平安末期以至镰仓时期学问构成的样态,颇多发明。

高桥均在后藤昭雄揭示的基础上,深入探讨《全经大意》与《经典释文》的关系,以求阐明《经典释文》在日本的接受情形。他认为《全经大意》从组织结构、资料内容来看,当是依据《经典释文》"序录"撰述而成,可以作为日本平安末期以降十三经学问体系建构的重要环节,具有学术史意义。但是,高桥均对《全经大意》引用文献为日本当时现存表示怀疑。

本文拟延续后藤昭雄、高桥均两位的既有研究,做些引申发挥。首先是十三经经目演变与代表注疏的选择问题。中国核心经典有"十三经"之目,虽然成书均不迟于汉代,但是其经典地位确立与组合方式乃渐次形成。汉武帝置五经博士,始以《易》《诗》《书》《礼》《春秋》为"五经"。唐代科举试经,确立以《周易》《尚书》《毛诗》《周礼》《仪礼》《礼记》《春秋左氏传》《公羊传》《穀梁传》为正经的"九经"制度,开成石经在正经"九经"外,又刊入《孝经》《论语》两兼经和《尔雅》,汇成"十二经"。直至北宋《孟子》升经,方完成权威的"十三经"配置。因而在宋代之前,经典的地位与序次并未如后世般固化。《隋书·经籍志》经部分作易、书、诗、礼、乐、春秋、孝经、论语、谶纬、小学十类,与《汉书·艺文志》相

---

① [日]后藤昭雄《全经大意》《〈全经大意〉与藤原赖长的学问》,《本朝汉诗文资料论》,东京:勉诚出版,2012年;[日]高桥均《〈经典释文〉与〈全经大意〉》,《大妻国文》第47号,2016年3月。

较,《孝经》与《论语》的顺序改换,而且增列"谶纬"类。《经典释文》的经目变化则更为引人瞩目,即在《论语》之后增入《老子》《庄子》,构成十四部经典的组合。陆德明还在《序录》中列有"次第"篇,阐明诸经序次缘由,表示是有意而为之。

中国经典自公元三世纪开始陆续传入日本,至奈良、平安时期,以"五经""九经"为核心的经典学问体系,已在上层社会得到全面受容。但是具体到经目序次,不同时期文献记载则有所出入,细微之处,颇见学术变迁情形。此据后藤昭雄、高桥均引据资料列表对照(表1):

表 1

文献	经目				
	五经	七经	九经	十一经	十三经
经典释文	周易、尚书、毛诗、三礼、春秋三传、孝经、论语、老子、庄子、尔雅				
台记①	尚书、毛诗、周礼、仪礼、礼记、左传、公羊、穀梁、孝经、论语、老子、庄子、经典释文				
全经大意②	周易、尚书、毛诗、周礼、仪礼、礼记、春秋左传、公羊传、穀梁传、论语、孝经、老子经、庄子				
二中历③	诗、书、礼、易、左传	公羊、穀梁	周礼、仪礼	论语、孝经	老子、庄子
明文抄④		孝经、礼记、毛诗、尚书、论语、周易、左传			毛诗、尚书、礼记、周易、左传、周礼、仪礼、公羊、穀梁、论语、孝经、老子、庄子
撮壤集⑤	周易、尚书、毛诗、礼记、左传	易、书、诗、礼、周礼、仪礼、春秋	易、书、诗、礼、传、周、仪、公羊、穀梁	论语、孝经	老子、庄子

---

① 藤原赖长(1120—1156)读书记录,分为"经家""史家""杂家"三类,此为"经家"列目,其中《周易》因未读而不列,《尔雅》移至杂家。

② 《全经大意》书后附记另一经目,以《毛诗》《尚书》《礼记》《周易》《左传》为五经,加《周礼》《仪礼》为七经,《公羊传》《穀梁传》为九经,《论语》《孝经》为十一经,《老子》《庄子》为十三经,经目相同,但序次有异。

③ 镰仓初、中期编纂(大约 1213—1221 年间成书),此为"经史历 十三经",有按语云:"《老子》《庄子》非全经数,又《诗》《书》《礼》《乐》《易》《春秋》为六经。"

④ 藤原孝范(1158—1233)在贞永(1232)间撰述,此为"文事部"记事,其"七经"有注云"释奠讲书次第如此","十三经"注记"匡房卿说云,除《老子》可加《尔雅》。《老子》者是依为唐书也"。

⑤ 室町时代成书,有享德甲戌(1454)年序。此为"本书部 书籍名"列目。

续表

文献	经目				
	五经	七经	九经	十一经	十三经
口游①	诗、书、礼、易、春秋	公羊、穀梁	周礼、仪礼	论语、孝经	
拾芥抄②	毛诗、尚书、礼记、周易、左传		周礼、仪礼、公羊传、穀梁传		论语、孝经、孟子、尔雅

根据各书资料，日本平安时期以降经目大致可分为两类：一是列入《老子》《庄子》，《孝经》或置于《论语》之前，不列《尔雅》；一是不列《老子》《庄子》，《论语》在《孝经》之前，后又增入《孟子》《尔雅》。前者当是受到唐代经目与《经典释文序录》的影响，反映出平安至镰仓时期对于中土学问体系的受容，但是又并非完全接受。如《日本国见在书目录》《台记》均以《孝经》置于《论语》之前，与《隋书·经籍志》《经典释文》相一致，而《全经大意》《二中历》《明文抄》并未继承，《尔雅》则均未列入经目。此外，对于唐经目亦不乏异议。《二中历》即有按语云"《老子》《庄子》非全经数"，《明文抄》注记"匡房卿说云，除《老子》可加《尔雅》。《老子》者是依为唐书也"。所以，第二类经目基本沿袭《汉书·艺文志》传统，后增入《孟子》，与中土主流十三经体系相一致。

中国经典的诠释，历经注解、义疏、正义、释音等不同体式，逐步形成各自的权威组合，最后汇聚成《十三经注疏》。《全经大意》在每部经典之下，列有各家代表性注疏，除郑玄注、孔颖达正义、陆德明释文等公认权威之外，还不乏述义、纬书等后世不传解经文献，这些文献如何选定，颇值得探讨。因为此类解经文献，《隋书·经籍志》《日本国见在书目录》还有不少著录。后藤昭雄、高桥均没有专门讨论，或许以为承自《经典释文》"序录"的"注解传述人"，实际两者并不一致。以《礼记》为例，《全经大意》列有郑玄注、孔颖达《正义》七十卷，皇侃《疏》百卷，崔灵恩《三礼义宗》三十卷，陆德明《释文》四卷，梁武帝《三礼大义》三十卷；而《经典释文》"注解传述人"列有卢植注《礼记》二十卷、郑玄注二十卷、王肃注三十卷、孙炎注二十九卷、庾蔚之《略解》十卷、皇侃《礼记义疏》五十卷以及多家《三礼音》《礼记音》。相较之下，《日本国见在书目录》所列有《礼记》郑注二十卷、王肃注二十卷、郑注《礼记抄》一卷、皇侃《礼记子本义疏》百

---

① 平安中期编纂，此为"书籍门"列目，有注云："今案世俗通曰《孝》《礼》《诗》《书》《论》《易》《传》，是非经次○也次第也。"

② 镰仓中期编纂，此为"经史部第廿三"列目，有注云："此内以《孝》《礼》《诗》《书》《论》《易》《传》七经轮转为释奠讲书。"

卷、孔颖达《礼记正义》七十卷、徐爰《礼记音》二卷、陆善经《三礼》三十卷、魏征《次礼》二十卷、崔灵恩《三礼义宗》二十卷、梁武帝《三礼大义》三十卷等，或是《全经大意》的直接取资对象。

其次再探讨一下《全经大意》的佚存文献与辑佚价值。在《全经大意》列举的注疏中，张机（讥）《周易义》、郑玄《周易纬》、刘炫《尚书述义》、刘炫《毛诗述义》、崔灵恩《三礼义宗》、梁武帝《三礼大义》、郑玄《春秋纬》、严彭祖《公羊传》《公羊传解徽》、刘炫《论语疏》、刘炫《孝经去惑》、周弘正《孝经私记》、宋均《孝经勾命决》注、周弘正《老子疏》、唐玄宗《老子疏》、贾大隐《老子述义》、张机（讥）《庄子疏》今均不传，而在《隋书·经籍志》《日本国见在书目录》或《旧唐书·经籍志》都曾有过著录。但是《全经大意》是否依据日本现存文献著录，还不能确定，或许只是依据《日本国见在书目录》之类书目。因为，其中许多文献未见有只言片语留存，而且《台记》还有藤原赖长仁平元年（1151）委托宋商人刘文冲购求刘炫《尚书述义》《毛诗述义》《左传述义》《论语述义》的记载，亦未见有下文。当然，皇侃《论语义疏》、刘炫《孝经义疏》、贾大隐《老子述义》等流传于日本的事实，也易引发联想，期待今后还有佚存汉籍的出现。

《全经大意》即便是从书目到书目，其著录内容，与《隋书·经籍志》《日本国见在书目录》等书目比勘，也可提供不少有用信息，此试举两例：一、"《周易义》十二卷，张机撰"，《日本国见在书目录》作"《周易讲疏》十卷，陈谘议参军张机注"，而《隋书·经籍志》《旧唐书·经籍志》均作"《周易讲疏》三十卷，张讥注"，《周书》卷三三《张讥传》亦云"撰《周易义》三十卷"，可见"张机"当是承袭《日本国见在书目录》之误，应作"张讥"。"《庄子疏》十二卷，张机"，《日本国见在书目录》作"《庄子义记》十卷，张议撰"，亦应作"张讥"。二、"《公羊传解徽》十一卷"①，未著撰者，中土不见著录，而《日本国见在书目录》有"《春秋公羊解徽》十二卷"，藤原赖长《台记》康治二年（1143）记所读书亦有"《公羊解徽》十二卷"。可见此书当存于日本，但是据后藤昭雄考察，《全经大意》共引用四条文字，其中三条又见于《春秋公羊传解诂》，仅有一条不知出处。两书关系，还有待考察。

《全经大意》所引用文献还具有很高的辑佚价值。根据后藤昭雄的考察，有《五经要抄》《编年故事》《高才传》三书未见诸著录，故仅为《全经大意》引用，自然弥足珍贵；《集类》《公羊传解徽》《老子述义》《春秋演孔图》《尚书考灵耀》《春秋纬》《搜神记》《集注文选》诸书虽有著录和辑佚成果，但是《全经大意》的引文则未见采录。此外，《全经大意》辑录文献源于早期写本，经与今存文本比勘，亦具有独特的异文价值。为便于大家利用这一珍稀文献，兹将其著录经目

---

① 解徽，后藤昭雄误识作"解微"。

和佚存文字移录于后。

经目注疏

周易十卷　王弼魏代人注

　　正义十四卷孔颖达 唐世人　　释文一卷陆德明 唐代人

　　纬十卷郑玄注 后汉人　　义十二卷张机撰

尚书十三卷五十八篇　孔安国汉代注

　　正义廿卷孔颖达　　述议廿卷刘炫

　　释文二卷陆德明

毛诗廿卷三百三篇

　　注郑玄　　正义四十卷孔颖达

　　述议三十卷刘炫　　释文三卷陆德明

周礼十二卷十二篇

　　注郑氏　　疏五十卷唐贾公彦撰

　　释文二卷陆德明

仪礼十四卷廿篇

　　注郑玄　　疏五十卷贾公彦

　　释文一卷陆德明

礼记廿卷四十九篇

　　注郑玄　　正义七十卷孔颖达

　　疏百卷王(皇)侃 梁国子助教　　三礼义字(宗)卅卷崔灵恩撰

　　释文四卷陆德明　　三礼大义卅卷梁武帝撰

春秋卅卷　　鲁十二公

　　注杜预 晋世人　　正义卅六卷孔颖达

　　述议四十卷刘炫　　释文六卷陆德明

　　释例十五卷杜预撰　　纬卅卷郑玄注

公羊传十二卷　　鲁十二公

　　注何休后汉人 严彭祖注

　　解徽十一卷　　释文一卷陆德明

穀梁传十二卷　　鲁十二公

　　注范宁 后汉人　　疏十三卷唐四门博士杨〔士〕勋撰

　　释文一卷陆德明　　纬卅卷郑玄注

　　释例十五卷杜氏

论语十卷廿篇

　　注何晏集解　　疏二部一部二卷刘炫 一部十卷王(皇)侃

释文一卷陆德明

孝经一卷　廿二章

  注孔安国 孔子十一世之孙 汉代博士　述议五卷刘炫

  去惑一卷刘炫撰　释文一卷陆德明

  私记二卷周弘正撰　句命决六卷宋均注

老子经二卷　上道经　下德经

  注皇辅嗣 汉文帝时河上公

  疏六卷周弘正 唐玄宗皇帝御制

  老子述议十卷唐贾公大隐撰

庄子卅三卷

  注郭象 晋代人

  疏十二卷张机　释文三卷陆德明

书末题记

  毛诗二十卷三百三篇　尚书十三卷五十篇　礼记二十卷四十九篇

  周易十卷六十四卦　左传二十卷 以上五经　周礼十二卷十二篇

  仪礼十七篇 以上七经　公羊传十二卷　穀梁传十二卷 以上九经

  论语　孝经以上十一经　老子御注 十八年　庄子以上十三经

辑佚文字

1.《春秋演孔图》云：王莽好经学，时刘歆又为知礼，始立《周礼》之章，自此始。

2.《(三礼)大义序》云：《礼记》盖是仲尼门徒所撰记之。所以为此记者，昔成王年幼，周公摄政，损益前王制作二礼，开立体仪，以训天下。

3.《公羊解徽》云：取鲁十二公则天亡数。其余三条略。

4.《尚书考灵耀》曰：言孔子作《春秋》，断十二公象十二帝也。又见于《后汉书》卷一三《隗嚣公孙述列传》李贤注

5.《春秋纬》云：《左传》年穀二百四十二年，陈天意见于经万八千字。

6.《搜神记》云：孔子作春秋，制《孝经》，既成，孔子斋戒，向北辰星而拜，告备于天。天乃郁郁起白雾摩，地亦虹自上而下，化为黄玉，长三尺，上有刻文，孔子跪受之读之。

7.《五经要抄》云：鲁哀公十三年正月二日丙寅(或十四年正月三日)，孔子造《孝经》。

8.《集类》云：皇甫谧死时葬送之时，平生之物皆无自随，唯赍《孝经》一卷，示不忘孝道。见于《晋书》卷五一《皇甫谧传》

9.《集类》云：《齐书》张融平时左手执《孝经》《老子经》，右手执《小品法

华》。见于《南齐书》卷四一《张融传》

10.《编年故事》云：王僧孺五岁读五经，问师曰：此书载何事？师曰：论忠孝。孺曰：愿终身可读之。见于《梁书》卷三三《王僧孺传》

11.《老子述议》云：仪凤元年五月，敕老子之学为诸教之先；又二年三月，敕行河上之注，为众注之首。

12.《老子述议》：玄妙玉女梦流星入口，因而有胎，逍遥李树之下，割左腋而生老子。

13.《集注文选》云：东方朔者是太白星精也。伏羲时为勾芒。皇帝时上台风后。尧时为务成子。周时为老聃。在越为范蠡，至宣帝时，弃即避乱世，后见会稽，卖药于五湖。高祖时为萧何。武帝时为东方朔。文帝时河上公。齐时为陶朱公。

14.《高才传》云：庄周者，宋蒙县人也云云。有涓子者，寿三百岁，著《天地人经》四十篇，后钓于河泽，得鲤鱼腹中神符，隐于宕山，能致风雨，鲁告伯阳以九仙法，盖仙人也，而周师之。周为人宏通博达，倜傥有高才，善属书，著内外文五十二篇凡十万言，虽穷贤该广，然其大抵訾毁儒墨，讥短仁义，贵自然，尚无为。

2018年10月13日于香港沙田寓所初稿
2019年7月23日于北京大学大雅堂二稿

伟烈亚力的汉学研究及其对《汉书》的英译*

杨海峥**

【内容提要】 19世纪英国汉学家伟烈亚力在诸多传教士汉学家中以熟悉中国文献著称，他通晓汉语、蒙古语、满语、希腊语、梵语等多种语言，研究范围涉及语言学、历史学、目录学、数学、天文学等领域。他编写了《中国文献纪略》，晚年又对《汉书》中有关西南夷和匈奴的记述进行了英译。本文梳理伟烈亚力的生平及其学术经历，分析伟烈亚力汉学研究的成就及《汉书》英译的特点。

【关键词】 伟烈亚力　汉学　《汉书》　英译

一

英国传教士伟烈亚力(Alexander Wylie, 1815—1887)是19世纪著名的汉学家，1815年4月6日出生于伦敦。他的父亲是商人，1791年前后从苏格兰来到伦敦。伟烈亚力是家中最小的孩子，因为体质纤弱，被送到格兰扁山脉的亲戚家照顾。他在德鲁里希(Drumlithie)的一所文法学校接受启蒙教育后回到伦敦继续接受教育。进入社会后，他成为一名木工学徒。伟烈亚力是虔诚的教徒，关于他的宗教生活的起点，我们知之甚少，只知道他是苏格兰长老会的一员。[1]

伟烈亚力很早就对中国感兴趣，他自学汉语，自创了一套独特的汉语学习方法，并在学习过程中编写了一部汉英词典。当时正值鸦片战争之后，英国的基督徒对到中国传教很感兴趣，伟烈亚力自学汉语，想必也是有此愿望。1846年，伦敦宣教会传教士理雅各(J. Legge, 1815—1897)博士因病自香港回英，他急于物色一名专门负责经营上海墨海书馆的合适人选，伟烈亚力因其出色的

---

* 本文为国家社科基金重大项目"北美汉学发展与汉籍收藏的关系研究"(批准号18ZDA285)阶段性成果。

** 本文作者为北京大学中文系、北京大学中国古文献研究中心教授。

[1] J. Thomas. *Biographical Sketch of Alexander Wylie*, Shanghai, Chinese Researches, 1897. pp. 1-6.

汉语能力被理雅各选中,由此开启了伟烈亚力作为汉学家的研究生涯。

自1847年踏上中国的土地后,伟烈亚力在中国居住长达三十年之久,直到1877年才最终返回英国,在伦敦汉普斯特德的基督教堂路18号度过了他人生最后的十年。可以说,伟烈亚力人生中最具有创造力、在学术上最辉煌的时期就是他在中国的三十年。他的学术研究范围广泛,涉及天文、数学、史学、目录学、语言学等多个学科,成果斐然。他对宗教的热情,自幼接受的语言学和西方科学教育,以及对汉语学习的兴趣,决定了伟烈亚力来华后研究的方向和重点,也为其日后的研究打下了坚实的基础。

伟烈亚力到中国后,在经营墨海书馆的工作中熟练掌握了汉语。墨海书馆是当时中西学者接触的重要场所,文人王韬和数学家李善兰都先后在这里参加西方著作的翻译工作。伟烈亚力和李善兰在墨海书馆的翻译活动是19世纪西学传入中国的重要事件,两人合译了三部数学著作,伟烈亚力还自撰了一部《数学启蒙》来介绍初等数学知识。此外,伟烈亚力还参与了江南制造局翻译馆的译书工作。1864年,伟烈亚力被推举为上海格致书院的董事,实际上他是格致书院的主要创办人之一。在接触和熟悉中国古代典籍的过程中,伟烈亚力认识到儒家经典对中国人思维方式的巨大影响,他认为对传教士来说,能否领悟儒家经典的精神内涵至关重要。于是伟烈亚力着手翻译儒家五经,翻译的手稿有六七册之多,但始终没有出版。理雅各博士在他的《礼记》英文版中提到他曾得到了伟烈亚力在多年前完成的《礼记》英译手稿,自己翻译的过程中经常参考。

伟烈亚力是一名虔诚的传教士,也是一位严谨的学者。在他眼中,科学和宗教是一致的,并不冲突。伟烈亚力致力于将欧洲科学著作译成中文,他在中国传播西方的科学和宗教的同时,也积极向西方学者介绍中国古代科学的成就。1851年,伟烈亚力陆续在上海的英文周报《北华捷报》上发表长文《徐光启行略》;1852年起,又在《北华捷报》上陆续发表他研究中国数学史的著名论文《中国数学科学札记》,向西方学者详细介绍《九章算术》《孙子算经》《周髀算经》等中国古代数学典籍和当时认为中国人数学发展程度低下的主流观点不同,他认为中国古代数学并不逊于西方,甚至在某些方面还曾领先于欧洲学者[①]。伟烈亚力对中国古代天文学很有兴趣,1867年发表《中国典籍中的日月食记录》,从各种中国史料中搜集了925次日食和574次月食的记录。他的介绍和推广对帮助西方学者了解中国古代科学做出了很大的贡献,法国著名汉学家高第(H. Cordier,1849—1925)将伟烈亚力的这些研究称为西方"中国数

[①] J. Edkins. *The Value of Mr. Wylie's Chinese Researches*,Shanghai,Chinese Researches,1897. pp. 1-3.

学和天文学研究之起点"①。

1857年,伟烈亚力创办杂志《六合丛谈》,内容涉及天文、地理、历史、科学,欲以中外新知来替代陈旧的知识体系,让人们了解世界发展之大势。他关注中国科学史研究,在大量阅读中国古代科学著作的基础上,对中国古代科学的发展给予了较公正的评价。他有关中国科学史的论著,影响了19世纪乃至20世纪的汉学家,他的译著在当时被京师同文馆和上海格致书院用作教材,可见其价值。

二

伟烈亚力的目录工作使其在欧洲享有盛名。他在1857年编写了《上海伦敦会图书馆书目》(Catalogue of the London Mission Library at Shanghai),分类著录书籍,有关著作和作者的提要十分精彩。

在宗教方面,伟烈亚力最著名的是他的著作《来华新教传教士列传及书目——附著作目录》,收录338位传教士的中英文著作,汇集1867年以前在华传教士的第一手资料,主要是他们的生平及其著作。在他之前,没有一部成规模的此类著作出版,此书被视作"囊括止于伟烈亚力所处时代的几乎所有新教传教士的出版物"②,受到广泛的赞誉,至今仍是这一时期历史研究中不可取代的资料。

伟烈亚力嗜好古书,在中国期间,他大量购买、阅读和研究中国的古籍,英国著名汉学家艾约瑟(J. Edkins, 1823—1905)曾这样评论伟烈亚力对中国古籍的熟悉和钻研之深:在西方众多汉学家中,理雅各对中国经典研究最精深,但若论到对中国文献的了解,没有人能比得上伟烈亚力③。

中国古代典籍卷帙浩繁,如何理清文献的脉络对西方学者来说始终是个难题。伟烈亚力认为,西方学者在阅读古书时遇到的最大障碍就是对书中频繁出现的书名、人名、地名的不了解④。为了解决这些难题,他参考《四库全书总目》,编写了《中国文献纪要》(Notes on Chinese Literature,也译为《汉籍解

---

① H. Cordier. The Life and Labour of Alexander Wylie, Agent of the British and Foreign Bible Society in China. A Memoir. *The Journal of the Royal Asiatic Society of Great British and Ireland*, New Series, Vol. 19, No. 3(Jul.,1887), p. 357

② A. Wylie. *Memorials of Protestant Missionaries to the Chinese: Giving a List of Their Publications, and Obituary Notices of the Deceased, with copies indexes* [M]. Shanghai: American Presbyterian Mission Press, 1867.

③ J. Edkins. *The Value of Mr. Wylie's Chinese Researches*, Shanghai, Chinese Researches, 1897. pp. 1-3.

④ A. Wylie. *Notes on Chinese Literature*, Shanghai: American Presbyterian Mission Press, 1867

题》),1867年7月由上海美华书馆出版。

全书只有中文典籍的书名用中文,其他内容均用英文写成。全书由前言、目录、导论、经部、史部、子部、集部、附录、索引等九个部分组成。在前言中,伟烈亚力阐明了他写这部书的三个主要目的:一是帮助西方学者解决在研究中国古代文献时遇到的各种障碍;二是希望能对中国古代经典著作做一个较系统的梳理;三是通过给这些重要的中国古代典籍做提要,进一步准确把握典籍的内容及其中所蕴含的思想。在导论中,伟烈亚力按时间顺序梳理了从上古时期"仓颉造字"一直到晚清中国文献发展的脉络,并列出了一份共有137部禁毁小说的清单。导论的结尾又介绍了一些中国经典文献著作外译的情况,并列出了这些书籍在不同语言译本中的书名。

《中国文献纪要》经、史、子、集四部共收书2000多部,经、史之外,收录了大量医药、科学、地理方面的著作及神话小说等。介绍书籍的同时,对相关历史人物和典故等也多有涉及,以引起西方读者对中国文化的兴趣。故该书成为了西方学者研究中国古代文献的指南和重要参考书,引导他们进入研究中国的学术之门。书末附录编写有丛书书目以及方便检索的书名索引和人名索引。

《中国文献纪要》中有关天文学和数学的论述,最能代表伟烈亚力的汉学水平。所收不仅包括《四库全书》中已收录的《周髀算经》《九章算术》等数学著作,还增加了大量乾隆朝之后新出版的天文学和数学著作。另外,他对传教士翻译的西方科学著作也用大量篇幅做了介绍,其中不乏新的见解。由于受到过西方良好的教育,他在介绍传教士中文译注时,常能敏锐地发现一些问题。他还介绍了不少中医古籍以及刚刚传入的西医著作。

《中国文献纪要》是19世纪欧洲汉学界有关中国文献的第一部全面系统的目录学权威著作。在中国人眼中,这部书被看作是对《四库提要》的简明翻译,所以受到的关注度并不高,人们更关注的是伟烈亚力所翻译和介绍的西方科技成果。但西方学者十分重视伟烈亚力的目录学研究,并不将本书仅仅视为简单的目录编修,以至于在西方文献中,经常可以看到伟烈亚力被称为"《中国文献纪要》的作者"。法国著名汉学家高第(H. Cordier)盛赞此书"实际上是西方有关全面介绍中国文献的唯一指导"。[①] 但正如伟烈亚力在本书前言中所说,《中国文献纪要》问世以前,西方已有多部关于中国文献的目录书出版,因而说它是"唯一"并不准确,但《中国文献纪要》在全面系统介绍中国文献以及

---

① H. Cordier. The Life and Labour of Alexander Wylie, Agent of the British and Foreign Bible Society in China. A Memoir. *The Journal of the Royal Asiatic Society of Great British and Ireland*, New Series, Vol. 19, No. 3(Jul., 1887), p. 363.

梳理中国学术史发展方面，的确是后来居上，对西方学者研究中国文献起到了指导作用。

三

伟烈亚力学术研究的特点是其研究范围十分广泛，从数学、天文学到史学、语言学、目录学，无不涉猎。要探讨伟烈亚力致力于这些看似毫无关联的研究方向的原因，就要探讨伟烈亚力汉学研究的动力和出发点。

19世纪初的欧洲理性主义盛行，科学是理性的代表，而上帝则是最完美的理性化身，对真理的追求和信仰上帝是并行不悖的。对宗教的热情和对真理的追求正是伟烈亚力从事学术研究的核心动力，在其译著《谈天》的序文中，他说："在寻求必然秩序的好奇心中，激发人们更好地了解自然万象的愿望，以对理性施展有益的影响，从而认识更公正、更崇高的真理：'耶和华创造了这些天体——创造了这万象，按数目领出——耶和华用能力创造大地，用智慧建立世界，用聪明铺张穹苍。'这就是译者的至诚愿望。"在其《续几何原本》的英文前言的末尾，他说："真理是一个整体，当我们寻求科学的进步时，只是在为它的高深发展开辟道路。作为基督徒和传教士，完善真理是我们的任务。"这些都明确表达了对宗教的热情和对真理的追求。

对真理的追求在各民族的文化中是以不同的方式表现出来的。在19世纪的欧洲，对真理的寻求是通过科学和宗教来展开的，而在中国，自古就有"文以载道"的传统，中国人对真理的认知也就隐含在卷帙浩繁的古代文献之中。伟烈亚力深刻地认识到这一点，所以他对中国文献的研究热情以及他在汉学研究中对数学和天文学的偏好和侧重，都是建立在其致力于探求真理的基础之上的。

伟烈亚力晚年又致力于对《汉书》等中国史书的英译。他是西方最早将《汉书》中的篇章译为英文的学者。他编译了 History of the Heung-Noo in their relations with China：Translated from the Ts'een Han Shoo，Book 94（汉匈关系史·《前汉书》卷九四英译），The subjugation of Chaou-Seen：Translated from the 95th book of the Ts'een Han Shoo（朝鲜的征服·《前汉书》卷九五英译），Notes on the Western regions：Translated from the Ts'een Han Shoo，Book 96（西域传注·《前汉书》卷九六英译）等，发表在英国皇家人类学学院院刊上，之后又在《远东杂志》上发表《后汉书》中《东夷列传》《南蛮西南夷列传》《西羌传》的英译。

在《中国文献纪要》的前言中，伟烈亚力提到：在漫长的历史中，传统文化已经内化在中国人性格之中，若想理解中国人和中国的文化，就必须了解其在历史演进过程中的源头。伟烈亚力在汉学研究中追本溯源的思路至今仍让人深受启发。当时西方汉学界比较关注中国及其周边地区的交往情况,受到这股学术思潮的影响,基于追本溯源的研究思路,伟烈亚力自然就会关注有关中国古代边疆问题的相关记载,要研究中国和周边地区的交流,就要从最早的史料记录开始研究,《汉书》中有关边疆民族的篇章自然成为首选。《史记》成书虽早于《汉书》,但在民族史的记述上不如《汉书》的史料完善。伟烈亚力在 History of the Heung-Noo in their relations with China 中明确提到,翻译《汉书》的目的就是要为关注这一问题的研究者们提供最严谨可靠的史料①。

在伟烈亚力之后,在西方流传较广的《汉书》主要为美国汉学家德效骞(Homer Hasenpflug Dubs,1892—1969)和华兹生(Burton Watson,1925—2017)的译本,前者以详尽的注解和考据出名,后者则是面向普通英语读者的通俗性译本。而伟烈亚力的翻译风格正好介于德效骞和华兹生之间。

伟烈亚力的译文十分严谨,基本上是按照《汉书》的原文,逐字逐句进行翻译,最大限度地保留原文信息,力图为读者提供最严谨可靠的史料。在忠实原文的基础上,伟烈亚力顾及西方读者对中国历史知识缺乏了解,在译文中随文加一些注释,这些注释简明扼要,不影响译文的流畅。以《汉书·匈奴传》为例,在叙述重要的历史事件时加上公元纪年,如"后十有余年,武王伐纣"加注公元纪年"B.C.1121"②;在涉及重要的历史人物时,加入对此人及相关人物关系的介绍,如"周西伯昌伐畎夷"一句加注对"西伯昌"的介绍"better known as Wan Wang, the grandson of Tan Foo";也有对事件原因的解释,如在"周平王去丰镐而东徙于洛邑"句后加注对此事原因的解释"in order to avoid the western tribes"。这些随文注释,增强了译文的可读性。随文注释之外,伟烈亚力在译文后也有单独出注,注释的总量并不多,内容都是有关古代地理名词,注明古地名在今(清代)的实际地理位置。

伟烈亚力的翻译虽以严谨著称,但其中也难免出现疏漏和错误。有些错误属于常识性错误,如《匈奴传》中"其俗有名不讳而无字",指匈奴人有名字,不避讳,没有表字之意,被翻译为"名字不会传给后代"(Their names were not transmitted to their descendants)"。有些是断句的错误,如"故陇以西有绵诸、畎戎、狄獂之戎",被翻译为"陇以西的绵诸地区,有畎戎、狄獂之戎"(Westward

---

① A. Wylie. History of the Heung-Noo in Their Relations with China, *The Journal of the Anthropological Institute of Great Britain and Ireland*, Vol. 3(1874):401.

② A. Wylie. History of the Heung-Noo in Their Relations with China, *The Journal of the Anthropological Institute of Great Britain and Ireland*, Vol. 3(1874):402.

from Lung, in Meen-chow were the Keuen Jung and the Teih-kwan Jung)①。

有些错误却是理解性的错误了,如"后百有余年,赵襄子逾句注而破之,并代以临胡貉"中的"并代"原意为吞并代地,却被翻译为"制服了并地和代地(subdued Ping and Tae),且在 Ping 上加了注释,对其地名所在地进行了考证,实际上"并"不是地名,而是动词"吞并"之意。

再如匈奴冒顿单于给汉朝来信中说:

> 其明年,单于遗汉书曰:"……未得皇帝之志,故使郎中系虖浅奉书请,献橐佗一,骑马二,驾二驷。皇帝即不欲匈奴近塞,则且诏吏民远舍。使者至,即遣之。"六月中,来至新望之地。书至,汉议击与和亲孰便,公卿皆曰:"单于新破月氏,乘胜,不可击也。且得匈奴地,泽卤非可居也,和亲甚便。"汉许之。
>
> 孝文前六年,遗匈奴书曰:"皇帝敬问匈奴大单于无恙。使系虖浅遗朕书,云'愿寝兵休士,除前事,复故约,以安边民,世世平乐',朕甚嘉之。此古圣王之志也……"

在这段话中,系虖浅是匈奴派往汉朝的使节,而伟烈亚力误认为是汉朝派往匈奴的使节,翻译为"About the same time, the Chinese Emperor would seem to have been troubled with some suspicions regarding the Heung-noo, and despatched the commissioner Ke Hoo-tseen with a letter, in which he requested the Shen-yu to send him a camel, two riding horses and two studs of carriage horses"②,这就直接造成"故使郎中系虖浅奉书请"句下的大段原文受到牵连而造成翻译的错误,如"橐佗一,骑马二,驾二驷"本是匈奴送往汉朝的礼物,被翻译为汉朝送往匈奴之物。

四

从对伟烈亚力一生的回顾中可以看出,自从1847年来到中国,作为传教士和汉学家的伟烈亚力基于对宗教的热情和对真理的追求,以语言学和目录学为工具,对中国古代数学、天文学、史学等方面做了深入研究,为中西方文化交流做出了重大的贡献。伟烈亚力在中国时与欧洲许多汉学家或东方学者保持通信联系,他乐于为他们提供帮助,提供汉学研究所需的资料,很多初学者

---

① A. Wylie. History of the Heung-Noo in Their Relations with China, *The Journal of the Anthropological Institute of Great Britain and Ireland*, Vol. 3(1874):404.

② A. Wylie. History of the Heung-Noo in Their Relations with China, *The Journal of the Anthropological Institute of Great Britain and Ireland*, Vol. 3.(1874):416.

在他的影响下对汉学产生了浓厚兴趣。

1877年7月,伟烈亚力离开上海回英国,仍致力于汉学研究。他一生著述颇丰,但很多没有出版。1887年伟烈亚力去世后,他的朋友们从他留下的多箱文稿中挑选了文献、历史、科学、语言等方面有代表性的17篇论文,在1897年伟烈亚力去世十周年的时候,出版了论文集《中国研究录》(*Preface to Chinese Researches*)。

探讨伟烈亚力的汉学研究及《汉书》翻译的特点及成就,对了解西方第一代传教士汉学家在中西文化交流史上的贡献,了解西方学者对汉籍的接受及西方汉学的发展能有所启发。

谚文本《燕行录》十七种解题*

漆永祥　李钟美**

【内容提要】　"燕行录"是朝鲜半岛在高丽、朝鲜王朝时期出使中国的使臣所撰写的纪行录。据笔者目前所见,用朝鲜谚文抄录成书的约有17种,共30余种版本(不含崔溥《漂海录》与李邦翼《漂海歌》)。这些书籍中仅有少数有汉文版。因为谚文的特殊性与识读的困难,这些纪行录的关注度与利用率并不高。本文对此类"燕行录"的作者、书名、卷数、版本,以及使臣的出使使命、出使时间、使团成员、沿途所闻所见及全书内容等,依《四库全书总目》之例,考辨钩稽,综论得失,撰为解题,以供学界参考。

【关键词】　燕行录　谚文本　作者小传　内容考校　解题

1. 赵濈《朝天日乘》(《燕行录全集》第 12 册　韩国国立中央图书馆藏)

赵濈著,崔康贤译注《계해수로조천록(癸亥水路朝天录)》(신성출판사,2000 年)

出使事由:冬至圣节兼谢恩行

出使成员:正使行护军赵濈、书状官任赉之等

出使时间:仁祖元年(天启三年,1623)7 月 27 日—翌年 4 月 16 日

赵濈(1568—1631),字得和,一字德和,号花川,丰壤人。宣祖朝,曾任春秋馆记注官、司谏院正言、工曹正郎、荣川郡守、弘文馆修撰等。光海君时,为司宪府掌令、宁海府使等;仁祖朝,官同副承旨、行护军、原州牧使等。有《朝天录》一卷传世。事见《宣祖实录》《光海君日记》《仁祖实录》《承政院日记》等。

案赵濈是行,兼冬至、圣节与谢恩三行使命。一行四十三人,往返皆从海

---

*　案本文之撰写,由漆永祥完成使臣出使事由、出使成员与出使时间之考订,以及作者小传撰写和全稿之统稿工作。谚文翻译与内容摘要,在全部 17 种中,有 10 种由韩国东国大学讲师李钟美博士撰写,并且负责全部谚文的校勘与修改工作。其他 7 种,分别为笔者 2007—2009 年在韩国高丽大学任教期间,为研究生开设"燕行录研究"课程时,诸生所撰写的作业成果。现将每位撰写者,皆注于其所撰写之条目之后,他们分别为邢顺和、金东垠、李素贤、李在贞、徐丽丽、林莉、孙慧颖等同学,在此一并说明,以示不掠人之美,且向他们表示诚挚的谢意!

**　漆永祥,北京大学中文系、北京大学中国古文献研究中心教授。李钟美,韩国东国大学讲师、博士。

路。仁祖元年(天启三年,1623)七月二十七日诣阙辞朝,九月初三日在宣沙浦发船,二十七日抵登州,十月二十日方艰抵玉河馆,正赵氏诗所谓"海路朝天节节难,比他辽路十分艰"者①。先是,明朝赐焰硝累万斤,由李显英使团载船而来,故遣赵氏一行兼谢恩焉。《明实录》亦载,"天启三年十一月己卯,朝鲜国王遣陪臣礼曹参判赵濈等进龙文帝席等方物,贺万寿圣节及冬至令节"。②

赵濈此稿为谚文本,封面为汉字,右中楷题"天启癸亥水路朝天录",左旁稍高书"星槎录",左边大书"朝天日乘"。又一页右中行书体"皇明天启癸亥水路朝天录",中间大书"星槎录"同前页,而左边大书"天日乘","天"字之上半与"朝"字被遮。其后即为谚文《朝天日乘》,每页或左上角或右上角,浸污不清,多有残缺。此书每半叶十六行,行约三十至三十三字不等,无格栏。韩国国立中央图书馆书目云"1624 年",则为赵氏回国日期,非钞写改定日期,钞写者亦未详也。

《朝天日乘》正文前卷首有谚文"가경태우예조참판으로동지/셩졀ᄉ샤은ᄉ겸ᄒ여가시다/셔쟝관은임뇌지라/반졍후주문ᄉ논판셔니경젼이오/부ᄉ논윤훤이오/셔쟝관 논니민셩이라"六行③,意为作者以嘉善大夫礼曹参判兼冬至圣节谢恩使去,④书状官为任赉之,反正后,奏闻使判书李庆全、副使尹暄、书状官李民宬。此数行汉文本《燕行录(朝天录)》未见。且正文首行曰:"황명텬계삼년계ᄒ칠월이동지셩졀샤은ᄉ겸ᄒ여슈로로강남가던ᄉ셜이라(皇明天启三年癸亥七月冬至圣节兼谢恩以水路往江南之辞说也)"⑤。

案赵濈汉文本《燕行录(朝天录)》记录,自癸亥七月二十五日至甲子四月十六日,然此本记录自癸亥七月二十五日至甲子四月初二日,较汉文本少十四日;而汉文本全稿亦多有缺文,如甲子二月十三日的日记后另起一行曰"(自十四日至十八日缺)"⑥,然谚文本《朝天日乘》此段时间皆有日记。⑦ 又汉文本四月初一日、初二日等处皆有缺文,⑧谚文本此两日之日记皆保留。⑨ 故谚文本可补汉文本《燕行录(朝天录)》阙文者不少。

赵濈是行,自七月二十七日从汉京出发,陆路经过朝鲜坡州、开城,水路经

---

① [朝鲜王朝]赵濈《燕行录(朝天录)·海路朝天节节难也留偶吟》,《燕行录全集》,012/320。
② 《明熹宗实录》卷四一,天启三年(1623)十一月己卯条,068/2153。
③ [朝鲜王朝]赵濈《朝天日乘(谚文本)》,《燕行录全集》,012/447。
④ 案"嘉善大夫",谚文本云"가경태우"。据赵濈原著,崔康贤译注《계해수로조천록(癸亥水路朝天录)》(第 223 页注 1),指出此为"嘉善大夫"之误。
⑤ [朝鲜王朝]赵濈《朝天日乘(谚文本)》,《燕行录全集》,012/448。
⑥ [朝鲜王朝]赵濈《燕行录(朝天录)》,《燕行录全集》,012/409。
⑦ [朝鲜王朝]赵濈《朝天日乘(谚文本)》,《燕行录全集》,012/533—534。
⑧ [朝鲜王朝]赵濈《燕行录(朝天录)》,《燕行录全集》,012/436。
⑨ [朝鲜王朝]赵濈《朝天日乘(谚文本)》,《燕行录全集》,012/546、547。

过宣沙浦、皮岛、鹿岛、长山岛、庙岛、登州、莱州、济南、德州、天津,最后到燕京,翌年三月回国。使行共有船四只,使臣上船,书状官二船,通事三船,团练使四船。谚文本所记,赵氏与李庆全、尹暄、李民宬等人,打话酬唱,相互扶持,与汉文本互有异同,读者两本相较,则可得其全貌。是书今有崔康贤译注本《계해수로조천록(癸亥水路朝天录)》(신성출판사,2000年),颇便参稽焉。
【李钟美译】

2. 未详《朝天录》(《燕行录全集》第22册)

出使事由:谢恩兼奏请行

出使成员:正使汉城府判尹李德泂、副使弘文馆修撰吴翿、书状官兼司宪府监察洪靌等

出使时间:仁祖二年(天启四年,1624)6月23日—翌年4月25日

案赵䌹为李德泂所撰《赠领议政竹泉李公神道碑铭》称,"甲子,适贼无天,帐殿辟公山,公负靮从。升崇政。六月,兼谢恩奏请,航海朝京,奏陈我国使臣班齿于外夷,辱矣。行人即列于皇上,许以午门内,此与叔孙婼争鲁不可夷班于邾司,而义正则有加。复命,上大悦,赐土田奴婢以奖竭诚竣事"。① 则知李德泂一行,于奏请封典外,尚有别奏焉。

此《朝天录》为谚文本,作者未详,为仁祖二年李德泂使团航海朝天之记录。此稿钞录工整,亦不分段另行,乃朝天者口述,而用文字记录整理之稿,全稿内容,尚有所缺,盖定本前之草本耳。据李德泂后裔称,李氏《朝天录》乃"公之外孙闵上舍得《朝天谚录》于天坡吴公家,依其音义,而翻以文字,自是其本始矣"。② 而李书与此本中诸多事实相合,如梦见牡丹花之类,或为同源之祖本耶?全稿记一行于六月二十日,自汉阳离发,至翌年返至宣沙铺登陆止,其间纪事与洪翼汉所记,亦有同有异,与李氏、洪氏之书参互验证,则此赵使行之全貌尽显焉。

是书载六月二十日,一行从汉阳出发。七月十一日,正使李德泂搭谯门祭祀。十二日,上船后即遇到狂飙,右参赞柳澜、吏曹参判朴彝叙、司谏院正言郑应斗等化为水鬼,众人打捞诸人尸体后再为祭祀。八月初三日,六船再次出发入海。十三日,抵三山岛。九月十二日,从登州出发,陆行北上达济南府。再经德州、涿洲等地,终达北京,入玉河馆。然后呈咨文,后反复释解仁祖发动宫廷政变之正当性,以及辩有关朝鲜记载之不当等。复向明朝阁老如朱国桢等求助。滞馆日久,盘缠几尽,又命译官、军官及下人凑钱,以贿赂上公(阁老中

---

① [朝鲜王朝]赵䌹《龙洲先生遗稿》卷二一《李公神道碑铭》,《韩国文集丛刊》,090/388。
② 未详《朝天录【原题竹泉朝天录】》,《燕行录续集》,105/491。

职位最高者),上公为其所感,允诺助力册封一事。腊月二十日,册封敕下,帝命遣送使臣并赐黄金三千两。翌年二月二十日,一行从北京向登州进发。自入水路,竟一路风顺帆正,归宣沙浦,六船人员,莫不欢欣喜悦矣。

谚文本书籍,在朝鲜时代多为妇孺所读,故其书中,多载传闻奇事。如船夫言在航海途中,倘梦见牡丹花,即为吉兆,海行顺遂。八月十二日,众人皆见上下闪烁金色鳞片之不明物体,船夫称其为黄龙化身,升天而去。经龙王岛,在龙王堂附近听到龙之哭声,又见龙蛋形状之南瓜色异物,其大可容四人。译官言此前朝鲜将帅黄应旸向此物敬酒一杯,其物遂化为纯金。并称此乃龙卵之壳,自海东来,为天下独宝,百万黄金不能置也。又记自登州至北京,沿路北上风光可人,城市繁丽,古迹坟墓,比比皆是。近阅村镇之美丽,远眺泰山之全景。及返归途中,时值春光,花朵盛放,红花绿叶,鲜艳美丽。其叙事流畅,故事性强,能吸引读者,尤其妇女稚子,此即谚文本之特征也。【邢顺和译】。

又据二〇〇一年五月八日韩国《朝鲜日报》记者金基哲报道,崇实大学国文系曹圭益教授,考证古文书籍收藏家李显兆(全南大学讲师)所藏之《竹泉行录》,以为即竹泉李德泂于1624—1625年间出使明朝之行迹,为最早的韩文史行录。作者乃李德泂随行军官,以非正式之简单韩文记录为基础而纂成。此《竹泉行录》本分乾、坤两卷,今惟存坤卷。有谚文正文130页,中文跋语11页,所钞纸宽20.5厘米,纵33.5厘米。不知李氏家藏者,即上文所述谚文本《竹泉行录》否,因未寓目,故不敢必也。①

3. 柳命天《燕行别曲》(《燕行录全集》第 23 册)
柳命天《燕行别曲》(《燕行录丛刊(增补版)》网络版)
出使事由:冬至等三节年贡行
出使成员:正使判中枢府事柳命天、副使佥知李麟征、书状官司直沈枋等
出使时间:肃宗十九年(康熙三十二年,1693)11 月 3 日—翌年 3 月 12 日(返至牛山止宿)

柳命天(1633—1705),字士元,号退堂、菁轩等,晋州人。显宗十三年(1672),别试文科状元及第。为弘文馆副提学、成均馆大司成、吏曹参判等。庚申(1680)大黜陟,南人失脚,流配龟城,三年后放归田里。后六年,起以江界府使,官至礼曹判书、吏曹判书、户曹判书、弘文馆大提学、判义禁府事等。与兄命坚、弟命贤等,把持朝政。甲戌(1694)狱起,流配康津,后再配智岛,三年后归里卒。有《燕行日记》、《燕行别曲》、《退堂集》十卷等传世。事见《退堂集》卷四《退堂翁自铭》、《肃宗实录》等。

---

① 韩国《朝鲜日报》2001 年 5 月 8 日,第 30 版/社会版,记者金基哲报道。

据柳命天汉文版《燕行日记》，柳氏一行自肃宗十九年（康熙三十二年，1693）十一月初三日辞朝，二十二日渡江，十二月初二到沈阳交割岁币，二十三日到北京。在京因岁币方物质量等事，至翌年二月初四日，始离北京，三月初四日渡江，十二日到牛山止宿。① 此下戛然而止，盖日记有缺佚故耳。

案此谚文钞本《연행별곡（燕行别曲）》，又收录于高丽大学所藏《歌辞选》中。记癸酉年出行及以后的路程，亦称"癸酉燕行别曲"不分卷，共十叶，无格栏。每叶分上下两段，上下段各十行，一行五字至八字不等。先上排读讫，再读下排。

此别曲为朝鲜使行歌辞中存世最久的作品，与一般散文形式的燕行录不同。所谓"歌辞"，为韩国传统文学体裁之一种，乃有韵律之诗歌，高丽末期萌芽，至朝鲜初期为士大夫确立其文学体裁。在内容及形式上，皆比较自由，故一般士大夫、两班家读书女性、僧人、庶民等，全社会阶层皆可参与创作。

据柳氏此别曲称，其创作自"갑슐년샹원일에황극던에됴참하니（甲戌年上元日朝参皇极殿）"始，共一百九十八句，分三个部分，第一部分相当于序文，说明此次出行之缘由，共八句；第二部分为正文，记起程与路途之感受，共一百七十六句；第三部分为结语，叙说完成使命后归国，共十四句。其路程是自慕华馆出发，经碧蹄馆、松都、安州、鸭绿江、凤凰城、沈阳、红军门、山海关、夷齐庙、东岳庙等地，最后到燕京。过四十天，再经九连城、统军亭，转回本国。

此别曲之作者，原钞本未明确标明著者何人，故向有不同意见。高丽大学所藏谚文钞本《연행별곡（燕行别曲）》书目亦曰"未详"。林基中认为《연행별곡（燕行别曲）》即柳命天《燕行日记》之部分内容，以韩文歌辞体写成。② 李相宝以为肃宗二十年仲冬出使者尚有书状官朴权、正使申琬、副使李弘迪，应该为此数人中之一。沈载完以为乃肃宗十九年书状官沈枋所作。崔康贤以为乃副使李麟征所作。③ 林基中举诸种例证，以柳命天《燕行日记》初始曰"癸酉十一月初三日辞朝自内肠以腊药"，《同文汇考》云"康熙三十二年十一月初三日三节年贡行，正使左参赞柳命天"，又《肃宗实录》谓，肃宗十九年十月，"柳命天请于燕行"，十一月初三日启程。凡此，皆与《燕行别曲》所载事实相吻合。不仅如此，林氏复以《연행별곡（燕行别曲）》与柳命天《燕行日记》比较，针对同一主体，两书中观点较为一致，私人生活亦颇相同，个别言行一致之处亦多。如《연행별곡（燕行别曲）》曰："북궐에 하직하고/갈길을 도라보니 구름밧긔 하늘일새/군명이 지중하니

---

① ［朝鲜王朝］柳命天《燕行日记》，《燕行录全集》，023/515。
② ［韩］林基中《한국가사문학주해연구（韩国歌辞文学注解研究）》第13卷，아세아문화사，2005年，第1页。
③ ［韩］崔康贤《기행가사자료선집（纪行歌辞资料选集）》1，서울：国学资料院，1996年，第47页。

슈고를 혜아리랴/모화관 사대하고 셔교의 젼별할졔 친귀가 만좨로다 삼공이 주벽해고 뉵조가 버러안자 쥬배로 샹쇽하야 원행을 위로하니"①(辞北阙,顾要行之路,云外就天。君命至重,(如何)忖度辛苦!到慕华馆查对,进弘济院。西郊饯别时,亲友满座。三公在主人位,六曹列坐。酒杯相续,慰劳远行。)而《燕行日记》亦称,"辞朝……到慕华馆查对,左相则到沙岘底,班荆而坐以一杯相饯。到弘济院,则右相金领府、户判吴仲初、兵判睦际世及睦士伯、朴退甫、沈德舆、李勉叔、金献吉、刑判李大叔诸人,多来会送饯劝酒,至日汲乃发程。希弟到绿岘底握别,颇觉怆然(十一月三日)"据"북궐에하직하고(辞北阙)"与"즁하니슈고를혜아리랴(君命至重,(如何)忖度辛苦)","모화관 사대하고 셔교의 젼별할졔(到慕华馆查对,进弘济院。西郊饯别时)",此皆于柳命天事相合。而"친귀가 만좨로다(亲友满座)"之饯别宴,乃三公六曹为柳命天所设。又"갈길을도라보니구름밧긔하늘일새(顾要行之路,云外就天)",离国出行之时,有怆然之情者,亦即柳命天也。② 案林说有理,因三公六曹高官,至弘济院出饯行,亦因柳命天为正使故耳。故姑从林说,以之隶归柳命天可也。
【李钟美译】

4. 朴权《西征别曲》(《燕行录全集》第 34 册)

出使事由:冬至等三节年贡行

出使成员:正使礼曹判书申琓、副使户曹参判李弘迪、书状官兼司宪府持平朴权等

出使时间:肃宗二十年(康熙三十三年,1694)11 月 2 日—翌年 3 月 21 日

朴权(1658—1715),字衡圣,一作衡盛,号归庵,密阳人。肃宗十二年(1686)登第。历官东莱府使、黄海道观察使、平安道观察使、京畿观察使、江华留守、刑曹判书、礼曹判书、兵曹判书等。卒于官。明敏有才,言义侃侃,不肯苟同。立朝三十年,孤立无朋,知者少而忌者多焉。有《西征别曲》行世。事见李畬《睡谷先生集》卷一二《吏曹判书朴公墓表》、《肃宗实录》等。

肃宗二十年(康熙三十三年,1694)十一月,以礼曹判书申琓为冬至等三节

---

① 《燕行录丛刊》所收《연행별곡(燕行别曲)》,与林基中所引用的有些差异,谚文古字与现代韩文字母书写方式有不同,在"친귀가 만좨로다(亲友满座)"中,"귀"和"좨"原本为"구ㅣ"和"좌ㅣ",就是"친구ㅣ가만좌ㅣ로다",还漏"홍졔원드러오니(进弘济院)"之句。直接录原文以供参考。云:"북궐에하직하고갈길을도라보니구룸밧긔하늘일새군명이지중하니슈고를헤아리랴모화관사대하고홍졔원드러오니셔교의젼별할졔친구ㅣ가만좌ㅣ로다삼공이주벽해고뉵조가버러안자쥬베로샹쇽하야원행을위로하니。"

② 上述诸说,皆见林基中《제5장한글연행록가사의작자와작품(第 5 章韩国文燕行录歌辞的作者与作品)》,《朝鲜外交文学集成(燕行录篇)增补版》,KRPia,2017 年。

年贡行正使、户曹参判李弘迪为副使、兼持平朴权为书状官出使北京。一行于十一月初二日拜表离发,翌年三月二十一日返京复命焉。

朴权《西征别曲》,钞本。首页左楷题"西征别曲"四大字,首页"西征别曲"大题下,以谚文书"甲戌年冬至使书状官/朴判书讳权号归庵"两行,有汉字注于两旁,后即为别曲若干首也。而谚文别曲之抬头,复注以汉字如"明时""得罪""耕钓""茅屋""乾坤"等,盖虑谚文之不复辨认而注之耳。其以别曲描摹自王京至燕京沿路风光及见闻,全篇百六十一句(计算为四音谱等于一句)。首段叙拣选为书状官时,与亲属告别之场面;次段述从碧蹄馆始,迄玉河馆之路程与所闻所怀,所记馆驿及风景有碧蹄、临津、松岳山、满月台、平山、练光亭、箕子城、永明寺、清川江、百祥楼、龙湾馆、统军亭、沈阳、夷齐庙、蓟州、卧佛寺、通州江、东岳庙、致和门、五凤门、太液池、玉河馆等;末段写在馆期间思念故乡,祈顺遂返国之愿望。与柳命天《燕行别曲》相较,朴氏此曲,虽亦铺陈燕都之壮丽繁华,然于帝城之奢侈腐糜之风,亦多贬刺。【金东垠译】

5. 金昌业《稼斋燕录》(《燕行录全集》第 31 册)

出使事由:谢恩兼冬至等三节年贡行

出使成员:正使议政府右议政金昌集、副使吏曹判书尹趾仁、书状官司仆寺正卢世夏等

出使时间:肃宗三十八年(康熙五十一年,1712)11 月 3 日—翌年 3 月 30 日

金昌业(1658—1721),字大有,号稼斋,一曰老稼斋。昌集弟。少即能诗,为金万中所称许。肃宗七年(1681)中进士。与其兄昌翕、弟昌缉等,素不乐科举仕宦,隐成松溪(今首尔城北区长位洞),以诗琴为乐。经己巳换局,以韦布终其身。甲戌更化,授内侍教官,不就,力农圃自晦。家素富饶,别墅豪侈,田连阡陌。及昌集败,皆为籍没。有《老稼斋集》五卷、《老稼斋燕行录》传世。事见金元行《渼湖集》卷一九《从祖老稼斋公行状》、金信谦《橧巢集》卷一○《墓表》与《景宗实录》等,金迈淳《台山集》卷一四《家史》有传。

康熙四十九年(1710)十一月,朝鲜渭原人李万健等九人越境采参,并夜杀清人五人,皆被拿获。翌年三月,礼部移咨朝鲜共同查察犯越者,四月双方至凤凰城查核犯越事件。六月,清廷命罪犯亲兄弟中,留一人奉养父母。是年十一月,礼部永减朝鲜进贡红豹皮一百四十二张、白银一千两。五十一年五月,穆克登至长白山顶,奉旨与朝鲜汉城府尹朴权、咸镜道观察使李善溥同于两国国界处立碑。十一月初三日,朝鲜遣金昌集一行入燕,谢方物移准、谢犯越免议、谢发回豹皮、谢定界等。一行赍银数万两,以备不虞,于翌年三月三十上日返国复命。

此为金昌业谚文本《稼斋燕录》,首页有"豆花初落稻花飞"等数句诗,不知是否为金氏手笔。此下页始,即为谚文正文也。全本末汉字题"壬子四月初七日笔写",考"壬子"为英祖八年(雍正十年,1732),盖为是年所钞译欤?

是书为选译本。其中"一行人马渡江数",只译使行中人役职官姓氏,他如所率带驿子、驮马等,一从省略;原本之"方物岁币式",是本仅见一页;他如入京下程、表咨文呈纳、鸿胪寺演仪、朝参仪、赍回物目、上马宴等,是本亦皆无。又原本"山川风俗总录"在前,"往来总录"在后,而是本两者互乙,且"往来总录"中之排次,亦与原本不同,且省译诸如"第一壮观""第一奇观"等及购买书籍、杂物等。又是本无从壬辰年十一月至癸巳年二月十六日之日记,乃自癸巳二月十七日起,至三月三十日返汉城止,亦不知为散佚故,抑或未译故。【李素贤译】

6. 姜浩溥《桑蓬录》二卷二册（延世大学中央图书馆藏）
姜浩溥撰,朴在渊、李在弘、李相得校注《상봉녹(桑蓬录)》(学古房,2013年)
出使事由:谢恩兼冬至等三节年贡行
出使成员:正使洛昌君李樘、副使礼曹判书李世瑾、书状官司仆寺正兼司宪府执义姜必庆等
出使时间:英祖三年(雍正五年,1727)11月4日—翌年4月4日

姜浩溥(1690—?),字养直,号四养斋,晋州人。锡圭子。韩元震门下士。喜藏书,通经史。英祖朝,任成均馆典籍、副司果、知中枢府事等。正祖初罢官,专研性理学,主气论为主。曾辑《朱书分类》八十四卷(初稿本,国立中央图书馆藏。另有奎章阁本五十四卷),自著有《四养斋集》十二卷、《桑蓬录》三卷等。事见《桑蓬录》、姜奎焕《贲需斋先生文集》卷五《送庶从祖养直之燕序》、《承政院日记》等。

此本为《桑蓬录》谚文译本,共三卷三册,现存后二卷二册,缺第一卷。每半叶十八行,行二十八字不等。墨字,无格。凡卷二有196面,卷三有162面(林基中解题计两卷分别为79张158页、97张194页,此据朴在渊等之说)。《상봉녹(桑蓬录)》第二卷,凡记录英祖三年(雍正五年,1727)十二月十九日至二十九日十一天之行程(在汉文本卷四至卷七)。第三卷记录十二月三十日至翌年四月初八日三个多月之行程(在汉文本卷八至卷一一)。又其卷七○二月二十九日之内容,却在谚文本卷二,而当月三十日之内容在谚文本卷三,两天之事分入不同卷中,盖装订时所混耳。标题为"상봉녹 연행일긔 권지이(桑蓬录,燕行日记,卷之二)"又正文开篇有"四养斋外集桑蓬录卷之四"字样。又有"상봉녹 권지삼 연행일긔(桑蓬录,卷之三,燕行日记)"等。

根据谚文本序文,姜浩溥将原作《桑蓬录》汉文本译成谚文,乃为悦母,并

为其讲述燕行故事。原本传到后代,借于他人,惜因彼家发生火灾,第一卷遭焚毁,仅存第二卷与第三卷。当初汉文本原本亦为其友郑寿延借读,随即遗失。而今存汉译本,是在姜浩溥谚文译本烧毁之前,曾孙姜在应据之再翻译成汉文者。故汉文译成谚文,再据谚文译成汉文,其间出入讹误之处必多,读者互相校读,谨慎引用可也。

今有朴在渊、李在弘、李相得校注本《상봉녹(桑蓬录)》,颇便参考。【李钟美译】

7. 李商凤《셔원녹(西辕录)》(《燕行录丛刊(增补版)》网络版)
出使事由:冬至等三节年贡行
出使成员:正使吏曹判书洪启禧、副使礼曹参判赵荣进、书状官兼司宪府持平李徽中等
出使时间:英祖三十六年(乾隆二十五年,1760)11月2日—翌年4月6日

李商凤(1733—1801),后名义凤,字博祥,号懒隐。祖籍全州,徽中(1715—1786)子。英祖三十六年(乾隆二十五年,1760),随其父出使中国。四十九年(1773),廷试文科乙科及第,历经刑曹佐郎、骊州御史、殷山县监、承政院左承旨、司谏院大司谏、工曹判书、巡查御史等。著有《北辕录》《懒隐呓语》《古今释林》《东方山川志》等。事见《英祖实录》《承政院日记》。

案李商凤此次入燕,为其父徽中所率带子弟焉。此《셔원녹(西辕录)》,原藏韩国延世大学图书馆,为李商凤《北辕录》五卷之谚文译本。《셔원녹》共十一卷十一册,今存十卷十册,分别为总目一卷、卷一至卷六、卷八至卷一〇,缺第七卷。每半叶十一行,行十六字不等,无界栏。共1574页,约三十万字。《셔원녹》之译者盖为李商凤,但钞者未详。有关翻译时间,在《셔원녹》卷一〇末有后记曰:"을유 오월 십칠일번역하기 시작하여 칠월의 필역하고 정셔도 오월의 시작하여 긔튝사월 십오일 창동셔 필셔하다".①据此可知,为乙酉年(1765)五月十七日起翻译,至七月完毕。在此基础上,五月起再正写,至己丑年(1769)四月十五日完毕。汉文本《北辕录》完成(1761)至谚文本《셔원녹(西辕录)》译成,其间约有九年时间。其他译文,大同于《北辕录》也。【李钟美译】

8. 洪大容《을병연행록(乙丙燕行录)》二十卷(《燕行录全集》第43—48册崇实大学藏本与藏书阁藏本)
出使事由:冬至等三节年贡兼谢恩行
出使成员:正使顺义君李烜、副使礼曹判书金善行、书状官兼司宪府执义

---

① 《셔원녹(西辕录)》卷一〇,延世大学图书馆藏抄本。

洪檍等

出使时间：英祖四十一年（乾隆三十年，1765）11月2日—翌年4月20日

洪大容（1731—1783），字德保，一字弘之，号湛轩，南阳人。师事金元行，与同门士砥砺道义，谈说性命诸学。志于六艺之学，象数名物，音乐正变，天文躔次，象形制器，皆妙解神契。与朴趾源、李德懋、柳得恭、金在行等为友。在英祖朝，不乐仕进，得荫除缮工监役，移敦宁府参奉等，后出为泰仁县监，升荣川郡守。数年，以母老辞归，猝得风喝噤喑之症而卒。有《湛轩书》十五卷行世。事见《湛轩书》附录朴趾源《洪德保墓志铭》、李淞《墓表》、洪大应《从兄湛轩先生遗事》等。

先是，比年以来，朝鲜人越境犯罪益增，罪犯或蒙宥减刑，官员或免议留任，然边境未尝放弛，而奸氓前后相续，乾隆帝上谕朝鲜格外禁防。英祖四十年（乾隆二十九年，1764）朝鲜民人金顺昌等九名漂到福建霞浦县，解至北京，差官解送，一名至通州病故，余八人送到义州，交付如例。朝鲜遂遣冬至等三节年贡兼谢恩使顺义君李烜、副使礼曹判书金善行、书状官兼司宪府执义洪檍等入燕，进三节年贡并谢上谕、谢犯人缓决、谢方物移准、谢漂人出送等项。此行书状官洪檍，为洪大容季父，故大容以子弟军官身份随使团入中国。一行以十一月初二日辞阙发王京，二十七日渡鸭水，十二月二十七日至北京，留馆凡六十余日，翌年四月二十日方返京复命焉。

是书封面正中大字楷题汉字"燕行录"，下谚字题"을병연행록（乙丙燕行录）"。洪大容《을병연행록》，至少有两种谚文译钞本，即崇实大学藏本与藏书阁本。崇实大学韩国基督教博物馆所藏本，书名为《湛轩燕录》，共十卷十册；韩国精神文化研究院藏书阁所藏本，书名为《燕行录》，共二十卷二十册。《燕行录全集》所收为藏书阁钞本。崇实大学藏本为洪氏后所钞，据后三卷末所记，有"辛卯正月十三"，盖即当时钞录时间，则其成书时间约为朝鲜后期纯祖三十一年辛卯（道光十一年，1831），而具体翻译而成之时间，尚无确切之日期也。

《乙丙燕行录》谚文本，乃据原汉文本《湛轩燕记》所译，然译本与原本相较：其一，《乙丙燕行录》之翻译，其读者乃不通汉文之女性，即其初意为妻儿读也，故其所译往往体贴女性，依其需求与爱好；其二，原本为专题与笔札，而译本则为日记体，顺序译出；其三，洪氏原文于朝鲜境内无有记载，而谚文本中增入自汉京至义州部分文字，既详且多；其四，谚文本之翻译，非照本直译，乃择新鲜有趣、阅眼耐读之文字翻译，且有加工增润之成分在焉。

当时朝鲜对西洋天主堂，不仅陌生，亦极为排斥。洪大容在北京期间，屡访天主堂，其所见西洋风格之绘画、风琴、自鸣钟、指南针、天文机械等，译本多有绍介。又北京琉璃厂，亦为洪氏兴趣所在，译本列举所见诸家店铺，如玩器、

眼镜、镜子、笔墨砚、绘画、乐器、鲋鱼店铺等,叙述详尽。在京期间,洪氏与严诚、潘庭筠交往笔谈最多,所谈涉及经济、思想、风俗、历史、天主教等,尚有洪大容弹琴(거문고,韩国传统弦乐器,有 6 弦)、潘庭筠画画等记载,双方互赠礼物并拜为兄弟。谚文本尚翻译严诚、陆飞之诗文,如严诚唱洪氏"湛轩八景"等诗,并为译出焉。

《乙丙燕行录》谚文本,为朝鲜半岛历史上使用优雅宫体写作的现存最长纪行文学作品与游记,故其研究价值当在文学及谚文翻译之语言方面。然若以信史待之,则颇可商榷,远不如读汉文本为要也。①【李在贞译】

9. 李鲁春《北燕纪行》(《燕行录续集》第 119 册)

李鲁春《북연긔행(北燕纪行)》三卷(崇实大学基督教博物馆藏)
李鲁春《北燕纪行》(《燕行录丛刊(增补版)》网络版)
出使事由:谢恩行
出使成员:正使判中枢府事洪乐性、副使吏曹判书尹师国、书状官掌乐正李鲁春等
出使时间:正祖七年(乾隆四十八年,1783)10 月 15 日—翌年 3 月 4 日

李鲁春(1752—1816),字君正,号龙模,祖籍德水,骊州人。泽堂李植裔孙,龙模子。正祖朝,为吏曹佐郎、司宪府掌令、弘文馆应教、承政院承旨等。纯祖时,为司谏院大司谏、江原道观察使、工曹判书等。因事配于巨济岛,卒于配所。正祖八年(1784),曾奉敕撰《弘文馆志》一册,亦参与《正祖实录》之编纂。有《北燕纪行》传世。事见《正祖实录》《纯祖实录》《承政院日记》等。

乾隆四十八年(1783)八月乙亥,清高宗自避暑山庄诣盛京谒陵,朝鲜遣圣节兼问安使右议政李福源等入沈阳,乾隆帝赐朝鲜国王以诗章,并有嘉奖上谕,正祖遂遣谢恩使判中枢府事洪乐性、副使吏曹判书尹师国、书状官掌乐正李鲁春等入燕,谢赐诗章、谢嘉奖上谕并谢陪臣参宴等事。

李鲁春《北燕纪行》三卷,三册,崇实大学基督教博物馆藏,谚文钞本。今存卷一(天)、卷三(人),缺卷二(地)。是书封面汉字题"北燕纪行",正文用谚文书写。现存第一卷和第三卷字体相近,盖出一人之手,然书本大小不同,第三卷较第一卷为大。林基中等撰《燕行录解题》称,该书第三卷自一月十七日至十九日文字脱落,②然崇实大学基督教博物馆所藏本,此数日文字完好无缺,

---

① 关于《乙丙燕行录》研究的专著与论文,可参苏在英等《乙丙燕行录注解》,首尔:太学社,1997 年;金泰俊、朴成淳译《只手推开紧闭的山海关门扉——洪大容的北京旅行记(乙丙燕行录)》,首尔:石枕社,2001 年。
② [韩]林基中等编《国学古典燕行录解题》1,韩国文学研究所燕行录解题组,韩国文学研究所,2003 年,第 644 页。

而林氏等所据亦为崇实大学藏本,不知何故有如此之说焉。又《燕行录续集》第119册,亦收录李鲁春《北燕纪行》,即从207页至334页,无其他卷,仅录第三卷焉。① 而第239页,1月17日的日记开头乃最后一行,而原有17日后半部内容与18日、19日、20日前半部分文字,亦不见于此书,亦即其书239页至240页之间,脱漏前面两页之文字。而《燕行录丛刊(增补版)》网络版,则仅有第三卷,而第一卷亦并缺焉。

全书卷一每半叶十一行,每行十七至二十字不等,无格栏。首叶首行谚文题"북연긔행권지일(北燕纪行卷之一)"第一卷末有"병자듕츄의신부글시로장책하다"字样,而同一内容录有两次,意为丙子中秋用新娘字体装订成册。可知此钞本之前盖有原本或其他钞本,然此新娘究竟是谁氏,尚未可知焉。卷三卷首题"북연긔행권지삼(北燕纪行卷之三),卷末有"丙子中秋出필하다/병자듕츄의완필하다/병자듕츄의완필하다(丙子中秋写完毕)"三行。至于书中所言钞录时间之"丙子",究竟是李鲁春出使归来以后之丙子年(纯祖十六年),还是此后的丙子年,亦不能明焉。

《북연긔행(北燕纪行)》为李鲁春此行所记之日记,描写李氏自离开朝鲜往北京,再返国的前后路程。李鲁春出使时间,与记录时间并不完全一致。其出使时间自10月15日起,然此书实际记录自癸卯年(1783)九月二十一日至甲辰年(1784)2月22日之间,在出使之前已有日记,记其被落点为谢恩使书状官,以及使行前诸多检点等。书中卷一正文前的卷首有"북연긔행권지일",除了著者书状官李鲁春以外,接着题"谢恩正使判副使洪乐性""副使户曹参判尹师国",此外还列出上房军官、副房军官等名单与携带之物品等。卷一录有癸卯年9月21日至12月10日期间之事。而10月26日至11月11日期间之记录缺载。卷二缺佚,然可推测为12月11日至翌年正月初6日期间的记录。卷三为自甲辰正月初7日至2月22日期间日记。所记多为燕行期间所见各地建筑、风俗与制度等,凡所见所接,皆令李氏颇为新奇焉。【李钟美译】

10. 黄仁点《庚戌乘槎录》三卷(《燕行录续集》第119—120册)

出使事由:进贺兼谢恩行

出使成员:正使昌城尉黄仁点、副使礼曹判书徐浩修、书状官弘文馆校理李百亨等

出使时间:正祖十四年(乾隆五十五年,1790)5月27日—10月22日

黄仁点(？—1802),昌原人。黄梓子。英祖时,尚英祖第十女和柔翁主,封昌城尉。正祖九年(1785),因事削罢,后复职。十年之内,六当专对,出使清

---

① [朝鲜王朝]李鲁春《北燕纪行》,《燕行录续集》,119/239。

朝。事见英祖、正祖、纯祖《实录》与《承政院日记》等。

正祖十四年（乾隆五十五年，1790）八月十三日，为清高宗八十寿诞，正祖以昌城尉黄仁点为进贺兼谢恩正使、礼曹判书徐浩修为副使、弘文馆校理李百亨为书状官，于五月二十七日起程赴北京，以贺圣节，兼谢乾隆帝赐笔、赐"福"字并谢诏书顺付等事。一行于五月二十七日出发，十月二十一日返王京复命。

《庚戌乘槎录》亦称"乘槎录"，三卷三册，钞本，延世大学图书馆藏。每半叶十行，行十五至十八字不等。四周单边，有双行小注。封面左中大字楷题"乘槎录一"，第二册封面亦同题"乘槎录二"，第三册字迹不清，仅存"录"字。正文为谚文。第一册首叶首行以谚文题"븍연긔행권지일（乘槎录卷之一）"①，第二册首行题"승사록이（乘槎录二）"②，第三册首行题"승사록삼（乘槎录三）"。文字书写，颇为端正可观。

是书开端书"아경으로브터열하의니란일기（自我京至热河之日记）"，又言黄仁点出使之目的，即"경슐팔월십삼일은황제팔슌만슈절이라삼월에특별이연행녹（庚戌八月十三日是皇帝八旬万寿节，故三月特别除授进贺正使）"③。全书内容分三个部分，第一册记录庚戌年五月二十七日至七月六日，自汉阳启程，经义州、鸭绿江、通远堡、巨流河堡，沿路所见闻之人与事。第二册记录自七月七日开始，至七月十五日抵承德热河，停留五天，对热河有详细之描写。④第三册记录七月二十一日至八月十四日，离热河而去，然后至北京，再回汉阳的过程。又涉及使行旅途所见的风景、热河宴会、万寿节仪式，以及乾隆帝、和珅诸人之态度与言语等。八月十五日至九月四日间事，《正祖实录》有详细记载焉。⑤

是书于黄仁点一行所经地方与里数，亦记载颇详。如第一册言及京城至义州一千零五十里，栅门至沈阳四百五十三里，热河至皇城四百二十六里。⑥又如第三册言皇城至山海关六百八十里，山海关至沈阳七百八十四里，沈阳至栅门四百五十三里，栅门至义州一百二十里等。⑦【李钟美译】

11. 李继祜《연행녹（燕行录）》五卷（《燕行录丛刊（增补版）》网络版）
未详《燕行录》五卷（《燕行录全集》第67—68册）
出使事由：冬至等三节年贡兼谢恩行

---

① ［朝鲜王朝］黄仁点《乘槎录》，《燕行录续集》，119/470。
② 同上书，120/011。
③ 同上书，119/470。
④ 同上书，120/049。
⑤ 《正祖实录》卷三一，正祖十四年（乾隆五十五年1790）9月27日条。
⑥ ［朝鲜王朝］黄仁点《乘槎录》，《燕行录续集》，119/471。
⑦ 同上书，120/106。

出使成员：正使昌城尉黄仁点、副使礼曹判书李在学、书状官兼司宪府执义郑东观等

出使时间：正祖十七年（乾隆五十八年，1793）10月22日—翌年3月20日

李继祜（1754—1833），字汝承，龙仁人。普哲次子，出继堂叔普泽。正祖朝，为召村察访、副护军，曾任忠清、庆尚两道察访。事见《承政院日记》等。

正祖十七年（乾隆五十八年，1793）冬，朝鲜遣冬至等三节年贡兼谢恩使昌城尉黄仁点、副使礼曹判书李在学、书状官兼司宪府执义郑东观等入清，谢前次陪臣参宴、谢漂民出送等事及进三节年贡。李在学于八月即拜冬至兼谢恩副使，一行于十月二十二日拜表离发，腊月二十二日抵北京入南小馆，翌年二月初二日离发北京，三月初七日还渡江。因正使昌城尉黄仁点为六次燕行，副使李在学年虽未老，亦为再赴，故行前正祖即嘱皆好好往来。一行在途归路时，又下教殷殷，故黄氏等到义州后，亦未耽延，即从速于三月二十日返京谒阙复命焉。

此《燕行录》，谚文钞本，以仁、义、礼、智、信编为五卷，每卷前皆有小序，是为别格。每行十五至二十字不等，无格栏。第一册封面左上汉字楷书签"燕行录仁"，第二至第五册分别题"义""礼""智""信"（第五册似为编辑者所书），每册封面后即通篇为谚文钞本，字大疏朗。正文开端首行以谚文曰"연행녹권지일（燕行录卷之一）"。第二册、第四册或有水浸痕，或有墨丁痕，多处辨字为难焉。

《燕行录全集》编纂者收是书于第六十七至六十八册，著者署名"未详"，然据是书内容与崔康贤所依据的《龙仁李氏大同谱》，是书作者为李继祜。《燕行录》卷之一曰："세계듁년팔월의맛참인사하여츙청도덕산(ㅅ다)의가십여일뉴련더니필동편지의외관 관공편으로 려와츌강지일을당 여시니 가지로동고 쟈하여시니（岁癸丑年八月正因事于忠清道德山地留十余日，于笔洞参判公书信外官便送，说'临出疆之日同去同苦吧'）。"①此"笔洞参判公"即李在学，李继祜乃在学同族叔辈，然年龄比在学少九岁，官职亦在礼曹判书李在学之下，继祜接受在学之邀而陪行出使，书中也记载有正使昌城尉黄仁点与书状官郑东观等人之事。是书记录时间，起自癸丑年（1793）十月二十二日，迄于甲寅年（1794）二月二十日，日记中最后记录为国王召见之事，可知著者比其他使臣先返国内。

是书钞写者，据每卷卷末附后记，第一卷卷末有"갑오정월십삼일시작여이월초이일유봉와윤쇼제필셔 로라（甲午正月十三日开始书写至二月初二日유봉和尹小姐完毕）"。② 第二卷（义）卷末有"이권의 삼중형제뫼여필젹이로

---

① 未详《연행녹（燕行录）》，《燕行录全集》，067/203。
② 同上书，067/325。

래여러사 의필젹이쓰여시니웃노라(此卷三从兄弟集合写的笔迹,因以几个人的笔迹写而笑)"。① 从钞录情形看,亦可见出自不同笔迹。此后又有"机杼歌"。惜第三卷标钞写者之处缺文,有"갑오삼(甲午三)……"②尽管如此,观第三卷字体,可知其字必出尹小姐之手,约于甲午年三月钞写完毕。第四卷末有"갑오사월이십오일윤소제필서다(甲午四月二十五日尹小姐书写完毕)"。③第五卷末有"갑오오월십칠일윤소제필서다(甲午五月十七日尹小姐书写完毕)",④此后又钞有诸葛亮《出师表》。据此,可知抄写期间乃甲午正月十三日始,至五月十七日书写完毕,大约费四个多月的时间。至于甲午年,盖为1834年,主要由尹小姐钞录完成。或有人以是书作者归诸"尹孝杰",盖即"尹小姐"之误译耳。

全书五卷五册,内容丰富。整体用散文体记录,然于文章中也有不少五言律诗、七言绝句。凡叙述从朝鲜出发至北京朝间所遇之人、所经山川、经历诸事及所触所感等。自与家人告别,与副使同行,从弘济院出发,经黄州、义州、青石岭、高丽村、沈阳、松岭、沙河桥、朝阳门、玉河馆、太和殿、东安门、琉璃厂、天主堂、沈阳、栅门、九连城,最后回归本国而止焉。

是本与《燕行录全集》本相较,《全集》本缺开头腊月初一日部分,⑤而是本不缺,⑥其他两本并无不同,乃一书而非二书,故今合并收录,而归诸李继祜焉。

【李钟美译】

12. 徐有闻《무오연행녹(戊午燕行录)》六卷(《燕行录全集》第62—64册)

出使事由:冬至等三节年贡兼谢恩行

出使成员:正使判中枢府事李祖源、副使礼曹判书金勉柱、书状官兼司宪府掌令徐有闻等

出使时间:正祖二十二年(嘉庆三年,1798)10月19日—翌年3月30日

徐有闻(1762—1822),字鹤叟,号直修,达城人。正祖十一年(1787),擢廷试文科。为弘文馆校理、通理院通理、承政院承旨等。纯祖时,升忠清道观察使、义州府尹、平壤府尹、吏曹参判等。有《戊午燕录》传世。事见南公辙《颖翁再续稿》卷三《徐公墓志铭》、《正祖实录》等。

正祖二十二年(嘉庆三年,1798)六月,初以金履素为冬至正使,金勉柱为

---

① 未详《연행녹(燕行录)》,《燕行录全集》,067/472。
② 同上书,068/127。
③ 同上书,068/268。
④ 同上书,068/375。
⑤ 同上书,067/337,首行前缺文。
⑥ [朝鲜王朝]李继祜《연행녹(燕行录)》,《燕行录丛刊(增补版)》网络版,第135—138页。

谚文本《燕行录》十七种解题　279

副使,尹益烈为书状官。八月改以判中枢府事李祖源为冬至等三节年贡兼谢恩行正使、礼曹判书金勉柱为副使、兼掌令徐有源为书状官赴燕,进冬至等三节年贡兼谢漂民出送等事。一行于十月十九日发王京,翌年三月三十日返京复命焉。

　　此为徐有闻《戊午燕行录》之谚文本,原书藏于韩国学中央研究院藏书阁。全书六卷六册,每半叶十行,每行约二十一至二十四字不等。无格栏,四周单边。钞录年代与书写人皆不详。卷首以谚文曰"무오연행녹(戊午燕行录)",①第一卷首行以谚文曰"무오연행녹 권지일(戊午燕行录卷之一)"。②关于成书时期,究竟汉文本或谚文钞本孰先孰后未知。此谚文钞本篇幅较汉文本为多,内容亦丰富。汉文本内容极为简略,共 97 叶,而谚文本为 1017 叶。两本相较,文本差异颇大。如汉文本十月"二十日坡州四十里宿"③,极为简略。而谚文本当日则曰:"이십일샤데쥰슈와죵데윤슈와모든동족을작별하고(ㅅ터)나니 거류지졍이사람이이견대지못할너라파쥬 니르러션산의쇼분하고파쥬참의득달하야슉소하다(舍弟骏叟、从弟允叟与诸同族辞别离开,去留之情令人不堪,至坡州之地于先山扫坟得达坡州站住宿)"④。又汉文本自戊午(1798)十月十九日启程当天开始记录,然是书自十月十九日以前即有记载,谓徐有闻八月九日被任为书状官,并详细说明准备行程过程及心情等《무오연행녹(戊午燕行录)》曰:"념일일정사에사헌부장녕계 여념이일샤은하니셔장관은이 행즁어쉰지라직품대로대감겸대흠이곳견례러라(八月二十一日司宪府掌令启下,二十二日谢恩,书状官则此行中之御史,依照职品兼任台谏与监察即典例)。"⑤可知谚文本所记,远较汉文本为详焉。

　　是书卷六末曰:"戊午年十月十九日自汉京出发,十一月初八日至义州,十九日渡江,十二月十九日到北京。己未二月初八日从北京返回,三月初八日至栅门,二十日渡江,三十日返王城。"⑥又曰:"从王京出发以十九日至义州,于义州留十一天,在返回途中以三十日至栅门,于馆留住五十五天,返途路程计三十一日至栅门,留十一天,渡江停十一天,而回王城,往返共一百六十日"。⑦

　　全书卷一记录八月九日被任命谢恩使兼冬至使的书状官,十月六日、十六日准备行李,十一月十九日自王城启程,经义州、九连城、栅门、凤凰城、辽东、

---

① [朝鲜王朝]徐有闻《무오연행녹(戊午燕行录)》,《燕行录全集》,062/449。
② 同上书,062/450。
③ 同上书,062/160。
④ 同上书,062/457。
⑤ 同上书,062/452。
⑥ 同上书,064/362。
⑦ 同上书,064/362。

沈阳、白旗堡、广宁,十二月六日至双阳店。卷二为十二月七日至二十二日之记录,凡经山海关、高丽堡、蓟州、三河县、朝阳门,入玉河馆,并记在北京观览皇城,从致馨听闻琉璃厂之事。卷三所记为十二月二十三日至己未年(1799)一月八日之事,而正月三日闻太上皇之丧,五日至八日参与丧礼。卷四为正月九日至二十五日之日记,载有关天主堂、和珅下狱等事。卷五为正月二十六日至二月六日之记录,时尚在留馆中。卷六为二月七日至三月三十日之记录,叙述返程中诸风光与感观及回国复命等事。徐氏所记,多出致馨或通事之口,多非己所亲见。而其详记乾隆帝驾崩、和珅下狱诸事,皆详悉而可备参稽焉。【李钟美译】

13. 金芝叟《셔행녹(西行录)》(《燕行录全集》第 70 册)

出使事由:进贺兼谢恩行

出使成员:正使南延君李球、副使礼曹判书李奎铉、书状官兼司宪府掌令赵基谦等

出使时间:纯祖二十八年(道光八年,1828)4 月 13 日—10 月 4 日

金芝叟(1789—?),生平事迹无考。纯祖二十八年(1828),曾随进贺兼谢恩使南延君李球一行入燕游观。据其燕行日记,时金氏为四十岁,其歌辞首段自谓"余以文士,来此远游。北向微服潜行千里,白衣从事"(译文),可知彼时尚未入官,而为三使随行成员入燕也。

案道光七年(1827),清廷再定回疆。八年正月,获张格尔,以平回部诏书顺付朝鲜冬至兼谢恩使宋冕载一行。五月,廷讯张格尔罪,磔于市。朝鲜以南延君李球为进贺兼谢恩行正使,礼曹判书李奎铉为副使,兼掌令赵基谦为书状官入燕,贺讨平回疆,兼谢平壤漂民出送等事。一行于是年四月十三日离发,六月初九日抵北京,八月十三日离开北京,十月初三日返王京复命焉。

此《西行录》,皆为谚文歌辞,封面谚文题"셔행녹(西行录)"三大字。全书一百一十余叶,每七字一句,四句一组,抬头处每隔两叶题"一""二""三"等汉字至"五十",盖为歌辞小段间隔,然亦有不题者。首叶有"知不足斋林基中藏"篆文小长方印,则为林基中教授所藏本耳。末叶最后一行有"癸未腊月　日万卷楼藏"汉字行楷一行,有印不清。不知万卷楼者,又为谁氏之藏书楼矣。

其书以沿途日期为序,述所见所闻及所思所叹,虽不离反清厌胡,以"小中华"自居之老调,然所记如民情风习、燕都繁盛、饮食起居、朝章国典、俄罗斯风俗、西洋诸物等,多为纪实,亦可称为纪行歌辞焉。【徐丽丽译】

14. 徐念淳《연행별곡(燕行别曲가사소리)》(《燕行录丛刊(增补版)》网络版)

徐念淳【原题崔遇亨】《燕行别曲》(《燕行录续集》第140册;《竹下集》卷之二)

出使事由:谢恩行

出使成员:正使判中枢府事徐念淳、副使礼曹判书赵忠植、书状官兼司宪府掌令崔遇亨等

出使时间:哲宗三年(咸丰二年,1852)6月11日—10月18日

徐念淳(1800—?),字号不详,大丘人。纯祖二十二年(1826),试秋到记以制居首,命直赴殿试。任龙岁县令、弘文馆校理等。宪宗朝,为永兴府使、杨州牧使等。哲宗时,为汉城府判尹、兵曹判书、工曹判书等。卒谥文肃,事见纯祖、宪宗、哲宗、高宗四朝《实录》等。

哲宗三年(咸丰二年,1852),清廷派吏部侍郎全庆等前往朝鲜,册封王妃金氏(1837—1878,安东金汝根女),并赐彩缎诸物。朝鲜遣谢恩使判中枢府事徐念淳、副使礼曹判书赵忠植、书状官兼掌令崔遇亨等入燕,谢册封王妃、谢赐物等事。一行于六月十一日发行,十月十八日返王京复命焉。

此谚文钞本徐念淳《연행별곡(燕行别曲)》,或称《壬子燕行别曲》,为有别于柳得天之《燕行别曲》也。是书不分卷,首页题"연행별곡(燕行别曲)",原藏于韩国潭阳歌辞文学馆。共三十叶,每半叶十行。第二行下端小字题"셔판셔렴슌(似为"徐判徐念淳")",天头上有一至十五之编号。

《燕行录丛刊(增补版)》网络版收两种版本:一即是本,另一种是收于崔遇亨《竹下集》卷二的版本,今藏于国立中央图书馆。崔遇亨(1805—1878)即徐念淳同行之书状官。此《竹下集》本,汉文、谚文混用。首叶首行右上以汉字题"燕行别曲",共十二叶。每叶分上下两段,上下段各十行,行五字至八字不等,无格栏。末叶左下汉字题"竹下"二字焉。

是本与《竹下集》本所不同者有三:一,《竹下集》本为汉字与谚文相配,若地名、古迹名、宫观楼台、古诗名句等,皆用汉字,是本则全用谚字,唯末叶末行右上标一"歌"字;二,《竹下集》本不分节段,是本则在天台处标记,共分为十五节;三,《竹下集》本所叙较为详悉,是本为简略删节之歌。

是书歌辞曰:"임자뉵월십일일에의사은사명맛기시니(壬子六月十一日任谢恩使命)。"①出使之日为六月十一日,徐念淳与同行之副使赵忠植、书状官崔遇亨,谒见哲宗辞行。全书记从汉阳启程,经满站台、练光亭、统军亭、九连城、栅门、安市城、凤凰山、辽东、太子河、山海关、东岳庙、朝阳门、玉河馆,复经三

---

① 《哲宗实录》卷四,哲宗三年(咸丰二年,1852)6月11日条。

河县、北镇山、栅门、鸭绿江等地,返回汉阳。途中所遇风景名胜,即以朝鲜盛行的歌辞形式歌咏感触。

别曲起首记由青春年少,至白发老者,历事四朝,恩数旷绝,致位八座,而涓涘难报之情。接记自壬子六月十二日,圣恩特遣为谢恩使命,公事至重,万里皇华,风雨关心,如博望侯之使大宛,似殷员外之往回鹘,所谓阳关一杯酒,吴山道路难者。此下即历记沿路所经之地与所见风景,如风景名胜即有练光亭、百祥楼、安市城、八渡河、凤凰山、青石岭、太子河、蓟门烟树、朝阳门、玉河馆、太学、卢沟桥、海甸(淀)、颐和园、紫光阁、五龙亭等,宝马香车,感慨流连,长歌短叹,咏史抒怀。末记还渡鸭江,见家国平安,颂国王恩波浩荡,王灵佑护,无事往还,歌咏圣泽。《竹下集》本末附《燕行使路程图》一幅,乃整理者所制也。

是书与《竹下集》本对照,内容大同,稍有微异。则因是本为纯谚文钞本,另一本则用汉文,右旁以韩文注音,是所不同。盖是本专为妇孺所读,故为删汰汉字,而改编增润者。就别曲内容考之,乃以徐念淳口气而述,故今合两本为一本,隶诸念淳名下焉。【李钟美译】

15. 金直渊《연행녹 샹즁하(燕行录 上中下)》(《燕行录丛刊(增补版)》网络版)

出使事由:冬至等三节年贡兼谢恩行

出使成员:正使判中枢府事李根友、副使礼曹判书金永爵、书状官兼司宪府掌令金直渊等

出使时间:哲宗九年(咸丰八年,1858)10月26日—翌年3月20日

金直渊(1811—1884),字景直,号品山,清风人。宪宗朝,为司宪府持平。哲宗朝,为司宪府掌令、弘文馆副修撰等。高宗时,任同副旨承、安边府使等。著有《品山漫笔》二十卷(含《燕槎日录》三卷)。事见《哲宗实录》《承政院日记》等。

哲宗九年(1858)二月,清廷遣工部右侍郎景廉等,前来朝鲜赐祭纯祖纯元王妃金氏。同年,朝鲜难民金声振漂到江苏,清廷遣通官阿勒精阿解到义州。朝鲜遂以判中枢府事李根友为冬至兼谢恩行正使、礼曹判书金永爵为副使、兼掌令金直渊为书状官赴燕,进三节年贡兼谢赐祭、谢冬至使臣加赏、谢漂民出送等事。一行凡人员三百一十人,马一百零五匹。于十月二十六日出发,十一月二十六日渡江,十二月二十五日到北京,翌年二月四日自北京出发,三月三日返渡江,二十日返王京复命焉。

是书为金直渊《燕槎日录》之谚文钞本。或曰"燕槎日录",或曰"燕槎录",或曰"燕行录"。每半叶十二行,行二十三至二十五字不等,无界栏。正文首行以谚文题"연행녹샹(燕行录上)",之后为正文。下卷末尾有别单、闻见事件、行中员额等。正文天头处书主要词语,从左至右横写,如入侍、弘济院、临津、

平壤、义州、统军亭、鸭绿江、栅门、安市城、凤凰山、领送官、太平车、辽东城、通州、东岳庙、朝阳门、天坛、正阳门、琉璃厂……狼子山、乂州等,盖因谚文易混淆词义,亦为方便读者故焉。

是书分上、中、下三卷。上卷为哲宗九年(1858)十月二十七日至十二月之间记录,从王城出发至燕京间行程;中卷为十二月二十六日至翌年(1859)二月三日之间日记,为留馆期间日程;下卷为二月四日至三月二十日之间记录,乃自燕京出发至返国复命之行程。其所闻见如礼部、太和门、社稷坛、万寿山、大钟寺、文丞相祠、太学、十三经碑等,以及参加除夕宴、中正殿宴、观赏灯会等,所记颇详。亦有诗文,附录其间焉。

金直渊是书之特点,为谚文钞本,多有按语。如十一月二十六日条曰:"『당셔(唐书)』의일넛시되압녹강(鸭绿江)근본(根本)일홈은마자쉬(马訾水)니물빗히오리머리갓기로일홈을압녹강이라하고『황명지(皇明志)』의일넛시되압녹강이장백산(长白山)의셔나남(南)으로흘너바다로드러간다하고『지지(地志)』의일넛시되장백산이회령(会宁)남(南)의잇사니쳔니(千里)랄(ㅅ버)치고놉기니백니(二百里)오우해못잇셔쥬회(周回)팔십니(八十里)니남(南)으로흘너압녹강(鸭绿江)이되다하니장백산은직금백두산(白头山)일너라。"①而同一日,汉文本记曰:"按唐书高丽马訾水,出靺鞨之白山西南流过安市入海,水色如鸭头,故名鸭绿江。《皇明志》亦云:鸭绿江,一名马訾水,源出长白山西南流,与盐难水合,南入海。地志云:长白山在故会宁府南六十里,横亘千里,高二百里。其颠有潭周八十里。南流为鸭绿江,北流为混同江,东流为阿也苦河。所谓长白山,即今白头山也。安市则鸭水下流别有其名矣。"②如此叙述鸭绿江渊源以及其他山川地名之条目,在他家谚文本中较为少见。

相较汉文本《燕槎日录》与此《연행녹(燕行录)》之日记,文字有较大差异。其一,汉文本无一日未有所记,谚文钞本则时有省略。如汉文本全收,然谚文钞本未收中卷的正月六日、一月十二日、一月十三日、一月十四日,以及下卷之二月二十九日所记日记等。③ 其二,汉文本下卷末"闻见杂识",收录二十一条④,而谚文钞本仅摘出十三条而已。⑤ 其三,至于"行中员额",汉文本列出三十二人,然谚文钞本仅记七人姓名而已。相较汉文本,谚文钞本文字省略,此

---

① [韩]조양원《김직연의연행기록〈燕槎日录〉•〈연행녹(燕行录)〉비교연구》(《金直渊的〈燕槎日录〉与〈연행녹(燕行录)〉之比较研究》),《정신문화연구(精神文化研究)》제35권제1호,2012年,第250页。

② [朝鲜王朝]金直渊《燕槎日录》,《燕行录续集》,142/035—036。

③ [韩]이지영《〈燕槎日录〉한글본에대한고찰》(《有关韩文本〈燕槎日录〉的考察》),《국어사연구(国语史研究)》第15号,2012年,第272页。

④ [朝鲜王朝]金直渊《燕槎日录》,《燕行录续集》,142/393—434。

⑤ [朝鲜王朝]金直渊《연행녹(燕行录)》,《燕行录丛刊(增补版)》网络版,第228—244页。

亦诸家"燕行录"翻为谚文本时之通例也。【李钟美译】

16. 洪淳学《燕行歌》(《燕行录全集》第 87 册第 11 页)①

出使事由:进贺谢恩兼奏请行

出使成员:正使右议政柳厚祚、副使礼曹判书徐堂辅、书状官兼司宪府执义洪淳学等

出使时间:高宗三年(同治五年,1866)4 月 9 日—8 月 23 日

洪淳学(1842—1892),字德五,南阳人。继嗣于远房族叔洪奭钟,迁居京畿道积城(今京畿道涟川郡积城面)。哲宗八年(1857),中廷试文科丙科。高宗朝,历任司谏院司谏、弘文馆校理、司宪府执义等。高宗三年(1866),以进贺谢恩兼奏请使行书状官身份入北京。后历任吏曹参议、礼房承旨、司宪府大司宪等。曾为监理仁川港通商事务副官、协办交涉通商事务官,参与涉洋商务。著有《燕行录》。事见《哲宗实录》《高宗实录》《日省录》《承政院日记》等。

高宗三年(同治五年,1866)三月,骊兴闵致禄女被册封为高宗王妃,在仁政殿及云岘宫行册妃礼及婚礼。四九初九日,高宗遣右议政柳厚祚为进贺谢恩兼奏请行正使、礼曹判书徐堂辅为副使、兼执义沈淳学为书状官使燕,贺咸丰祔庙、谢诏书顺付、奏请册封王妃等件,一行于八月二十三日返京复命焉。

《燕行歌》谚文本,为洪淳学于高宗三年(1866),以进贺谢恩兼奏请使行书状官身份出使中国时所作,为长篇纪行歌辞。按歌辞始于朝鲜初期,介于诗歌与散文之间。以四音步韵文为主,以三/四调或四/四调为主,不限行数。洪淳学与朝鲜前期金仁谦出使日本所作《日东壮游歌》,近今人共誉为朝鲜纪行歌辞之"双璧"。

洪氏《燕行歌》又名《丙寅燕行歌》《燕行录》《燕行游记》《北辕录》等,版本众多,且各有不同。歌辞凡三千余句,三万余字,形式近乎诗歌②,而内容类于散文。其叙记起自发汉阳抵义州,渡鸭江入北京,使行沿路所见古迹、风俗及人情物态等,皆模拟入歌辞中。所记一行日程,凡四月初九日辞陛发自汉阳,五月初七日渡鸭江,十一日入栅门,十六日到达沈阳,二十七日过山海关,六月

---

① 案韩国学者关于洪淳学《燕歌行》的研究,可参李石来校注《纪行歌辞集——燕行歌》,首尔:新丘文化社 1976 年;沈载完《日东壮游歌·万言词·燕行歌·北迁歌》,韩国古典文学大系 10,首尔:教文社 1984 年;崔康贤译、金度圭注《洪淳学的〈燕行游记〉和〈北辕录〉》,首尔:新星出版社,2005 年;洪钟善、白顺哲译著《燕行歌》(홍종선、백순철역주〈연행가〉),首尔:新丘文化社,2005 年。

② 根据朴鲁春(1912—1998)教授《歌辞燕行歌(丙寅燕行歌)》,《燕行歌》有 3892 句,其中 4/4 调型为主调,有 2173 句,占 56%;3/4 调行为副主调,有 1567 句,占 40%;其他 13 种调型,仅占 4%。见庆熙大学《文理学丛》第五辑,1969 年(转引自崔康贤、金度圭《洪淳学的〈燕行游记〉和〈北辕录〉》,第 16 页)。

初六抵北京,初七日诣礼部,十三日礼部题奏奏请册封事,奉旨依议,"使事顺化",同日诣鸿胪寺行演礼。七月初一日享太庙觐见皇帝,初四日诣理藩院,十一日启程返国,八月初五日到栅门,初六日返渡江,在义州停留数日,二十三日返回汉京,觐见国王复命,当晚归家焉。

其所咏歌,多四字对四字调型为主,今据韦旭升《朝鲜文学史》所翻译,摘列之如次。其初始歌辞曰:"快哉!天地之间。得为男子,实在不易。我生东方,愿睹中国。丙寅三年,春三月间。欣逢大典,嘉礼册封。国家庆事,臣民之福。委为使臣,去往清朝。钦命派遣,使臣三人。"其间写入中国境,沿路百姓,见鲜人热情异常。"人人如此,个个这样。千人万人,同样颜色。见我一行,连呼高丽。喊喊喧喧,拥来观去。我不懂话,无法招呼"。其叙山海关之壮丽曰:"向前走去,是山海关。五层城门,处处炮楼。三层四层,巍然壮观。高悬匾额,天下第一关。"作者思绪万千,怀古慨今,"吴三桂者,万古逆臣。竟然打开,城门一半。引入汗夷,明朝灭亡"。沿海经行,描述渤海波涛曰:"数万余里,无边大海。浩浩渺渺,水天一色。风流袭来,冲击城堞。海雾参天,莫辨方向。顺风之帆,去向何方?登上此船,向东行去。"留馆期间,与中原士大夫多有交接,其言:"太常少卿,郑公秀者,骨格清秀。兵府郎中,黄文谷者,气宇轩昂。翰林学士,董文焕者,才高行正,享有名望。""人人皆是,大明后代。名门子孙,臣族后裔。削去头发,万不得已。含垢忍辱,当胡人官。羞此装束,心中愤懑。朝鲜之人,礼仪衣冠。一见及此,不禁欣然。亲如兄弟,相庆相欢。"①其歌辞所译,多如此类。

是稿封面左上汉字大书"燕行歌"三字,首页大题亦作"燕行歌",其版本来源为高丽大学图书馆所藏《乐府》(李用基、朴仁老编)下册中所收钞本。此稿约抄写于高宗年间(1866—1907)。前三页以竖行诗体形式书写,一页分为三栏,至第四页起,则为竖行连写至末尾,不再分栏,而在每小句后,点断为识。全稿为白文钞本,钞字较小,然清晰可辨。全稿总四十余页,约一千四百句。以小句为数而计,如上所列"어와천지간에 / 남자되기쉽지않다"(快哉!天地之间 / 得为男子,实在不易),按两句算计。

《燕行录全集》第八十七册目录作《燕行歌＝北辕录》,而正文部分题目则仅有《燕行歌》。"北辕录"当是编者据其他版本所加,今删汰而存其原貌可耳。
【林莉译】

案洪淳学是稿之谚版颇多,笔者所见尚有《연행늑(燕行歌)》(《燕行录全集》第87册第59页起)、《연행록(燕行录)全》(《燕行录全集》第87册第187页起)、《연행가》(《燕行录全集》第87册第265页起)、《연행가》(《燕行录全集》

---

① 韦旭升《朝鲜文学史》,北京:北京大学出版社,1986年,第313—315页。

第 87 册第 373 页起)、《연행가》(《燕行录全集》第 88 册第 11 页起)、《연행가》(《燕行录全集》第 88 册第 386 页起)、《연행폭단(燕行录单)》(《燕行录全集》第 89 册第 11 页起)、《燕行录》(《燕行录全集》第 89 册第 169 页起)、《燕行录》(《燕行录全集日本所藏编》第 3 册)等,或详或简,或多或少,皆可参互验证以考其得失。

17. 柳寅睦《北行歌》(《燕行录全集》第 86 册)

柳寅睦(1839—1900),初名畬睦,字乐三,号霞农,丰山人。厚祚侄。高宗四年(1867)生员。十四年,为庆基殿参奉。后任知礼县监、礼安县监、梁山郡守等。有《北行歌》传世。事见金道和《拓庵集》卷八《柳公墓志铭》、《高宗实录》与《承政院日记》等。

案柳寅睦出使事由,详见前洪淳学《燕行歌解题》。

高宗三年(同治五年,1866),柳寅睦以子弟军官之身份,随伯父柳厚祚入清,《北行歌》即此次使行所撰谚文歌辞也。是书封面谚文大字作"북행가"三字,正文即谚字,共八十余页,钞字略带草意,识读为难。《北行歌》传世版本约十种,以"柳氏家藏本"为较早之传本,为丰山柳氏第二十六代孙柳时溁之先妣真城李夫人二十三岁时(1915)之手钞本;另有晓星女子大学权宁彻教授所藏六种版本,亦为得自民间之传钞本。因多手转钞之故,诸本皆有讹错,如"柳氏家藏本"中,记载路程即多有舛误也。权教授将原本谚文,多还原为汉字,如"초양왕의양디운우,무산션여네아니며"还原为"楚襄王의阳坮云雨,巫山仙女네아니며"[①]。

《北行歌》为谚文歌辞体,共约两千零六句,约略分启程前、在途中及归国后三部分,其间又大致分为七段。首段叙作者出使前的情状,以见其喜悦之情;此段述自汉阳至义州沿路所见,并叙三使委任、使团威仪、查封禁物、宴会流连、临江赠别等场景;第三段记自义州抵北京沿路风情,有栅门入境、路途疾苦、所见习俗、古迹游览、辽东繁华等;第四段为留馆期间之所闻所见,有表咨文献纳、琉璃厂、白云观、五塔山、太液池、玉栋桥、万佛寺、五龙桥、太学、隆福寺、天主堂、皇极殿、正阳门、卢沟桥等地之描述;第五段为从北京到义州之归程,饱览山海关、望海亭、角山寺等名胜;第六段从义州至尚州,描叙与妓女之爱欲与惜别,及归乡情切之心理;末段述出使归来之心境,及隐逸生活之愉悦也。

柳氏《北行歌》既为谚文所撰,盖为取阅女性读者,其歌辞以诸多篇幅,描写作者与沿途妓女间之情爱,感情炽烈,风情万种,性欲横流,露骨大胆。其在

---

① 权宁彻《北行歌에对하여》,《国文学研究》第 5 期,晓星女子大学,1976 年。

凤山郡守宴会时,初识平壤童妓菊心,并为其破瓜,以至菊心痴情不已,在洞仙岭伤别之后,又复追至平壤,共游大同江,柳氏喻其貌如西施,直至安州方别;其在所串馆,遇义州妓花红,一见倾心,以楚襄王巫山遇仙女,及唐太宗太液池莲花及海棠,以喻花红之美,同行至义州,如梦如幻,共度爱河,复在鸭绿江惜别。不仅如此,柳氏尚与松京妓松玉与玉兰、瑞兴妓桂红、嘉山妓松月、小串馆妓花艳与香姬等,以及津头江青楼妓、龙门关童妓、顺义馆妓、弘济院青楼妓等,密有往还,其在中国,亦曾与清朝妓女与西洋妓女有接。返国途中,又在栅门收花红情书,返京途中与花红、菊心等,又复交接爱恋不已。

  案燕行使臣之率带子弟,例规也。而此类子弟,皆华胄贵介,风流成趣,自苏世让率侄苏巡入明朝,苏巡《葆真堂日记》即记其与妓女之相会,此后屡不绝书。然书中记其与妓之流连接会如此众多者,则莫如柳寅睦也。而宴会、歌舞、艳语、床笫之描写,则以尚□□与柳氏此书为最也。与寅睦同行洪淳学所撰《燕行歌》相较,《燕行歌》颇具使命感与务实精神,广泛细致地观察当时的清代社会与民情风俗;而《北行歌》则豪放洒脱,风流多情,铺陈浪漫,艳遇不绝,多叙与妓女之情爱欢合。故韩国学界以为,《北行歌》虽为纪行之作,更为艳情之作。不过为风流男子之猎色行脚与遍历青楼之纪录,为浪荡子弟之浪荡游记而已。[①] 故柳寅睦自称为"豪荡之柳进士"者也。【孙慧颖译】

[①] 详参权宁彻《北行歌에대하여》。孙慧颖《此山柳寅睦的北行歌研究》,郑柄国韩国教员大学校大学院国语教育专攻硕士论文,1999年。

征稿启事

《北京大学中国古文献研究中心集刊》由教育部人文社会科学重点研究基地北京大学中国古文献研究中心主办。本刊从第七辑(2008年)开始,一直是中文社会科学引文索引(CSSCI)来源集刊。自2019年始,为半年刊,每年六月底左右和十二月底左右各出版一辑。举凡古文献学理论研究、传世文献整理与研究、古文字与出土文献研究、海外汉籍与汉学研究等中国古文献研究相关领域的学术论文,均所欢迎。来稿内容必须原创,不存在版权问题。

来稿格式要求如下:

一、文章请用microsoft word文档格式。

二、文章一律横排,用通行规范简化字书写和打印。

三、作者姓名置于论文题目下,居中书写。作者工作单位、职称等用"＊"号注释在文章首页下端。

四、每篇文章皆需500字以内"内容提要"以及关键词3—5个。

五、文章各章节或内容层次的序号,一般依一、(一)、1、(1)等顺序表示。

六、文章一律使用新式标点符号。凡书籍、报刊、文章篇名等,均用书名号《 》;书名与篇名连用时,中间加间隔号,如《论语·学而》;书名或篇名中又含书名或篇名的,后者加单角括号〈 〉,如《〈论语〉新考》。

七、正文每段第一行起空两格;文中独立段落的引文,首行另起空四格,回行空二格排齐,独立段落的引文首尾不必加引号。独立段落的引文字体变为仿宋体。

八、注释一律采用当页脚注,每页单独编号,注释号码用阿拉伯数字①、②、③……等表示。

九、注释格式与顺序为著者(含整理者、点校者)、书名(章节数)、卷数(章节名)、版本(出版社与出版年月)及页码等。如:〔清〕钱大昕撰,吕友仁校点《潜研堂文集》卷三八《惠先生士奇传》,上海:上海古籍出版社,1989年,第687页。

十、为避免重复,再次征引同一文献时可略去出版社与出版年月,只注出著者、书名、卷数、页码。

十一、每篇稿件字数原则上不超过3万字。

本集刊上半年辑的截稿日期为前一年的11月30日,下半年辑的截稿日期为当年 5 月 31 日。

  本集刊实行双向匿名审稿制度,编委会根据评审意见,决定是否采用。来稿一经采用,编辑部将尽快通知作者。如超过半年仍未收到采用通知,作者可自行处理。

  本集刊每辑正式出版后,编辑部将向论文作者寄赠样刊两册,并薄致稿酬。

  欢迎学界同仁积极投稿。

  《北京大学中国古文献研究中心集刊》编辑部通信地址:

  北京市海淀区颐和园路 5 号北京大学哲学楼三层《北京大学中国古文献研究中心集刊》编辑部

  邮编:100871

  E-mail:gwxzx@pku.edu.cn